陕西省交通规划设计研究院有限公司系列专著

秦巴山区高速公路勘察设计关键技术

陕西省交通规划设计研究院有限公司　主编

人民交通出版社股份有限公司

北京

内 容 提 要

本书共包括10章,以秦巴山区高速公路典型工程为依托,对高速公路勘察设计关键技术进行了系统阐述,内容包括:概述、总体设计、工程勘察、路线设计、路基路面设计、桥梁涵洞设计、隧道设计、互通式立交设计、交通工程及沿线设施设计、环境保护与景观设计。

本书可供高速公路勘察设计人员工作参考,亦可作为高等院校相关专业人员的教学研究参考书。

图书在版编目(CIP)数据

秦巴山区高速公路勘察设计关键技术/陕西省交通规划设计研究院有限公司主编. — 北京:人民交通出版社股份有限公司,2022.7

ISBN 978-7-114-18046-0

Ⅰ.①秦… Ⅱ.①陕… Ⅲ.①山区道路—高速公路—道路工程—工程地质勘察—陕西 Ⅳ.①U412.36

中国版本图书馆 CIP 数据核字(2022)第 107114 号

书　　名:	秦巴山区高速公路勘察设计关键技术
著 作 者:	陕西省交通规划设计研究院有限公司
责任编辑:	刘永超　石　遥
责任校对:	孙国靖　席少楠
责任印制:	刘高彤
出版发行:	人民交通出版社股份有限公司
地　　址:	(100011)北京市朝阳区安定门外外馆斜街3号
网　　址:	http://www.ccpcl.com.cn
销售电话:	(010)59757973
总 经 销:	人民交通出版社股份有限公司发行部
经　　销:	各地新华书店
印　　刷:	北京印匠彩色印刷有限公司
开　　本:	787×1092　1/16
印　　张:	22.25
字　　数:	484 千
版　　次:	2022 年 7 月　第 1 版
印　　次:	2022 年 7 月　第 1 次印刷
书　　号:	ISBN 978-7-114-18046-0
定　　价:	200.00 元

(有印刷、装订质量问题的图书由本公司负责调换)

《秦巴山区高速公路勘察设计关键技术》编审委员会

审定委员会

主　　任：陈长海
副 主 任：郭永谊　张　弛
委　　员：潘鹏飞　李展望　吴战军　韦　虎　史志军
　　　　　王小峰　田　秦　张社文　安登奎

编写委员会

主　　编：熊　鹰　吕　琼
副 主 编：冯联武　姚　军　王　涛　黄　田　王海渊
　　　　　霍军会
参编人员：田　晨　杨　杰　刘永宏　康彦军　李鹏程
　　　　　王春然　张　林　付成林　马永杰　孙兴华
　　　　　侯可义　张　东　徐　磊　胡鹏飞　焦天靖
　　　　　周新龙　田盟刚　张　括　王　亮　王　斌
　　　　　周　瑶　李金鑫　郭　钊　马　青　张衡博
　　　　　张俊英　王　力

前 言

本书主要介绍了秦巴山区高速公路建设发展成就,包括发展历程、建设成就、取得的优异奖项以及典型示范工程。基于陕南秦巴山区地形地貌,介绍路基路面工程的特点;结合使用功能、桥址地形、地质等方面对桥梁加以简单分类,分别介绍了各类型桥梁的特点;针对陕南秦巴山区的立交设计,由于存在自然条件复杂,布设立交的场地多受地形、地质、水文及气候条件制约,主线平纵面指标相对较低等特点,介绍了如何根据路网规划、交通特性等因素,在保证主线交通快速顺畅的前提下,综合考虑自然环境、城镇规划、占地拆迁等多因素合理确定工程方案;针对秦巴山区路侧环境险要、环保要求严、桥隧比例高、路线半径小、连续长下坡路段多、团雾易发等特点,对交通安全设施专项设计进行了介绍。此外,本书简略介绍了陕西秦巴山区高速公路房建工程发展历程,明确房建工程与道路工程、交通工程、机电工程等设计界面划分,最后结合陕南秦巴山区自然特点和高速公路特点,给出了环境保护与景观设计的相关指导建议。

本书共分 10 章,以秦巴山区高速公路典型工程为依托,对总体、勘察、路线、路基路面、桥涵、隧道、交叉、机电、交安、房建、环保与景观绿化等方面,从设计思路、控制标准、具体措施、关键技术、施工工艺的结合和新技术应用等方面进行系统全面的总结和提炼,期望能为其他秦巴山区公路建设项目提供借鉴和参考。

本书参阅了大量的国内参考文献,在此对各文献作者一并致谢!

本书如有未尽善之处,希望读者提出宝贵意见,以便及时修改完善。

编 者
2022 年 4 月

目 录

第1章	概述	1
1.1	秦巴山区地域形态及生态特征	1
1.2	秦巴山区高速公路建设特点	3
1.3	秦巴山区高速公路勘察设计发展	4
1.4	秦巴山区高速公路建设成就	7
第2章	总体设计	12
2.1	指导思想与设计原则	12
2.2	技术标准与技术指标	21
2.3	注重典型方案比选	23
2.4	加强连续下坡路段安全设计	31
第3章	工程勘察	37
3.1	区域工程地质综述	37
3.2	勘察技术	60
3.3	路基地质	74
3.4	桥梁地质	78
3.5	隧道地质	81
第4章	路线设计	87
4.1	路线选线原则	87
4.2	路线方案比选	92
4.3	路线平面设计	100
4.4	路线纵断面设计	103
4.5	路线横断面设计	107
4.6	路线平、纵组合设计	108
4.7	路线设计新技术应用	110
第5章	路基路面设计	114
5.1	路基工程	114
5.2	路面工程	137
5.3	路基、路面排水设计	152

第 6 章 桥梁、涵洞设计	160
6.1 概述	160
6.2 总体设计原则	161
6.3 桥位选择	162
6.4 桥型方案选择	164
6.5 水文勘测及计算分析	166
6.6 桥梁勘测设计	174
6.7 特殊路段桥梁勘测设计要点	180
6.8 钢结构桥梁应用	204
6.9 桥梁防护与排水	208
6.10 涵洞的勘察设计	213
第 7 章 隧道设计	221
7.1 概述	221
7.2 总体要求及设计原则	222
7.3 隧道内轮廓设计	223
7.4 隧道洞口设计	224
7.5 隧道洞身设计	231
7.6 隧道防排水设计	237
7.7 不良地质处理	241
7.8 隧道下穿构(建)筑物设计	259
第 8 章 互通式立交设计	265
8.1 互通式立交的特点	265
8.2 互通式立交设计原则	267
8.3 互通式立交位置选择	268
8.4 互通式立交的选型与方案比选	270
8.5 互通式立交设计要点	280
第 9 章 交通工程及沿线设施设计	292
9.1 交通安全设施设计	292
9.2 机电工程	321
9.3 房建工程设计	331
第 10 章 环境保护与景观设计	339
10.1 技术特点	339
10.2 总体要求	340
10.3 环境保护设计	340
10.4 景观设计	345

第 1 章 概 述

1.1 秦巴山区地域形态及生态特征

1.1.1 地域形态

秦巴山区是秦岭地区和巴山地区的简称，位于我国中西部地区，地跨陕西、甘肃、四川、重庆、河南、湖北六省市，主体位于陕南地区。陕南秦巴山区位于汉中、安康、商洛三市和宝鸡市凤县、太白两县，共28个县(市区)，总面积7.3万 km²，包括秦岭大巴山和夹在其间的汉中盆地与月河安康盆地，处于我国南暖温带向北亚热带过渡的中间地带，气候温和，雨量充沛，是陕西综合发展农林牧渔业等重要的生产基地。

秦巴山区北部秦岭横亘，南部大巴山盘踞，汉江横贯中部，盆地星散分布于群山之间。在地貌上属石质高中山山地，秦岭—汉江谷底—大巴山自北向南排列，呈两山夹一川的地势结构，北部秦岭南麓属低山丘陵～中山区，大部分海拔600～1200m，南部北大巴山属低山～中山区，大部分海拔600～2000m。介于之间的月河安康盆地海拔310～600m，地势较平；汉江谷底海拔400～600m，河谷狭窄，石质阶地发育。区内整体地形崎岖、沟谷纵横、高差很大，地貌形态复杂多样，如图1-1所示。

图1-1 秦巴山区地形地貌

1.1.2 生态特征

秦巴山区是我国生物多样性保护优先区域之一,也是国家重点生态功能区,具有水源涵养、生物多样性保护及水土保持等重要生态服务功能,是国家重要生态安全屏障。安康素有"秦巴万宝山""中药材摇篮"和"天然生物基因库"的美誉,全市有国家级森林公园5处、国家级自然保护区3处;汉中有"汉家发祥地,中华聚宝盆"之美誉,全市有国家级自然保护区8处、国家森林公园4处,黎坪地质公园入选国家地质公园;商洛生态资源丰富,为国家级生态示范区、国家南水北调水源涵养区,素有"天然氧吧""天然药库"之称,全市有国家森林公园3处,还拥有丹江国家湿地公园、武关河国家级自然保护区等。秦巴山区生态环境具有如下显著特点:

(1)耕地资源稀缺

由于特殊的地理位置和生态环境特点,山高坡陡,因此,秦巴山区耕地资源贫乏,宜林草土地比重大,宜农土地比重小。

(2)生物多样性

秦巴山区复杂的地形地势以及神奇的气候分界线,造就了得天独厚的生物资源,组成了复杂、丰富的生态系统,如图1-2所示。

图 1-2 秦巴山区生态

(3)植被复杂

秦岭北坡主要为暖温带落叶阔叶林,南坡主要为混有常绿树种的落叶阔叶林;大巴山北坡与秦岭南坡植被相似,南坡则为典型的常绿阔叶林。随海拔升高,气候、植被等呈明显的垂直地带性分布。

(4)水资源丰富

区域内自然环境优越,生态环境良好,降水丰富,水资源储量大、类型多、水质好、水量稳定,有很多优质水源地。

1.2 秦巴山区高速公路建设特点

（1）桥隧比例高，工程规模大

秦巴山区地形复杂，跨深沟、越高岭路段多。跨深沟段若采用普通的填方路基，即便施工阶段进行了压实处理，后期也会发生一定程度的固结沉降；越岭段若采用路基方案则会降低公路线形指标或增加线路里程。为避免这类问题，在线路展布时，往往布设较多桥梁及隧道等结构物，整体桥隧比例高，工程规模大。

（2）不良地质发育，工程地质条件复杂

秦巴山区地质构造活动强烈，在构造作用下，山体不断抬升，河谷切割深，地势陡峻，地貌单元多。分析已建成的秦巴山区高速公路可知，常见不良地质现象及特殊性岩土有滑坡、泥石流、危岩、崩塌、岩溶等，对路线影响较大，一般不能完全绕避，需采取相应的处治措施。

（3）生态环境保护问题凸显

秦巴山区自然风光优美，动植物资源丰富，水源保护区、自然保护区、风景名胜区、文物古迹保护区、森林公园、重要湿地等环境敏感点分布密集，高速公路的建设会给生态环境带来影响。如山体开挖会降低山体稳定性，林区的砍伐也会对环境造成破坏；隧道弃渣及挖方路基弃渣堆放不当可能产生人为泥石流、滑坡等灾害；连通性较好的地下水分布区，山岭隧道成洞后导致山体地下水平衡被破坏，甚至影响农业生产、居民生活用水和地表植被生长。此类环境问题随着高速公路的建设日益凸显。

（4）交通安全问题突出

秦巴山区山岭纵横，沟壑交错，横坡陡峻，地形起伏大，连续下坡路段多，这些路段通常伴随着诸如大雾、强降雨、强降雪等不利气候条件，易成为事故多发路段，造成严重的人员伤亡、财产损失和不良的社会影响。因此，在秦巴山区高速公路设计中应重视交通安全设计，体现"以人为本，预防在先，容错与防护相结合"的原则。有针对性地采取预防和改善措施，能够最大限度地减少交通事故的发生和降低事故的严重程度。

（5）施工难度大

沿线地形起伏大，施工用水、用电困难；线路纵向便道贯通性差，人员及材料进场难度大；陡坡段桥梁墩柱、梁板结构形式多样化，施工组织难度大；山区通信条件差，遇突发事件时信息传递不及时，施工协调难度大。图1-3为西乡至镇巴高速公路泾洋河特大桥。

（6）新技术、新工艺应用多

早期的常规施工技术在地形复杂的山区表现落后，往往不能有效解决实际问题，达不到质量要求和目前提倡的环保、智能要求。因此，秦巴山区高速公路往往采用新技术、新工艺进行针对性设计、个性化处理，如高边坡的监测预警系统、钢结构桥梁应用、隧道内的光伏照明应用等。

图 1-3　西乡至镇巴高速公路泾洋河特大桥

1.3　秦巴山区高速公路勘察设计发展

1.3.1　勘察设计理念的发展

秦巴山区高速公路建设历经 20 多年的不懈努力,取得了跨越式的发展,制约经济发展的交通瓶颈变成了竞争新优势,切实起到了交通"先行官"的支撑保障作用。公路勘察设计是公路建设的灵魂,高速公路勘察设计水平对公路建设进度、工程质量、运营安全、生态环保、工程造价等具有极其重要的影响,而维持良好勘察设计的重中之重是理念的创新和发展。

勘察设计理念是勘察设计的总体思路、指导思想和基本原则,是勘察设计工程技术人员思维意识的精髓和灵魂,对勘察设计产品质量具有决定性作用。在秦巴山区高速公路 20 多年的发展历程中,勘察设计理念与时俱进,不断更新。

1.3.1.1　以"安全、环保、舒适、和谐"为核心内容的公路典型示范工程设计理念

时代在改革中发展,交通在建设中推进。高速公路在社会进步、经济运行中的大通道作用日益显露,受到了社会各界的充分认可和广泛关注,建设规模进一步扩大,建设速度进一步加快。这一阶段初期,由于勘察设计技术手段相对落后,环保意识相对薄弱,公路设计和建设中对自然环境保护考虑较少,路线布设与地形地质协调性不够,高填、深挖、防护不当等问题较为突出,加之施工现场管理不到位,公路建设对自然生态环境造成较大破坏,并诱发地质病害,造成水土流失,造价逐年攀升。

2003 年,为了贯彻国家"以人为本,全面、协调、可持续"的科学发展观,交通部在总结了四川省川九路等项目建设经验的基础上,提出了公路建设要与自然环境相协调的以"安全、环保、舒适、和谐"为核心内容的公路典型示范工程设计理念。随着公路典型示范工程经验的推广,秦巴山区高速公路勘察设计的理念逐步由"经济、安全、适用、美观"向"安全、环保、舒适、和谐"转变。这标志着秦巴山区高速公路建设理念有了质的飞跃。

1.3.1.2 "功能优先、安全耐久、创新设计"的设计理念

随着高速公路运输网络逐渐形成,高速公路作为公路运输大通道骨干的作用与日俱增。2006年,陕西省高速公路规划调整为"345"网,2011年进一步调整为"2367"网。公路建设围绕高速公路规划网,全面实施陕南加快联通交通战略。尤其2008年为了应对世界金融危机,国家加大了对公路、铁路、水利等基础设施的投资力度,公路建设迎来了前所未有的发展机遇,迅速在全国掀起了高速公路建设的新高潮。

随着国民经济整体水平的提高,公众对公路的使用要求进一步提升,不再局限于快速通达,而是更关注公路运营的安全、舒适和便捷,公路建设的重点由城市、平原地区转向边远地区和山岭区,由单一的全面建设新线转向新建、改扩建、大中修全面发展的新局面,公路也更加突出运营安全、结构安全、保护环境、保护耕地资源、统筹协调发展。2008年,在遭受年初南方冰雪灾害和"5·12"汶川地震等自然灾害,以及兄弟省(区、市)发生多起公路桥梁垮塌事故后,社会对公路等公共设施的使用质量提出了更高的要求,并因此出现了"生命通道"的概念。继续深入贯彻"以人为本,全面、协调、可持续"的科学发展观,关注运营安全,同时关注公路产品的结构安全和使用寿命,从强调采用适度的技术指标,达到公路建设与环境相协调的目标,转向注重功能,适度超前,通过加大勘察设计投入、创新设计、强力推进以设计施工标准化为核心内容的"五化建设"等手段,全面提高高速公路使用品质。在秦巴山区高速公路勘察设计中形成了"功能优先、安全耐久、创新设计"的设计理念。

1.3.1.3 树立科学发展观,贯彻"以人为本""绿色公路""品质工程"设计新理念

2014年以来,国民经济发展战略由数量型向质量效益型转变,国民经济社会发展进入调结构、稳增长的新常态阶段。受其影响,高速公路建设投融资形势严峻,投资规模减小,建设速度放缓。为了适应国家宏观经济转型发展要求,交通运输部提出了加快推进"综合交通、智慧交通、绿色交通、平安交通"的发展理念。2016年交通运输部为落实国家生态环保、节约资源的新发展理念,提出了"绿色公路""品质工程"等建设理念。该阶段秦巴山区高速公路勘察设计树立科学发展观,全面贯彻"以人为本""绿色公路""品质工程"的创新发展设计理念。

1.3.2 勘察设计技术手段的发展

"工欲善其事,必先利其器。"陕西省高速公路建设历程中勘察设计技术手段的运用、改进和升级换代,促进了建设事业的发展,提升了科技水平,创造了优异的成果。

1.3.2.1 工程测量

在高速公路建设初期,公路工程勘察执行交通部《公路路线勘测规范》(JTJ 061—85),平面控制测量采用布设三角锁法,利用经纬仪测角;中桩放样采用拉链和经纬仪拨角法;地形图采用经纬仪配合小平板法测制。随着高速公路建设的发展,工程测量技术也取得了长足的进步,逐步发展到平面、高程控制采用电子全站仪完成;地形图大面积采用航空摄影测量技术完

成,小面积采用全站仪进行数字化测图;中桩测量采用全站仪利用极坐标法放样;中桩、横断面测量采用全球定位系统(GPS)、实时动态载波相位差分技术(RTK);部分路段采用机载激光雷达技术完成 1:2000 比例尺地形图航测工作。

高速公路测量手段的发展、技术的进步,极大提高了秦巴山区高速公路的测量水平,加快了测量速度,为整个高速公路项目的圆满建设提供了技术支持。

1.3.2.2 地质勘察

高速公路工程地质勘察工作贯穿于公路项目的前期规划、勘察设计、工程施工等过程。地质勘察工作是勘察设计的基础,其工作深度直接影响公路设计质量、工程造价。切实做好公路工程地质勘察工作,是确保勘察设计质量的重要途径。

1998 年和 2000 年陕西省交通科技工作者先后完成了陕西省"九五"科技攻关项目"西安—汉中高等级公路遥感航测技术应用研究及 3S 系统研制"、交通科技重点项目"陕西省交通卫星遥感影像图及信息系统"和交通部"九五"重点科技项目"综合遥感技术在公路深部地质勘察中的应用研究"。陕西省公路勘察设计院是科技攻关项目和课题研究的主要承担者,取得了有关公路工程地质遥感信息提取技术、不良地质现象遥感预测方法、公路遥感多媒体数据库技术和三维软件开发研究等一系列创新性成果,其中合作开发的公路工程三维地理信息系统(3D-GIS2.0 版),是具有全新自主版权的新型三维地形分析软件,是我国公路勘察设计迈向自动化的重要一步。

1999 年以来,陕西省交通运输厅在陕西省高速公路勘察设计项目中推广遥感开发的技术成果,已经完成工程应用 30 多项,为公路建设方案的确定及时提供了可靠的工程地质资料,使路线方案走廊带的确定更合理、更迅速。在完成任务的超前性、实际避免灾害损失及生态环境有利性方面产生的经济效益和社会效益不可估量。目前,该技术成果正在继续推广应用中。

2010 年,陕西省交通运输厅发布《关于进一步加强公路勘察设计管理工作的若干意见》,对地质勘察工作提出了更高的要求。文件明确提出强化地质勘察工作对加快高速公路建设、确保高速公路建设质量的重要性,并要求项目总体设计单位编制工程地质勘察技术指导书,指导地质勘察工作规范进行。

秦巴山区的高速公路在不断建设,地质勘察技术手段也在不断提高。勘察中充分利用了地质遥感、大比例尺地质调绘、物探、电探等提高工作效率的技术手段,利用了遥感技术解译地质构造和地层概况,使路线方案避开大的不良地质,确保路线走廊带内地质病害最少、占用良田较少、实施难度最低、工程造价较省。

1.3.2.3 设计手段

1)手工制图到计算机辅助设计

在陕西省高速公路发展的起步阶段,设计图表全部采用手工绘制、手工填写。随着计算机技术的迅速发展,20 世纪 90 年代初期,计算机辅助绘图开始用于高速公路设计。90 年代中后期,大量国外专业道路软件被引入国内。

1998年德国IB&T有限公司在西安设立办事处,CARD/1以其功能强大、设计专业、使用灵活进入陕西省高速公路设计市场,同时给我国道路设计技术带来很多新的设计思想、设计理念,也开启了陕西省高速公路设计由计算机辅助绘图到计算机辅助设计的过渡,该过程目前仍在持续发展中。同期使用的计算机辅助设计软件还有纬地道路设计系统、路线大师、EICAD、理正、海地、桥梁博士、桥梁大师、桥梁通等。

随着计算机硬件技术的不断进步,各类设计软件的功能、易用性迅速发展,极大减轻了设计人员的劳动强度,提高了设计工作的效率和质量。路线设计工作进入人机交互式设计(动态实时优化设计)阶段,这标志着设计理念、设计理论和设计方法高度统一,为最优化设计奠定了基础。纬地和CARD/1道路设计软件基本实现了基础信息输入、设计参数修改、工程量计算、图表绘制、资料传递、数据存储管理、文件输出等工作自动完成的功能,极大提高了设计质量和效率。且随着专业软件的发展,设计与绘图融为一体,制图员作为设计中的独立工种也消失在时代的进步中。先进测设手段的使用,大大提高了设计精度和设计效率。21世纪初,国产专业软件迅速崛起,其中纬地道路设计系统以其易用性受到道路设计人员的欢迎,并迅速普及使用,成为陕西省道路设计的主要软件。

2)建筑信息模型(BIM)技术应用

BIM技术具有强大的数据处理能力,包括对数据的收集、存储、修改、传递和分析等。BIM技术可以基于全面化的数据构筑相应的模型,借用模型促使设计或施工人员更方便、清楚地掌握工程建设内容,并可以模拟后续可能发生的各种状况,强化各专业人员间的交流,以便及时调整方案,协调工作开展。

目前BIM技术在公路工程的设计阶段应用效果良好,它可以借助工程信息建立三维虚拟模型,模拟整个公路工程项目的局部和整体,有助于促进信息的交流和处理,能够根据实际情况为目标项目提供可行性意见,极大地满足了设计阶段的高标准要求。

近年来,BIM技术广受关注,在很多高速公路项目中发挥了重要作用,秦巴山区高速公路勘察设计正在逐步应用BIM技术,以实现高标准的设计要求。

1.4 秦巴山区高速公路建设成就

高速公路是交通现代化的重要标志,陕西省高速公路是伴随着改革开放的坚定脚步和现代化建设的伟大进程而发展壮大起来的。从1986年西安至临潼高速公路开工建设起,陕西省便把高速公路作为公路发展的中心任务,逐步推进建设。历经30余年,陕西省高速公路总里程已突破6000km,基本建成国家高速公路网陕西剩余路段,实现了县县通高速公路的目标。陕西秦巴山区高速公路作为陕西高速公路的重要组成部分,经历了从无到有、从线到网的巨大变化,实现了由量到质、由快到好的科学发展。

由于受秦岭和大巴山的阻隔,地处秦巴山区的汉中、安康、商洛地区,经济社会发展和人行货运长期饱受交通不便的制约。直到2001勉县至宁强高速公路(图1-4)和秦岭终南山公路隧道相继开工,秦巴山区人民才看到了改善出行条件的希望。

图1-4　勉县至宁强高速公路

2006年,陕西省委、省政府出台《关于陕南突破发展的若干意见》,指出陕南的突破发展不仅关系到陕南850万人民的福祉,而且关系到全省经济社会协调发展和全面建设小康社会的大局。并明确提出,要加快陕南交通设施建设,尽快建成西汉高速公路、宁棋高速公路、西康高速公路、西合高速公路和银武高速公路商洛段,加快建设十堰至安康至汉中至天水高速公路,增强连通性和通达深度,基本实现"出境公路高速化",形成结构合理、快速便捷的路网格局。为提升秦巴山区的区位优势、促进秦巴山区突破发展,秦巴山区也随即成为加快高速公路建设的主战场之一。

2007年9月,西安至汉中高速公路(图1-5)全线贯通。西汉高速公路是穿越秦岭、关中通往陕南的第一条高速公路,也是当时一次性开工里程最长、投资最大、施工难度较大的高速公路建设项目。尤其是秦岭隧道群的建成,大大缩短了西安至汉中的行车距离。其中,秦岭一号隧道全长6144m,秦岭二号隧道全长6125m,秦岭三号隧道全长4930m。秦岭服务区雕塑群《华夏龙脉》运用了18个历史典故,展现了秦岭的5条古栈道及现代的西汉高速公路。在2008年"5·12"汶川地震救灾中,刚刚建成通车的西汉高速公路发挥了重要作用,被誉为抗震救灾"生命线"。

图1-5　西安至汉中高速公路

2008年10月,蓝田至商州至陕豫界高速公路(图1-6)建成通车,使国家高速公路沪陕线陕西境实现全线贯通。不仅完善了全国和陕西高速公路网络,形成了一条西北通往华东、中南地区最便捷的运输大通道,而且对促进秦巴山区突破发展,推动区域共同发展,加强陕西与中东部地区经济文化交流具有十分重要的意义。

图1-6 蓝田至商州至陕豫界高速公路

2009年5月,西安至安康高速公路全线贯通,全长18.02km的秦岭终南山隧道(图1-7)和全长11.2km的包家山隧道极大缩短了两地行车里程,也成为一大景观。西安至安康高速公路的贯通,标志着安康不通高速公路的历史宣告结束,陕西也提前两年实现全省市市通高速公路的奋斗目标。西康高速公路使安康市真正融入西安2小时经济圈,对进一步促进安康与关中及发达城市的经济文化交流和联系,加快旅游和经济发展,实现安康突破发展,建设西部强省,打造西安、成都、重庆"西三角经济圈"具有十分重大的意义。

图1-7 西安至安康高速公路(终南山隧道)

秦巴山区绿色循环发展是陕西省委、省政府推动区域协调发展、特色发展、全面发展的重大战略部署。2011年,陕西省政府出台《关于加快推进陕南循环发展的若干意见》,要求继续强化基础设施建设,围绕建立贯通省内外的大通道、大枢纽,加快建设一批高速公路、铁路、机场和航运项目,构建适度超前、功能配套、安全高效的现代化交通体系。按照这一要求,位于秦巴山区的高速公路项目进一步加快建设进度。

2012年8月建成通车的西安至商州高速公路(图1-8),极大缓解了西安至蓝田、蓝田至商州高速公路的保畅压力,对西安城市总体规划的实施及蓝田县域经济发展起到了促进作用,对进一步密切陕南、关中区域的时空联系,加快区域旅游资源开发,实现"关中跨越式发展""陕南突破式发展"产生了重要影响。同时建成通车的岔口铺至洛南段高速公路,使商洛市在全省第一个实现县县通高速公路的目标,也使其成为我国贫困地区和革命老区中较早实现县县通高速公路的地级市。然而在6年前,商洛还是个高速公路"盲区",此6年间通往商洛的高速公路飞速发展。

图1-8 西安至商州高速公路

随着商洛至漫川关、商洛至界牌、十堰至天水陕西段、安康至陕川界、安康至平利、汉中至陕川界、坪坎至汉中、柞水至山阳、平利至镇坪、安康至岚皋、西乡至镇巴(图1-9)、太白至凤县等一批高速公路项目建成,北京至昆明、包头至茂名、上海至西安、福州至银川、十堰至天水高速公路(图1-10)陕南段全线通车,汉中、安康、商洛三市的县区基本连通,陕南高速公路骨架网基本形成。

图1-9 西乡至镇巴高速公路

截至2020年底,秦巴山区共有高速公路1999.893km,其中安康654.783km,汉中697.32km,商洛489.463km,宝鸡158.327km(太白、凤县)。陕西省秦巴山区高速公路基本信息见表1-1。

第1章 概 述

图 1-10 十堰至天水高速公路

陕西省秦巴山区高速公路一览表　　　　表 1-1

序号	编　号	高速公路名称	路　段　组　成
1	G5	京昆	西汉高速公路(254.77km)、勉宁高速公路(54.86km)、宁棋高速公路(17.95km)
2	G65	包茂	西安至柞水段(43.50km)、秦岭终南山隧道(18.02km)、柞水至小河段(71.67km)、小河至安康段(58.26km)、安康至陕川界段(104.61km)
3	G7011	十天	白河至安康段(安康东高速公路129.80km)、安康至西乡段(安康西高速公路89.95km)、西乡至汉中段(汉中东高速公路95.36km)、汉中至略阳段(汉中西高速公路150.96km)
4	G70	福银	商州至漫川关段(94.50km)、蓝田至商州段(92.31km)
5	G40	沪陕	商州至陕豫界段(122.22km)、西安至商州段(118.86km)
6	G85	银昆	宝鸡至坪坎高速公路(73.257km)、坪坎至汉中段(88.721km)、汉川高速公路(53.77km)
7	G69	银百	安康至岚皋高速公路(91.34km)、岚皋至陕渝界段(47.414km,在建)
8	G6911	安来	平利至镇坪段(84.88km)
9	G4213	麻安	安康至平利段(61.20km)
10	S13	澄商	澄城至洛南段(规划)、洛南至岔口铺段(10.03km)
11	S17	桐旬线	桐木至旬阳段(规划)
12	S21	宁石	宁陕至石泉段(51.01km,在建)
13	S26	洛卢	洛南至卢氏段(规划)
14	S27	洋镇	洋县至西乡段(规划)、西乡至镇巴段(50.05km)
15	S28	眉凤	眉县至太白段(75.435km,在建)、太白至凤县段(85.07km)
16	S29	茶胡	茶店至胡家坝段(规划)
17	S30	丹宁	宁陕至镇安段(规划)、柞水至山阳段(79.092km)、山阳至竹林关段(规划)

· 11 ·

第 2 章 总 体 设 计

总体设计是公路勘察设计的总纲,是在综合考虑设计标准、建设规模的前提下,对全线总体布局及各专业协调设计方面做出的综合设计,是一项系统工程。其内容涵盖了公路自身的功能要素及其他各种因素,而总体设计便是对这些要素、因素进行综合分析,使其系统化,使建设的高速公路既能满足自身功能的要求,又能与大自然相融合,达到协调与平衡的目的。秦巴山区地形地貌、地质和自然环境复杂,解决好复杂建设条件与高速公路安全舒适、通达便捷的高要求这一矛盾的关键是践行绿色发展理念。做好总体设计,才能实现秦巴山区高速公路安全、耐久、节约、友好、环保和可持续发展的目标。

2.1 指导思想与设计原则

2.1.1 指导思想

总体设计指导思想是勘察设计工程人员思维意识的精髓和灵魂,是公路勘察设计、建设、运营及管理经验的总结与智慧结晶,对勘察设计质量具有决定性作用。

高速公路设计应采取一切有效措施,保障公路设施的自身安全和运营安全,为道路使用者提供安全保障和人性化服务,提高道路交通的安全水平和服务水准。秦巴山区高速公路设计必须将安全放在首位,如图 2-1 所示。

图 2-1 十天高速公路安全设计

秦巴山区沟壑交错，横坡陡峻，地形、地质及水文条件复杂，不良地质及环境敏感点众多，生态环境脆弱，如仍然采用平原区高速公路设计指导思想，强调较高的技术标准，出现高填深挖路段，不仅严重破坏区域的自然环境，影响公路景观，而且会诱发大量地质灾害，直接影响高速公路的正常运营。因此，秦巴山区高速公路设计应坚持绿色发展理念（图2-2），将绿色公路设计思想贯穿整个过程，落实到各个专业，做到最大限度的保护、最低程度的破坏、最强力度的恢复，保护沿线自然环境、生态资源和生物多样性，实现环境保护与公路建设并举、公路发展与自然环境相和谐，达到可持续发展的目的。

图2-2　平镇高速公路绿色公路建设

除此之外，秦巴山区高速公路应将"以经济为主"的片面观念转变为"全寿命周期成本"的理念（图2-3），统筹考虑规划、建设、养护、运营全过程，系统解决工程结构的耐久性和抗疲劳性、人车行驶的安全性、养护维修的可行性、防灾减灾的有效性以及环境景观的协调性等问题，实现公路使用寿命更长、总体投资更省的目标。

a）施工便道永临结合　　　　　　　　b）太阳能供电系统

图2-3　西镇高速公路树立全寿命周期成本理念

没有技术创新作支撑，再好的设计思路和方案也只能是一纸空谈。秦巴山区公路建设结合设计、施工对重大技术难点问题开展技术研究工作，实现了勘测手段和设计方法的创新（图2-4）；结合交通运输部和陕西省交通运输厅发布的交通行业科技成果推广项目、节能降耗示范项目，采用适用的新技术、新材料、新工艺、新设备，实现了适度超前建设与资源环境保护、循环经济及节能减排的统一。

图 2-4　西镇高速公路积极开展科技创新

综上所述,秦巴山区高速公路的总体设计应按照绿色发展和高质量发展的要求,遵循"以人为本、安全至上,自然和谐、生态环保,因地制宜、节约资源,技术创新、全寿命可持续发展"的指导思想,提升设计理念,强化技术创新,因地制宜优选工程方案,精心设计提升工程品质,实现安全耐久、景观协调、环境友好、资源节约、运行安全等综合目标最优。

2.1.2　设计原则

秦巴山区地形复杂,山岭纵横,沟壑交错,横坡陡峻;地质构造复杂,地层岩性差异较大,断裂带、滑坡、坍塌、泥石流等不良地质病害多;气候条件变化多端,行车环境复杂;环境敏感点众多,生态环境脆弱;可耕种和适宜居住的土地少,在已有公路、铁路、电力、通信等通道和大型水电、水利设施的共同占用挤压下,高速公路路线走廊带稀缺。根据这些特点,秦巴山区高速公路总体设计原则如下:

2.1.2.1　以人为本,重视安全设计

秦巴山区地形复杂,地面起伏较大,重载交通较多,应重视安全设计,体现"以人为本,预防在先,容错与防护相结合"的原则。路线应选择纵坡平缓、线形平衡、行车安全的方案。线形设计应运用运行速度等设计方法加强检验,改善相邻路段指标的组合,降低相邻路段容许速度差,提高线形设计的一致性和连续性,消除安全隐患。连续上、下坡路段,既要考虑上坡方向的爬坡能力和通行能力,又要考虑重载车辆连续下坡制动失效时的安全,要通过合理设置爬坡车道、避险车道及安全防护设施,提高行车安全性。

十天高速公路白河至安康段呈东西走向,布设于大巴山北坡和汉江谷地之间,山大沟深,谷岭相间,地势起伏较大,受地形影响路线连续通过分水岭,分水岭两侧沟道自然纵坡达3%以上,且长度较长,不可避免地存在连续长上、下坡路段。

设计中应加强长下坡路段路线方案研究,以"上坡行车通畅、下坡行车安全"为目标控制平均纵坡,合理运用最大纵坡和最大坡长,且充分利用地形,采取多种手段,合理分布纵坡,并设置安全检查区、紧急停车带、避险车道等安全保障设施。为进一步提高该段公路的行车安全

性,确保高速公路安全、快捷运营,最大限度地保护驾乘人员的生命和财产安全,全线根据道路线形特点、避险车道和服务设施设置情况、车辆运行速度等因素,系统设置了交通安全设施,为驾驶员安全驶过连续下坡路段给予指导、提醒警示,以达到防患于未然的目的。

2.1.2.2 坚持地形选线、地质选线、生态选线,注重多方案综合比选

秦巴山区地形、地质、水文条件复杂,环境敏感点众多,生态环境脆弱,路线布设应遵循地形选线、地质选线和生态选线相结合的原则。在路线布线时,应首先研究路线走廊内的地质条件,合理布设路线,绕避大型不良地质地带,从根本上提高公路抵御自然灾害的能力,保证施工和运营安全,降低工程风险;必须穿越时,应选择有利地带通过,并采取安全稳定技术措施;在保证行车安全的前提下,强调因地制宜,灵活和均衡地选用技术指标,使路线顺应地形,减少对自然地形、地貌的破坏,使路线与周围环境融为一体。秦巴山区高速公路路线方案影响因素多而复杂,各个设计阶段应注重多方案综合比选。在对路线方案进行多方案深入、细致的论证比选时,不仅要着眼于路线和工程方案本身,还应将生态环境保护列为重要比选内容,使得拟定的方案技术可行、经济合理,并有利于生态和环境保护。

平镇高速公路位于秦巴山区大巴山北麓,区内山岭峻峭,沟谷狭窄深邃,不良地质发育,位于南水北调上游主要水源补给地,水环境保护要求极高。设计中坚持地形选线、地质选线、生态选线,全线灵活使用曲线以适应地形(图2-5),有效避免高填深挖;路线避让断层74处、滑坡85处、崩塌23处,从根本上提高了公路抵御自然灾害的能力,保证了施工和运营安全,降低了工程风险;对重难点路段加强路线方案综合比选,共布设17段比较线,累计长度91.507km;针对项目区特点开展施工、运营期水环境保护专项设计,采用较长的隧道方案避让古仙洞水源保护区,最大限度保护生态环境,创建绿色公路,建设典型示范工程。

图2-5 平镇高速公路"吻合地形"

2.1.2.3 合理利用路线走廊,集约节约资源

秦巴山区路线走廊资源十分贫乏,是铁路、公路、管线等线状工程争夺的对象,应把走廊带作为不可再生的资源,统筹规划,合理布局,近远结合,综合利用。高速公路与铁路交叉的上跨桥梁,还应考虑如电气化、复线等改扩建需求,与管线交叉时应设置检修通道。既有公路是高速公路建设中各种物资十分重要的运输通道,也是高速公路建成后交通量的主要来源,应践行

可持续发展理念,统筹布设临时便道、预制场,做好弃渣造地和土地复垦,尽可能遵循"永临结合、充分利用"的原则。

西镇高速公路与 G210 国道共用路线走廊(图 2-6),路线与 G210 国道交叉时,均采用桥梁形式跨越,灵活采用全幅双柱桥墩设计,调整桥墩间距,为 G210 国道留足净空。西镇高速公路通过设置堰口立交、杨家河立交、镇巴立交、午子山服务区与 G210 国道高效衔接,促进了区域路网的发展,提高了公路运输效率,改善了沿线乡镇居民的出行条件。

图 2-6 西镇高速公路与 G210 国道共用路线走廊

平镇高速公路建设全过程树立集约节约资源理念。全线施工便道结合地方农村公路建设(图 2-7),全线有约 20.4km 的临时便道保留作为农村公路;全线路基及房建厂区填方均采用路基及隧道弃方填筑(图 2-8);隧道弃渣加工路用碎石、石渣或块片石等地材 180 万 m^3(图 2-9);隧道通风照明采用节能方案(图 2-10),高效集约节约资源。

图 2-7 平镇高速公路施工便道与旅游道路、村道相结合

2.1.2.4 正确处理道路建设与占地、拆迁的关系

秦巴山区可用于农业耕作的土地十分贫乏,高产农作物耕地大多分布于山间平原或河谷阶地,同时居民居住地也分布于此,而这些区域往往也是较为优越的路线走廊。因此公路总体设计要严格落实"最严格的耕地保护制度"优化设计方案,充分利用荒山、荒坡和劣质地,应尽

量少占高产田、经济作物田或经济林园,严格控制路线、互通式立交等工程规模,最大限度地节约土地、保护耕地,并应综合考虑占地、拆迁与路线绕避及增加结构物的比选方案,合理确定造地还田和居民搬迁的实施方案。深化取弃土方案研究,结合农田规划,利用弃土场进行造地或绿化,做好综合治理工作,保护环境,缓解占地矛盾。

图2-8 平镇高速公路采用路基及隧道弃方填筑房建场区

图2-9 平镇高速公路隧道弃渣加工路用碎石

图2-10 平镇高速公路隧道照明及通风系统节能方案

平镇高速公路地处陕鄂渝三省市交界处,全线山岗连绵,峰岭叠嶂,土地资源稀缺,从设计到建设施工一直非常重视全寿命周期节地理念,设计与施工过程中采取了多项节地措施,共节约土地1100亩(1亩≈666.67m^2)。在公路选线、布线时,注意避让基本农田、湿地,禁止耕地超占,减少土地分割,做好路堤与桥梁、路堑与隧道的方案比选,在满足使用功能的前提下,互通式立交采用简单紧凑的设计方案,房建工程结合实际地形,尽可能少占用土地资源(图2-11)。项目永久占地5266.73亩,其中67%的占地为荒坡地、河滩地和劣质地等。同时,全线利用21处弃渣场共计造地811亩,最大限度地实现了节约土地、保护耕地。

图2-11 平镇高速公路合理设线,减少占地、拆迁

2.1.2.5 注重路景协调融合,促进交旅融合发展

公路总体设计应从自然和人文景观这一重要因素出发,以公路路线为纽带,桥隧构造物、互通区、沿线设施为节点,因地制宜,对路域景观进行专项设计,做到与周围环境、景观的相互协调,讲求美感,同时应结合沿线地形地貌及周边环境,科学设置服务区、停车场,探索增设景观台、汽车露营地、旅游服务站等特色设施,提升完善公路服务和旅游功能,促进交旅深度融合,如图2-12所示。

图2-12 包茂高速公路西康段"车在画中游"

"秦岭最美是商洛"这一旅游品牌,随着四通八达的公路交通网络逐渐被人们所知晓(图2-13)。包茂高速公路沿线的柞水溶洞、牛背梁、塔云山,沪陕高速公路沿线的牧护关、大云寺、金丝峡等一大批旅游景点串珠成线,实现高速公路直达,旅游综合收入较通高速公路前翻了一倍。

图 2-13　沪陕高速公路西商段"秦岭最美是商洛"

因地制宜设置与沿线历史人文相融合的特色设施,宣传地域文化,传承历史文脉。西汉高速公路秦岭服务区大型雕塑群《华夏龙脉》以在秦巴地区影响中华民族历史的 10 个重要时间段为背景,运用 18 个历史典故,从政治、经济、军事、文化等各个方面,集中反映华夏民族不畏艰难,以人定胜天的决心改造自然的力量,如图 2-14 所示。

图 2-14　西汉高速公路秦岭服务区《华夏龙脉》雕塑群

平利县素有"女娲故里,硒茶之乡"之称,平镇高速公路天书峡服务区结合"女娲传说""人文特色""八仙修道及茶文化"等特色主题在挡土墙设置主题浮雕和茶文化景观;镇坪服务区结合镇坪县"古盐道文化和自然国心"特色主题,在服务区主线路肩挡土墙增设主题浮雕等,如图 2-15 所示。

图 2-15　平镇高速公路主题服务区

眉太高速公路沿线旅游资源丰富,途经眉县境内的红河谷森林公园、石头河国家湿地公园、太白山国家森林公园,太白县境内的药王谷风景区、青峰峡国家森林公园、鳌山滑雪度假中心等知名旅游景区。眉太高速公路的建设打破了太白县旅游业发展的瓶颈,使太白县融入关中、陕南旅游交通大环线,极大地推动了太白县自驾车旅游市场的开发,有效促进了周边旅游和社会区域经济发展。依靠优质的旅游资源及旅游人群,路平沟服务区与鳌太假日公园的旅游开发联合创新建设,践行交旅融合新理念,创新旅游交通产品,提升旅游交通服务品质,形成山地休闲度假新模式,打造中国"驴友"第一大本营,促进旅游业大发展。

2.1.2.6 积极开展科技创新,提升工程技术含量

促进技术进步与技术创新,是秦巴山区高速公路持续高质量发展的保证。秦巴山区高速公路应按照"研究性设计、创造性设计、前瞻性设计"的原则,不断实现先进适用的新技术、新工艺、新材料、新装备和新标准的探索与完善,积极推进钢结构桥梁、预制拼装技术、BIM技术等的应用;积极开展公路关键性技术研究,探索湿地保护、动物通道设置、能源高效利用及节能减排、路域生态防护和修复等新技术;不断进行勘测手段和设计方法的创新,努力提高设计质量,提升工程技术含量和设计品质,实现技术进步和突破。

2007年9月西汉高速公路通车,实现了"千里蜀道一日还"的梦想。西汉高速公路全长254.77km,是陕西交通史上一次性开工里程最长、投资最大、施工条件最差、地质灾害最多、技术难度最大的山区高速公路建设项目之一。秦巴山区地貌和地质构造极其复杂,大型地层断裂带和滑坡等地质灾害发育,应用常规的方法在短时间内进行方案比选设计十分困难,要把这条路建设成为"生态路、环保路、景观路",必须要有科技手段和科研成果的支撑。

2011年11月,承担设计任务的陕西省交通规划设计研究院有限公司按照"满足功能、安全使用、环保经济"的原则,把设计任务当作科研课题,经过深入细致的反复踏勘和调研,在国内首次将遥感航测技术应用于公路工程设计领域,查清了秦岭山区区域地质构造特征,使土门关、铁锁关等5座长大隧道避开了大型断裂带,成功将总长16.95km的秦岭隧道分解为长度为6.1km、6.15km和4.7km的3座隧道组成的隧道群,这一方案的确定为解决西汉高速公路穿越秦岭起到了关键作用。通过依托西汉高速公路工程实践,形成了秦巴山区高速公路生态环保路线设计、土石混填路基施工、膨胀土路基稳定及处治、长大陡坡路段路面修筑、弯坡桥面铺装等成套技术理论体系,研究成果达到了国际先进水平,在西汉高速公路(图2-16)、十天高速公路、宝汉高速公路等多条秦巴山区公路建设中推广应用,取得了显著的社会经济及生态效益。

西镇高速公路是国内地质条件较复杂、施工难度较大的山区高速公路之一,沿泾洋河道蜿蜒穿越秦巴山脉的峡谷无人区,曲线桥梁比例高达95%。在大桥弯道最集中的6.05km路段创新采用了目前国内规模最大的"钢板与混凝土组合梁"新结构(图2-17),可在工厂生产、现场拼装,最大限度减少了施工过程中的建筑垃圾,而且桥墩施工和桥梁拼装同步进行,加快了工程进度。同时,钢梁采用耐候钢,桥梁的使用寿命比普通混凝土梁大幅提高,为我国复杂地形条件下山区公路桥梁的科研和施工积累了成功经验。

图 2-16　西汉高速公路积极开展科技创新

图 2-17　西镇高速公路钢板与混凝土组合梁

2.1.2.7　加强总体协调设计,提高设计质量

秦巴山区高速公路受地形、地貌、地质条件的制约,路线平纵面对桥梁、隧道、路基防护工程等影响很大,桥隧设置方案和路基稳定性可能控制路线方案,不同方案工程量差异较大,各专业间相互协调和衔接设计显得非常重要。成立项目总体组,负责制订各相关专业的设计原则,建立定期沟通会议制度,加强内部质量管理,完善资料互提的流程控制,把好事先指导、中间检查、外业验收、三校两审等环节的质量关,做好与各相关行业及沿线各相关部门的沟通、协调工作。分标段勘察设计的项目总体设计单位加强和其他勘察设计单位的协调、统一与衔接。

2.2　技术标准与技术指标

公路技术标准和主要技术指标的确定是一项科学性极强、设计因素广泛的工作,是公路勘察设计的前提条件,不仅直接影响高速公路的使用功能和造价,而且会影响高速公路沿线的自然环境和区域路网。

2.2.1 因地制宜,合理论证采用技术标准

技术标准是工程可行性研究阶段的重点内容,一般在后期的初步设计和施工图设计中维持工可确定的技术标准。但是面对秦巴山区复杂的地形、地质、水文、生态等自然条件和社会条件,设计者较难在工可阶段对很多复杂的问题得到全面、深刻的认识,做出完全正确的判断,因此秦巴山区仅在工可阶段完全确定合理的技术标准是难以实现的。随着工作的深入,基础资料将更为丰富、翔实、准确,将会使设计者对项目有更全面、更准确的认识与定位,对技术标准有更新、更明确的认识,从而能够更加灵活地掌握和运用技术标准。如果在后期工作中不根据实际情况对技术标准进行再研究分析,会对工程本身及自然环境、区域路网等产生较大的不良影响。因此秦巴山区高速公路在后续设计中要验证工可阶段确定的技术标准的适应性和合理性,要强调技术标准与路线方案、工程方案同步研究的思想,使其贯穿于勘察设计的各个阶段。

秦巴山区高速公路应依据公路网规划从全局出发,结合公路功能和定位、交通量分布特点、建设条件、与相邻路网技术标准的衔接,在详细分析路线走廊带的地形、地质、生态以及重要控制因素的基础上考虑环境保护和工程造价等因素,综合论证技术标准。同时,秦巴山区地形变化较大,路线途经河谷、山间平原、山岭等,地形类别多,应因地制宜,根据不同的地形类别和交通量情况分段采用不同的技术标准,以利于环境保护、减小工程量、节约工程造价。不同技术标准的设计路段之间应选择合理的衔接位置或地点,一般选择在互通式立交和地形明显变化处,过渡应顺适,衔接应协调。

西汉高速公路穿越秦岭主山脉,连接关中平原和汉中平原,地形复杂多变,设计根据不同的地形条件采用不同的技术标准(图 2-18)。设计速度采用 60km/h、80km/h、100km/h,路基宽度采用 20m、22.5m、24.5m、26m,最大限度使技术指标与地形相适应,避免高填深挖,保护沿线生态环境,构筑绿色生态走廊。

图 2-18 西汉高速公路因地制宜采用技术标准

2.2.2 灵活运用技术指标,实现可持续发展

技术指标不仅影响道路的使用功能和工程造价,而且影响道路沿线的生态环境。秦巴山区地形、地质条件复杂多变,若机械套用规范指标,将使得路基高填深挖,不仅严重破坏区域的自然

环境,影响道路景观,而且会诱发大量地质灾害,直接影响道路的施工及运营安全。因此,秦巴山区高速公路技术指标的运用强调与自然环境相结合,在满足道路使用功能和行车安全的前提下,结合地形、地质条件的变化,灵活运用技术指标,坚持路线与地形条件相互协调,不盲目追求高指标,并保证不同设计路段间和同一设计路段内技术指标的连续性和均衡性,实现环境保护与公路建设并举、公路建设与自然环境相和谐(图2-19),实现可持续发展。

图 2-19　沪陕高速公路与自然环境相和谐

2.3　注重典型方案比选

秦巴山区自然条件极为复杂,高速公路工程方案的拟定与路线方案有着极强的内在联系,工程方案的变化,如整体式路基与分离式路基、高路堤与高架桥、深路堑与隧道的比选采用,对路线方案有着较大的制约与影响。每一个方案的变化,不仅仅只是表现在具体的工程方案上,也可能会导致较长路段总体方案的变化。对不同总体设计典型工程方案应在路线布置、工程设置、环境保护与景观、工程造价等方面进行全面分析比较,从而确定合理的工程方案。

2.3.1　整体式路基与分离式路基

在秦巴山区自然条件较好的路段,整体式路基是路幅设计的首选方案,它的优势在于工程集中,有利于施工组织管理、节省占地,便于沿线设施布置和运营养护。但当路线通过横坡陡峻等地形条件困难的路段时,整体式路基路幅较宽,平、纵面灵活性较差,在路线布置的空间资源极其受限的情况下,会使得路线总体设计单调、呆板,出现高填深挖、挤占河道、增加占地等,造成对自然景观的破坏和环境的污染。分离式路基能够有效减小路基开挖宽度,减少对山体的破坏,是秦巴山区高速公路设计中普遍采用的路基断面形式,如图2-20所示。

高速公路具有明显的分向分道行驶的特征,在秦巴山区高速公路设计中,应根据地形、地质、环境等条件,本着因地制宜的原则,合理利用各要素,对每个方向进行独立的线形设计,可以采用平面线形相同而纵断面线形不同,或左右幅单独设计,甚至左右幅分设在河谷或山脊两侧坡面上。这样不仅可最大限度地利用布线走廊带的空间资源,还可以在较大范围内重现寻找路线单向布线的最佳途径,从而最大限度地消除采用整体式路基带来的不利影响。按照路线平、纵面不同,可以将分离式路基分为纵断面分离式路基和平面分离式路面。

图 2-20 十天高速公路灵活布设路基断面

2.3.1.1 纵断面分离式路基

纵断面分离式路基是指左右幅为一条平面设计线,而纵断面线采用不同设计高程的路基形式,分离式路基的设计仅是在纵断面设计方面。

1)沿河(沟)地段布线(图 2-21、图 2-22)

沿河(沟)布线是秦巴山区高速公路常见的布线方式,但由于受到河道泄洪、河道自然弯曲形态、临河一侧陡峻山体及其地质条件的限制,布线常常较为困难。尤其是在"V"形河谷布线时,不可避免地会出现高边坡,在地质条件较差的路段,高边坡的治理工程规模大、隐患高,且大量开挖山体不利于环境保护,易产生地质灾害。因此,在对河道泄洪、山体横坡及工程地质条件等因素进行综合分析后,可采用分离式路基,提高临山一侧的路幅设计高度。这种布线方式对于陡坡路基也是非常适用的。

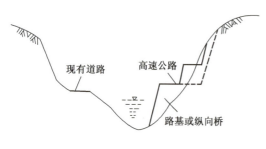 

图 2-21 "V"形河谷或陡坡布线的纵断面分离式路基　　图 2-22 西汉高速公路纵断面分离式路基(一)

2)斜坡地段布线(图 2-23、图 2-24)

斜坡地段布线是秦巴山区十分常见的布线方式。地面横坡使得路线横向有一定的高差,若按整体式断面设计,斜坡下方半幅路基的填土高度较高,采用分离式路基可降低高度,减少土石方数量,节约占地,更好地协调线形与地形的关系,减少对自然环境的破坏。另外这种布线方式还可以减轻或消除对向车灯的眩光,有利于行车安全。

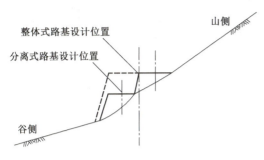 

图 2-23 斜坡地段纵断面分离式路基　　图 2-24 西汉高速公路纵断面分离式路基(二)

3)地形起伏较大地段布线(图 2-25)

地形起伏较大的路段,纵面设计较为困难,存在着纵断面指标与工程量的矛盾,较高的纵断面设计指标势必会引起高填深挖现象,有时即使采用了较低的设计指标,也不会获得良好的效果。在这种情况下可充分考虑采用分离式路基,在充分考虑地形和构造物设置等条件后,上坡方向的纵坡可适当放缓,下坡方向的纵坡可适当放陡,这样可大大减少土石方数量,减小弃方处理难度。

图 2-25 银昆高速公路坪坎至汉中段纵断面分离式路基

2.3.1.2 平面分离式路基

平面分离式路基是指左右幅分开,每一幅都具有独立的平、纵面设计线的路基形式。

1)同一走廊带布线时的分离式路基(图 2-26、图 2-27)

路线穿越峡谷或陡坡地段时,单侧布线一般较为困难,即使采用纵断面分离式路基也会存在高边坡、压缩河道等情况,此时可考虑将左、右幅路基分别布置于两侧的山坡上,进行独立的平、纵面设计。这样可使路线平、纵面设计变得更加灵活,最大限度地适应地形、地质条件的变化,充分利用路线走廊带内的空间资源。

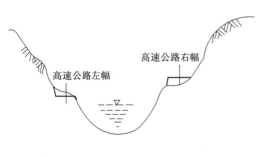 

图 2-26　同一走廊带内的平面分离式路基　　　　图 2-27　西汉高速公路平面分离式路基(一)

2) 不同走廊带布线时的分离式路基(图 2-28、图 2-29)

有时同一走廊带布置的分离式路基不仅会受到地形、地质条件的影响,也会受到既有公路、铁路或其他管线设施的严重制约。在这种情况下,可考虑寻找新的路线走廊,开辟另外一幅路基设线空间。

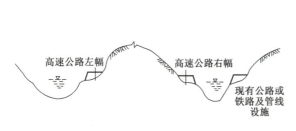 

图 2-28　不同走廊带内的平面分离式路基　　　　图 2-29　西汉高速公路平面分离式路基(二)

2.3.2　高路堤与高架桥

在秦巴山区高速公路总体方案设计中,高路堤与高架桥方案的比选论证,是不可回避的设计问题之一。

2.3.2.1　高路堤

高路堤是山区高速公路设计中经常碰到的问题。虽然在路线平面布置时考虑了纵面设计要素,但山区复杂的地形条件,特别是纵向高差起伏较大的特征决定了高路堤的存在。陕西省内一般将填方高度大于或等于 8m 的路基划分为高填路基,对填土高度大于 20m 的路段进行工点勘察设计,同时对重要路堤进行稳定性监控。

秦巴山区高路堤一般存在以下两种情况:一是在斜坡上,受地面横坡的影响,路基一侧的路堤边坡伸出较远,形成高路堤(图 2-30);二是在路线通过"V"形谷地或"U"形山间平原形成高路堤(图2-31),特别是"U"形山间平原的高路堤一般较长,是高路堤设计的重点和难点。采用高路堤设计方案的最大优点在于它能充分利用前后路段的挖余废方,减少弃方。

图2-30　斜坡高路堤

图2-31　"U"形山间平原的高路堤

2.3.2.2　高架桥

在秦巴山区高速公路设计中,"以桥代路"的方案是对传统设计思想的更新。它的最大优势在于能与山区特有的地形、地貌特征相融合,减少对自然环境的干扰与破坏,使高速公路与自然环境相协调,如图2-32所示。

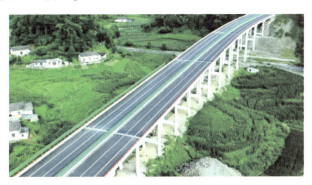

图2-32　平镇高速公路"以桥代路"

2.3.2.3 高路堤与高架桥的比较

对于某一路段是采用高路堤方案还是高架桥方案,应重点从以下几个方面进行比选:

1) 路线总体设计

高路堤设计高度会受到基底地质条件、填料性质的影响,最大高度以 30~35m 为宜。受填土高度的限制,有时会导致前后路段线位偏低,此时在一定程度上会增加前后挖方路段的挖方数量,也会导致路线平面设计的变化,使得路线平、纵面指标降低。高架桥具有较大的灵活性,可迅速提升路线设计高度,使局部路段的平、纵面设计发生改变。因此无论是采用高路堤方案还是高架桥方案,在比选时,不仅要针对位于同一平面布线的方案进行比较,还应在充分发挥各自方案优势的前提下,将其布置于不同的路线走廊中进行比较。

2) 环境保护与自然景观

高路堤方案可消化弃方,但可能增加前后路段的大面积挖方,也可能由于填料不足而设置线外取土场。高架桥则会引起弃方,必要时还需设置弃土场。这些取、弃土场的设置均会对自然环境及生态环境造成影响,引起水土流失,破坏自然景观。在"U"形山间平原采用高路堤,透视性极差,难以融入山间特有的自然景观,而高架桥景观相对较好。

3) 工程可靠度

高路堤稳定性受基底地质条件、路基填料及施工压实等影响,易发生路堤沉陷、横向滑移及不均匀沉降等路基病害。而位于斜坡上的高架桥,施工场地较为狭窄,施工材料运输和构件的预制、运输较为困难,基础形式及开挖不当可能破坏山体,会诱发新的地质灾害。因此必须进行深入分析,综合各种因素提出提高工程可靠度的各种措施。

4) 工程造价

传统观点认为,相对高架桥,高路堤方案工程本身造价较低,但在比较时除考虑工程本身的造价外,还必须重点考虑设置取、弃土场的费用,植被恢复和弃土围田造地费用,防止水土流失的费用,以及征用土地、拆迁费用等。

综上所述,高路堤与高架桥方案的论证比选涉及面广,比选因素多,因此需进行全方位分析。首先要从路线总体布局的角度审视方案的合理性。在具体比较时,不应只考虑造价因素,应从生态环境保护、自然景观、人文环境、防洪排水、工程可靠度、全寿命周期成本等方面综合定量、定性分析,合理选择方案。

宝坪高速公路 K138+000~K147+780 段隧道密集,隧道所占比例约为 93%。该路段沟谷狭窄、植被茂密,弃渣场地选择较为困难,为消化利用隧道弃渣、缩小弃渣规模、保护生态环境,同时考虑到便于施工组织安排和提高运营期公路的应急抢险救援能力,该高速公路在黄峪沟、大沟、小石沟及池朗沟等 4 处冲沟采用高填路基方案(图 2-33),具体段落见表 2-1。

图 2-33 宝坪高速公路小石沟高填路基

宝坪高速公路高填路基段落一览表　　　　　　表 2-1

序号	起讫桩号	长度（m）	地基概况	路基填料	最大填高（m）	边坡高度（m）	综合坡率（平均值）	备注
1	K139+030~K139+120	90	基岩	隧道弃渣	24.7	35.5	1:2.83	黄峪沟
2	K141+490~K141+710	220	基岩	隧道弃渣	39.2	70.6	1:2.86	大沟
3	K142+235~K142+270	35	基岩	隧道弃渣	20.1	45.7	1:2.05	小石沟
4	K145+565~K145+648	83	基岩	隧道弃渣	46.1	64.7	1:1.97	池朗沟

2.3.3　深路堑与隧道

2.3.3.1　深路堑

秦巴山区地形复杂、山岭峻峭、沟壑交错、地面起伏较大，不可避免地会出现深路堑，需进行工点设计和施工监测。深路堑开挖的土石方是路基填料的重要来源，可在一定程度上取消或减少设置线外取土场，体现"移挖作填"的传统设计思想。深路堑有全断面型和半填半挖型，如图 2-34 所示。

a) 全断面型深路堑　　　　　　　　　　　b) 半填半挖型深路堑

图 2-34　平镇高速公路深路堑

2.3.3.2 隧道

隧道方案是针对深路堑方案提出的,在深路堑方案的优势不能得到充分发挥,而其劣势表现突出时,采用隧道方案无疑是值得重点研究的。采用隧道可减短路段长度,降低路线高度,避免高填深挖,有效保护生态环境,使公路较好地与自然地形及周围环境相协调。

2.3.3.3 深路堑与隧道的比较

深路堑与隧道各有优缺点,采用深路堑方案还是隧道方案应重点从以下几个方面进行比选:

1)路线总体设计

深路堑段路线平、纵面设计技术指标的掌握和运用与一般路段基本相同,有利于总体设计,但有时受路堑边坡高度的限制,会局部抬坡,降低路线纵面设计指标。隧道方案可大大降低路线高度,改善路线纵面指标,便于拟定工程方案,但受隧道进出口位置及"3s"行程一致等限制,路线平、纵面指标会受到限制,有时不利于路线总体方案的布局。因此,深路堑、隧道方案的选择直接影响路线的平、纵断面设计,应重视这种变化,将其全部纳入比较范畴。

2)环境保护与自然景观

采用深路堑会出现高边坡,不仅严重影响公路自身景观,而且产生的弃方及高边坡易诱发地质灾害,不利于环境保护,与自然景观严重不协调。隧道方案避免了大填大挖,有效保护了生态环境,使公路较好地与地形相协调,增进了公路美感。在比选时应充分了解区域生态环境特点,从保护生态环境、协调道路景观两方面做出定量或定性的论证。

3)路基土石方

开挖路堑的土石方是路堤填料的重要来源,在控制挖、填土石方均衡性的情况下,可较大程度地省去设置线外取土场和弃土场,但有时难以达到理想状况,深路堑会产生大量弃方,给自然环境带来影响。隧道方案弃方数量大大减少,最大限度减少了弃土场设置对环境造成的影响,尤其是在地形狭窄、弃土困难的地段,采用隧道方案具有较强的优越性。在方案比选时,应从路段土石方平衡、运输路径、取、弃土场的设置及对环境影响等方面进行综合分析。

4)工程可靠度

深路堑必然导致高边坡,当地质、水文条件不良时,高边坡易诱发坍塌、滑坡等地质灾害,治理难度高、费用巨大,同时岩体结构的复杂多样性也会降低防护工程的可靠度。隧道工程受地质条件影响较大,断层、涌水等对隧道建设影响较大,浅埋隧道和明洞隧道会增加修建难度及工程投资,但其不会诱发新的地质灾害。在方案比选时,应从地质、水文条件,施工、运营风险等方面进行综合分析。

5)工程造价

一般情况下隧道方案土建工程及运营养护费用较高,但在地质条件较差的路段,应重视深路堑高边坡的治理费用,还必须重点考虑设置取、弃土场的费用,植被恢复和弃土围田造地费用,防止水土流失的费用,以及养护、运营和提高工程可靠度的综合费用等。

综上所述,深路堑与隧道方案的论证比选涉及面广,比选因素多,因此需进行全方位分析,要从路线总体布局的角度审视方案的合理性。在具体比较时,不应只考虑造价因素,应从水文地质条件、生态环境保护、自然景观、人文环境、工程可靠度、全寿命周期成本等方面综合定量、定性分析,合理选择方案。

2.4 加强连续下坡路段安全设计

秦巴山区山岭纵横,沟壑交错,横坡陡峻,地形起伏大,不可避免会出现连续下坡路段,而连续下坡路段,尤其是连续长、陡下坡路段往往是事故多发路段,因此,应特别重视连续长下坡路段安全设计。连续下坡路段综合处置技术措施如图2-35所示。

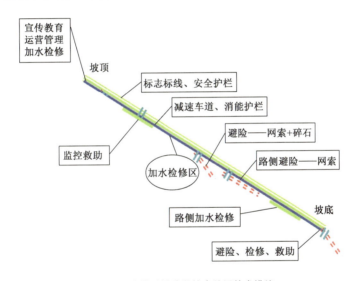

图 2-35 连续下坡路段综合处置技术措施

连续下坡路段安全问题是一个综合性问题,既有人和车的因素,也有道路和管理因素。解决连续下坡路段的行车安全问题是一个系统工程,应遵循"主动避免为主、被动防护为辅"的原则,即从公路线形设计、交通安全设施、沿线服务设施、交通安全管理等多个方面协同综合处置,建立主动预防措施,同时配以避险车道、防撞护栏、监控与救援设施等完善的被动防护措施,最终达到连续下坡路段行车安全的目的。

2.4.1 主动安全保障技术

2.4.1.1 细化公路线形设计

道路交通系统是由人-车-路-环境等多个因素构成的复杂动态开放系统,虽然多条高速公路事故统计资料表明由道路条件直接造成的交通事故占比较小,但是不良的道路条件往往会诱发和加剧交通事故,如路线技术指标选取不恰当,线形元素之间的搭配与组合不协调等虽满足设计规范,但往往未必能满足驾驶员安全行车的要求。秦巴山区高速公路设计应秉承"以人为本、安全至上"的设计理念,从源头上消除连续下坡路段的安全隐患,最大限度保证高速公路运行安全。在路线方案多因素综合比选的基础上,应进一步从以下方面细化完善连续下坡路段公路线形设计:

(1)充分利用地形,采取多种手段,合理分布纵坡,避免出现连续长、陡下坡路段。对于连续下坡路段,条件许可时,可通过展线来降低平均纵坡。

(2)在高速下坡的情况下,驾驶员容易产生紧张情绪而操作不当,易造成车辆侧翻或追尾等事故,因此应避免长直线连续下坡路段与平面上的小半径平曲线的组合情况。

(3)连续下坡路段的隧道洞口内外各3s行程时间范围内平面线形应一致,满足停车视距要求,并避免将小半径平曲线设置在长、特长隧道的出口。

(4)采用运行速度核查连续下坡路段线形设计的连续性和设计速度一致性。相邻路段运行速度差值大于20km/h时,宜调整平、纵面设计;当同一路段的设计速度与运行速度的差值大于20km/h时,应对该路段的相关技术指标进行安全性验算。

(5)对连续下坡路段进行大型车制动毂温度预测,当温度超过危险温度(一般认为250℃)时,宜对路线平、纵面进行调整;条件受限时,应设置避险车道等设施。

2.4.1.2 系统设置交通安全设施

连续下坡路段交通安全设施的设置不仅要正确传达道路状况信息,而且应结合公路线形、交通状况、沿线设施等系统设置交通安全设施,给驾驶员提供正确、及时的信息,突出连续下坡的危险程度,给驾驶员安全驶过连续下坡路段给予指导、提醒警示,提高连续下坡路段行车安全性。

1)标志

交通标志设置应向驾驶员传达正确的道路信息,使驾驶员采取恰当的操作安全驾驶。标志按照坡前上游路段、坡顶起始路段、坡中路段、坡底路段系统性设置。其中坡前上游路段包含连续下坡及服务设施的预告标志;坡顶起始路段包含连续下坡的坡度、坡长信息的告示或警告标志及货车低挡下坡等标志;坡中路段包含连续下坡剩余长度的告示或警告标志、坡中低限指标路段警告标志、避险车道预告标志等;坡底路段包含平、纵面低限指标路段警告标志、避险车道预告标志、连续下坡结束标志等。各路段标志布置示意如图2-36、图2-37所示。

2)标线

连续下坡路段标线设置应满足视认性原则,并与标志的设置相协调。总体来说,连续下坡路段交通标线主要包括横向振动减速标线、纵向视觉减速标线、突起路标等,如图2-38所示。

图 2-36　坡前上游、坡顶起始路段标志布置示意图

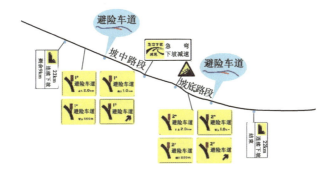

图 2-37　坡中、坡底路段标志布置示意图

图 2-38　十天高速公路连续下坡路段横向、纵向减速标线

2.4.1.3　合理设置服务设施

连续下坡路段应重视服务设施的设置,以满足驾驶员停车检查制动系统、加水冷却制动片及休憩等需求,减小货车下坡途中检修概率,避免对正常行驶车辆造成横向干扰,同时避免货车制动器温度过高导致制动失效等造成严重交通事故。连续下坡路段服务设施主要包括检查站/检查区、服务区/停车区、加水站、降温池等。

1)检查站/检查区(图 2-39)

连续下坡路段事故的主要原因是货车制动器失效,在坡顶前上游 2km 范围内设置检查站/检查区,为驾驶员在下坡前提供检修车辆、水箱加水、降温、停车休息和称重检查等服务,尽量避免下坡过程中制动器过热或其他机械问题,从源头上对下坡车辆安全隐患进行把关。

图 2-39 西汉高速公路朱雀检查区

2)服务区/停车区(图 2-40)

连续下坡路段服务区和停车区布设,除满足一般路段服务区的基本功能外,还应结合连续下坡路段增加货车检修站、加水站、降温池等设施。

图 2-40 西汉高速公路降温停车区

连续下坡路段服务区和停车区宜布设在坡顶前上游或坡顶起始路段,以便给驾驶员提供及时、足够的道路信息,缓解货车驾驶员在连续下坡过程中的紧张情绪,恢复货车的制动性能,并对驾驶员应注意的问题给予说明,提供安全操作建议,告知遇险后采取的合理措施等,这对于保障连续下坡路段行车安全具有重要意义。

3)加水站、降温池(图 2-41)

货车在连续下坡路段行驶过程中,由于频繁并且连续使用制动器进行制动,制动器温度随下坡里程的增加而快速升高,通过设置降温池,可有效降低制动器的温度。目前我国许多货车在连续下坡路段均采用淋水制动,因此,在连续下坡路段的合适位置设置加水站可有效保证货车的制动性能。宜在坡顶以及连续下坡范围中间的合适位置设置加水站及降温池,并提前做好预告,同时在冬季应禁止使用,以防止淋水造成路面结冰,带来事故隐患。

图 2-41 高速公路加水站、降温池

2.4.2 被动安全保障技术

连续下坡路段货车制动器失效冲出路侧和多车追尾可能性较大,秦巴山区连续下坡路段路侧往往是陡崖峭壁,发生事故严重程度和损失较大,在做好主动安全保障措施的前提下,仍需做好被动安全保障措施,主要包括设置避险车道(图2-42)、护栏和加强交通管理。

图 2-42 十天高速公路白河至安康段避险车道

2.4.2.1 合理设置避险车道

设置避险车道是秦巴山区高速公路连续下坡路段的有效安全保障措施。在连续下坡路段的恰当位置设置避险车道,不仅可以让失控车辆从主线交通流中安全分离,减少对主线交通的影响,还可使得失控车辆在避险车道范围内安全减速直至停车,减少交通事故的损失。避险车道在设计时应注意设置位置、平纵线形、制动路床材料、末端减速消能设施、排水设施、救援服务、配套交安设施等。

2.4.2.2 适当提升护栏等级

连续下坡路段合理设置护栏,对于防止失控车辆冲出路侧或冲向对向车道,减轻事故严重程度具有重要作用。连续下坡路段护栏的设置应根据交通组成、车速分布特点、路侧危险程度、道路条件选择适宜的护栏形式,并提高护栏防护等级;中央分隔带开口活动护栏防护等级不宜低于四级(SBm);位于连续下坡路段的互通式立交、服务区、停车区等出口分流端宜设置四级(TS)可导向防撞垫,如图2-43所示。

图2-43 护栏及可导向防撞垫

2.4.2.3 加强交通管理

根据典型连续下坡路段事故案例的分析结果,连续下坡路段交通事故发生的原因大多为人为因素,部分货车驾驶员追求经济利益,违规操作,超速、超载,并且长时间疲劳驾驶。因此,还应加强交通管理,主要包含以下几点:

(1)设置区间测速、速度抓拍等设施,加强连续下坡路段速度管理。

(2)加强对驾驶员尤其是从事长途运输的驾驶员和运输企业进行专项检查和安全教育,推行强制休息制度,防止疲劳驾驶引发事故。

(3)加强交通监管力度,提高管理部门的执法水平,及时对超载货车进行治理,严格限制超载货车进入连续下坡路段,从源头上遏制由超载导致的恶性交通事故。

(4)对于事故相对较多或发生交通事故可能性较大的路段,设置违章抓拍设施,以检测超速行驶、违章占道、不按车道行驶等违规交通行为,并通过可变信息标志向违章车辆发出警告信息,从而规范驾驶员行为,减少车辆行驶的随意性,降低事故发生的可能性。

(5)设置视频监控及事件检测设施,对重点路段进行全程监控,并设置时间检测设施,使高速公路管理部门能在最短时间内进行救援,保障高速公路的通达性。

(6)建立健全突发情况(交通事故、交通拥堵、恶劣气候等)下的应急处置方案,与地方政府的医疗、消防等部门建立长期协作关系,以提升应急处置能力。

第3章 工程勘察

3.1 区域工程地质综述

3.1.1 自然地理

3.1.1.1 地形地貌

根据形态成因、海拔高低、组成物质等原则,秦巴山区地貌可划分为高山、高中山、中山、低山丘陵、盆地等5种。

(1)高山:主要分布在秦岭主峰太白山—鳌山一带,海拔3000~3767m,高出渭河平原2800m左右,由燕山期花岗岩、花岗片麻岩等组成。

(2)高中山:主要分布在秦岭主脊玉皇山—终南山—华山、紫柏山—摩天岭—羊山及大巴山化龙山一带,海拔2000~3000m。其特点是山坡陡峻,山顶突兀、尖削,多齿状和刃状山脊。切割深度500~1200m,沟谷深邃。组成山体的岩石有片麻岩、花岗岩、变质砂岩、石灰岩和片岩等。现代地质作用以风化、重力崩塌和剥蚀侵蚀为主。亚高山已不适宜农作物生长,人类活动较少,仅在大巴山可见零星散居者。植被一般保存较好。

(3)中山:主要分布于略阳、佛坪—宁陕、镇安—山阳—商州—丹凤、宁强—镇巴—紫阳—岚皋—平利—镇坪等地,海拔600~1800m。山脊一般狭长平缓,起伏较小,局部有陡峭孤峰,切割深度500~1000m。组成地层主要为古老变质岩系(片岩、板岩、千枚岩等)、花岗岩、石灰岩等。外营力以流水侵蚀作用为主,季节冻融作用也较为普遍。中山适宜小麦、玉米、土豆、四季豆等农作物的生长。随着农耕范围的扩大,天然林均受到不同程度的破坏。人类活动已成为推动现代地貌发展演变的重要地质营力,水土流失有不断增强的趋势。

(4)低山丘陵:主要分布于汉中、安康、商(州)丹(凤)和西乡盆地边缘,海拔170~1000m,绝大部分在800m以下。组成岩石是古生界片岩、千枚岩、板岩、花岗岩、砂岩及石灰岩。山势低缓破碎,深切河曲发育,切割深度一般不超过400m,山坡较平缓。山坡、山脊上一般堆积有厚1~8m的残坡积层。滑坡、泥石流广泛发育,流水的侵蚀和堆积作用较强。低山丘陵地区土质较好,人类活动频繁。目前低山丘陵基本被开垦,自然植被遭到严重破坏,是秦巴山区水土流失较严重的地区之一。

(5)盆地:是指经断陷作用与堆积作用所形成的,由宽阔的阶地、坝子以及丘陵、河谷等构成的地貌单元。该区主要有汉中盆地、西乡盆地、安康盆地和商丹盆地。盆地内普遍分布有一至二级阶地,局部地段残留有三、四级阶地。

3.1.1.2 河流水文

秦巴山区降水较丰富,地形变化大,河流密布。河流分属长江、黄河两大水系。

黄河水系一级支流主要为渭河及南洛河,长江水系一级支流主要为嘉陵江、汉江及丹江。因此,将陕南河流及地表水分为5个区域,分别为渭河流域、南洛河流域、嘉陵江流域、汉江流域及丹江流域。

1)渭河流域

渭河是黄河最大的一级支流,发源于甘肃省渭源县鸟鼠山,东流经陇西、武山、甘谷、天水于凤阁岭进入陕西省,再经宝鸡、眉县、武功、咸阳、高陵、临潼、渭南、华县、华阴至潼关注入黄河。河长818.0km,流域面积134766km^2,其中陕西境内河长502.2km,流域面积33784km^2(不包括泾河、洛河)。河床平均比降为1.3‰。

2)南洛河流域

南洛河属于伊洛河水系,是陕西黄河流域唯一位于秦岭山脉以南的河流。伊洛河则是黄河在三门峡以下的最大支流,由南洛河和伊河组成。

3)嘉陵江流域

嘉陵江是长江上游川江段最大的一条支流,发源于秦岭,起于凤县,经甘肃两当和徽县,陕西略阳、宁强,于重庆注入长江。陕西境内全长244km,约占总河长的30%;在陕西境内的流域面积为9930km^2,多年平均径流量为56.6亿m^3。

4)汉江流域

汉江是长江水系的最大支流,全长1577km,陕西境内长652km,流域面积54783km^2。汉江不仅是陕西境内长江流域水系的最大支流,也是长江流域的最大支流。

5)丹江流域

丹江又名州河,是汉江在秦岭南坡最大的一条支流。丹江是汉江的一级支流,发源于秦岭南麓,流经商县、丹凤、商南,于商南月亮湾进入河南境内,并于湖北均县注入汉江。

3.1.1.3 气候

1)秦岭山区气候带

秦岭山区共划分为2个气候带,分别为南暖温带和北亚热带。

南暖温带:北界为秦岭北坡,南界在秦岭南坡,以最冷月平均气温1℃线与北亚热带分开,包括关中渭河平原和秦岭山地。

北亚热带:位于陕西省南端,北接南暖温带,包括汉江河谷盆地和米仓山、大巴山。

2)秦岭山区气候区

根据各地的干湿状况,将秦岭山区划分为下列气候区:

①暖温带湿润区:北界为秦岭北麓,南界至北亚热带北界,东界为年降水量750mm等值线。

②暖温带商洛丹江河谷盆地半湿区:在秦岭南坡商洛地区丹江河谷,年干燥度稍大于1,年降水量小于750mm,为秦岭山区唯一的半湿气候区。

③亚热带湿润区:北界为北亚热带北界,南界在米仓山、大巴山北麓,大体与年降水量1000mm等值线相符。

④北亚热带过湿润区:位于陕西省南端,汉江以南山区。

3)秦巴山区气候分区命名

区划采用较通用的三段复合命名,即气候带+地貌类型(或地名)+干湿气候区。陕南秦巴山区分为5个气候区,分别为关中渭河平原半湿润气候区、商洛丹江河谷盆地半湿润气候区、秦岭山地湿润气候区、汉中—安康汉江河谷盆地湿润气候区、米仓山—大巴山地过湿润气候区。

4)各气候区气候特点

(1)南暖温带:该带北接北暖温带南界,南到秦岭以南,从商南北部向西经山阳县南部,汉阳县北部,宁陕、佛坪、留坝、略阳等县南部到省界。该带分为关中渭河平原半湿润气候区、商洛丹江河谷盆地半湿润气候区、秦岭山地湿润气候区。

①关中渭河平原半湿润气候区

该区属森林草原地带,为落叶阔叶林和农田,包括渭河平原除关中东北部半干旱区以外的地区。北界东段在渭河以北沿线沿泾河到北山,北界西段为中温带、暖温带的分界,南界东起潼关,沿秦岭北麓山脚经宝鸡市向西北沿陇山北坡到陇县之南。包括潼关、华阴、华县、渭南、蓝田、长安、鄠邑、周至、眉县、宝鸡等地区的北部川、塬部分,临潼、西安、咸阳、泾阳、兴平、武功的全部,以及礼泉、乾县、扶风、岐山、凤翔、千阳、陇县的川、塬部分。年平均气温为10~12℃,1月平均气温为-4~-2℃,年极端最低气温为-22~-16℃,≥10℃的积温为3500~4500℃,持续期有190~215d,年降水量为550~750mm,年蒸发量为700~800mm。农作物为一年两熟和两年三熟,农作物需要灌溉补充水分。该区也是渭河平原最大的灌溉区。

②商洛丹江河谷盆地半湿润气候区

该区位于秦岭南坡东段的丹江流域,包括丹凤、商县的全部和山阳、商南两县的北部。该区是秦岭森林区的部分,年平均气温为12~13℃,1月平均气温为-2~0℃,年极端最低气温为-22~-12℃,≥10℃的积温为3500~4500℃,持续期有190~215d,无霜期有200~210d,年降水量为700~800mm,年蒸发量为700~750mm,干燥度在1左右。农作物一年两熟。

③秦岭山地湿润气候区

该区北界在秦岭山地北麓,包括陇山,南界为南暖温带的南界。该区包括潼关、华阴、华县、渭南、蓝田、长安、鄠邑、周至、眉县、宝鸡、陇县等地区的南部山区,洛南、商县、山阳的北部,柞水、镇安、宁陕、佛坪、太白、留坝等县的全部,以及洋县、勉县、略阳等县的北部山区。该区是秦岭林区,森林覆盖率为25%~50%,除河谷、坪坝地区有农田外,绝大部分是林地和宜林地。由于海拔不同,自然植被垂直地带性明显,海拔1300m以下为以栓皮栎为主的落叶阔叶林带,海拔1300~2100m为夏绿阔叶林和针叶混交林带,海拔2100~2500m为桦木林带,海拔2500m以上为冷杉和落叶松林带以及高山灌木草甸带。太白山自然保护区、佛坪自然保护区均在该区范围内。该区年平均气温为4~12℃,1月平均气温为-8~1℃,年极端最低气温为-24~-12℃,≥10℃的积温为2000~4500℃,持续期有120~215d,无霜期有160~220d,年降水量为800~1000mm,年蒸发量为600~700mm,年干燥度在0.75~0.9之间。农作物一年两熟,中高山地区一年一熟。

(2)北亚热带:该带北界与南暖温带连接,南界到陕西省界,包括秦岭山地南坡海拔800m以下的地区,汉江河谷和大巴山地的全部。该带分为汉中—安康汉江河谷盆地湿润气候区、米仓山—大巴山地过湿润气候区。

①汉中—安康汉江河谷盆地湿润气候区

该区北接南暖温带,南界东起平利县南部,经岚皋县南部到紫阳、镇巴、宁强到陕西省界。该区包括商南、山阳、镇安、宁陕、佛坪、洋县、留坝、勉县、略阳等县的浅山部分,白河、旬阳、安康、汉阴、石泉、西乡、城固、汉中、南郑等县的全部,以及平利、岚皋、紫阳、宁强等县的浅山地区。该区年平均气温为12~14℃,1月平均气温为1~3℃,年极端最低气温为-12~-8℃,≥10℃的积温为4250~5000℃,持续期有200~230d,无霜期有220~260d,年降水量为800~1000mm,年蒸发量为650~700mm,年干燥度在0.75~0.9之间。稻麦农作物可一年两熟,越冬作物冬季仍不停止生长,种植有柑橘等亚热带经济植物。自然景观有常绿阔叶林,有樟树、棕榈、油桐、漆树、马尾松等树种。

②米仓山—大巴山地过湿润气候区

该区位于陕西省的最南端,南到陕西省界,北界与北亚热带过湿润区连接,包括镇坪、岚皋、紫阳等县的大巴山区和镇巴县全境,西乡、南郑、宁强等县的米仓山中高山区。该区年平均气温为12~14℃,1月平均气温为0~3℃,年极端最低气温为-14~-8℃,≥10℃的积温为4000~5000℃,持续期有200~230d,无霜期有240~260d,年降水量为1000~1250mm,年蒸发量为600~650mm,年干燥度在0.5~0.75之间。该区是全省降水量最大、最湿润的地方。自然景观有亚热带常绿林,大巴山林区海拔1000m以下主要有马尾松、栓皮栎、油桐、化香、杜仲、侧柏等,海拔1000~1800m主要有栎类和白桦、漆树、油松等。农作物浅山地区稻麦一年两熟,中山地区两年三熟。

3.1.2 区域地层岩性

陕西省地跨华北地层区(Ⅰ)及晋冀鲁豫地层区(Ⅱ),其中晋冀鲁豫地层区(Ⅱ)分为秦岭—大别山地层区($Ⅱ_1$)和扬子地层区($Ⅱ_2$)。

地层由古到新论述如下。

1）太古界（Ar）

地层主要为太华群，为一套中高级变质岩系，主要岩性为片麻岩、混合岩夹大理岩、斜长角闪岩。主要出露于小秦岭、临潼骊山。

2）下中元古界（Pt_1）

陕西下中元古界主体为中元古界，分布于华北地层区（简称华北区）（Ⅰ）的南缘、秦岭—大别山地层区（简称秦岭区）（Ⅱ$_1$）的北部和扬子地层区（简称扬子区）（Ⅱ$_2$）的北缘。

（1）华北区（Ⅰ）：该区自下而上可划分为下中元古界铁铜沟组，中元古界熊耳群、高山河组、龙家园组、陕南秦岭山区的太古巡检司组、杜关组及冯家湾组。铁铜沟组和高山河组以陆源碎屑岩（石英岩、石英砂岩）为主，分布于太华山—老牛山南坡、蓝田灞源、临潼骊山和洛南等地；熊耳群由海相火山喷发岩组成，分布于金堆城西南和千阳一带；龙家园组至冯家湾组为一套海相镁质碳酸盐岩沉积，主要分布于洛南和岐山—陇县一带。

（2）秦岭区（Ⅱ$_1$）：该区的中元古界集中分布于秦岭北坡，由宽坪群、陶湾群和秦岭群组成。宽坪群由变质的碎屑岩（片岩）、火山岩及硅镁质碳酸盐岩组成，分布于洛南—宝鸡、纸房—永丰一带；陶湾群中下部以大理岩夹片岩为主，上部以片岩为主，出露于商州、洛南一带；秦岭群由一套中级变质的海相碎屑岩、碳酸盐岩及火山岩组成，分布于宝鸡、太白、商州、洛南等地。

（3）扬子区（Ⅱ$_2$）：该区的中元古界局限于川陕交界处，由火地垭群和三花石群组成。火地垭群由变质火山岩、碳酸盐岩和碎屑岩组成，分布于南郑一带；三花石群由火山岩、片岩、石英岩组成，分布于西乡三花石—石梯河一带。

3）中上元古界（Pt_2）

中上元古界仅包括碧口群，分布于秦岭区甘肃文县—勉县分区的何家岩小区，由一套巨厚的海相火山岩夹变质砂岩、石英岩、片岩组成。

4）上元古界（Pt_3）

上元古界包括上、下两大部分。下部为青白口系，上部为震旦系。华北（Ⅰ）、秦岭（Ⅱ$_1$）、扬子（Ⅱ$_2$）三个地层区的发育程度及其岩性组合均有所差异。

上元古界下部：包括石北沟组、陡岭群、铁船山组、西乡群和刘家坪组。主要地层为板岩、片麻岩、片岩、大理岩、石英岩、凝灰岩。分布于洛南石坡、陈耳，旬阳、商南、铁船山至松林梁之间，宁强—镇巴、西乡一带。

震旦系：华北区震旦系发育不全，仅出露有下统的罗圈组。主要分布在洛南上张湾至玉池沟一带以及蓝田张家坪至洛南灵口一带，可划分为上、下两个岩性段。下段为砂砾岩、泥砾岩，上段为砂岩、板岩。秦岭区的震旦系分布较广泛。下震旦统在商南赵川、耀岭河，安康牛山、平利、岚皋等地，为海相酸性火山岩、基性火山岩、火山碎屑岩、灰岩、板岩；在略阳、勉县、宁强为白云岩夹板岩，含磷矿。扬子区震旦系下统以碎屑岩为主，上统以细碎屑岩及碳酸盐岩为主，分布于宁强—镇巴、阳平关等地。

5) 寒武系(ε)

寒武系是陕西省内分布较广的地层之一,华北、秦岭、扬子三大地层区均有出露,上、中、下三统齐全。扬子区以砂岩、白云岩、灰岩为主,分布于宁强—镇巴、镇坪南部。秦岭区在岚皋、紫阳、平利一带主要由泥灰岩、碳质板岩、钙质板岩组成;在宁强—勉县一带由粉砂岩、碳质页岩、灰岩组成;在旬阳—商南、柞水一带由灰岩、白云岩组成。

6) 奥陶系(O)

奥陶系为陕西省内分布较广的地层之一,华北、秦岭、扬子三大地层区均有分布。扬子区为泥灰岩、灰岩、砂岩,出露于宁强宽川铺—汉中—西乡三郎铺以南、镇巴兴隆场—紫阳紫黄以西的地区。秦岭区岚皋—紫阳为砂岩、板岩;勉县—宁强以千枚岩为主,夹石英岩和硅质灰岩;佛坪、柞水、旬阳以白云质灰岩、白云岩为主;宝鸡—太白、洛南—商州为火山岩、凝灰岩、灰岩。华北区以灰岩、白云岩、白云质灰岩为主,分布于洛南、渭北、府谷等地。

7) 志留系(S)

志留系分布于扬子区和秦岭区,华北区缺失沉积。扬子区仅见中、下统,上统缺失。中统以生物灰岩、灰岩、泥灰岩、砂岩、页岩为主,分布于宁强桃咀子、南郑法慈院—西乡三郎铺一线以南;下统以页岩、砂岩为主,分布于宁强、南郑、西乡等地。秦岭区仅在略阳发育中、上统,其他地方发育下、中统。安康白庙—洪山寺—汉阴汉阳坪以南,向西及南止于饶峰—麻柳坝—中宝断裂、紫阳—平利等地,仅发育中统,以板岩、泥岩为主;下统以砂岩、砂质板岩为主。在勉县—宁强、留坝—旬阳—白河以千枚岩、片岩为主。在略阳白水江—留坝—洋县金水河中、上统以砂岩、板岩、泥灰岩为主,下统以千枚岩夹砂岩为主。

8) 泥盆系(D)

泥盆系分布在秦岭区和扬子区,以中、上统为主,下统发育不全。秦岭区的凤县唐藏—沙沟街—商南一线以南、凤州—山阳一线以北,以砂岩、板岩、泥灰岩、千枚岩为主;旬阳一带上统以灰岩为主,中统以千枚岩、泥灰岩为主。扬子区仅见于石泉老鱼坝—西乡下高川—镇巴观音堂,上泥盆统以灰岩、钙质页岩、泥灰岩为主,下泥盆统为砂岩、砂砾岩夹泥灰岩。

9) 石炭系(C)

石炭系分布于华北、秦岭、扬子三个地层区。华北区缺失早石炭世沉积,中、上石炭统为海陆交互相含煤建造。秦岭区的石炭系在凤县—山阳以南齐全,以北缺失上统,主要为海相碳酸盐岩,局部夹陆相碎屑岩。扬子区三统齐全,为浅海相碳酸盐岩夹含煤碎屑岩。

10) 二叠系(T)

二叠系发育较全,为海、陆相两种类型的沉积。陆相地层主要分布于华北区,其次为秦岭区北部,主要为碎屑岩、泥岩,夹煤层;海相地层分布于秦岭区南部及扬子区,地层以海相碳酸盐岩为主,部分为泥质岩及含煤碎屑岩。

11) 三叠系(P)

三叠系分布于华北、秦岭、扬子三个地层区。在华北地层区,除岐山、麟游一带的下三叠统下部有海相地层外,全区均为陆相地层,以砂岩、粉砂岩、泥岩为主。在秦岭区,下、中统为海相地层,仅上统为陆相地层。下统为板岩、砂岩、泥灰岩、灰岩,分布于凤县、留凤关、镇安西口;中统下部为灰岩夹钙质砂岩,中统上部为含钙泥岩夹钙质砂岩、泥灰岩,分布于镇安一带;上统下部为石英砾岩、砂砾岩、长石石英砂岩、砂质板岩,上部为含炭质板岩与中细粒石英砂岩、砂岩、砂质板岩,分布于周至柳叶河和蟒岭南侧。在扬子区,下统为白云质灰岩、泥质白云岩,夹少量页岩,分布于汉中牟家坝—西乡茶镇以南和汉中梁山、宁强关口坝等地;中统由灰岩、泥灰岩、白云岩组成,分布于宁强—镇巴一带;上统由砾岩、砂岩、炭质页岩组成,含煤,分布于宁强—镇巴一带。

12)侏罗系(J)

在陕南下中侏罗统为一套含煤碎屑岩,主要分布于勉县堰河,紫阳红椿坝、瓦房店,西乡麻柳—茶镇一带和镇巴县城—简池坝一线以南。中侏罗统为一套砂质泥岩、粉砂岩夹砂岩、砂砾岩的含煤地层。

13)白垩系(K)

白垩系为陆相沉积,分布于凤县双石铺、河口、平木一带,以及商州构峪、洛南侧、蓝田小寨南沟—寺沟、蟒岭南侧金盆沟等地,主要为陆相含煤碎屑岩沉积。

14)新近系(N)

新近系受地质构造及古地貌的严格控制,分布于新生代构造盆地中,为陆相碎屑沉积。关中盆地出露较全,发育最好。下第三系为紫红色、棕红色泥岩、砂岩互层,夹砂砾岩及砂岩等;上第三系为一套深红、棕红、棕黄色黏土、砂质黏土,含钙质结核,夹砂砾层。

15)第四系(Q)

第四系在陕南局部分布,发育于山间构造盆地,以湖积及冲积、洪积为主。

3.1.3 区域地质构造

3.1.3.1 地质构造

1)构造单元

陕西尤其秦岭,是中国南北地质衔接和东西地质转化的一个枢纽地区,地质构造复杂。总的构造经隐生宙的衍化,早古生代在中国地台上,由断陷作用新生秦岭地堑式地槽,从而割成中朝准地台和扬子准地台,构成陕西省的三个一级构造单元,分别为北部的中朝准地台(Ⅰ)、中部的秦岭褶皱系(Ⅱ)、南部的扬子准地台(Ⅲ)。

(1)中朝准地台(Ⅰ)

陕西省内仅涉及其西南部,南侧以八渡—虢镇—眉县—铁炉子—三要断裂带为界,由陕甘宁台坳、汾渭断陷和豫西断隆组成。

(2)秦岭褶皱系(Ⅱ)

北与中朝准地台为邻,南以阳平关—洋县—饶峰—麻柳坝—钟宝断裂与扬子准地台相隔,由六盘山断陷、北秦岭加里东褶皱带、礼县—柞水华力西褶皱带、南秦岭印支褶皱带、康县—略阳华力西褶皱带、北大巴山加里东褶皱带、摩天岭加里东褶皱带组成。

(3)扬子准地台(Ⅲ)

陕西省仅涉及其北缘。北与秦岭褶皱系为邻，南部延入重庆、湖北两省(市)，由龙门—大巴台缘隆褶带、四川台坳组成。第三纪以来，新构造活动剧烈、复杂，类型多样，构成了独具特色的新构造景观。

2)构造体系

陕西省地质构造十分复杂，根据构造行迹的力学性质、展布方位、组合关系及成生联系，划分为以下构造体系。

(1)秦岭纬向构造体系

该构造体系集中展布在北纬33°00′~34°20′间，向南向北形迹逐渐变弱，为一规模巨大、经历过长期多次构造运动形成的强烈挤压构造带。地层、紧密线状褶皱、变质岩和断裂的主体呈近东西向展布。长期发展、切割很深的大断裂带十分发育，主要断裂有：秦岭—华山北麓断裂；兰桥—古城断裂；喂子坪—商县断裂；唐藏—沙沟街—商南断裂；凤县—山阳—青山镇断裂；凤州—桃川断裂；油房咀—江口断裂；江口—板岩镇—新庙断裂；略阳—勉县—洋县断裂。

(2)定边—吴堡东西向构造带

该构造带大体展布在北纬37°10′~38°00′间，由近东西向展布的鼻状构造、背向斜和张性断裂组成。下古生界即开始发育，燕山晚期形成。该构造带构造形变较弱，中生界地层中发育有一系列长10~15km的断层，断续相连。

(3)渭北东西向构造带

该构造带由古生界和中生界地层构成的宽缓背、向斜组成，南部以南倾高角度逆冲断裂为主。主要断裂为杜康沟断层等。

(4)祁吕贺兰山字形构造

该构造为一巨大山字形构造。它的前弧东翼展布在陕西中部，归并、改造、利用秦岭纬向构造带最北部的某些部分。渭河地堑的形成与其密切相关。跨过秦岭北麓断裂，其影响急剧减弱。渭北褶带西部以褶皱为主，为凤翔坳褶带；东部压扭性断裂十分发育，组成铜川—韩城褶断带。

(5)陇西帚状构造体系

关中西部陇宝地区为陇西帚状构造六盘山旋回褶带东南撒开部分。其中草碧镇—岐山—马召断裂、固关—八渡断裂、桃园—龟川寺断裂等均具有NW~SE向弧形展布、向南陡倾、压扭性顺时针扭动的特征。该构造体系从侏罗纪开始发育，早第三纪成型。

(6)巴山弧形构造

该构造展布在川陕交界地区，为一由震旦系~侏罗系组成的向南西突出的强烈挤压性弧形构造带，最突出的断裂是喜河断裂；星子山—黄溪河断裂和镇巴断裂，均属压扭性向东陡倾的逆冲断裂。

(7) 北西向构造

北西向构造在陕西全省均有分布,概述如下:

紫阳—平利一带由下古生界地层组成的复式褶皱、压扭性断裂及侵入岩均呈 N30°W 方向展布。断裂多为倾向北东的冲断层,具有压扭性顺扭特征,主要有月河断裂、茶镇—汉王城断裂、红椿坝—曾家坝断裂等。

镇安—旬阳一带断裂呈 N50°W 方向展布,具有压扭性右行扭动特征,与纬向构造斜接复合,一般长 50～70km,以双河—白河断裂规模最大,陕西省内长 150km,东南进入湖北省内。

商县—商南一带北西向线状断裂展布在兰桥—古城断裂和沙沟街—商南断裂之间,规模较小,长 30km 左右,具有压扭性右行扭动特征。

关中地区沿蒲城—华县、富平—渭南及泾阳一带有北西向断裂,但规模小,对渭河盆地发生发展及沉积控制意义不大。

陕北地区北西向构造有控制煤层发育的延安组同沉积凹陷和隆起,如神木凹陷、王盘山隆起和义正—桑咀隆起等,及一些散漫的幅度极小的背、向斜等。断裂为清水川断裂组,小型正断层。

(8) 北东向构造

北东向构造主要发育在汉中盆地以南,属龙门山构造带北延部分。由于纬向带抵制,方位偏转为 N60°E,断裂早期呈压性、压扭性反扭,挽近期具有顺扭特征。主要断裂有阳平关—勉县断裂、宽川—驿坝断裂、唐家坝—舒家坝断裂、元坝子—新集断裂和白岩河断裂等。

(9) 北北东向构造

陕北属新华夏系第三沉降带陕甘宁盆地一部分,叠加在祁吕贺兰山字形构造东部盾地上。据陕西省煤田地质勘探公司资料,延安组发育有 NNE 向左行斜列的次级沉积凹陷,但幅度甚小,地表侏罗系和白垩系为西倾单斜,褶皱断裂均不发育。总的特征是形变微弱,保持相当的稳定性。

渭河盆地沿韩城—华县、长安—临潼、周至—三原等地有北北东向小型断裂断续分布,切割第三系及下更新统,呈 N30°F 走向。

陕南北北东向构造主要展布在小秦岭地区、柞水—宁陕地区和略阳以南,均属断裂构造。其共同的特点是:规模较小,密集成束,直线延展,走向 N20°～35°E,具有压扭性反时针扭动性质,切割破坏印支—燕山期花岗岩体和纬向构造带,又为纬向带大断裂所限制。

3) 深断裂和大断裂

秦巴山区断裂主要发育于渭河以南,尤以秦岭最为密集。一、二级构造单元接壤地带往往以深、大断裂为界,构成主边界断裂。多数深、大断裂具长期性、复活性及产状和性质的多变性。陕西省内主要构造事件常伴有断裂的新生或前期继承,这些断裂在卫星航片上影像显示突出。地台区断裂主要分布于地块边缘,但其内部有隐伏断裂显示。地槽褶皱系具有多旋回特点,且以密集分布的断裂带出现,加之经按期挤压变形,在秦岭这一待定位置上构成中国大地构造上突出的"构造结"。

秦巴山区共计有深断裂8条,大断裂12条,隐伏断裂1条,现按级别从北到南简述如下:

(1)深断裂

①八渡—虢镇—眉县—鄠邑区—铁炉子—三要断裂带(F9)

该断裂带通常称为(中朝)台、(秦岭)槽分界断裂。陕西省内长450km,由西向东,自南北向转为近东西向,横贯陕西省中部,为中元古代台缘边界断裂。按照断层性质,从西向东分为三段,分别为西段(F9a)、中段(F9b)、东段(F9c)。

西段(F9a)(八渡—虢镇)为半隐伏状,切割中元古至古生代地层,控制了白垩系断陷盆地的形成。断裂西侧发育五级阶地,东侧发育四级阶地。在陇县东凤镇南普洛河有22℃温泉水出露,有6级地震发生,破碎带宽50~100m,地表倾向SW,倾角50°~70°。东段(F9c)(铁炉子—三要)破碎带宽数十米至200m,次级平行断裂较发育,总体倾向北,倾角60°以上,逆断裂,新生代发生过右行平移活动。两侧地层中有铅、锌、金矿分布。该断裂发生在太古代以后,成为华北地块南缘断裂带的成分,明显控制了其南的宽坪群、陶湾群与其北的熊耳群不同性质的火山喷发,构成了两个不同的沉积区域。武陵期前后,可能由早期张性转变为压性,由北向南推,以致断面倾向北。断裂北侧有花岗岩体分布。晚元古代到奥陶纪,南侧抬升褶皱,北侧相对沉陷,接受石北沟组奥陶系沉积。晚古生代至中生代复活拉张,控制了一系列山间(断陷)盆地的形成。第四纪时虽有所掩盖,但断裂带上的中、新生代地层均再遭破坏,表现为一长期、多阶段的活动性断裂。

②油坊沟—皇台断裂带(F11)

该断裂带是由若干断裂组成的多期活动世断裂带。陕西省内长380km,地表自然产状变化较大,西段花岗岩出露部分产状不清,中段南倾为主,东段北倾,倾角60°~80°。大部分出露清楚,构成秦岭区三级构造单元分界线。中元古代晚期可能已有活动,并控制了秦岭群的分布。最为明显的记录是控制着北秦岭早古生代地槽的形成演化和展布,开始以拉张形式出现,进而发展为断陷海槽。加里东运动地槽回返,转化为挤压,沿断裂带有侵入岩出露。晚古生代到三叠纪、白垩纪反复拉张,有的地方有华力西期中性岩侵入,很多地段有印支期酸性岩焊接。白垩纪时,东段引张下切深度较大,于蟒岭地区见有安山岩浆喷发和大规模花岗岩侵入活动。燕山晚期转化为压性,蟒岭地区发生逆掩,宽环群覆于三叠系陆相地层之上,形成飞来峰和构造窗,推覆断距达数公里。

③唐藏—商南断裂带(F12)

该断裂带在陕西省内长400km,地表北倾,倾角60°~80°,断裂带宽500~1000m,出露清楚,为北秦岭优地槽与南岭冒地槽二级单元分界线。

空间分布及规模:该断裂带为商丹带北界断裂,沿靖口关—上白云—八斗河,近东西向延伸,中段出露有侵入岩,靖口关以西被白垩系东河群所覆,与设计线路于 K19+100~K20+200 处以路基形式穿越。该断裂总体北倾,产状 20°~25°∠60~80°;局部南倾,产状 150°∠43°或 200°∠70°。该断裂属逆断层,断裂带宽度可达 500~1000m。

断层地貌特征:断层所处地貌为构造剥蚀中山及山前河谷侵蚀堆积地貌。在靖口关一带被第四系覆盖,为太古界与泥盆系的分界。

断层带特征:早期为一韧性逆冲推覆断层,断面陡立,带内发育糜棱岩,矿物拉伸线理,石英拉丝构造,不对称褶皱、旋转斑,局部出露碎裂岩和片理化带,运动方向指示由北向南的逆冲、推覆。晚期为脆性断层,多为斜冲断裂束,宽度不等,有的仅为一剪切破裂面,向南或北陡倾,发育断层角砾岩、构造透镜体、炭化断层泥等。据断面上的擦痕、阶步判断,具有先右行后左行平移剪切特征,部分地段显示逆断层性质,断层宽 5~500m,断裂带内岩体呈角砾状,岩体完整性极差,强度低,工程地质条件差。

断层形成时代及活动性:结合区域地质背景及构造演化分析,该断裂带具有多期活动的特点,早期为一韧性逆冲推覆断层,晚期主体为左行平移、斜冲断层,具有多期反复拉张与挤压活动,推测晚元古代已有活动,新生代仍有活动,是一长期活动的断裂。从项目区内路线附近出露情况来看,断裂带可达 200m 左右,岩体破碎,且断裂带内拖曳现象明显,可见与白垩系的砂砾岩层接触。图 3-1 为该断裂带寺庙沟内出露情况。

图 3-1 寺庙沟内出露情况

拟建线路 K11+000~K18+600 段与该断裂带近平行走向,设计路线距离该断裂带 150~400m,K18+600~K19+100 段距离该断裂带 0~150m,K19+100~K20+200 段穿越该断裂带。断裂带内岩体呈角砾状,岩体完整性极差,强度低,工程地质条件差。图 3-2 为断裂带和路线关系示意图,图 3-3 为断层钻探岩芯照片。

④凤镇—山阳断裂带(F13)

该断裂带向西经柞水南、东江口南至花石崖,以西衔接不太清楚,暂推延于太白黄柏塬,至凤县何家庄一带。破碎带宽数十米至数百米,地表向北倾,倾角 60°~80°,逆断裂,为二级单元分界断裂。该断裂带和太白—凤县高速公路 K24+277~K24+833、K29+660~K32+070 段相交。该断裂带为商丹带南界断裂,沿核桃坝—磨房沟—老县城—板房子一线展布,磨房沟向西,近东西向延伸,核桃坝以西被白垩系东河群所覆;磨房沟—老县城间,呈弧形向南凸出,南东东向延伸。该断裂带位于平木镇西庙儿岭,设计线路在 K24+277~K24+833、K29+660~K32+070 段以桥梁形式穿越该断层,K24+833~K39+000 段与该断裂带近平行走向,设计路线与该断裂带平均距离为 120m,断层对庙儿岭隧道工程影响大。断面陡立北倾,产状 345°~35°∠65°~85°,局部南倾 210°∠70°,属逆断层。断层破碎带宽 200~500m。

图 3-2 断裂带和路线关系示意图

图 3-3 断层钻探岩芯照片

该断裂带主要对西河大桥、核桃坝特大桥、田坝互通及部分路基有较大影响。建议西河大桥、核桃坝特大桥采用摩擦桩基础,在断裂带内的桩基选择有代表性的进行试桩试验,确保桥梁桩基设计的合理性以及运营的安全性。在断层破碎带内的路基地基岩体破碎,导致该段地基承载力低、不均匀沉降变形严重,在设计中需重点考虑,加强对路基地基土的处理,并设置沉降观测点。对高边坡尽量放缓坡率,并进行重点防护。对庙儿岭隧道及阳山隧道上部围岩有一定影响,对隧道洞室 50m 范围内围岩影响较小,设计时对隧道加强防护。图 3-4~图 3-6 为该断裂带地形地貌和断层露头、钻孔岩芯照片。

图 3-4 地形上表现的洼地(负地形地貌)

图 3-5　断层露头照片

图 3-6　断层初勘钻孔岩芯照片

⑤略阳—马道断裂带（F16）

该断裂带主要由状元碑—马道断裂（F16a）、略阳—勉县断裂（F16b）组成，为二级构造单元边界断裂。F16a 向西经武都与青海玛沁深断裂相连，向东在洋县相交于阳平关断裂，破碎带宽 50～200m，两侧岩层挤压直立带 500～1000m，北倾，倾角 70°～80°。F16b 在勉县以东与阳平关断裂相交，向西延至康县一带，破碎带宽 300～400m，南倾，倾角 65°～80°或至直立。两断裂旁侧派生的剪切小断裂发育。分析早古生代已明显存在，控制了徽具、旬阳早古生代沉积区的南界，志留系中有基性火山岩。晚古生代大致控制了略阳海槽的分布，泥盆系内有中基、中酸性火岩。华力西运动，伴有超基性、基性、中性岩浆侵入。印支旋回时有酸性岩基垂直断裂带侵入。燕山旋回控制侏罗纪断陷盆地的分布，随后又遭受到切割破坏。深断裂主要表现在古生代，之后拉张、挤压反复进行。

⑥阳平关—洋县断裂带（F27）

断裂露头清楚，东、西段分别为一、二级单元界线。勉县以东被第四系覆盖，其钻孔控制的等深梯度线呈明显的陡坎。断裂带宽 600～700m，地表西南端倾向 NW，东北段倾向 SE，倾角

60°~80°,逆断裂,使中~上元古界碧口群火山岩与古生代碎屑岩呈断层接触,旁侧派生的剪性小断裂发育。中元古代已有活动,为扬子地块大陆边缘外侧断裂,其北为秦岭活动带,并大致控制碧口群和三花石群不同环境的火山喷发、沉积。晚元古代早期具俯冲性质,使具大陆裂谷火山岩的碧口群并于扬子地块上,形成岛弧火山岩。早古生代先以断裂沉降,形成早寒武世深水海槽,志留纪活动加强,并具有分裂性质,形成冒地槽型沉积,使摩天岭晚元古代隆起再次与扬子地块分离,构成加里东地槽带中的断块,长期隆起。加里东回返挤压,伴有基性、超基性岩活动。华力西—印支旋回,其活动性主要表现为中性、酸性岩浆侵入,往东可能与栗扎坪—七里峡断裂追踪相连。

⑦饶峰—麻柳坝—钟宝断裂带(F22)

该断裂带由3条断裂组成,分别为司上—小洋坝断裂(F22a)、兴隆场断裂(F22b)、饶峰—麻柳坝—钟宝断裂(F22c)。

司上—小洋坝断裂(F22a)位于断裂带西南侧,呈弧形展布,陕西省内长80km,倾向多变化,主要倾向东,倾角60°,逆断裂。破碎带宽数十米至数百米,下震旦统碎屑岩与火山碎屑岩逆冲在三叠系之上。该断裂为前震旦纪扬子区与秦岭区的分界断裂。

兴隆场断裂(F22b)位于断裂带中部,陕西省内长70km,倾向东,倾角60°~80°,为逆断裂。旁侧伴有派生的剪性断裂,呈弧形交会于F22a断裂上。该断裂为两侧块体互相作用时派生的断裂。

饶峰—麻柳坝—钟宝断裂(F22c)为主断裂(表3-1),呈反S形弧状展布,破碎带宽数十米至数百米,倾向多变化,北段东倾,中段倾向SW,东段北倾,到湖北境内倾向SW,倾角60°~80°,逆断裂,为古生代以来的台、槽分界断裂。

饶峰—麻柳坝—钟宝断裂一览表　　　　　　表3-1

断裂编号	断裂产状	断裂构造主要特征	边界意义	备　注	和路线关系
(F22c-3)F_1^1	105°∠37°	为逆(冲)断裂,断裂带宽约400m,带内为碳酸盐糜棱岩、构造片岩,强烈揉皱及破碎,后期脆性断裂叠加明显,形成再胶结及重结晶。影响带宽50m(上盘)~150m(下盘),在下盘影响带内有3条玻化岩带产出	C/Pt_3^2qn	1. 断裂构造产状以地表观测为主,但随深度延展均可变缓,部分已为钻探所证实。 2. 随着向深部延展,两条断裂之间所夹岩体受挤压变形及破碎程度有可能更加强烈。 3. 断裂构造所导致的影响带变形一般	石泉西 K45+920~ K46+310
(F22c-1)F_1^2	35°∠35°	为逆(冲)断裂,断裂带宽约300m,带内为糜棱岩类岩石,片理发育,强烈揉皱及破碎,含黑色断层泥,后期脆性断裂叠加明显。影响带宽50m(上盘)~100m(下盘)	$Pt_3^1y_1/D$		石泉西 K41+790~ K43+520

续上表

断裂编号	断裂产状	断裂构造主要特征	边界意义	备注	和路线关系
F_1^3	40°∠65°	为逆(冲)断裂,断裂带宽80～150m,带内为糜棱岩岩块,有黑色断层泥充填。韧性断裂性质明显,后期脆韧性及脆性断裂叠加改造明显,形成再胶结及重结晶。影响带宽50m(上盘)～100m(下盘)	$\delta_2^3/Pt_3^1y_1$		
(F22c-2)F_2^1	45°∠65°	为逆断裂,断裂带宽120～250m,带内为具揉皱特征的构造片岩、变灰岩和硅质岩岩块,夹有断层泥。影响带宽20m(上盘)～50m(下盘)	$\in/C$		石泉西 K43+520～K45+100
F_2^2	55°∠50°	为逆断裂,断裂带宽约10m,带内发育变灰岩和硅质岩岩块,有明显的挤压揉皱及片理化现象。影响带宽20m(上盘)～50m(下盘)	$D/\in$		
F_2^3	60°∠45°	为逆断裂,断裂带宽约20m,带内发育变灰岩和变砂岩岩块,劈理化现象普遍,节理裂隙发育。影响带宽10m(上盘)～30m(下盘)	$\in/D$	都呈现为下盘强于上盘,影响带的宽度也是下盘宽于上盘	
F_2^4	50°∠40°	为逆断裂,断裂带宽约100m,带内发育变灰岩、硅质岩和变砂岩岩块,劈理化现象普遍,节理裂隙发育。影响带宽10m(上盘)～40m(下盘)	$D/\in$		
(F22c-4)F_2^5	50°∠40°	为逆断裂,断裂带宽约80m,带内发育糜棱岩化闪长岩及糜棱岩类岩块,部分断层夹泥和砂屑,节理裂隙发育。影响带宽30m(上盘)～50m(下盘)	$\delta_2^3/Pt_3^1y_1$		石泉西 K39+600～K40+300
F_2^6	60°∠40°	为逆断裂,断裂带宽约70m,带内发育糜棱岩化闪长岩及糜棱岩类岩块,为断层泥和砂屑夹其间,节理裂隙发育。影响带宽30m(上盘)～50m(下盘)	$Pt_3^1y_1/\delta_2^2$		

图 3-7 为该断裂特征照片,图 3-8 为该断裂推覆构造示意图。

图 3-7 饶峰—麻柳坝—钟宝断裂特征照片

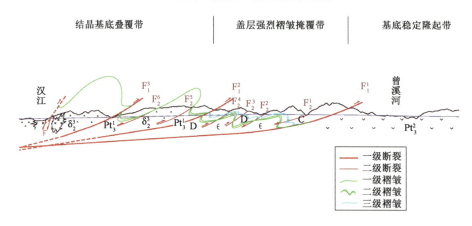

图 3-8 饶峰—麻柳坝—钟宝断裂推覆构造示意图

⑧红椿坝—曾家坝断裂带(F20)

平利至镇平高速公路和该断裂带数次相交。根据项目资料及区域地质资料可知,该断裂带是三级单元分界,西北端交于饶峰—麻柳坝断裂上,向东南延入湖北境内,区域上该断裂具有多期活动特征,构成南秦岭早古生界裂谷盆地沉积环境差异分界断裂,是高滩—兵房街地层小区和紫阳—平利地层小区的分界断裂。断层破碎带挤压特征明显,岩石强烈破碎,主要由糜棱岩、角砾岩带及破碎带岩石组成,断层破碎带宽200~500m,断面北东倾斜,倾角45°~75°。物探资料显示曾家坝—红椿坝逆冲推覆断层向下延伸切穿基底,产状变缓。红椿坝断裂南由一系列北西走向线性分布的等厚对称直立弯滑褶皱构成其主体格架,发育扇形劈理,原生沉积构造保留较完整,为逆冲推覆断裂,在区内发育有 F_{1-1}、F_{1-2} 等多处分支断层,与路线多处相交。

(2)大断裂

①新集川—哑柏断裂(F8)

该断裂位于中朝准地台西南侧,走向 NW,长约 200km,倾向 NE,倾角 60°~70°,推测石炭纪以前就已发生,之后插入秦岭段受到右行扭动,印支运动以后控制侏罗纪、白垩纪沉积。

②桃园—龟川断裂(F10)

该断裂半隐伏,走向 NW,倾向 NE,倾角 70°,正断层。断裂带岩石破碎,中生代早期发生张裂,控制六盘山白垩纪断陷盆地的发生,喜马拉雅期切割白垩系与第三系,伴有 22～30.41℃温泉水出露及 4.75 级地震发生。

③拓石—宝鸡—渭南断裂带(F5)

该断裂即渭河断裂,向西可能经天水达漳县附近,向东延入豫西。该断裂带和陕西省多条高速公路相交,如西铜高速公路、西长高速公路、西禹高速公路等。勘察资料表明,渭河断裂分为渭河南岸断裂及北岸断裂。

渭河断裂西起宝鸡,经武功、兴平,过咸阳后继续往东,在高陵南交于渭南—泾阳断裂上,纵贯渭河盆地中央,总体走向近东西向,断面南倾,倾角 65°～80°,延伸长度为 170km,是一条高角度的正断层。

渭河南岸断裂是渭河断裂的南岸分支,在西安市北郊渭河一级阶地前缘呈隐伏状态通过,距西安城区 5～6km,属区域深大断裂,断面北倾,断裂走向北东东,倾向 335°,倾角 45°～65°,北倾,正断层性质。

④石门断裂(F7)

该断裂向西隐入滑河盆地,向东到河南境内。破碎带宽 80～100m,地表倾向北,倾角 75°,逆断层。该断裂可能发生于中元古代,构成华北地块南缘次级断裂。

⑤酒奠梁—板岩断裂(F14)

该断裂在陕西省内长 125km,西延出省,东延交于凤镇—山阳断裂上。地表断面总体倾向北,倾角 50°～60°,破碎带明显,为逆断层,控制三级构造单元。切割震旦纪以后各时代地层。

⑥紫柏山—江口断裂(F15)

该断裂由紫柏山北麓而过,到江口一带与酒奠梁—板岩镇断裂汇合。倾向南,倾角 50°～60°,为逆断层,旁侧发育有派生的剪切小断裂。至少晚古生代就发生,控制二叠系分布的南界,切割华力西期闪长岩与侏罗系。

⑦栗扎坪—七星峡断裂(F17)

该断裂近东西向分布于镇安地区,航、卫影像显示明显,西起饶峰,东延大致经南宽坪,可能在印支期与阳平关—洋县断裂追踪相连。有一些大致平行排列的断裂相伴生,并被北西向的断裂剪切而不连贯,倾向变化大,西段南倾,东段北倾,倾角 70°左右,压扭性,在宁陕切割印支期花岗岩。

⑧公馆—白河断裂(F18)

该断裂走向北西,西北端与栗扎坪—七里峡断裂相交,东南延入湖北境内。破碎带宽数十米至百余米,地表西段倾向南,东段倾向北,为逆断层。

⑨月河断裂（F19）

该断裂通过石泉、安康，东端延展不够清楚。地表倾向北东，倾角60°～80°，西段显示正断层，东段显示逆断层，破碎带宽200～500m，二级构造单元分界。

该断裂和陕西省十天高速公路相交。断层带由一系列相互平行的断层组合而成，大部分地段被第三系和第四系覆盖，仅在山前基岩出露地段保留有断层活动的痕迹。

构造带内岩石强烈破碎、炭化，岩性有断层角砾岩、砾岩及糜棱岩。断层产状50°～80°∠65°～80°，局部近于直立，属正断层。晚期活动明显，控制了石泉、月河—安康第三系和第四系断陷盆地的形成与发展。区域上，沿断裂有地震发生，为一中新生代形成的区域性、继承性活动断裂。根据资料可知，断裂宽窄不一，局部较宽处宽约800m，较窄处宽100～300m。断裂带泥化严重。图3-9为月河断裂特征照片。

图3-9 月河断裂特征照片

⑩高桥—八仙街断裂（F21）

该断裂长135km，两端被麻柳坝—钟宝断裂切割，破碎带宽250～300m，地表倾向NE，倾角50°～60°，逆断层。

⑪峡口—白勉峡断裂（及骆家坝—堰口断裂）（F24）

该断裂长约60km，断裂带清楚，走向NE，地表倾向SE，倾角大于45°，以压性为主，逆断层，南侧派生有平行断裂、斜断裂、横断裂。

⑫大竹坝—新集断裂（F25）

该断裂为三级单元界线，西北侧地层褶皱紧密，产状陡峻，东南侧产状平缓，褶皱略宽阔。东北段倾向NW，倾角陡，逆断裂。西南段转向SE，正断裂，推测形成于加里东期。

⑬宽川铺断裂（F26）

该断裂为扬子准地台西北边缘的分界断裂，呈NE方向波状伸展，两侧平行的小断裂、斜断裂、横断裂发育，本身也受斜断裂或横断裂分割。地表倾向NW，倾角70°，逆断裂，早古生代时与阳平关—洋县深断裂相伴生，沿扬子准地台北缘晚元古代构造软弱带产生，构成摩天岭加里东褶皱带南部边界,控制早古生代沉积。断裂东南侧为地台型环境,西北侧为边缘冒地槽型环境。

(3)隐伏断裂

秦巴山区的隐伏断裂只有 1 条,为大池坝—镇巴断裂(F23)。

3.1.3.2 新构造运动与地震

根据有关资料,历史上地震震级为 1~6 级,近场区大范围没有发生强震的背景条件,地震活动多以微弱为主。

根据《中国地震动参数区划图》(GB 18306—2015),地震动峰值加速度为 $a=0.05 \sim 0.15g$,地震反应谱特征周期为 $T=0.35 \sim 0.45\text{s}$。

3.1.4 水文地质特征

3.1.4.1 地下水类型

陕南秦巴山区为基岩山区湿润水文地质区,按照地下水储存的介质及形成的原因不同,地下水分为松散岩类孔隙水、基岩裂隙水(基岩层间水)、碳酸盐岩岩溶水、块状基岩裂隙水。

3.1.4.2 含水岩组及富水性

秦巴山区地下水根据储水介质的不同,各类地下水分布不均匀。

该区气候湿润,雨量充沛,但各地的地层岩性、地质构造、地形地貌条件不同,致使地下水分布很不均衡。一般在岩溶发育的石灰岩地区及山间河谷盆地区,地下水渗入与储存条件较好,常具有较丰富的地下水;而层状基岩与块状基岩含水岩类由于透水、储水条件较差,地下水一般比较贫乏,仅在断裂裂隙发育地带或褶皱构造的有利部位,可形成局部的富水带或富水地段。

(1)层状基岩裂隙、孔隙层间水含水岩类

大面积分布于秦岭地区中部及南部,极大部分由变质程度深浅不同的泥质碎屑岩组成。区内虽经多次构造运动,断层、裂隙均较发育,但多为碎屑或岩脉充填,故地下水富水性均较弱。

中等富水的含水岩组有分布于柞水地区的白垩系砂砾岩裂隙、留坝—白河地区的侏罗系砂岩裂隙及泥盆系中统—石炭系片岩、板岩、石英岩夹灰岩,凤县—镇安地区的泥盆系千枚岩、板岩夹灰岩及石炭系中统砂岩、砾岩,奥陶系—志留系炭质页岩、炭质板岩。上述含水岩组泉流量一般为 2.5~15t/h。

弱富水的含水岩组有分布于洛南地区的第三系砂砾岩、泥灰岩及二叠系下统砂岩夹页岩,留坝—白河地区的下第三系砂岩、砾岩、泥岩,商县地区的三叠系—下第三系砂岩、砾岩夹页岩,凤县—镇安地区的三叠系—白垩系砂岩、砾岩、泥岩及石炭系上统千枚岩夹泥灰岩裂隙水含水岩组,白云—柞水地区的泥盆系中统—石炭系片岩、板岩、砂岩局部夹灰岩裂隙水含水岩组,留坝—白河地区的寒武—泥盆系中统板岩、片岩、千枚岩夹灰岩裂隙水含水岩组,金堆城、高滩等地区的震旦系下统凝灰岩、石英岩、千枚岩裂隙水含水岩组,商县、留坝—白河等地区的元古界片岩凝灰岩夹硅质灰岩裂隙水含水岩组,金堆城地区的太古界片岩、石英岩裂隙水含水岩组。

极弱富水的含水岩组,有分布于宁强—镇巴地区的侏罗系砂质页岩裂隙水含水岩组及志留系页岩、砂质页岩裂隙水含水岩组,留坝—白河地区的三叠系钙质页岩夹砂岩裂隙水含水岩组。上述含水岩组泉流量一般小于 0.5t/h,为区内的相对隔水层。

(2)岩溶化基岩岩溶裂隙水含水岩类

主要分布于米仓山与大巴山地区的宁强—镇巴及秦岭东部或东北部的米粮川、石门一带,岩溶发育,具较丰富的岩溶水。

属极强富水的含水岩组有:宁强—镇巴地区的二叠—三叠系白云质灰岩、角砾状灰岩、泥质灰岩含水岩组及震旦系上统—奥陶系灰岩、鲕状灰岩、硅质灰岩、白质灰岩夹页岩含水岩组,下高川地区的泥盆系中统—三叠系灰岩、鲕状灰岩、燧石灰岩、白云质灰岩夹页岩含水岩组,松潘地区的泥盆—石炭系下统灰岩、白云质灰岩夹千枚岩含水岩组及震旦系灰岩夹碎屑岩含水岩组。

属强富水的含水岩组有:凤县—镇安、留坝—白河地区的石炭—二叠系灰岩、生物灰岩、白云质灰岩夹页岩含水岩组及震旦系上统—奥陶系白云质灰岩、大理岩、白云岩、灰岩含水岩组,金堆城、洛南、白云—柞水地区的震旦系—寒武系灰岩、白云质灰岩、白云岩、大理岩含水岩组,商县、白云—柞水地区的元古界大理岩夹片岩、片麻岩含水岩组。

属中等富水的含水岩组有:凤县—镇安地区的石炭系下—中统灰岩夹千枚岩含水岩组,留坝—白河地区的泥盆系中—上统灰岩夹千枚岩含水岩组,高滩地区的寒武系泥灰岩、灰岩、千枚岩含水岩组及下高川地区的震旦系上统—寒武系豹皮灰岩、硅质灰岩、灰岩夹页岩、板岩含水岩组。

(3)块状基岩裂隙水含水岩类

主要分布于秦岭北部、汉中南部等地区,一般水量均较弱。

属弱富水的含水岩组主要有:分布于华山、峦庄及汉中南部等地的太古代—元古代花岗岩为主的各类火成岩含水岩组与不同时代的花岗片麻岩、片麻岩含水岩组。这两个含水岩组由于地层时代较老,经受多次构造作用,因此构造断裂、风化裂隙均较发育,局部地段强风化深度可达 50m 以上,弱或微弱风化深度可大于 100m。

属极弱富水的含水岩组主要有:分布于秦岭中部及北部的古生代—中生代以花岗岩为主的各类火成岩含水岩组。

(4)松散覆盖层孔隙水含水岩类

主要分布于山间河谷盆地,地下水较丰富。

第四系中更新统至全新统冲积砂、砂砾石夹粉细砂与亚黏土孔隙潜水含水岩组:主要分布于河谷阶地地带,其中安康、汉中两盆地分布较广、厚度较大,其富水性与水位埋深随不同地貌单元而异。极强富水带主要分布于高漫滩及一级阶地,水位埋深5~15m,含水层厚度小于15m,单井出水量400~800t/d,单位涌水量10~15t/(h·m)。强富水带主要分布于一、二级阶地,水位埋深15~30m,含水层厚8~30m,单井出水量300~600t/d,单位涌水量3~10t/(h·m)。中等富水带主要分布于二级以上的高阶地,含水层厚数米至二十余米,水位埋深20~50m,单井出水量100~400t/d,单位涌水量0.5~3t/(h·m)。

第四系下—中更新统冲湖积砂、砂砾石亚黏土互层孔隙水含水岩组:主要分布于汉中、安康两盆地内,均埋伏于冲积层之下,多具承压性质。其强富水带主要分布于汉江高漫滩及一级阶地的下部,承压水头埋深一般为5~20m,局部分布于高漫滩地带,可自流溢出地表,含水层厚50~100m,单井出水量可达400~800t/d,单位涌水量一般为3~10t/(h·m),中等富水带主要位于二级及二级以上的高阶地,水位埋深由数米至数十米不等,单井出水量100~600t/d,单位涌水量为0.5~3t/(h·m)。

3.1.4.3 地下水补给、径流、排泄条件

山区地下水的补给、径流、排泄条件受地貌控制作用强烈。从宏观条件来看,其径流方向基本与地表水水流方向一致,地表水分水岭大体上亦为地下水分水岭,山岭与山坡地带主要为地下水补给径流区,河谷地带主要为排泄区。由分水岭向河谷区地下水位由深变浅,富水性由弱变强,地下水主要受大气降水补给,局部地段受地表水补给。其补给条件与强度又受次一级地貌条件——山地的切割强度、地形坡度、构造特征(断裂构造发育程度、性质),以及地层岩性和风化程度的严格控制。尤其是岩性的影响最为显著。如碳酸盐岩分布区,岩溶裂隙均较发育,有利于大气降水与地表水的渗入补给,其中大巴山的宁强、镇巴地区二叠—三叠系灰岩较其他地区灰岩纯度、厚度更大,岩溶发育特别强烈,渗入系数高达27.9%;而秦岭东部米粮川一带的碳酸盐岩分布区,岩溶发育较弱,渗入系数为7.7%左右。层状与块状岩类分布区的渗入条件则比较差。但由于遭受断裂破坏和风化作用程度不一,因而渗入补给条件也有较大差异。如汉南块状岩类受断裂的密集切割,岩石风化强烈,有利于降水渗入,其渗入系数一般为11.8%;秦岭北坡以块状岩分布为主的地区,因岩体时代较新,完整性强,风化很弱,渗入系数为3.4%;秦岭南部平利、宁陕、旬阳等地以层状岩类为主的地区,渗入系数为3.2%,略阳一带以层状岩类为主的地区为5.6%。在岩性相同或相似的条件下,地下水渗入和富集条件则受次一级地貌与构造的控制较为明显。如秦岭北坡,地形相对较陡,沟谷深切,降水易从地表流失;南坡则坡度较缓,有利于降水的渗入。从构造条件来看,秦岭北坡处于祁吕贺山字形构造弧顶与秦岭纬向构造的复合部位,较新的构造断裂发育相对有利于地下水的渗入与补给。又如秦岭纬向构造带,受华夏系构造影响而形成复式向斜中的次级向斜构造,在有利的地形与岩性条件下往往形成承压水或较为富水的地段。再如巴山弧形构造体系内池洋—镇巴一

带的一系列向斜构造与东西向构造的复合部位,在灰岩中往往形成很多地下暗河与特大岩溶泉。另外,区内大小不等的众多断裂带,经多次构造活动影响,使带内及附近岩体受到剧烈破坏。在刚性岩层分布地区,往往以角砾状破碎为主;而在软弱岩层分布地区,则以揉皱破裂裂隙为主。有些破碎带宽度可达百余米至上千米,且在地形上多为低洼的负地形,成为地下水汇集、储存或排泄的良好场所。断裂构造的性质对地下水的赋存条件也有较为重要的影响。如由于镇巴以东几条北北西向的弧形压扭性大断裂带及上盘的阻水作用,其下盘均相对富水。又如与东西向构造带伴生的近南北向横张断裂,以及北东、北西向的扭性断裂,都是地下水的良好通道。

3.1.4.4 水化学特征及其形成条件

该区地下水由于径流、排泄条件较为良好,水循环交替作用积极,水化学的形成主要为溶滤作用,因此矿化度低,水化学类型简单。全区主要为重碳酸型、矿化度小于1g/L的淡水,局部地段深层水矿化度较高。如镇巴县盐井坝附近,据钻孔揭露,在孔深67~400m的下震旦统凝灰质砂岩中的裂隙承压水,经定深取样分析,矿化度可达5.8~21.3g/L,属氯化物型咸水,这与补给区三叠系岩石自身含盐量及地下水埋藏较深、径流缓慢有密切关系。另外,在盆地内局部居民集中地段,由于地下水受到污染,为矿化度较高与类型复杂的硫酸型或氯化物型水。此外,于勉县郭家湾漾家河口的高漫滩上有一处温泉出露,水温高达43~45℃,矿化度为0.48g/L,属重碳酸~硫酸型水(未做稀有元素和特殊项目分析),系由深部沿断裂带通过较薄的第四系覆盖层上升溢出地表而成。

3.1.5 不良地质

陕南秦巴山区的不良地质较发育,主要不良地质为滑坡、崩塌,次之为泥石流、岩溶、采空区等。

3.1.5.1 滑坡、崩塌

不良地质的形成条件受地形地貌、地层岩性及地质构造、水文气象条件、人类工程活动等因素的影响。

(1)地形地貌

中高山地区地势高,沟谷切割深度较大,重力势能大,易形成滑坡及崩塌。其次,受地质构造及地层岩性的控制,部分坡脚及剖面上发育有较厚层的风化基岩及残坡积土,在沟谷水侵蚀、人为作用和降雨的共同诱发下也常发育滑坡灾害。适宜的地面坡度和较大的高差是滑坡产生的基本条件。

(2)地层岩性及构造条件

堆积层松散,透水性强,而下伏基岩相对隔水或弱透水,降雨或地表水垂直入渗,接触面润滑,堆积体含水饱和,黏聚力下降,与下伏基岩之间抗剪性大幅降低,从而产生滑坡或变形,此类岩石成为该区易滑地层。

另外,秦巴山区特别在汉江盆地的区域发育有棕红色黏性土,分布于山前丘陵斜坡,具有一定的胀缩性,干旱季节裂隙密布,土体松散,孔隙率高,含水率低,雨季大气降水迅速入渗,土体大量持水,地下水位升高,土质变软,常常产生斜坡缓慢蠕变,即形成膨胀土滑坡。

(3)水文气象条件

降雨是不良地质形成的一个主要因素。秦巴山区气候湿润,降雨量丰富,受气候条件的控制,该区易形成短暂的季节性暴雨,会引起部分地质条件及环境的变化,形成斜坡失稳的决定性因素。

(4)人类工程活动

秦巴山区地质灾害的发育几乎都与人类活动有着密切关系。由于没有足够的平地,居民建房、道路修筑等均需切坡或开挖坡脚,并由此产生大量高陡边坡和危崖,使原有自然边坡失稳,形成滑坡、崩塌等自然灾害。此类滑坡主要为工程滑坡,在目前高速公路建设中占的比重较大。如在宁陕至石泉高速公路石泉段,由于路堑的开挖,原有的边坡失稳,形成新的工程滑坡,如图3-10所示。

图3-10 路堑开挖导致新的工程滑坡

3.1.5.2 岩溶

秦巴山区分布有大量易溶盐岩石,如西乡至镇巴高速公路勘察时发现有溶洞119处,部分溶洞充填有粉质黏土及卵砾石,部分出现空洞。在飞凤山隧道施工时发现有特大型溶洞中部空腔,高20~30m,沿路线长约100m左右。

3.1.5.3 错落体

错落的外部形态与滑坡类似,后壁错动面受断层、节理等结构面的控制,错动带上部较陡,错动面光滑,错落体多保持整体状,是在坡脚失稳(开挖、冲刷、侵蚀、地震、爆破、受水软化等)的情况下,大量土体或岩体在重力作用下引发的,规模大,速度快,属急剧性变形。

3.1.5.4 采空区

秦巴山区的采空区主要是小煤窑采空后遗留下的巷道,一般为人工开采。由于采空范围窄小,地表不会产生较大的沉降,又因小煤窑采空埋藏深度浅,顶板任其坍落,故地表变形剧烈,大多产生较大的裂缝和塌陷,且往往突然产生塌陷。如平利至镇平高速公路K78+200~K79+100右侧40~160m发现有一采空区,该采空区开采于20世纪70年代,为乡办小型煤窑,年产量约3万t,2011年后煤矿已停产。

3.1.6　特殊性岩土

特殊性岩土是指具有独特的工程特性的岩土,如膨胀土、红黏土、软土等。秦巴山区的特殊性岩土发育种类较多,主要为膨胀土、软土、红黏土、花岗岩残积土等。特殊性岩土分布不均匀,其中膨胀土、红黏土及软土主要分布于汉中盆地及西乡—安康盆地,花岗岩残积土主要分布于秦岭北坡的坡脚地带。

3.2　勘察技术

3.2.1　工程地质调绘

3.2.1.1　目的

工程地质调绘一般在可行性研究阶段或初步勘察阶段进行,目的是查明调绘范围内的工程地质条件及周边环境条件,为路线方案优化、比选,工程地质勘探和测试工作的布设提供必要的工程地质依据。

3.2.1.2　主要任务和内容

工程地质调绘的主要任务是通过收集区域地质、地貌、气象等资料,在利用前人研究成果和室内遥感解译的基础上,实施野外调查作业,进而在综合分析区域地质资料及外业调查的基础上,研究拟建场地的地层、岩性、构造、地貌、水文地质条件和不良地质作用,特别是针对路线影响较大的工程地质问题要进行深入调查,并做出初步评价。具体任务和内容是:

(1)确定调绘范围及精度:1:10000 工程地质调绘宽度为路线轴线两侧 1000~1500m,1:2000工程地质调绘范围为路线轴线两侧 200~300m。

(2)充分收集调查区内前人的区域地质、水文地质、工程地质等资料,并认真进行分析研究,作为地质调查工作的主要地质参考资料。

(3)通过工程地质调绘,分析已收集到的走廊带内地层的成因、年代、层序、厚度、岩性和岩石的风化程度等,以及地质构造的类型、产状、规模、分布范围等。初步查清设计路线带地形地貌的成因、类型、分布、规模、形态特征等。

(4)通过综合性地质调查工作,初步查明走廊带内的不良地质和特殊性岩土的类型、性质、分布范围、规模大小及病害程度。

(5)通过收集相关地震资料,确定建筑场地的地震动参数和地震基本烈度,作为编制设计文件的依据。

(6)调查路线走廊带断裂构造(断层)在地表的反映及活动情况,评价断层对工程的影响。

(7)初步查明地下水的类型、分布、埋藏条件及动态变化规律,为设计文件提供水文地质资料。

3.2.1.3 工程地质调绘的工作方法

工程地质调绘一般分为以下几个工作阶段:

1)调绘资料收集、分析和室内解译

搜集的主要资料包括:工程建设规划、设计资料;勘察阶段选择的路线沿线地形资料、航片、卫星影像以及无人机等采集的相应精度的遥感影像资料;区域地质、水文地质、地震等资料;区域矿产资源、地质灾害分布及调查资料;公路影响范围内既有(或在建)建(构)筑物、设施等周边环境资料。

2)现场调查

主要调查路线经过地区的自然地理、地层、岩性、地质构造、水文地质、不良地质和特殊性岩土等的分布情况。

3)综合整理编图

分析整理野外现场调查资料,按技术规范编制工程地质调绘报告。工程地质调绘报告应提交文字说明、工程地质平面图、综合地层柱状图、工程地质断面图、照片及相关调查图表等。

3.2.1.4 各类工程地质调绘的侧重点

1)路线调绘侧重点

路线调绘侧重点包括:影响路线方案的不良地质和特殊性岩土;区域性断裂、活动性断层、区域性储水构造;水库及河流等地表水体、可用矿体的发育情况;斜坡或挖方路段的地质结构,有无控制边坡稳定的外倾结构面,工程项目实施有无诱发或加剧不良地质的可能性;高陡路堤路段的地质结构,有无影响基底稳定的软弱地层;大桥及特大桥、长隧道及特长隧道等控制性工程通过地段的工程地质条件和主要工程地质问题。

2)路基调绘侧重点

(1)一般路基调绘侧重点

断裂、软弱夹层等结构面的产状、规模、倾向路基的情况;覆盖层厚度、土质类型、密实度、含水状态和物理力学性质。

(2)高路堤调绘侧重点

地基的土层结构、厚度、状态、密实度及软弱地层的发育情况;基岩的埋深和起伏变化情况;基岩产状、岩石风化程度和岩体的节理发育程度;地基岩土的物理力学性质和地基承载力。

(3)陡坡路堤调绘侧重点

陡坡路堤的地形地貌、地面横向坡度及变化情况;覆盖层的厚度、类型、地层结构、密实程度和胶结状况;下伏基岩面的横向坡度和起伏形态;陡坡路段的地质构造、层理、节理、软弱夹层等结构面的产状;岩、土的物理力学性质及其抗剪强度差数。

(4)深挖路堑调绘侧重点

地形条件,自然稳定状况;覆盖层厚度、土质类型、含水状态、胶结程度和密实度;岩土界面的形态特征及起伏变化情况;基岩岩性及其组合情况,岩石的风化程度和岩体的结构类型;结构面的产状、规模及其倾向路基的情况;岩、土的物理力学性质,结构面的抗剪强度;地下水的条件及对边坡稳定性的影响。

(5)支挡工程(挡墙与抗滑桩等)调绘侧重点

地形条件,斜坡稳定状况;结构面的产状、规模和发育情况;地基的地层结构、岩土物理力学性质;地下水条件及其对边坡的影响;地基承载力和锚固条件。

(6)河岸防护工程、改河(沟、渠)调绘侧重点

岸坡的稳定情况;河岸防护路段的水力特征、水位变化、河流的冲淤变化规律;地层结构、岩土类型、土的粒径组成;地基岩土的物理力学性质和承载力;既有河岸防护工程的设计与适用情况。

(7)涵洞、通道调绘侧重点

覆盖层的成因、土质类型、厚度、地层结构;基岩的岩性、埋深、风化程度及节理发育程度;地基岩土的物理力学性质及承载力。

(8)桥梁调绘侧重点

地貌条件,岸坡的稳定状况和地震动参数;断裂的活动性,破碎带宽度、物质组成及胶结程度;地基岩土的物理力学性质及承载力;特殊性岩土和不良地质的类型、分布及性质;地下水条件及水的腐蚀性;水下地形的起伏状态、冲刷和淤积情况以及河床的稳定性。

(9)隧道调绘侧重点

褶皱发育情况及对隧道的影响;断裂发育情况及对隧道的影响;隧道围岩等级;隧道进出口地质条件;浅埋段覆盖层厚度,岩体风化程度、含水状态及稳定性;水库、河流、煤层、采空区、膨胀性地层、有害矿体及富含放射性物质的地层的发育情况;地温及地应力;岩溶、断裂、地表水体发育地段产生突水、突泥及塌方冒顶的可能性;地下水的类型、分布、水质、涌水量。

(10)不良地质调绘侧重点

①滑坡调绘重点

滑坡体位置、范围、地面坡度、相对高差、滑坡壁、滑坡洼地等的形态特征;滑坡体所在地层、岩性、构造部位,结构面及其所起的作用,滑坡体物质组成,原岩结构破坏情况;滑坡体厚度,滑坡面位置、形态、擦痕分布,滑动带的物质组成、厚度、颗粒级配、矿物成分、含水状态和力学性质等;滑坡体边界条件,稳定性现状,滑坡体后缘山体的稳定性;滑坡成因类型,可能的形成时期;当地滑坡整治经验。

②崩塌调绘重点

崩塌体的位置、范围;崩塌体的岩土类型、结构、块径大小和塌落的数量;崩塌区地形、崩塌类型、成因和形成时期;围岩的稳定性、发展趋势和对工程的影响。

③岩溶调绘重点

可溶岩的分布、岩性、厚度、产状、结构,可溶岩与非溶岩的接触关系;岩溶发育程度和发育规律;岩溶塌陷形态、规模、数量、延伸范围和展布方向等;岩溶塌陷成因、结构类型及形成时期。

④采空区和人工洞穴调绘重点

采空区和人工洞穴形成年代和采挖方法;采空区和人工洞穴的范围、深度,采空或洞穴的高度;地面塌陷、台阶和地裂缝特征。

⑤泥石流调绘重点

泥石流的位置、规模、物质组成和状态,泥石流发生次数;泥石流流域的地质、地貌结构、形态特征和植被状况;泥石流形成区、流通区和堆积区的范围、规模,形成区可能起动物质的性质;泥石流类型、流体性质、形成条件和形成时期。

(11)特殊性土调绘侧重点

①膨胀土调绘重点

膨胀土成因、厚度和分布规律;岩土体裂隙的类型、特征和分布;膨胀势判别。

②软土调绘重点

软土成因、类型、分布;软土含水率及其他物理力学性质;软土工程变形情况和工程经验。

③红黏土调绘重点

红黏土类型、厚度、分布特点;裂隙特征和分布;红黏土的工程性质及其随深度的变化。

3.2.1.5 遥感技术在地质调绘中的应用实例

遥感技术的推广应用主要有以下两项科研成果:

(1)"陕西省交通卫星遥感影像图及信息系统研制"项目取得了以下主要成果:

①通过全省遥感图像的研制,获得了覆盖陕西全省范围及周边地区的遥感数据,为全省国道主干线及其他公路交通工程的勘察设计提供了丰富的遥感信息资源。

②成功研制出全省遥感影像图底图及1:168000和1:400000陕西省交通卫星遥感影像图。

③研制出陕西省交通遥感信息查询系统(软件)。

④建立了一套先进高效的遥感图像处理系统。

⑤在西安—汉中等多条高速公路中得到了应用,取得显著成效。

(2)"综合遥感技术在公路深部构造中的应用研究"项目在秦巴山区地质调绘中及长大隧道构造断裂遥感解译等工程应用中,取得了以下显著成果:

①进一步开拓了应用于公路工程地质方面的数据遥感信息综合处理技术。开展包括微波合成孔径雷达(SAR)遥感数据在内的多种信息数据处理技术研究,应用于深部工程地质方面的研究。

②全面总结了各种遥感图像的地层岩性、构造、地貌、植被、水文地质、人文地理等方面的信息标志,为准确进行地质构造解译、分析深部工程地质特征提供了对比标准。

③研制开发了三维地质信息系统,为深部工程地质环境分析提供了先进的软件工具。

④在高速公路工程地质调绘中取得显著效益,特别是秦巴山区地质构造复杂,褶皱和断裂破碎带极其发育,新构造运动活跃,各种不良地质现象十分发育,在地质调绘中应用遥感技术研究不良地质体分布及其特征,分析深部构造地质问题,节省了大量工作时间,效果显著。

3.2.2 山地钻探

在秦巴山区钻探勘察,根据地层种类、岩性软硬度等,应采取相应的工艺措施,以最优的钻进方式为勘察设计提供科学依据。因此,在不同勘察区域需采用不同类型的钻进方法。

3.2.2.1 硬质合金钻进适用地层范围

硬质合金钻头适用于在软岩、中硬岩层中钻进,不适合钻进8级以上的坚硬岩层。钻进时,应根据岩石性质合理选择高效钻头和最优钻进规程。为便于选择,现将适宜硬质合金钻进的岩石归纳为以下四类:

第一类为松软的岩石(1、2级):如黄土、黏土等第四纪地层及泥炭、砂藻土等;

第二类为较软的岩石(3、4级):如泥岩、泥质岩、页岩、大理岩、白云岩等;

第三类为较硬的岩石或称中等硬度岩石(5、6级):如钙质砂岩、石灰岩、蛇纹岩、橄榄岩、细大理岩、白云岩等;

第四类为硬岩(7级及部分8级):如辉长岩、玄武岩、结晶灰岩、千枚岩、板岩、角闪岩以及裂隙性岩石等。

1)硬质合金钻头选取

取芯式硬质合金钻头根据钻头结构和钻进性质不同,可分为磨锐式钻头和自磨式钻头。磨锐式钻头磨钝后,可以重新磨锐。

这里介绍几种常见的磨锐式硬质合金钻头。

(1)肋骨式钻头:肋骨式钻头适用于2~4级泥岩、泥质岩、砂质泥岩、炭质泥岩、粉砂岩及黏土层等。

(2)燕尾补强钻头:该钻头的特点是,每组切削具中单粒合金的底出刃较双粒合金的底出刀突出,单粒进行掏槽,双粒呈燕尾形对岩石进行扩槽,钻头外镶有补强合金,能有效保持钻头外径,延长钻头使用寿命。该钻头适用于4~6级砂质泥岩、粗砂岩和砂岩等地层。

(3)品字形钻头:该钻头每组3颗硬质合金切削具呈品字排布,中间合金底出刃大,起掏槽作用,两边合金起扩大自由面作用,适用于4~6级中硬岩层,如石灰岩、大理岩和粗砂岩等。

(4)单粒负斜镶钻头:该钻头采用八角柱状合金切削具,特点是切削具呈负斜镶,镶焊角为-10°,切削具能承受较大的轴向力,不易破刃,磨损慢。该钻头适用于钻进5、6级和部分7级的硅质砂岩。尤其是对于研磨性较大、非均质的或破碎和裂隙发育的岩层有较好的钻进效果。

自磨式钻头选用小断面薄片状或针状切削具,在钻进中磨损后切削具与岩石接触面积保

持一定,即切削具不会变钝。常用的自磨式钻头包括:

(1)胎块针状自磨式钻头:可以根据需要把它镶焊在钻头体上。该钻头适宜在6、7级和部分8级岩层中钻进。

(2)排状硬质合金自磨式钻头:它的特点是切削具刃尖超前呈折线(菱形排状),有利于破岩。该钻头适用于钻进5~7级均质致密的页岩、砂岩、灰岩类地层。

2)硬质合金钻进特点

(1)硬质合金镶焊在钻头体上比较坚固,因而可应用于任意方向的钻孔。孔径、孔深可按设计任意选择。

(2)根据不同岩性,可以灵活改变钻头结构参数,以便在不同岩层中都取得优良效果。

(3)操作简单方便,钻进规程参数容易控制,孔内事故较少。

(4)比较容易保证钻孔质量,岩芯采取率较高,孔斜率较小。

3)硬质合金钻进操作规程

(1)严格检查钻头的镶焊质量,认真做好钻头分组排队,轮换修磨使用,以保孔径一致。排队使用的次序,应先用外径大内径小的钻头,后用外径小内径大的钻头,以减少更换钻头后的扫孔、修磨岩芯的时间。

(2)必须保持孔底清洁。孔内残留岩芯在0.5m以上或有脱落岩芯时,不得下入新钻头。孔底有崩落碎合金,或由钢粒改为合金钻进时,必须将碎合金或钢粒捞尽磨灭后,才能下入合金钻头钻进。

(3)新钻头下入孔底开始钻进时,应采用轻压、慢转、大泵量,缓慢地扫孔到底,避免发生合金崩刃、岩芯堵塞而影响整个回次的钻进效率。

(4)扫孔到底钻进3~5min后,逐渐增加压力和转速,达到正常需要数值,以防合金崩刃。在压力不足的情况下钻进硬岩时,严禁采用单纯加快转速的做法,以免合金过早磨损。正常钻进或扫孔到底后,开始钻进时应使钻具呈减压状态开车,以防发生钻杆折断事故。

(5)正常钻进时,应保持压力均匀,不得无故提动钻具,以免造成合金崩刃、岩芯折断堵塞。发现孔内有异常,如糊钻、憋水、岩芯堵塞或回转阻力加大等,应立即处理。处理无效时,需立即提钻。

(6)孔底遇有非均质、裂隙发育的岩石时,应适当降低压力和转速,以防合金崩刃。

(7)在松软、塑性地层使用肋骨钻头或刮刃钻头钻进时,为消除孔壁上的螺旋结构或缩径现象,每钻进一段后,应及时修整孔壁。

(8)在钻进过程中,如遇采芯困难的岩层(如岩芯易被冲毁、磨耗等),应合理掌握回次长度,以保证岩芯采取率。严禁因贪图进尺而降低岩芯采取率和过多磨损钻头。

(9)采取岩芯时,严禁使用钢粒作卡料。采芯时不要猛镦钻具,以免损坏合金。取芯提钻时要稳,防止岩芯脱落。退芯时,不要用大锤直接敲打钻头。拧卸钻头时,要防止管钳夹伤合金或夹扁钻头。

(10)每次提钻后,要观察钻头磨损程度和岩芯状况,以便判断孔内有无异常,岩芯有无变化,以确定下一回次钻进技术参数。

3.2.2.2 金刚石钻进适用范围

在勘察中,地层若大多为花岗岩、石英岩等硬质地层,则采用金刚石钻进是效率较高的一种钻进方法,可加快地质勘探速度,提高钻孔质量。

1)金刚石钻头分类

金刚石钻头按其制造方法不同,可分为烧结法钻头和电锁法钻头两种;按包镶形式不同,可分为表镶钻头与孕镶钻头两种。此外还有一种聚晶金刚石钻头,它用于钻进较软和研磨性强的岩层,可得到很高的钻速。

2)在不同地层的选择原则

(1)在软和较软岩层,可选用聚晶金刚石钻头;软、中硬和完整均质较硬岩层,可选用天然表镶钻头;软硬不均、节理发育和裂隙岩层,宜选用孕镶钻头。

(2)对金刚石粒度而言,岩石硬度越高、研磨性越强,则钻头的金刚石颗粒应越小,最好用孕镶钻头;岩石硬度越低、研磨性越弱,则钻头的金刚石颗粒应越大,如选用天然金刚石钻头、聚晶金刚石钻头。

(3)对金刚石镶焊浓度而言,岩石硬度越高或研磨性越弱,则钻头金刚石浓度应越低;反之,岩石硬度越低或研磨性越强,则钻头金刚石浓度应越高。

(4)对胎体性能而言,岩石的研磨性越强或硬度越低,则钻头胎体硬度应越高;反之,岩石的研磨性越弱或硬度越高,则钻头胎体硬度应越低。但是,研磨性强且硬度高的岩石,不应选软胎体钻头,以免其迅速磨损,失去作用。应按岩石硬度、研磨性来选择钻头参数。

(5)选择钻头时,还要考虑到与岩石性质相适应的钻头唇面形状。一般而言,对中硬、中研磨性岩层,宜选用平底唇面或弧边形唇面钻头;坚硬且研磨性高的岩层,可用半圆形唇面钻头。对复杂、破碎、不易取得岩芯的岩层,可选用阶梯底喷式唇面钻头;坚硬、致密、易出现打滑的岩层,可选用锯齿形或单双块形唇面钻头。

3.2.2.3 卵石层常规钻进方法及注意事项

眉县到太白高速公路钻探勘察期间,石头河到鹦鸽镇地层,漂卵石覆盖层厚,地层硬,钻进缓慢,材料磨损大。为了提高钻探效率,减少管材磨损,降低成本,缩短勘探周期,在开孔前尽量不用新钻头。必须用时,用旧的孕镶钻头为宜,并采用低压慢转的规程参数,待钻进1~2m后,再换新钻头钻进。

下套管时,要细心检查螺纹部分,发现凸凹、毛刺,要修平;修不好不许接入。套管内初次下钻头时,转速要低,如果遇到障碍,切不可强行通过。要换用套管铣刀扫平障碍处,之后再下金刚石钻具。下完套管如果换径钻进时,必须用带导正管的钻具接头钻进,进尺数米后,换锥形钻头,以免下降钻具时顶卡钻具和冲撞钻头。尽量不用钢粒开孔。不得已而用时,下完套管后要彻底洗孔,钻具接头处也要敲打冲洗,不允许一粒钢粒或钢粒碎屑隐留在孔内和钻具内。

卵石层由数量众多的卵石堆叠而成,在钻进过程中容易出现漏水、卡钻等现象,在钻进时要注意以下事项:

(1)开孔时要下适当的套管,以防止塌孔。

(2)在钻进过程中,采取低压慢转。

(3)钻进时应细心操作,随时观察供水系统是否畅通,水泵运转是否正常。

(4)采用冲洗液钻进,由于泥浆黏弹性、减震作用、润滑性和滑动性较好,所以正常钻进时泵压较低。

(5)钻进过程中发现钻头打滑时,不允许盲目加压钻进或瞬时干钻,而应立即提钻,提升钻具不易过快,并随时向孔内泵送冲洗液,以防抽吸作用造成塌孔。

(6)在钻进取样时应慢速提升;拧卸钻杆时应平稳,防止岩芯脱落;退芯时应卸掉钻头,然后轻轻倒出岩芯。

(7)根据钻速、泵压和功率的变化,孔内情况的判断与处理:不进尺,泵压有些升高,功率有所下降,这时,可把钻具提起少许,在回转中慢放到孔底并试钻数分钟;如无效则提钻。

3.2.2.4 金刚石钻具配合植物胶冲洗液钻进新工艺

西乡至镇巴高速公路卵石覆盖层局部有架空层,渗透性强,漏水严重,质地坚硬,结构复杂,松散和密实不均,颗粒级配无规律。采用单动双管金刚石钻具配合植物胶冲洗液的钻进新技术。该工艺比常规方法回转阻力小,孔内事故少,钻进效率高,取芯质量好,也是目前在上述地层中钻进取芯比较先进的一种方法。

采用金刚石单动双管钻具配合植物胶冲洗液在卵石层钻进,与常规方法比较有两个突出点:①植物胶冲洗液流动性好,携带岩粉能力强,孔底干净,进尺较快,完成钻孔质量好;②植物胶冲洗液润滑性好,减小钻具回转阻力,提高钻进效率,减少管材磨损,缩短勘探周期。

3.2.2.5 三绳索取芯钻探技术

绳索取芯能够实现不提钻而采取岩芯,当岩芯装满岩芯管时,不用提升全套钻杆。采用绳索取芯工艺,每孔提钻次数一般在5次以下,提钻次数减少了90%,极大提高了钻进效率,减轻了工人的劳动强度。

1)绳索取芯参数及报信机构

在正确选择钻头的情况下,金刚石绳索取芯钻进效率取决于钻进参数的选择,即钻压、钻头转速和冲洗液量三个参数。

2)绳索取芯的优越性

在宝坪隧道钻孔勘探中采用绳索取芯,在钻进中外管单动,内管相对静止。其特点是钻进中不仅避免了冲洗液直接冲刷岩芯,还避免了机械力对岩芯的破坏作用。岩芯装在取芯管内不再磨损,并可随时用打捞器将取芯管提出孔外,岩芯采取率可以达到95%以上。

由于配备了各种监控装置,并且能及时报警,因此可以将故障排除在萌芽状态;另外钻杆和钻具外径仅差2mm,钻杆可以起到全孔护壁的作用。钻进中可以避免埋钻及夹、卡钻事故的发生,减少孔内事故,有利于孔内安全。

3.2.3 工程物探

工程地质勘察的方法较多,其中地球物理勘察(简称物探)经常被采用,因为它具有以下特点:设备轻便、效率高;在地面、空中、水上或钻孔中均能探测;分析解释结果不具有多解性。

物探的勘察方法种类繁多,对不同的勘察目的应该采用不同的物探方法进行勘探,物探方法的选用详见表3-2。查明地层结构、断裂构造、破碎带时主要采用地震勘探、音频大地电磁勘探等方法,溶洞、采空区等主要采用高密度电法、超高密度电法等勘探方法。

物探方法选用表 表3-2

物探方法		应用项目													
		滑坡	岩溶	采空区	断层	岩堆泥石流	多年冻土	软土	覆盖层	风化层	软弱夹层	隧道超前地质预报	工程质量无损检测	地下水	场地评价	岩体完整程度评价
直流电法勘探	电测深法	○	○	○	○	○	○	○	○	○	○	—	—	○	—	—
	电剖面法	○	○	—	○	—	○	—	○	○	○	—	—	○	—	—
	高密度电法	○	○	○	○	○	○	○	○	○	○	○	○	○	○	○
	自然电位法	—	○	○	○	—	—	—	—	—	—	—	—	○	—	—
	充电法	○	○	○	○	—	—	—	—	—	—	—	—	○	—	—
	激发极化法	○	○	○	○	—	—	—	—	—	—	—	—	○	—	—
电磁法勘探	地质雷达法	○	○	○	○	—	—	—	—	—	—	○	○	○	—	—
	瞬变电磁法	○	○	○	○	—	—	—	—	—	—	—	—	○	—	—
	可控源音频大地电磁法	—	○	○	○	—	—	—	—	—	—	—	—	○	—	—
	天然场源音频大地电磁法	—	○	○	○	—	—	—	—	—	—	—	—	○	—	—
	电磁波透射法	—	○	○	○	—	—	—	—	—	—	—	—	—	—	—
地震勘探与测试	折射波法	○	—	—	○	○	○	○	○	○	○	—	—	—	—	○
	反射波法	○	○	○	○	○	○	○	○	○	○	—	—	—	—	○
	地震波透射法	—	○	○	○	—	—	—	—	—	—	○	—	—	—	○
	瑞利面波法	○	—	—	○	—	○	○	○	○	○	—	○	—	—	—

第3章　工程勘察

续上表

物探方法		应用项目														
		滑坡	岩溶	采空区	断层	岩堆泥石流	多年冻土	软土	覆盖层	风化层	软弱夹层	隧道超前地质预报	工程质量无损检测	地下水	场地评价	岩体完整程度评价
地震勘探与测试	水域地震波法	—	○	—	○	—	—	—	○	○	—	—	—	—	—	—
	水声法	—	—	—	—	—	—	—	○	—	—	—	—	—	—	—
	声波测试	—	—	—	—	—	—	—	—	—	—	—	○	—	○	○
	地脉动测试	—	—	—	—	—	—	—	—	—	—	—	—	—	○	—
磁法勘探	地面磁法	—	—	○	—	—	—	—	—	—	—	—	—	—	—	—
	水域磁法	—	—	○	—	—	—	—	—	—	—	—	—	—	—	—
放射性勘探	伽玛测量法	—	—	—	—	—	—	—	—	—	—	—	—	—	—	—
	氡气测量法	—	—	—	—	—	—	—	—	—	—	—	—	—	—	—
地球物理测井	电测井	—	○	—	○	—	—	—	—	—	—	—	—	○	—	—
	地震波速测井	—	—	—	—	—	—	○	—	—	—	—	—	○	—	—
	声波测井	—	—	—	—	—	—	—	—	—	○	—	—	○	—	—
	超声波成像测井	—	—	—	○	—	—	—	—	—	○	—	—	—	—	—
	放射性测井	—	○	—	—	—	—	—	—	—	—	—	—	○	—	—
	电视测井	—	○	—	○	—	—	—	—	—	○	—	—	—	—	—
	井温测井	—	○	—	—	—	—	—	—	—	—	—	—	○	—	—
	井径测井	○	—	—	—	—	—	—	—	—	—	—	—	—	—	—
	井斜测井	○	—	—	—	—	—	—	—	—	—	—	—	—	—	—

注：○——可选用方法。

3.2.3.1 音频大地电磁勘探

音频大地电磁法分为可控源音频大地电磁法及天然场源音频大地电磁法。天然场源音频大地电磁法操作简单，不需要人工场源，可用于电磁干扰小、地形复杂的工程场地，探测地层岩性变化及断裂破碎带、岩溶等，且探测深度较深，可达数百米至数千米，故目前被勘察所采用。

3.2.3.2 超高密度电法勘探

准确探测灰岩地区桥墩下部的岩溶分布状况，是桥梁工程建设中的一个重要课题，也是一个目前难以解决的工程难题。目前常用的方法就是使用钻探，但是钻探又是一孔之见，它不能提供钻孔周围、钻孔底部是否有溶洞等更多的相关信息。要查明桩基础周围及底部的岩溶发育情况，宜采用多通道、超高密度直流电法勘探。

该高密度电法可以采用井地勘测的方法，直接探测钻孔周围半径5m内是否有溶洞，并能确定溶洞的大小和方位，还能探测钻孔底部5m范围内是否有溶洞。这样就克服了钻孔只有一孔之见的局限性。

结合工作区的综合地质信息,对资料解释时需考虑以下几点,以便能更好地解译勘测到的物探信息。

(1)勘测区内地下水较浅,发育的溶洞基本都被泥沙或水充填,所以在电法勘探时溶洞基本都呈现低阻显示。在实际勘测时判断是否为溶洞也就是找是否有低阻显示。

(2)电法勘测本身就是一个二维勘探方法,它不可避免地存在体积效应。所以对一些小的串珠状溶洞或相邻的小溶洞,在勘测时就不可能区分得很清楚,最终显示的结果就可能只是一个相对笼统的低阻区域。

(3)通过做互相垂直的两条井底测线,然后再综合分析钻孔周围的岩溶发育情况,即可以大致找出溶洞的方位和走向。

(4)如果在一个钻孔的下方有明显的低阻显示,那么就可以判断为有溶洞存在,但是其具体方位和位置还有待验证。

某桩基井地电法勘探的反演电阻率分布如图3-11所示,井下电极从41m到10m(白色点显示)。从数据解释图中可以看出桩基底部及两侧电阻较高,岩石较完整,无异常。

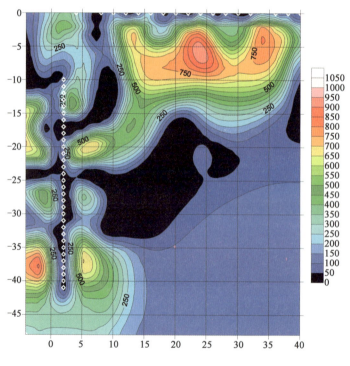

图 3-11 某桩基井地电法勘探的反演电阻率分布图

3.2.4 原位测试与现场测试

地应力测试主要应用于深埋隧道的围岩应力测试。对于软质岩,主要评价围岩的变形及预测变形;对于硬质岩,主要评价围岩的岩爆及其危害。

3.2.4.1 动力触探试验(DPT)

动力触探试验是岩土工程勘察常用的一种原位测试方法。该方法利用一定的落锤质量，将一定尺寸、一定形状的探头打入土中，根据打入的难度，即贯入锤击数，判定土层名称及其工程性质。如将锥形探头换成管式标准贯入器，落锤质量采用63.5kg，则可称为标准贯入试验(SPT)。

3.2.4.2 静力触探试验

静力触探试验是以静压力将圆锥形探头按一定速率匀速压入土中，量测其贯入阻力(包括锥头阻力和侧壁摩阻力或摩阻比)，并按其所受阻力的大小划分土层，确定土的工程性质。该试验是工程地质勘探中采用的一种原位测试方法，主要适用于黏性土、粉土及砂性土层。

3.2.4.3 地应力测试

蓄存在岩体内部未受扰动的应力，称为地应力(In-situ stress 或 Geostress)，它是岩体中存在的一种固有力学状态，是岩体区别于其他固体(如土体)的最基本特征。

水压致裂法地应力测量利用一对可膨胀的橡胶封隔器，在预定的测试深度封隔一段钻孔，然后泵入液体对该段钻孔施压，根据压裂过程曲线的压力特征值计算地应力。地应力主要由5个部分组成，即岩体自重、地质构造、地形势、剥蚀作用和封闭应力。

3.2.5 水文地质测试

水文地质试验，应根据水文地质条件、工程目的及场地条件选用抽水、压水、注水和提水试验等方法。

3.2.5.1 简易提水试验

一般对隧道钻孔都进行简易提水试验。在试验前，用清水冲洗钻孔，清除残留在孔底和孔壁的岩粉沉淀。对有地下水水位的钻孔，在试验前观测静止水位，观测水位在4h内水位差不超过2cm即为静止水位。

(1)降深提水。分一次降深提水和三次降深提水，采用同规格的提筒并以钻机卷扬为提水动力，进行连续性提水试验。

(2)水位水量、观测。水位和水量每隔30min测定一次，并计算出水量。出水量波动范围在±10%，水位波动范围在10~20cm时，即为稳定。

(3)提水试验在水位、水量相对稳定后再提水4h即可结束。

(4)提水试验结束后应进行恢复水位观测。恢复水位的观测时间按5、5、5、10、10、10、20、20、20、30min的间距进行，以后每30min或60min观测一次，同时观测流量。测到完全恢复静止水位。

3.2.5.2 抽水试验

工程水文地质试验应根据水量、水位选择合适的试验方法,有条件时应以抽水试验为主。在试验前,用清水冲洗钻孔,清除残留在孔底和孔壁的岩粉和铁屑。对有地下水水位的钻孔,在试验前观测静止水位,观测水位在8h内水位差不超过2cm即为静止水位。

(1)抽水试验及观测方法

抽水试验一般采取三次降深稳定流抽水,当钻孔出水量较小时,次数可适当减少。抽水设备为潜水泵,流量观测采用直角三角堰,水位观测采用电测水位计。

抽水开始,按照1、2、3、4、6、8、10、15、20、25、30、40、60min 连续观测水位1h后,每间隔30min 同时观测水位埋深和流量。在抽水过程中根据水位下降情况及时调整抽水流量,最终达到抽水稳定7~9h后停抽,开始观测恢复水位。恢复水位观测时间间隔为1、2、3、4、6、8、10、15、20、30、40、50min,直至水位恢复至抽水前结束。

(2)抽水试验资料整理

现场及时绘制抽水试验 $S\text{-}t$ 历时曲线及 $Q\text{-}t$ 历时曲线,并做出质量评述。

3.2.5.3 压水试验

压水试验宜采用自上而下的分段压水方法。当钻孔钻进中发现冲洗介质突然消失或消耗量急剧增大时,应停钻进行压水试验。

(1)试验段长度

试验段长度一般宜采用5m,在同一工程中试验段长度宜保持一致。

(2)压力阶段与压力值的确定

压水试验宜采用3个压力阶段。压水试验的总压力值即作用于试验段的实际平均压力,宜采用测压仪测定。

(3)压水试验及观测方法

压水试验前,应进行不少于20min 的试验性压水,其压力应为压水试验时的压力值。压水试验中每10min 应观测一次压入流量,每一压力阶段在流量达到稳定后延续1.5~2h 即可结束。试验结束后绘制 $Q\text{-}S$ 关系曲线,并及时检查压水试验的偏差。

3.2.6 综合勘察方法的应用

公路工程地质勘察可分为预可行性研究阶段工程地质勘察(简称预可勘察)、工程可行性研究阶段工程地质勘察(简称工可勘察)、初步设计阶段工程地质勘察(简称初步勘察)和施工图设计阶段工程地质勘察(简称详细勘察)4个阶段。

3.2.6.1 预可勘察

该阶段工作重点是在充分收集区域地质、地震、气象、水文、采矿、灾害防治与评估等资料的基础上,采用资料分析、遥感工程地质解译、现场踏勘调查等方法,对各路线走廊带的工程地质条件进行研究,简单了解各路线走廊带或通道的地形地貌、地层岩性、地质构造、水文地质条件、地震动参数以及不良地质和特殊性岩土的类型、分布范围、发育规律,评估各路线走廊带或通道的工程地质条件及主要工程地质问题。

3.2.6.2 工可勘察

该阶段工作重点如下:

(1)初步查明控制路线及工程方案的不良地质和特殊性岩土的类型、性质、分布范围及发育规律和发育程度,并对稳定性进行初步评价。

(2)对隧道进行初步勘察,评价隧道口边坡的稳定性及适宜性,对隧道围岩进行初步分级。

(3)对项目区的断裂构造进行勘察,重点对隧址区的断裂构造进行调查,评价其对路线及隧道的影响程度。

(4)初步查明技术复杂大桥桥位的地层岩性、地质构造、河床及岸坡的稳定性以及不良地质和特殊性岩土的类型、性质、分布范围及发育规律。

(5)评价各路线走廊带的工程地质条件,分析存在的工程地质问题,从地质角度评价各路线走廊带的优劣性,并给出建议。

3.2.6.3 初步勘察

该阶段工作重点如下:

(1)根据工程地质调绘结果,结合钻探、挖探等方法,基本查明路线走廊带内的不良地质和特殊性岩土的分布及对路线的影响程度;勘察对路线有影响的不良地质(滑坡、崩塌、不稳定边坡)及特殊性岩土(膨胀土),定量评价其稳定性,为初步治理提供地质依据。

(2)对路线区域的桥梁进行勘察,基本查明桥址区的工程地质条件,并评价桥梁墩台的稳定性及桥址区地基土的力学指标。

(3)通过调绘,结合钻探、物探,基本查明路线走廊带内的地质构造(区域断裂、活动断裂)的性质,评级其对路线(特别是隧道围岩、隧道进出口、高边坡稳定性)的影响程度,并提出防治措施。

(4)通过调绘、物探,结合钻探,查明隧址区的工程地质(地层岩性、地质构造、进出口边坡的稳定性)及水文地质(地下水和地表水的埋藏、补给)条件,对隧道的围岩分级、隧道涌水量、进出口的稳定性进行评价。

(5)对项目区的高陡边坡、高填方路段、岩石顺层边坡的稳定性挖探进行勘察,定量评价边坡的稳定性及填方路段地基土物理力学指标,为设计提供依据。

(6)通过对路线走廊带的工程地质勘察,对各路线段的工程地质进行评价,并对方案比选提出建议。

(7)为下一阶段勘察提供指导建议。

3.2.6.4　详细勘察

该阶段工作重点如下：

(1)落实初步设计审查意见,对勘察工作量不足及初、详勘构筑物位置有优化、部分不良地质进行补充钻探勘察,以满足施工图设计要求。

(2)对详勘阶段路线有优化的地段进行补充勘察。

(3)核查隧址区工程地质条件及水文地质条件,特别是断裂构造的宽度、倾向、断裂带宽度、中部的充填物质、地下水的发育程度等,并对隧道围岩分级、涌水量、进出口边坡的稳定性、硬质岩岩爆、软岩大变形等问题进行详细评价,对工作量不足之处进行补充勘察。

(4)核查对路线有影响的不良地质,结合路线的布设位置、开挖情况,详细评价不良地质对路线的危害性,并提出治理建议。对工作量不足之处进行补充勘察。

(5)核查桥址、深路堑、高路堤等构筑物区工程地质条件,结合路线的布设情况,详细评价不良地质对路线的危害性,对工作量不足之处进行补充勘察。

3.3　路基地质

3.3.1　膨胀土路基问题

膨胀土主要工程病害可概括为三大类。

路面破坏类型:路面波浪,路面开裂、断板、翻浆冒泥。

路堑破坏类型:剥落、冲蚀、泥流、溜塌、滑坡等。

路堤破坏类型:沉陷、纵缝、坍肩、滑坡。

秦巴山区膨胀土工程地质特征如下:

1)膨胀土基本特征

膨胀土岩性一般为第三系半成岩(红黏土),二级及二级以上阶地冲洪积黏土,灰岩地区残坡积黏土。一般具有以下一种或几种特征:

(1)土的裂隙发育,常有光滑面和擦痕,有的裂隙中充填有灰白、灰绿等杂色黏土,有些膨胀土可见黑色铁锰质斑点。自然条件下呈坚硬或硬塑状态。

(2)多出露于二级及二级以上的阶地、山前和盆地边缘的丘陵地带。地形较平缓,无明显自然陡坎。

(3)常见有浅层滑坡、地裂。新开挖坑(槽)壁易发生坍塌、剥落等现象。

(4)建筑物多呈"倒八字""X"形或水平裂缝,裂缝随气候变化而张开和闭合。

2）膨胀土滑坡特性

(1)浅层性。膨胀土边坡滑坡的滑面深度都不大,据对膨胀土边坡滑坡的统计,深 0.5~3.0m 的约占 65%,深 3.0~6.0m 的约占 30%。这与膨胀土的土质特性和结构面性质有密切关系。如果将滑坡发育深度与各地膨胀土中裂隙发育深度以及大气风化作用在膨胀土中的影响深度进行对比,三者是基本一致的。

(2)牵引性。许多工程实践表明,较大的膨胀土滑坡在断面上常常不止一个滑坡,而是由若干相连的滑坡组成,呈阶梯状、叠瓦状。下部先滑,牵动上部跟着下滑,由下向上逐步发展。

(3)平缓性。膨胀土滑坡发生在缓坡上,滑面倾角也很平缓,野外工作中可见近乎水平的滑动。

(4)季节性。季节性膨胀土滑坡具有明显的季节性特点,即在旱季,膨胀土边坡的破坏主要表现为剥落、冲蚀、溜滑,基本上是在表面或浅层;而在雨季,雨水渗入内部,位移显著增长,经常发生滑坡,且滑坡大多相对是较深层的。

(5)方向性。向阳的土坡,日照时间长,一年内的温度变化较大,蒸发引起的裂缝较显著,雨季发生滑坡可能性也较大。

3）膨胀土在陕西省的主要分布

膨胀土在陕西省分布范围较广,在秦岭北坡、陕南汉江流域、嘉陵江流域、丹江、洛河流域的盆地及河谷中均有分布,其中以汉江流域的汉中盆地、西乡盆地及安康盆地分布最为广泛。

随着陕西省高速公路的蓬勃发展,截至 2020 年底,高速公路通车里程近 65000km。已建成通车的宝坪高速公路、蓝商高速公路、十天高速公路、西汉高速公路、宝汉高速公路、山漫高速公路、西镇高速公路等,均有部分路段位于膨胀土发育地区,给公路建设造成不同程度的影响。

3.3.2 山区滑坡

1）滑坡类型

秦巴山区断裂构造、褶皱发育,岩性复杂多样,软质岩及节理发育的硬质岩地区,常见岩质滑坡。秦巴山区水系发育,河谷坡降大、切割深,受水流切割及构造抬升形成的阶地地区及崩坡积松散层发育地区,常见土质滑坡。

2）地貌特点

秦巴山区滑坡多发生在高陡岸坡地带和地形高差大的峡谷地区,以及人工开挖边坡。

秦巴山区植被多发育,滑坡上常见马刀树、醉汉林,滑坡体上一般无巨大直立树木。滑坡表面有泉水、湿地,且有新生冲沟;滑坡表面有不均匀沉陷的局部平台,参差不齐;滑坡前缘土石松散,小型坍塌时有发生,并面临河水冲刷的危险。

滑坡平面形态呈半圆形的弧状、马蹄状及梨状等围椅状形态。滑坡后壁多有陡坎、陡崖,一般圈椅形态明显,或见双沟同源。滑坡体一般呈簸箕状,有时也呈舌状、勺状、阶梯状等。河谷侧滑坡常见推挤河流形成曲流段或堵塞谷地形成河谷裂点,常有裂隙、洼地等发育。古滑坡上冲沟发育,有植被或农田生长,边缘有居民点。

3)形成原因及条件

(1)秦巴山区以山地剥蚀地貌为主,其次为河谷阶地地貌,水系发育,受构造运动和水力淘蚀,江、河、湖(水库)、沟的高陡岸坡地带,地形高差大的峡谷地区发育,为滑坡形成提供了有利的地形地貌条件。

(2)断裂带、褶皱发育,带中的岩体破碎、裂隙发育,非常有利于滑坡的形成。

(3)秦巴山区岩性复杂多样,如松散覆盖层、泥岩、页岩、煤系地层、凝灰岩、片岩、板岩、千枚岩等岩、土在区内发育极为普遍,这些岩性为易失稳滑塌地层,为滑坡的形成提供了良好的物质基础。

(4)秦巴山区是暴雨多发区或异常的强降雨地区。在这些地区,异常的降雨为滑坡发生提供了有利的诱发因素。

上述地带的叠加区域,就形成了滑坡的密集发育区。秦巴山区就是这种典型地区,滑坡发生密度极大,危害非常严重。

4)滑坡的工程危害

滑坡的直接危害主要包括毁坏城镇、村庄、铁路、公路、航道、房屋、矿山企业等,造成人员伤亡和财产损失。滑坡的次生灾害是阻塞河道,使上游江河溢流或者堵河成湖后溃决,发生洪水;有时受暴雨或洪水诱发进一步形成泥石流,造成更严重的破坏。滑坡灾害的严重程度除了受滑坡规模控制外,还与滑坡活动特点(如高速滑坡)和滑坡影响区社会经济状况有关。通常滑坡规模越大,发生得越突然,滑坡区人口和重要工程设施越多,灾害越严重。

滑坡对公路建设的危害,主要表现为影响公路工程线位布设,造成施工边坡、隧道仰坡滑塌及路基整体滑移。

3.3.3 危岩体与崩塌

1)崩塌和危岩的类型

崩塌是指陡峻山坡上岩块、土体在重力作用下,发生突然的、急剧的倾落运动。崩塌多发生在60°~70°的斜坡上。

危岩体虽然还没有发生崩塌,但具备发生崩塌的主要条件,而且已出现崩塌前兆现象,因此预示不久可能发生崩塌。

根据坡地物质组成划分,崩塌可分为崩积物崩塌、表层风化物崩塌、沉积物崩塌及基岩崩塌。

(1)崩积物崩塌:山坡上已有的崩塌岩屑和砂土等物质,由于它们的质地很松散,当有雨水浸湿或受地震震动时,可再一次形成崩塌。

(2)表层风化物崩塌:当地下水沿风化层下部的基岩面流动时,引起风化层沿基岩面崩塌。

(3)沉积物崩塌:有些由厚层的冰积物、冲积物或火山碎屑物组成的陡坡,由于结构疏散,形成崩塌。

(4)基岩崩塌:在基岩山坡面上,常沿节理面、地层面或断层面等发生崩塌。

2)崩塌和危岩的形成条件

(1)地质条件

①岩土类型。岩土是产生崩塌的物质条件。不同类型岩土所形成崩塌的规模不同。通常岩性坚硬的各类岩浆岩、变质岩及沉积岩的碳酸盐岩(如石灰岩、白云岩等)、石英砂岩、砂砾岩等形成规模较大的岩崩,页岩、泥灰岩等互层岩石及松散土层等往往以坠落和剥落为主。

②地质构造。各种构造面(如节理、裂隙、层面、断层等)对坡体的切割、分离,为崩塌的形成提供脱离坡体(山体)的边界条件。坡体中的裂隙越发育,越易产生崩塌。与坡体延伸方向近乎平行的陡倾角构造面,最有利于崩塌的形成。

③地形地貌。江、河、湖(岸)沟的岸坡及各种山坡、公路边坡,工程建筑物的边坡及各类人工边坡都是有利于崩塌产生的地貌部位。坡度大于45°的高陡边坡、孤立山嘴或凹形陡坡均为崩塌形成的有利地形。

(2)外界因素

①地震引起坡体晃动,破坏坡体平衡,从而诱发坡体崩塌,一般烈度大于7度的地震都会诱发大量崩塌。

②融雪、降雨特别是大暴雨和长时间的连续降雨,使地表水渗入坡体,软化岩土及其中软弱面,产生孔隙水压力等,从而诱发崩塌。

③地表冲刷、浸泡河流等地表水体不断冲刷坡脚,也能诱发崩塌。

④开挖坡脚,地下采空,矿产开挖,水库蓄水、泄水,渠道渗漏,堆(弃)渣填土,强烈的机械振动等改变坡体原始平衡状态的人类活动,都会诱发崩塌活动。

此外,冻胀、昼夜温度变化等也会诱发崩塌。

3)崩塌和危岩的危害

崩塌的危害和滑坡类似,会使建筑物甚至整个居民点遭到毁坏,使公路和铁路被阻断或掩埋。崩塌还会使河流堵塞形成堰塞湖。在宽河谷中,崩塌能使河流改道及改变河流性质,从而造成急湍地段。大型崩塌因整个崩塌体岩土体较为松散,其治理难度远大于滑坡,会对路线布设产生巨大影响。工程施工中边坡坍塌及落石严重危及施工安全。

4)崩塌或危岩体治理工程

在崩塌或危岩体治理工作中,常采取以下一种或多种工程措施,应根据灾害体的特征、危险性、发展趋势和受灾范围、对象、经济承受能力等具体情况加以选择。

(1)全部或部分清除崩塌或危岩体

对于规模小、危险性大的崩塌或危岩体可采用爆破或开挖的方法全部清除,消除隐患。对于难以全部清除的崩塌或危岩体,可以将其上部岩土体部分清除,降低临空面高度,减小坡度和减轻上部荷载,提高坡体的稳定性。

(2)排水防渗工程

在崩塌或危岩体及其周围地带,设置地面排水系统,排走积水,减小崩塌发生的概率。

(3)加固边坡,改善危岩体或土体结构

采用锚杆与锚索加固危岩体,或采用支撑墩、支撑墙等支撑设施,或采取灌浆加固措施增强岩土体的整体性。

(4)拦挡工程

采用拦石沟、落石平台、拦石桩、障桩、拦石墙、拦石网等对崩落过程中的岩土体进行消能拦挡,隔离崩塌体与受灾体。

(5)遮挡工程

通过修建明洞、棚洞等设施对工程进行保护。

3.4 桥梁地质

3.4.1 秦巴山区桥梁特征及勘察方法

秦巴山区地形起伏较大,沟谷一般呈"U"形或"V"形,岸坡陡峻,桥梁主要分为跨越沟谷型桥梁及沿沟谷岸坡的纵向桥。沿桥址区不良地质及断裂构造较发育,不良地质类型随地形、气候、地层岩性等特点而不同,主要不良地质为滑坡、崩塌、泥石流、采空区、岩溶等。

秦巴山区不同的桥梁,采用的勘察方法不同。一般均采用工程地质调绘、钻探、物探、室内试验等综合方法进行勘察。

3.4.2 工程实例

3.4.2.1 镇巴立交岩溶勘察

镇巴立交为古镇线西乡至镇巴段高速公路的重要组成部分,位于镇巴县北的小渡坝村,由1座主线桥及6座匝道桥组成。

该立交区主线桥墩台含桩基81根,匝道桥含桩基192根,合计桩基273根。初步勘察时,桥址区钻孔施钻35孔,遇洞率为71%。钻探过程中发现岩溶发展规律主要以岩溶孔洞、岩溶裂隙为主,属岩溶强烈发育区。详细勘察时,部分土地还未进行征收,仅有的稍平缓土地均被开发为农田,施工设备很难进场。受制于桥址区地形多变、局部沟窄水深、悬壁陡倾、村舍厂房等诸多条件限制,桥梁桩基无法进行逐桩钻探,在不懈努力下,仅施工钻孔96个,完成的多个桥梁桩基钻孔均存在岩溶发育情况。通过勘察,发现岩溶发育毫无规律可言,仅能说明勘探点处的岩溶情况,对即将开始的施工来说,指导意义不强。

在施工阶段,为配合桥梁桩基施工,对岩溶情况进行超前预报,在采用传统的工程钻探的情况下,增加了物探(高密度电法)勘察方法。在完成钻孔后,进行了孔内的高密度电法勘察,不仅对孔底以下基岩的完整性进行了预测,还对钻孔周边地质情况进行了判断,实现了桥梁桩基的地质横断剖面与施工中开挖地质情况一致,对桥梁桩基的施工进行了前瞻性的指导。

再如主线桥8、9号桥墩钻孔连续发现岩溶发育情况,以充填型溶洞为主,充填泥质及角砾状灰岩碎屑。而7号桥墩位置为小渡坝养殖场,当时未能谈妥厂房土地征迁问题,勘探设备无法到达指定桩基位置施工,从而缺乏地勘资料。在采用了物探方法后,可以先一步指导桥梁桩基设计方案,加快工程进度。

3.4.2.2 包茂高速公路郑家湾纵向桥滑坡勘察治理

郑家湾二号大桥位于安康市汉滨区花园乡郑家湾村,为7×20m预应力混凝土先简支后连续箱梁桥,下部结构采用柱式墩、桩基础及柱式台、桩基础。桥位处地势左低右高,坡面较缓,多被辟为梯田。

桥梁整体位于一大型碎石土滑坡范围内,由滑坡中后部通过,如图3-12所示。公路建设期间,在滑坡前缘布设37根抗滑桩对该滑坡进行了治理。

图3-12 桥址区滑坡地貌

根据原治理工程布设及变形现状,遵循"安全、耐久、节约、和谐"的设计原则,依据该滑坡地质勘察及变形监测资料,本着以桥梁工程安全为主的治理思路,制订了设计方案,经专家评审会评审,确定了在紧邻桥台侧设置锚索抗滑桩进行加固的方案。施工图阶段对抗滑桩桩位、桩长、桩间距及锚索的长度、数量进行了优化,形成滑坡治理设计内容。

在紧邻桥梁墩台外东侧设17根抗滑桩进行加固,其中靠近小桩号桥台的第1~15号抗滑桩为预应力锚索抗滑桩,第16、17号抗滑桩为普通桩。

(1) K1073+315~K1073+340（即桥梁0号台~1号墩）左20~23.5m范围内连续布设5根锚索抗滑桩，桩长30~32.5m，桩径3.5m×2.4m，桩间距6m。桩顶设置2排9束锚索。

(2) K1073+345~K1073+435（即桥梁2~5号墩）左20~25m范围内逐墩各布设2根锚索抗滑桩，桩长32.5~35m，桩径3.5m×2.4m，每个桥墩外侧布设的2根抗滑桩的桩间距为6m。桩顶设置2排9束锚索。

(3) K1073+450（即桥梁6号墩）左20.2m、K1073+470（即桥梁7号台）左20.4m各布设1根普通抗滑桩，桩长25~27.5m，桩径3.0m×2.0m。

3.4.2.3 略阳连接线玉带河特大桥右侧滑坡勘察治理

根据野外工程地质调绘，滑坡平面形态总体呈似簸箕形，轴向最长约200m，横向最宽230m，滑坡区地势总体东高西低，坡度20°~60°，滑向232°。后缘高程约800m，前缘高程约680m，相对高差约120m。根据钻探揭露，滑体厚度最深30.5m，平均25m，滑体总体积约50万 m³，属大型滑坡。该滑坡体在路线 K4+540~K4+580 右侧发生了表层滑塌。滑塌体宽约60m，高20余米。图3-13为桥址区滑坡地貌照片。

图3-13 桥址区滑坡地貌照片

根据现场调查，桥梁与其下侧匝道之间平距小、高差大，且表层物质为松散块碎石土，在施工开挖匝道上边坡时，严重影响到上侧已施工完成的桥梁、墩台的安全。经多方案比较，针对不同地段分别采用了抗滑桩支挡及锚索、锚杆框架梁锚固的治理方案。

(1) 桥梁上侧滑塌坡体

挡土墙在滑塌体坡脚、现有施工便道右侧布设，范围60m，墙高2m。

锚杆框架梁布设于滑塌体坡面，共计8片，防护面积约1000m²，锚杆长12m。

(2) 桥梁与下侧匝道之间边坡

抗滑桩布设于桥梁下边坡、匝道右侧坡脚，K4+477~K4+567段，共计14根，桩径2.4m×

1.8m,桩长25m、27m,间距6.66m,抗滑桩高出匝道6~10m,桩间布设挡土板。单桩桩顶布设2束锚索,采用12根φ15.24mm钢绞线编束,锚索长35m,内锚固段长10m,设计角度30°、35°,设计张拉力1000kN。

挡土墙在匝道右侧坡脚布设,墙高2m,总长100m。

锚索框架梁在K4+560~K4+590段桥梁下边坡布设。

3.5 隧道地质

3.5.1 隧道主要工程地质问题

秦巴断块隆起,系由走向东西的紧密褶皱和压性断裂组成的强烈挤压带,地质构造极为复杂。多深大断裂,且具有长期活动性,产状、性质变化大。因差异升降形成汉中—西乡、安康断陷盆地,和北北东向斜列的石门、洛南、商丹、山阳等中、新生代断陷盆地,断裂活动明显,沟谷深切,地形破碎,动力地质作用强烈。

秦巴山区隧道主要工程地质问题为断裂构造、岩溶、隧道涌水突水、软岩大变形、岩爆及隧道进出口边坡稳定性问题。

3.5.2 勘察评价方法

针对秦巴山区特殊地质条件,地质勘察工作严格按照国家有关公路勘察规范、规程和技术要求进行,划分地质组、钻探组、测量组、物探组等分别开展工作。现将各项工作主要方法简述如下:

1) 工程地质测量

根据设计提供的沿线导点,采用全站仪或GPS进行地震物探线和钻探孔位测放。

2) 工程地质调绘

工程地质调绘分洞口1:500工程地质调绘和洞身1:2000工程地质调绘,必要时还要进行隧址区1:10000工程地质调绘。

3) 工程钻探

针对隧址区主要工程地质问题,合理布设勘探工作量,在主要断层与隧道交会部位、隧道进出口、岩溶发育位置、地下水发育位置及不良地质地段布设钻孔,以查明主要断裂和隧道交会位置的围岩工程地质条件及构造破碎带的富水情况等,为隧道施工图设计和围岩级别划分提供地质依据。

4) 提水、抽水试验

勘察阶段对隧道钻孔进行了上、下段分段提水、抽水试验,提水、抽水试验结束后均进行了恢复水位观测,取得了隧道通过地带的水文地质资料。

5)弹性波速测试

为了获取隧道围岩评价的定量数据,在勘察阶段对隧道钻孔进行弹性波速测试。弹性波速测试为单孔法测试,孔内岩体波速测试采用一发双收方式进行。

6)地球物理测井、测温,电视测井

为了更详尽地查清隧道围岩的裂隙发育及破碎情况、地下水的温度变化规律、围岩富水段分布等,对隧道钻孔进行地球物理测井、测温和电视测井工作。

7)工程物探

为了进一步查明隧道断裂发育段断层分布规律、岩溶及地下水发育情况,沿隧道左、右线及洞身段、进出口布设物探测线,并在每段布设横向剖面,根据勘探深度、探测目的及方法应用条件的不同,采用浅层地震、瞬变电磁、EH4等方法进行勘察。

8)地应力测试

为了查明隧道通过地段原岩应力状态,对埋深大的隧道钻孔进行了原岩地应力测试,测试采用水压致裂法。

3.5.3 工程实例

3.5.3.1 太凤高速公路区域深大断裂带特长隧道选址勘察

庙儿岭隧道在详细勘察阶段,开展了对越岭隧道方案的大面积区域地质调绘。技术人员对初步勘察的地质资料进行核实后,认为F13断裂位置和初勘线位成小角度相交,相交于推荐线K28+400~K30+300,该区段刚好处于庙儿岭隧道中部。断层近EW向展布,延伸穿越工程区。断层总体北倾,产状345°~35°∠50°~73°。在地质调绘范围内断层破碎带总体呈西窄东宽,断带宽191~368m,断面清晰,可见黑色断层泥,局部高岭土化现象明显,由构造透镜体、碎裂岩、角砾岩、断层泥等充填,碎裂岩节理裂隙发育。该断裂为非全新世活动断裂。由于受断层F13影响,该区段的围岩稳定性极差,在施工开挖时会出现大面积塌方,隧道出现涌水及突水现象,难以贯通,对隧道建设造成较大损失。

发现此断裂构造后,地质专业技术人员立即建议将该区段K27+500~K30+500段的线位进行优化,建议庙儿岭隧道合理避开F13断裂。设计人员将路线优化后,路线在K26+000开始向左偏离,到K31+000和初步勘察路线重合,路线最大左偏移量700余米。经优化后,路线在断裂的左侧进入庙儿岭隧道,隧道洞室位于断裂带下盘,断层北倾,断裂带对隧道围岩及涌水量影响较小。

3.5.3.2 十天高速公路石泉隧道软岩变形问题

明垭子特长隧道右线已建成通车近1年,在左线施工过程中,右线YK210+755~YK211+480及YK211+490~YK211+540段出现病害,形式主要表现为路面开裂、鼓起,两侧电缆沟槽开裂及隧道二衬开裂、掉块。根据补充勘察资料及该段隧道产生病害的时间、变形特征等，判断隧道产生路面鼓起、二衬开裂等变形的原因主要为受断层影响围岩破碎及地下水两方面。

根据监测资料，路面开裂、仰拱隆起最为严重的段落为 YK211+230～YK211+320 段。该段地层围岩为Ⅴ级，岩性主要为碎裂糜棱岩、炭质片岩，岩层挤压严重，钻探岩芯破碎，岩石遇水软化、膨胀。

根据井下电视，发现排水基层、仰拱以上的填充层局部存在凹槽、裂隙破坏，下部岩层局部存在松散、掉块现象。

隧道左线开挖改变了右线的地下水分布情况。根据钻孔中的水位分析，右线地下水水位升高。井下电视揭示，现水位基本位于隧道仰拱上的混凝土填充层中，钻孔中补给速度很快，地下水进入仰拱以上的片石混凝土填充层。由于水位升高、水压增加，对围岩的软化及局部混凝土层的破坏进一步加强，认为该段变形应为路基仰拱、中心排水管产生了破坏。

变形较小的段落根据钻孔中揭露，普遍在路面水泥处治碎石排水基层上、下界面存在松散掉块、凹槽等破坏情况。认为主要是上部 60～70cm 的路面结构层、局部仰拱、中心排水管产生破坏。

3.5.3.3 包茂高速公路终南山隧道、宝坪高速公路秦岭天台山隧道地应力测试预测分析施工期岩爆

运用水压致裂法分别对秦岭隧道 3 个钻孔进行现场地应力测试，基于实测地应力成果，分析隧洞工程区地应力分布及岩体变形特性，对隧道埋深围岩施工期岩爆进行预测分析，为复杂地质条件下深埋工程建设提供关键参数和科学依据，同时降低隧道高地应力岩爆施工工程中引发的安全风险和施工成本。

3.5.3.4 西乡至镇巴高速公路飞凤山隧道 YK4+041～YK4+073 段施工阶段大型溶洞勘察

飞凤山隧道底部有溶洞塌方堆积体，右侧有积水，水深约 13m。该溶洞发育范围较大，深度较深。隧道右洞位于溶洞中上部，溶洞未发育到左洞。该溶洞的发现，严重影响飞凤山隧道的施工进度。经对该段隧道岩溶进行施工阶段的工程地质勘察，根据溶洞的发育特征，可采取桥梁跨越或回填路基等措施，对飞凤山隧道 YK4+041～YK4+073 段溶洞进行处治。

（1）桥梁跨越方案。因该溶洞底部还发育有下层溶洞和软弱下卧层，溶洞底部不宜设墩，建议桥梁采取一孔跨越溶洞。两侧桥台应考虑溶洞侧壁的局部倒倾，预留一定安全距离，桥台基础可置于溶洞侧壁后方稳定基岩中，根据桥梁形式比选扩大基础和嵌岩桩基础。桥梁两侧桥台地基土均为硬质岩，抗压强度大，承载力高，是桥梁基础的良好持力层。

（2）回填路基方案。对路线下方溶洞进行回填，形成路基与两端隧道相接。回填路基应保证良好的透水性，或设置专门的排水通道，便于溶洞上游山体来水向泾洋河排泄，排水量和容水量应结合最大涌水量进行计算。路基填筑需验算溶洞底板承载能力，采取相应的工程措

施,保证底板不发生大的变形和坍塌。

3.5.4.5 福银高速公路山阳至漫川关段鹘岭隧道岩溶涌水问题

鹘岭隧道为特长隧道,施工时局部有塌方可能,将堵塞排水沟,形成局部洞室积水。出口段地面的高程比洞底设计高程低,故可考虑在洞室设计时预埋密封水管,利用虹吸原理或使用抽水泵将洞室涌水或积水排出,亦作为应急或临时排水预备设施,有利于从出口端掘进时的施工排水。

鹘岭隧道水文地质条件较复杂,洞室地下水补给源多,洞室涌水量、水头压力大,且在灰岩段有存在地下暗河的可能,因此局部会有突水可能,地下水对隧道开挖影响大、危害严重,隧道施工困难。洞室设计时,应加强对地下水涌水、突水的设防,施工时要做到对地下水涌水、突水的超前预报,提前泄水和疏干,以减少洞室涌水量,保证施工安全。隧道运营时,应做长期观测,及时发现和了解地下水对洞室存在的潜在危害,及时处理和防范,防止意外事故发生。

3.5.4.6 包茂高速公路包家山隧道岩溶涌水问题

包家山特长隧道中段及南口存在部分层状灰岩,设计里程桩号分别为 YK156+884~YK157+875、ZK156+836~ZK157+922。受 F43、F46、F49、F50 和 F51 等断层带的影响,主洞涌水涌沙主要发生在里程 YK157+000~YK158+100 和 K157+300~ZK158+100 段,埋深 220~300m。

隧道施工过程中出现了 7 次大的涌水涌沙事故,最大涌水量达 $2000m^3/h$,水压较大,造成衬砌开裂、隧道被淹、被迫停工等严重事故。经过专家论证,认为导致涌水涌沙的原因为隧道主洞位于地下水水位线之下,溶腔淤泥积沙在地表水的补给作用下,沿既有孔道排入隧道。随后确定了"地表整治与洞内堵水相结合"的治理方案。

包家山隧道地质构造复杂,岩性多变,水文地质条件复杂,主要与地质构造、岩性及岩溶发育程度有密切关系。在可溶岩与非可溶岩接触带和向斜、背斜储水构造附近,断层破碎带及其影响带都是易发生涌水的部位。施工中做好超前地质预报,探明前方地质情况是保证施工快速、安全的前提和关键。针对隧道岩溶涌水特点,选择 TSP203 超前地质预报和超前地质钻孔相结合的地质预报手段。

3.5.4.7 西镇高速公路西乡隧道进口段崩塌体变形监测及治理

西乡隧道顶部山体在 2019 年 7 月至 10 月出现持续变形,左线右侧 200m 附近原采石场平台出现环形裂缝并持续发展,山顶生产路断裂、下沉,最大错落距离约 90cm,缝宽 25cm。

崩塌体整体不满足安全储备要求,在不利因素下易发生整体运动,危害隧道运营和下方水库安全,应采取措施进行防治。崩塌体发生局部复活的根本原因是隧道开挖冒顶。防治措施首要是对冒顶区进行治理,可采取回填、注浆固结等措施。还应对后缘裂缝进行封闭,避免雨水入渗;设置地表综合排水系统,降低大气降水对边坡的影响。崩塌体的其他治理措施可在下列方案中择优选择,还应同时考虑坡面截排水、坡面整理等综合措施。

(1)卸载+支挡。可通过上部卸载减少下滑力,通过下部支挡增加抗滑力,从而稳固坡体,必要时应对坡面进行锚固。卸载方量和抗滑结构物的尺寸应通过计算确定,并满足边坡稳定安全系数要求。

(2)清方。通过放缓坡率,清除失稳坡体。边坡的坡率不应陡于岩层的顺层倾角,有条件时还应设置宽平台,进一步减少上部荷载,防止碎落。坡面宜进行防护,增加其稳定性。

3.5.4.8 沪陕高速公路苏沟口隧道进口边坡变形问题

苏沟口滑坡边坡定量与定性分析基本一致,建议采取适宜的工程治理措施。

(1)该次勘察在钻探的基础上,结合孔内电视、孔内波速等多种方法,未发现与原勘察不一致的滑动面或软弱夹层存在,滑体主要特征与原勘察主要特征一致。

(2)通过该次勘察,排除了存在深部滑面的可能性,主要依据有:

①SZK170-2-2钻孔位于临河位置,本孔钻探深度深入丹江河道第四系全新统河道底部基岩浸蚀面10m以下,岩层倾角稳定且与周边地层一致,未发现地层异常。

②在左、右洞隧道开挖过程中,右洞进入隧道50余米未见软弱夹层,岩体均较完整,产状稳定,也未发现其他滑动带特征。

③在洞门墙一带已经完成抗滑桩施工,抗滑桩最大埋深23m。在施工过程中下部岩层地层稳定,产状与周边一致,未发现异常。

④桥台施工过程中可见桥台下部基岩完整性好,产状正常。

⑤隧道进口平台上部锚索框架施工过程中,左洞以上自孔口至15~17m范围内多有塌孔,采用注浆进行了加固,其下地层完整性好,与勘察一致。

(3)滑坡整体处于基本稳定状态,二级滑体处于蠕变状态,三级滑体坡面高陡,坡面稳定性较差,均需进行治理。

(4)隧道内变形与水关系密切。2011年夏秋高强度降雨使坡体饱和,滑体重量增加,下滑力增大,坡体稳定性降低,滑坡产生了蠕变。隧道内地下水沿张性裂隙活动造成裂隙进一步扩张也是产生裂缝的原因之一。

3.5.4.9 平镇高速公路牛头店隧道出口边坡稳定问题

2018年6月下旬,施工单位对牛头店隧道出口进行清表开挖,发现左洞上方悬一巨大危石,且后部崩坡积层厚度不明,进洞施工存在较大风险。

(1)根据钻探和调绘可知,隧道左线出口坡体较陡峻,且一巨大危石悬于左线洞口上方,危石后部坡体覆盖较厚崩坡积碎、块石土,厚4~24m,坡积体处于基本稳定状态。但在危石清理后,在坡积体前缘形成较高临空面,在暴雨+开挖等不利工况下,坡积体会沿下部基岩面发生滑塌,建议采取清方卸荷+抗滑支挡等防护措施。

隧道右线出口斜坡较陡峻,山体自然坡角30°~44°,斜坡中后部崩坡积块、碎石土厚4~25m,坡积体处于基本稳定状态。但在暴雨+开挖等不利工况下,坡积体会沿下部基岩面发生滑塌,建议对右线坡积体采取清方卸荷+抗滑支挡等防护。

(2)通过涌水量计算,该隧道左线出口段建议涌水量为488m³/d,右线出口段为643m³/d。根据水文地质条件分析和涌水量预测,地下水对隧道洞室的稳定性影响较大。该段位于断层破碎带内,施工时可能有涌水、股状水流及突泥现象发生,建议施工时超前预报,提前疏导排泄,并加强支挡防护。

(3)隧道洞口段位于F_{1-3}断层破碎带内,洞室围岩多为断层碎裂岩及黑色碳质断层泥,岩体破碎,在隧道开挖施工中,洞室易产生掉块、坍塌、变形等现象,隧道洞室稳定性差,建议施工时加强支护,并做好防、排水措施。

(4)隧道左线洞口危岩清除时,应做好安全防护预案,以防危及平镇路人员及车辆安全。

第4章 路线设计

4.1 路线选线原则

公路设计的优劣很大程度上受公路选线的影响,路线选择的合理与否直接影响公路质量、工程安全、工程造价、环境保护、效益发挥,以及施工、运营、养护等全过程。

秦巴山区主体位于我省陕南地区,是我国重要的过渡区域,区内危峰如林,千崖万壑,地层多变、断裂发育、构造活动强烈,多滑坡、崩塌、泥石流、岩溶等地质灾害。秦巴山区森林茂密,动植物种类繁多,水资源丰富,生态环境复杂敏感,仅秦岭陕西段的国家公园、自然保护区、饮用水水源保护区、文物保护单位等各类保护单元就多达647个。要高质量地完成路线选线工作,必须坚持"地形选线、地质选线、安全选线、绿色选线"相结合的原则。

4.1.1 坚持"地形选线",顺应地形、吻合地势

秦巴山区地形起伏,山高谷深,路线线形的连续和均衡是高速公路运营安全的保证,应当坚持"地形选线",充分掌握技术标准、规范的使用条件,确保安全与功能的同时,分清技术指标主次,灵活选用平面技术指标,巧用曲线,以适应地形地势变化,既不片面地追求高技术指标而使工程量过度增大,也不片面地为节省工程量而采用指标下限值,注意线形高、低指标的均匀变化,力求线形连续、顺适,从而保证行驶安全性,提升驾驶舒适感。平镇、西镇高速公路地形选线效果如图4-1和图4-2所示。

图4-1 平镇高速公路顺山势沿南江河设线

图 4-2 西镇高速公路蜿蜒于泾洋河

4.1.1.1 傍山地形

根据路线相对山脚高差、山坡坡度等选线,避免高填深挖。当高差小于 20m 时,可沿山脚布线,以路基为主;当高差大于 20m 时,可沿山坡布线。当坡度较缓时,宜采用分离式高低路基;当坡度较陡时,可采用桥梁或路基结合桥隧的方案。十天高速公路路线布设如图 4-3 所示。

图 4-3 十天高速公路沿山坡坡脚设线

4.1.1.2 越岭(山)地形

根据不同地形、地质条件、地面高差与坡度、垭口位置等情况选线。一般独立的山体或山脊,相对高差大于 50m,宜采用隧道方案;相对高差小于 30m,可采用路基方案;相对高差为 30~50m,应根据开挖边坡高度、景观、视觉效果、环境保护、造价、运营安全等进行路基与隧道方案比选;地形特别复杂地段,应进行路基与隧道方案或长隧道与短隧道结合的隧道群方案比选。西镇高速公路通过垭口方式如图 4-4、图 4-5 所示。

4.1.1.3 河(溪)岸地形

应根据河溪两岸地形、地质条件、村庄分布、现有公路(铁路)状况选线。一般地段宜在岸坡稳定、相对平缓,有利于设置跨河桥梁的河岸布线;地形相对开阔、存在冲积台地的路段宜在台地靠山一侧布线,减少对土地或村庄的分割;河谷狭窄、山坡较陡或受现有公路(铁路)影响的地段宜沿河或沿山坡采用桥梁或桥梁与路基、隧道结合的方案。

图4-4 西镇高速公路挖方通过垭口

图4-5 西镇高速公路隧道通过垭口

西镇高速公路桩号 K2+350 处到终点路段沿泾洋河设线,泾洋河两岸山体海拔 440~840m,山脊狭长,起伏较大,局部有陡峭孤峰,切割较深,形成许多狭窄的"V"形山谷,主要采用沿河设置桥梁,局部山嘴设置路基或隧道方案,如图4-6所示。

图4-6 西镇高速公路沿泾洋河设线

4.1.2 坚持"地质选线",重视山区高速公路工程地质工作

秦巴山区地质条件较为复杂,地质环境脆弱,地质灾害易发。高速公路的建设不可避免地会对地质环境造成破坏,处理不好还会诱发和加剧各种地质灾害,导致公路建设投资增加,影

响工期,甚至给运营带来严重的安全隐患。

在路线拟定和选择时,应深入进行地质勘察,查明特殊地区和不良地质的分布范围、类型、规模和严重程度及其发生、发展的原因和规律,正确处理不良地质与工程实体的关系,通过绕、避、穿多方案比较,合理确定路线位置。路线布设应尽量避免与区域构造破碎带、褶皱轴线平行,难以避让时,尽可能以大角度穿过;应避让大型古滑坡体和处治困难的滑坡体、崩坡积体,难以避让时,应采取合理的工程措施,以不降低坡体稳定性的方案通过;应避让岩溶强烈发育区和大型采空区,难以避让时,应通过多种方案比较,选择影响最小的方案,对岩溶中等及弱发育区、小型采空区,应根据其分布和埋深情况采取相应的工程措施;路线应尽量避让泥石流、膨胀土、高液限土等不良地质与特殊性岩土,难以避让时,应采取相应的工程措施。

秦巴山区不良地质主要包括滑坡、泥石流、岩崩、岩溶、岩堆(坡积层)、软(弱)土、膨胀土、采空区以及强震区等。

平镇高速公路全线共查明断层110处、滑坡89处、崩塌23处,在进行大量的方案比选和优化后,避让断层74处、滑坡85处、崩塌23处。其中,平镇高速公路九龙洞至回龙关路段,通过路线优化,避让了2处大型滑坡,如图4-7所示。

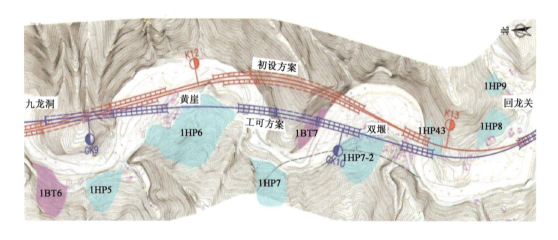

图4-7 平镇高速公路路线优化避让滑坡

西镇高速公路飞凤山隧道原始地勘资料将该段定义为灰岩溶蚀发育,K3+980~K4+040段判定为溶隙通道及岩溶发育影响区,路线未能绕避。施工时右线YK4+073掌子面揭露一溶洞,溶洞沿路线方向发育长约32m,宽约49m,设计高程以下溶深38m,以上约16m。该溶洞发育范围较大、深度较深,隧道右洞位于溶洞中上部,溶洞未发育到左洞。经路基填筑与桥梁跨越方案比选,从结构及施工安全性、施工难易程度、工程经济性、后期运营养护等方面综合考虑后,采用了路基填筑方案,如图4-8所示。

图 4-8　西镇高速公路飞凤山隧道溶洞

4.1.3　坚持"安全选线",确保工程建设和运营安全

秦巴山区高速公路受到其特有的地形地貌、地质、气候等多种因素的影响制约,往往工程艰巨复杂,设计中应坚持"安全选线",秉承"生命至上、预防为主"的设计理念,统筹公路选线设计,高度重视工程建设安全和运营安全,选择有利于构筑物安全、施工安全、运营安全的方案,路线方案比选应加强地质、工程、运营安全风险评估,将降低安全风险作为路线方案比选的重要原则。

应在地质条件较好、山坡稳定、无严重地质灾害的区域选线;积雪冰冻地区,尽量选择阳坡布线,避免路线布设于陡峻山坡的坡脚;应在视野相对开阔的走廊带内选线,避免出现长大纵坡,条件许可时,应充分利用地形集中解决高差问题,在地势高差较大路段考虑采用螺旋展线或绕行展线,克服高差,以减缓长下坡路段的纵坡,从本质上提高行车安全性。

眉县至太白高速公路(图 4-9)路线穿越秦岭山区,地形起伏大、岭南与岭北地面高差大、展线难度较大,其中从老爷岭至秦岭梁(分水岭)五里坡段一路上坡,直线距离 23.8km,高差 538m,路线纵坡控制困难。为克服高差,初步设计阶段布设了螺旋隧道方案。

图 4-9　眉县至太白高速公路

4.1.4 坚持"绿色选线",与自然环境相和谐

秦巴山区自然风光优美,动植物种类丰富,自然保护区、风景名胜区、文物古迹保护区、森林公园、水源保护区、重要湿地等环境敏感点分布密集。坚持"绿色选线",贯彻"不破坏就是最大的保护"的生态文明理念,坚持"保护优先、以防为主、以治为辅、综合治理"的原则,最大限度地保护、最小限度地破坏、最强力度地恢复,使工程建设顺应自然、融入自然。选线应避让环境敏感点,尽可能避免高填深挖,减少高边坡,保护原始地形地貌;复杂路段选线宜进行多方案比较,选择对原有自然环境影响较小、有利于环境保护的方案。同时,秦巴山区是名胜古迹的诞生地,是人们休闲、度假、旅游的场所,路线应注意做到与周围环境、景观相互协调,讲求美感,还要有利于当地旅游资源的开发。

西镇高速公路采用桥隧代替路基,避免对山体开挖,全线桥隧比高达92.7%,最大限度降低公路建设对自然环境的不利影响,保护生态,如图4-10所示。

图4-10 西镇高速公路"以隧代路"减少山体开挖

4.2 路线方案比选

路线方案比选是路线设计中最根本的环节,多方案综合比选是秦巴山区高速公路设计的精髓。在秦巴山区,自然条件较复杂,路线方案不仅受到地形、地质、水文条件的严重制约,同时还受到生态、资源、人文、交通、防灾等因素的影响,这些因素使得路线方案布设多样化、复杂化,直观的认识或单一的比较往往会漏掉有价值的路线方案,只有反复地进行方案比选、论证,才能选择出一条相对科学、合理的路线方案。路线方案的比选与优化应贯穿勘察设计的全过程。

4.2.1 影响路线方案的主要因素

影响秦巴山区高速公路的路线控制点较为分散,路线方案比选的因素是多方面的,各种因素又多是互相联系和互相影响的,应综合考虑下列主要因素。

4.2.1.1 拟建项目的功能定位

项目的功能定位体现了国家或地方建设对拟建项目使用任务、性质的要求。因此路线走向应符合国家、省、市的公路网规划、综合交通运输现状及规划、社会经济发展规划和产业布局等。高速公路是国家及省的重要干线公路,为区域之间、城市之间提供快速、高效的直达运行交通。路线除必须经过控制点外,一般不宜过于靠近沿线城镇,路线走向力求顺直,不可偏离路线总方向过多;对一些政治、经济控制点,路线经过有困难时,应与支线连接的方案做比较。

4.2.1.2 沿线地形地质

秦巴山区复杂的地形地质情况是影响路线方案选择的关键因素。对于地质严重不良、高烈度地震区以及高大山岭、困难峡谷等自然障碍,路线宜绕避通过。

4.2.1.3 安全性

秦巴山区地形复杂、地面起伏、重载交通较多,高速公路的设计应以安全为核心,包括施工安全及运营交通安全。路线应选择线形均衡、纵坡平缓、行车安全的方案,对于可能存在安全隐患的路段,路线应尽量优化或采取安全防护措施。

4.2.1.4 环境保护

秦巴山区的自然地理条件造就了其独特的自然景观与优美的生态环境,同时该山区也分布着较多的环境敏感点。公路设计应从环境保护这一重要因素出发,路线方案除绕避环境敏感点外,同时还要结合沿线地形、地貌,做到与周围环境、景观相协调,有利于当地旅游资源的开发。

4.2.1.5 工程经济

不应把工程经济指标作为评价公路设计好坏或选择路线方案的唯一标准,但是公路设计各个目标均与公路的经济条件有关,如果忽视经济条件,不切实际地盲目追求功能、环保、安全等高标准,是没有意义的。因此,应该在有限的经济条件范围内,协调其他目标的关系,降低工程造价,节约工程投资,以使公路建设的综合效益最佳。

4.2.1.6 占地、拆迁

秦巴山区高产农作物耕地大多分布于山间平原或河谷阶地,同时居民居住地集中于此,这些区域往往是较为优越的路线走廊。但秦巴山区可用于农业耕作的土地十分贫乏,导致路线选择与占用土地的矛盾较为突出。因此,路线方案的选择应尽量减少对高产农作物耕地的占用,减少对土地的分割,减少大面积拆迁居民地,综合考虑占地、拆迁与增加构造物的路线绕避方案比选。

4.2.1.7 其他因素

影响路线方案选择的因素是多方面的,路线方案选择还需要充分考虑沿线地方政府及相关(城镇规划、交通、农田、林业、水利、电力、旅游、文物保护、环保等)主管部门的意见与建议;还应考虑施工建设条件,如建设难度、施工便道、场地布设等。

4.2.2 路线方案选择步骤

路线方案选择是公路建设中非常关键和重要的内容,路线方案的筛选、比选与优化工作贯穿于工程可行性研究(预可行性研究)、初步设计、施工图设计各个阶段。工程可行性研究主要是对路线方案走廊带(通道)的选择;初步设计阶段主要是路线方案研究、比选,设计程度较深,也是三个阶段中较为重要且关键的一步;施工图阶段主要是局部路线方案的优化。

从工程可行性研究到初步设计再到施工图设计,路线方案选择是一个循序渐进、互为基础、互为目的的过程,即第一阶段为下阶段打基础、做准备,下一阶段验证上一阶段的结论,并随工作阶段和工作深度的不断加深,其研究范围逐步由大变小,工作内容逐步由宏观至微观,研究深度逐步由粗及细、由浅变深。因此,各阶段的工作缺一不可,是加强和加深其他阶段(工序)的必要工作。

4.2.2.1 工程预可行性研究阶段

(1)调查与实地踏勘收集项目影响区域社会经济、综合交通运输现状及发展规划,沿线城镇总体规划、土地利用规划、沿线重大建筑物、农田、水利、电力设施,旅游、文物古迹,水源地、自然保护区等环境敏感点;调查工程所在区域的自然地形、地貌、气象、水文、地震、不良地质及特殊性岩土等基础资料。

(2)研究选择路线起终点及重要节点。应在批准的公路网规划确定的节点基础上,由政府和交通主管部门在拟建项目可行性研究委托书中提出初步节点位置或城镇名称,根据路网衔接和交通转换的要求,提出不同的起终点连接方案;重要控制节点的选择,应考虑城市化水平、人口分布、资源分布、生产力布局、自然条件等众多因素,应满足交通运输的需求,带动和引导区域经济及城市化的发展,最大限度地吸引交通流,提高运输通道的使用效率。

4.2.2.2 工程可行性研究阶段

工程可行性研究阶段路线方案主要是在预可行性研究阶段选择的路线起终点及重要节点的基础上确定路线走廊方案,主要步骤如下:

(1)根据初步论证拟定的路线起终点、中间重要控制点初步拟定路线方案。对于秦巴山区高速公路,除在1∶100000、1∶50000地形图上初步研究可能的路线方案外,宜考虑利用地质遥感影像、卫星图、航空图等,采用数字地面模型技术,建立区域三维模型,对山脉走向、河谷、盆地等重要地形特征进行研究,初步拟定可能的路线走向方案,确定外业踏勘方案,并在

1∶50000或1∶10000地形图上进行方案研究。

（2）对于初步选定的路线方案，应充分征求地方政府意见，对区域内的地形条件、地质条件等自然环境和社会环境进行踏勘，现场核实和研究，反复调整，通过初步分析筛选，提出有比选价值的路线方案。

（3）采取定量和定性分析相结合的原则，对路线方案进行综合比选论证后，提出推荐路线方案。

4.2.2.3 初步设计阶段

工程可行性研究阶段路线方案的重点是走廊带和重要城镇节点的选择，具有指导性作用。初步设计阶段是着重在工程可行性研究阶段推荐的走廊带内进行路线方案研究，但还要着手寻找和发现新的路线方案。主要步骤如下：

（1）根据批复的可行性研究报告、测设合同的要求，并按照相关专题报告的批复意见，对路线的走向、控制点和方案进行现场核查，补充收集有关基础资料，征求沿线地方政府、建设单位及规划、土地、环保等相关部门的意见。

（2）对工程可行性研究阶段的路线方案进行研究，在1∶2000地形图上反复进行路线方案布设，根据建设条件复杂程度，对重点路段进行同深度、不同深度、方案论证的方案布设，建设条件复杂地段应选择两个或两个以上的方案进行同深度、同精度的测设工作，确保不遗漏有价值的路线方案。

（3）通过对区域内的地形条件、地质条件等自然环境和社会环境进行踏勘，现场核实和研究，充分征求地方政府意见后采取定量和定性相结合的原则，对路线方案进行综合比选，提出推荐方案。

平镇高速公路初步设计阶段，通过对工程可行性研究报告认真研究和分析，结合现场调查，在对沿线地形、地质、城镇布局、水源地、互通式立交设置条件等方面深入研究的基础上，对工程可行性研究推荐方案的平、纵面进行全面优化，对重要路段进行多方案路线比选，如图4-11所示。推荐方案路线全长84.880km，共布设17段比较线，累计长度91.507km，占路线总长107.81%。其中，同深度比较9段，长度48.117km，占路线总长56.69%；不同深度比较3段，长度12.383km，占路线总长14.59%；方案论证5段，长度31.007km，占路线总长36.53%，如表4-1所示。

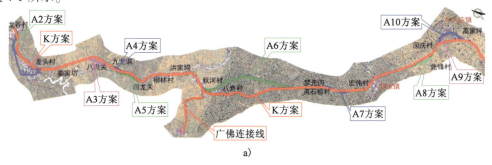

a)

图 4-11

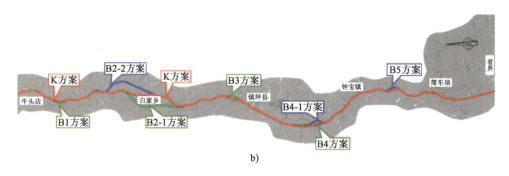

b)

图 4-11 平镇高速公路初步设计路线方案图

平镇高速公路初步设计路线方案比较表　　　　　　　表 4-1

序号	方案名称	起讫桩号	路段名称	长度(km)	备注
1	A1	-K0+050.000~K3+352.272	冲河口比较线一	3.402	同深度
2	A2	-K0+050.000~K3+153.781	冲河口比较线二	3.204	方案论证
3	A3	K3+100.000~K11+906.064	古仙洞隧道比较线	8.000	同深度
4	A4	K8+900.000~K11+901.111	九龙洞比较线	2.400	同深度
5	A5	K10+220.000~K13+654.807	双堰比较线	2.600	方案论证
6	A6	K18+430.000~K31+811.712	秋山隧道比较线一	8.600	方案论证
7	A7	K22+250.000~K32+667.504	秋山隧道比较线二	3.400	同深度
8	A8	K33+850.000~K40+535.580	化龙山隧道比较线	3.320	不同深度
9	A9	K40+200.000~K42+040.957	国庆村比较线	1.700	方案论证
10	A10	K39+200.000~K41+100.000	牛头店比较线	4.330	同深度
11	B1	K41+480~K45+058.980	黄龙沟比较线	3.579	同深度
12	B2-1	K46+800~K55+540.290	白土岭比较线	8.740	同深度
13	B2-2	K46+800~K55+774.008	白土岭特长隧道比较线	8.974	方案论证
14	B3	K57+250.000~K60+948.233	文彩新区比较线	3.698	同深度
15	B4	K64+400~K68+104.047	月亮湾庄比较线一	3.704	同深度
16	B4-1	K64+400~K68+179.811	月亮湾庄比较线二	3.780	不同深度
17	B5	K73+100.000~K75+016.561	青林村比较线	1.917	不同深度

下面通过平镇高速公路白土岭路段方案比选说明初步设计阶段比选的主要工作内容。

白土岭路段(K46~K56)为中低山地貌,山高谷深,河谷深切,岸坡陡峭,岩石类型复杂,断层发育,为滑坡、崩塌的易发区。该段路线布设主要受白土岭水电站和不良地质影响,工程可行性研究方案的设计路线沿水电站库区西侧布设,在友谊村附近跨越深水库区,干扰小、地质条件稍好,但是隧道规模较大、造价高,因此,初步设计阶段提出了减少隧道规模的 K 线、工可优化 B2-1 线及 B2-2 线三个方案进行综合比选。

K 方案:路线起于清坪村(K46+800),沿南江河设置纵向桥,隧道通过白坪村西侧山梁,于白土岭电站水库大坝下游约 450m 处跨越南江河后,设短隧道通过山梁,跨越大湖溪后,设隧道通过龙头山至友谊村。桥梁跨越电站水库深水区,于竹节溪村东侧以路堑形式通过,再次跨越电站水库深水区,设隧道通过山梁至四方地,沿河设纵向桥经茶店村后,设置泥姑梁、龙头咀、碑梁子三座短隧道至坪堡,沿河设桥至刘家堡(K55+373.622)。路线长8.574km。

B2-1方案:为工程可行性研究推荐线的优化。路线起点与K方案相同(K46+800),沿南江河设置纵向桥,设隧道通过白坪村西侧山梁,于白土岭电站水库大坝下游约450m处跨越南江河后,设短隧道通过山梁,跨大湖溪后,设置隧道通过龙头山至友谊村。桥梁跨越电站水库深水区,设置长度2.9km的美女山隧道通过山梁至樟树潭,跨越平镇公路于的茶店新村西侧通过,之后设置龙头咀、碑梁子隧道至坪堡,沿河设桥至刘家堡(K55+540.290)。路线长8.740km。

B2-2方案:为工程可行性研究比较线(A方案)的优化。路线起点与K方案相同(K46+800),跨越南江河,沿清坪村西侧以路基形式通过,沿南江河设纵向桥于白坪村东侧通过后,路线在白土岭水坝下游约1.1km处跨南江河设置特长隧道通过龙头山至四方地,沿河设纵向桥经茶店村,之后设置泥姑梁、龙头咀、碑梁子三座短隧道至坪堡,沿河设桥至刘家堡与K方案重合(K55+774.008)。路线长8.974km。

三个方案的综合比选分析结果简述如下:

(1)技术指标

K方案较为顺直,路线里程最短,较B2-1方案短167m,较B2-2方案短400m;三个方案纵面技术指标相当,K方案及B2-1方案平面技术指标相当,均较B2-2方案高。从技术指标方面比选分析,K方案相对较优,B2-1方案次之,B2-2方案相对较差。

(2)地形、地质条件

K方案及B2-2方案沿南江河东岸布设,B2-1方案沿南江河西岸布设。从地质构造方面考虑,白土岭路段断层发育,对路线的稳定性有影响的断层主要为F8、F4、F5、F9、F10、F6、FZ24-4、F11-2、F11-1、F11等,断层附近的岩石破碎,易形成滑坡或崩塌。K方案白土岭三号隧道出口受断层F4、F5影响,岩体破碎,节理裂隙发育,隧道洞口开挖易形成崩塌,对隧道边坡稳定性影响较大。B2-2方案发育一南北向断层F7,部分路段与该断层平行,对隧道围岩稳定性影响较大。

综上所述,从地形、地质条件方面比选分析,B2-1方案地质情况相对较好,K方案次之,B2-2方案相对较差。

(3)环境保护

K方案与白土岭水电站库区干扰较大,其中K50+663~K50+840段采用路堑形式通过,存在挖方高边坡,最大边坡高度73m,对环境影响较大。B2-1方案和B2-2方案采用以桥隧相连的形式通过库区,其中K方案经过库区路段约0.64km,B2-2方案约0.91km。从环境保护方面比选分析,B2-1方案对环境的影响相对较小。

(4)建设条件

白土岭水电站是该段路线布设、方案选择及施工建设影响最大的制约因素。根据前期方案汇报沟通,镇坪县人民政府以及水库产权单位镇坪县佰佳能源开发有限公司均表示积极支持高速公路建设,同意水库放水施工。B2-1方案白土岭3号隧道出口与县佰佳能源开发有限公司规划的度假山庄干扰较大,B2-2方案需要设置4.1km的特长隧道,部分路段与F7断层平行设线,对隧道围岩稳定性影响较大,特长隧道的施工难度大、周期长,且路线对青草坪现有吊桥东南角山体上的9个汉代古墓群存在一定的干扰,该文物遗址均属于安康市田野文物保护单位。从建设条件比选分析,K方案优于其他两个方案。

(5)工程规模

K方案桥梁规模相对较大,较B2-1方案长864m,较B2-2方案长462m;K方案隧道规模最小,较B2-1方案短1190.5m,较B2-2方案短720m。K方案桥隧规模相对较小,B2-1方案和B2-2方案桥隧规模相当,但是B2-2方案需要设置一座4.1km的特长隧道。

K、B2-1、B2-2三个方案投资分别为12.78亿元、13.75亿元和13.34亿元,K方案造价最低,B2-1方案造价最高,B2-2方案居中,如表4-2所示。

白土岭路段方案主要工程规模对比表　　表4-2

序号	项目		单位	K方案 K46+800~K55+373.622	B2-1方案 K46+800~K55+540.290	B2-2方案 K46+800~K55+774.008
1	路线长度		km	8.571	8.740	8.974
2	平曲线最小半径		m/处	630	650	550
3	最大纵坡		%/处	2.55	2.4	2.4
4	最小竖曲线半径	凸型	m	17000	22000	13000
		凹型	m	10000	20000	10000
5	路基工程	填方	$10^3 m^3$	3.414	0.422	14.787
		挖方	$10^3 m^3$	934.906	212.674	649.259
6	防护工程	浆砌片石	$10^3 m^3$	1.245	0.66	2.487
		混凝土	$10^3 m^3$	5.846	0.444	4.625
7	排水工程	混凝土	$10^3 m^3$	1.936	0.236	3.227
8	高路堑边坡(>20m)		m/处	332/3	95/1	155/2
9	路面工程		$10^3 m^3$	9.181	0.852	11.333
10	桥梁工程(按全幅计)	特大桥	m/座	1237/1	1237/1	1366.65/1
		大桥	m/座	2731.3/7	1868/5	2202.7/5
		中桥	m/座	62.6/1	62.1/1	—
		合计	m/座	4030.9/9	3167.1/7	3569.35/6
11	隧道工程(按双洞计)	特长隧道	m/座	—	—	4134/1
		长隧道	m/座	1545/1	4006.6/2	—

续上表

序号	项 目		单 位	K方案 K46+800~ K55+373.622	B2-1方案 K46+800~ K55+540.290	B2-2方案 K46+800~ K55+774.008
11	隧道工程 （按双洞计）	中隧道	m/座	1645/2	682.5/1	—
		短隧道	m/座	1060.5/4	751.9/3	837/3
		合计	m/座	4250.5/7	5441/6	4971/4
12	拆迁建筑物		m²	8271	5441.63	5894
13	占地		亩	344.93	238.51	310.46
14	概算		万元	127837	137515	133422
15	结论			推荐		

根据以上分析，B2-1方案虽然对电站库区干扰小，环境影响小，但是桥隧规模较大，造价高，后期运营费用较高，对度假山庄干扰较大；B2-2方案路线里程最长，且需要设置4.1km特长隧道，工程地质相对较差，施工难度大，风险高，周期长；K方案虽然对水库干扰较大，但较为顺直，里程最短，平纵面指标相对较高，桥隧规模较小，造价低，施工建设条件好。经综合分析比较，推荐K方案。

4.2.2.4 施工图设计阶段

初步设计批复不仅对项目的建设标准、建设规模、建设资金等进行了批准，并且对路线方案和工程方案也做出了较为明确的批复，但秦巴山区高速公路复杂的建设条件决定施工图阶段必须再对全线地质等方面调查核对、对路线平纵面设计进一步优化和细化。主要步骤如下：

（1）根据初步设计的批复意见、咨询意见等，进一步补充收集基础资料，对初步设计阶段推荐的路线方案进行核查、审定，并综合各专业组意见，进一步优化路线平纵面设计，特别是大型构造物，如特长隧道、特大桥及互通式立交段等，对于路线受地形严格限制的路段或位置，要提前测量控制点和控制断面，以便合理调整路线。

（2）现场外业调查核对，对于各专业组的核对意见、地质详勘成果、控制测量资料等进行综合分析，提出路线设计控制性要素，主要是不良地质和环境敏感点、填挖高度、临河路段洪水位、山体植被保护措施、取土和弃土方案等。

（3）根据控制要素，对路线进行全面优化。

西镇高速公路施工图设计阶段，结合初步设计审查、咨询意见进行线位优化，并根据外业放线实测资料，依据平、纵、横面相关资料，结合构造物设置条件，以增强安全设计、加强保护生态环境为主要选线原则，以缩短桥梁长度、改善隧道洞门位置、减少工程数量、有效控制工程造价为主要目的，对路线平、纵面进行了仔细认真的优化调整，使前后线形指标连续均衡，更加适应地形。主要调整优化路段如下：

K13+400~K14+300段初步设计隧道出口为崩塌体，施工图结合实测和地勘资料，增大此处平曲线半径（右线平曲线半径由752m调整至850m，左线平曲线半径由775m调整至

975m),使路线远离崩塌体且不破坏左线隧道出口后面的山嘴,同时在 K13+900~K14+400 设置卵形曲线,使线位左移17m,减少了对路线右侧山体的影响,如图4-12所示。

图4-12　西镇高速公路 K13+900~K14+400 段路线优化

4.3　路线平面设计

高速公路是一个三维空间的实体,线形设计是秦巴山区高速公路设计的关键,根据设计控制要素,从平面线形设计着手,进行纵面和横面设计,并对平、纵、横面进行统一协调,反复修改调整,达到线形连续、视觉舒适、形态优美、行车安全的目的。

4.3.1　平面设计一般原则

4.3.1.1　与地形相适应,与周围环境相协调

平面线形应与地形地物相适应,宜直则直,宜曲则曲,不片面追求直曲,这不仅是美学问题,也是经济问题和环境保护问题。秦巴山区地形起伏较大,平面线形应随地形地势而变,以曲线为主,这样不仅能灵活与地形地物及环境相协调,而且能降低工程量、节省投资,有利于环境保护,如图4-13所示。

图4-13　平镇高速公路线形吻合地形

4.3.1.2 保持平面线形的连续均衡

为使汽车行驶平顺、舒适,提高行车安全,应注意各线形要素之间要保持连续而不出现技术指标突变。直曲变化缓和流畅,平曲线半径和长度与相邻直线长度相适应,应避免长直线尽头接小半径曲线,尤其是下坡方向;相邻平曲线之间的设计指标应连续均衡,避免突变,如图4-14所示。

图4-14　西镇高速公路线形连续均衡

秦巴山区高速公路由于受地形、地质、生态等条件限制,难以选用较大的曲线半径,但只要选取合适的平曲线半径,做到线形连续均衡,平纵配合恰当,与环境协调性好,也能保证行驶安全,提高驾驶舒适度。西镇高速施工图设计路线长度49.553km,共设平曲线85个,平均交点1.7个/km,平曲线总长度38.803km,占路线长度的78.3%;最大平曲线半径1730m/1处,最小平曲线半径410m/3处,曲线间最大直线长度1189.275m,反向曲线间除径向连接外,最小直线长度164.544m;同向曲线间最小直线长度273.294m,平曲线大小均衡、连续、无突变感,无断背曲线。平曲线分布如表4-3所示。

平曲线指标分布表　　表4-3

半径范围 R(m)	$R \geqslant 2500$	$2500 > R \geqslant 1240$	$1240 > R \geqslant 830$	$830 > R \geqslant 620$	$620 > R \geqslant 500$	$500 > R \geqslant 410$	合计
曲线个数	0	12	18	21	23	11	85
占有比重(%)	0	14.1	21.2	24.7	27.1	12.9	100

4.3.1.3 注意与构造物相协调

秦巴山区高速公路桥梁、隧道规模大、结构复杂,在平面线形设计中,应注重桥梁、隧道引线与桥梁、隧道线形的协调性,如图4-15、图4-16所示。

图4-15　西汉高速公路秦岭隧道群图

图 4-16　安岚高速公路汉江特大桥

4.3.2　平面设计要点

平面线形设计主要是对直线、圆曲线、缓和曲线的运用及合理组合,《公路路线设计规范》(JTG D20—2017)中已经给出了较为详细的规定,结合秦巴山区特点及已运营高速公路的实际情况,总结归纳出以下平面设计要点:

(1)平面线形宜以曲线为主,一般地形条件下,圆曲线半径不宜小于《公路路线设计规范》(JTG D20—2017)中的一般值;地形陡峻、地质条件较差的困难路段,选用较大半径会导致高边坡,开挖工程极易发生坍塌或滑坡灾害,或者路线临河(沟谷)需设置大型支挡工程及纵向桥时,可小于一般值,但应大于极限值,同时结合运行速度结论对中央分隔带及路侧停车视距进行验算,不满足时应按照所需横净距对路基加宽,并加强线形诱导设置。

(2)设置互通式立交、服务区、停车区路段,圆曲线半径不宜小于《公路路线设计规范》(JTG D20—2017)中的一般值,地形复杂路段可小于一般值,但应大于极限值,同时需注意对出口识别视距进行验算,并加强线形诱导设置。

(3)同向圆曲线将最小直线长度(以 m 计)以不小 6 倍设计速度(以 km/h 计)的对应指标为宜,考虑到秦巴山区地形条件较为复杂,6 倍设计速度对应指标往往较难达到,或增加工程规模较大,因此条件受限路段可按不小于 3 倍设计速度控制[参照《公路路线设计规范》(JTG D20—2017)];反向圆曲线间的最小直线长度以不小 2 倍设计速度对应指标为宜。

(4)一般认为长直线会使行车过程过于单调乏味,易造成驾驶员疲劳、放松警惕,易产生超速行驶。但秦巴山区受地形条件限制,大部分路段不会出现长直线,只有在沿"U"形谷地的一、二级阶地或宽缓台地布线时才有可能出现,宜结合地形合理设置直线长度,不能因直线过长而有意改变线形设计要素,同时应注意前后平纵线形设计要素衔接配合,直线长度大于 20 倍设计速度(以 km/h 计)对应指标时,其末端宜接较大半径的平曲线,做到线形的均衡协调,使驾驶员的视觉处于良好状态。

(5)交点转角值宜大于 10°,当小于 7°时,宜按规定设置足够长的曲线,并加强线形诱导设置。

(6)隧道路段宜采用不设超高的圆曲线,条件受限时,长、特长隧道最大超高不宜大于3%,中短隧道最大超高不宜大于4%,同时需要对内外侧停车视距进行验算,不满足时应按照所需横净距进行隧道加宽,并加强线形诱导设置。

(7)隧道内不宜采用S形曲线,条件受限需设置时,反向S形曲线拐点应避免设在洞口内外各3s设计速度行驶长度范围内;隧道最大直线长度可不受限制。

(8)隧道洞内外平面线形应协调,洞口内外各3s设计速度行驶长度范围内平面线形应一致。秦巴山区受地形、地质条件限制,按直线、圆曲线的线形满足3s设计速度行驶长度范围要求会增加较大的工程量。同时,根据秦巴山区已建高速公路运营安全调查情况,在通视条件良好的条件下,达不到3s设计速度行驶长度范围要求时,车辆运行事故无明显增加,因此在采用较大的平曲线半径、较小的纵坡和较大的竖曲线半径,满足不小于1.25倍停车视距要求时(计算满足停车视距所需圆曲线半径,不考虑检修道高度影响,横净距取至隧道界限的检修道边界处),隧道进口和位于上坡路段的隧道出口可采用缓和曲线或缓和曲线与圆曲线组合线形[参照浙江省地方标准《山区高速公路勘察设计规范》(DB33/T 899—2013)],同时,应采取加强洞内外线形诱导,减少"黑洞""白洞"效应的相关措施,如图4-17所示。

图4-17 西镇高速公路隧道洞口线形诱导、遮光措施

4.4 路线纵断面设计

纵断面设计的主要任务是根据汽车的动力特性、道路的功能和等级、地形、地质、水文及其他自然环境的限制,综合考虑工程的技术要求和经济性等诸多因素,合理确定坡度、坡长和竖曲线半径,并进行纵断面和平面的组合设计,以便达到行车安全、环保、经济合理及驾驶舒适的目的。

4.4.1 纵断面设计一般原则

4.4.1.1 线形平顺圆滑、视觉连续

纵断面线形设计应根据设计速度,在适应地形及环境的原则下,对坡度、坡长及前后纵坡

协调的情况,竖曲线半径大小及平面线形的组合等进行综合研究,反复调整,设计出平顺圆滑、视觉连续的纵面线形,如图 4-18 所示。

图 4-18　平镇高速公路纵面线形平顺连续

4.4.1.2　综合考虑因素,灵活选择指标

应根据地形变化,结合平面线形,综合考虑地质、水文、填挖高度、土石平衡、结构物布置、路面排水、占地等因素,进行纵断面设计。秦巴山区地形起伏较大,纵断面应尽量灵活选用指标,适当增加变坡点,使纵面线形吻合地形,应避免过分追求平缓的纵坡,使得工程量和工程投资增大,影响区域的自然环境,或为节省工程量直接采用陡坡而影响高速公路的使用功能。对此,应从工程经济和环境、道路通行能力、车辆行车安全三方面进行综合分析:当在工程经济和环境保护方面表现良好,且高速公路通行能力和车辆行车安全均能满足要求时,说明采用陡坡设计方案是可行的;当工程经济和环境保护方面可行,而高速公路通行能力和车辆行车安全不能满足要求时,应调整纵坡设计或设置爬坡车道、避险车道。

西镇高速公路施工图设计共设变坡点 62 个,平均变坡点次数 1.25 次/km,竖曲线总长为 20.614km,竖曲线占路线总长的 41.6%。最短坡长 320m/1 处,最大纵坡为 3.0%/1 处;凸型竖曲线最小半径 12000m/7 处,凹型竖曲线最小半径 8000m/1 处,如表 4-4 所示。

西镇高速公路纵面线指标分布表　表 4-4

路线纵坡分布		竖曲线分布	
4%≥i≥3%	1	R≥50000m	3 处
3%>i≥2%	10	50000m>R≥25000m	14 处
2%>i≥1%	23	25000m>R≥10000m	44 处
i<1%	28	10000m>R≥5000m	1 处

4.4.1.3　重视纵坡设计,提高连续上(下)坡路段行车安全

国内外的研究一致认为连续上(下)坡路段为事故多发路段,尤其是连续长陡下坡路段,重特大交通事故频发。秦巴山区地形复杂、地面起伏较大,容易产生坡度大、坡长长的连续下坡路段。西汉高速公路穿越秦岭主山脉,山大沟深,地形条件复杂,因地形、地质、工程投资等

因素限制，部分路段为了克服较大高差，设置了4处连续长下坡路段（其中K1170+200~K1143+250段属于连续长陡下坡路段），其线形指标如表4-5所示。

西汉高速公路连续下坡路段线形指标汇总表　　　　表4-5

序号	路　　　段		连续坡长（km）	起点高程（m）	终点高程（m）	高差（m）	平均坡度（%）
	起点桩号	终点桩号					
1	K1176+500	K1211+100	34.5	1608.41	799.2	809.21	-2.35
2	K1263+807	K1269+580	5.86	694.95	490.7	204.25	-3.48
3	K1255+300	K1249+310	5.98	548.21	747.05	198.84	-3.32
4	K1170+200	K1143+250	26.9	1511	717.04	793.96	-2.95

通过对西汉高速公路2016—2019年路政及交警的交通事故资料分析，事故主要集中在K1143~K1170连续长陡下坡路段，其余连续长陡下坡路段事故均相对较少，事故空间分布如图4-19所示。

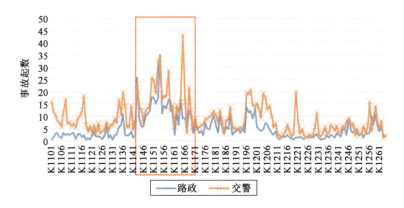

图4-19　西汉高速公路交通事故空间分布图

4.4.2　纵面设计要点

平面线形设计主要是对坡度、坡长、竖曲线的运用及合理组合，《公路路线设计规范》（JTG D20—2017）中已经给出了较为详细的规定，结合秦巴山区特点及已运营高速公路的实际情况，强调以下纵面设计要点：

（1）应满足纵坡及竖曲线的各项规定（最大纵坡、最小纵坡、最大坡长、最小坡长、竖曲线半径及竖曲线最小长度）。

（2）避免出现连续长陡下坡；连续上（下）坡路段，纵坡值应均衡，不宜采用最大值，并应避免陡坡与小平曲线半径的组合；连续上（下）坡路段，既要考虑上坡方向的爬坡能力和通行能力，也要考虑载重车辆连续下坡制动失效时的安全，要通过合理设置避险车道、爬坡车道及安全防护设施，提高行车安全。

在西汉高速公路 K1143～K1170 连续长陡下坡路段,近年来不断加强安全整治工作,设置 4 处避险车道、4 处停车区,同时设置了完善的交通标志系统,给驾驶员以指导、提醒、警示,有效减少了交通事故的发生及严重性,如图 4-20、图 4-21 所示。

图 4-20　西汉高速公路爬坡车道、避险车道

图 4-21　西汉高速公路停车区

(3)竖曲线宜满足视觉所需要的最小竖曲线半径值,但条件受限制时,宜采用大于或接近于竖曲线最小半径的一般值。

(4)设置桥涵路段,在满足河道泄洪、通航、桥下净空等要求下,应充分考虑桥面排水要求,凹型竖曲线不宜设置在桥梁上,当受条件限制无法避免时,应加强综合排水设计。

(5)隧道纵坡宜采用单向坡,地下水发育的长隧道、特长隧道可采用人字坡;特长隧道纵坡宜采用 0.5%～2%,长隧道和中短隧道纵坡应不大于 3%,当条件限制时,中、短隧道纵坡可适当加大,但应小于 4%。隧道洞口内外各 3s 设计速度行驶范围的纵面线形应一致,条件受限时,可适当放宽要求,但应采用较大的平曲线半径、较小的纵坡和较大的竖曲线半径,并满足不小于 1.25 倍停车视距要求。

4.5 路线横断面设计

横断面设计的主要内容是根据公路功能、设计交通量、交通组成、设计速度、地形条件等因素确定。在保证公路功能、公路通行能力、交通安全与畅通的前提下,尽量做到用地省、投资少,使公路发挥最大的经济效益与社会效益。

4.5.1 横断面设计一般原则

4.5.1.1 结合规范、自然条件进行综合设计

根据公路功能、公路等级,按照相应规范要求,结合沿线水文、气候、地形、地质及路用材料等自然条件进行综合设计。

4.5.1.2 以人为本,注重与道路功能协调

规划设计中充分体现"以人为本"的设计理念,保证车辆的交通安全与畅通。横断面布置应与道路功能协调,科学论证和合理确定道路横断面各组成部分的宽度,较少填挖方工程量。

4.5.1.3 绿色道路,坚持可持续发展

贯彻执行可持续发展理念,横断面设计应注意近期与远期相结合,采用的横断面形式和尺寸应具有一定的弹性,使近期工程成为远期工程的组成部分,并预留管线位置。

4.5.2 横断面设计要点

横断面设计主要解决断面组成及其各组成部分的宽度、横向坡度等问题,《公路路线设计规范》(JTG D20—2017)中已经给出了较为详细的规定,结合秦巴山区特点及已运营高速公路的实际情况,强调以下设计要点:

(1)应满足各组成部分宽度的各项规定(车道宽度、中间带宽度、路肩宽度、路拱坡度、用地范围等)。

(2)与地形相适应,而地形条件又与横断面的形式选择紧密相关。在满足路线纵坡之后,还应考虑填挖平衡的要求。

(3)应根据不同的岩性、岩体结构、产状、抗风化能力和水文地质条件等工程地质因素,综合拟定合理的断面形式。对于岩质地基,路基边坡宜较缓;产状倾向于路基的岩层,其稳定性较背向路基的岩层差;下伏较弱层的岩层比均一岩性的稳定性差;地下水发育的岩层较无地下水的岩层差。总之,在路基设计中,应充分考虑工程地质、水文地质条件对路基稳定性和断面形式的影响。

(4)合理确定路堑边坡坡率。天然坡体的土质极不均匀,岩体强度因风化破碎程度、成层状态、裂缝发育程度而不同,采用定量指标,通过力学分析确定边坡稳定性的可靠性较差,加之竣工时的稳定边坡会随时间的推移使稳定性降低。因此,边坡坡率的确定应主要采用工程地质类比法,依据当地同类工程地质条件下的自然稳定山坡和人工边坡确定边坡坡率。

(5)选择适用挡土墙。在山区公路中,由于地形条件更复杂,地势更陡峭,因此,挡土墙的应用更为广泛;浆砌片石挡土墙取材容易,施工简便,适用范围比较广泛。山区公路中,石料资源较为丰富,在挡土墙高小于或等于10m时,因地制宜,采用浆砌片石砌筑,可以较好地满足经济、安全方面的要求。

4.6 路线平、纵组合设计

道路线形最终是以立体形式反映在驾驶员的视觉上,道路立体形状及其周围环境情况直接影响驾驶员的行为。尽管平、纵线形均分别满足规范要求,但若平、纵组合不好,不仅有碍于其优点的发挥,而且会放大两者的缺点,产生行车安全隐患。

4.6.1 平、纵组合设计一般原则

(1)视觉上能自然地引导驾驶员的视线,并保持视觉的连续性,如图4-22所示。任何使驾驶员感到茫然、迷惑和判断失误的线形,都应避免。

图4-22 十天高速公路视觉连续

(2)注意保持平、纵线形技术指标大小均衡。如果纵面线形反复起伏,那么在平面上采用高标准的线形是无意义的,反之亦然。

(3)选择组合得当的合成坡度,以利于排水和行车安全。

(4)注意与周围环境的配合,如此可以减轻驾驶员的疲劳和紧张程度,并可起到引导视线的作用。

4.6.2 平、纵组合设计要点

(1) 当竖曲线与平曲线组合时,竖曲线宜包含在平曲线内,且平曲线应稍长于竖曲线。当平、竖曲线半径均较小时(平曲线半径小于2000m,竖曲线半径小于15000m)时,其相互对应程度应较严格,随着平、竖曲线半径的同时增大,对应程度可适当放宽。缓和曲线曲率大于不设超高的圆曲线半径时,可视作直线处理。

(2) 保持平曲线与竖曲线的大小均衡。平曲线半径如果不大于1000m,竖曲线半径宜为平曲线半径的10～20倍。

(3) 选择组合得当的合成纵坡,以利于路面排水和行车安全。秦巴山区陡峻傍山路段的合成坡度最好小于8%,最小合成坡度应不小于0.5%。

(4) 秦巴山区路线走廊狭窄,两侧山体陡峻,为避免对山体开挖,必要时采用平、纵面协同设计,在充分利用地形条件最大化调整平面线形的同时,适当调整(抬高)纵坡,以高度争取空间,减少山体开挖和工程规模,降低对生态环境的影响。

以西镇高速公路为例,K40+700～K41+500路段经过鱼泉水电站及金龙寺时,在优化增大平曲线半径(分别为580m、430m)的同时,适当抬高纵坡(分别为+2.3%、-1.4%),减少对金龙寺山包的开挖,减小工程规模及造价。K48+400～K49+100路段经过蔡家庄时,在优化主线线位的同时,适当抬高纵坡(分别为+2.5%、+0.5%、-2.0%),减少对两侧陡崖的破坏。

(5) 应注意避免不良的平、纵组合:①避免竖曲线的顶、底部插入小半径的平曲线;②避免将小半径的平曲线起讫点设在或接近竖曲线的顶部或底部;③避免使竖曲线顶、底部与反向平曲线的拐点重合;④避免小半径的竖曲线与缓和曲线重合;⑤避免出现驼峰、暗凹、跳跃等使驾驶员视线中断的线形;⑥避免急弯与陡坡的不利组合;⑦避免小半径的竖曲线与缓和曲线的重合。

(6) 视距组合欠佳的路段,应通过透视图法进行直观的核查,对于存在缺陷的路段随时调整。常用的透视图有线形透视图、全景透视图、动态透视图以及道路仿真、建筑信息模型(BIM)漫游等,如图4-23所示。

图4-23 平、纵组合透视图检查

(7)根据路线平、纵面以及隧道、互通式立交等大型构造物布设,进行运行速度预测,核查线形设计的连续性和设计速度一致性。相邻路段运行速度差值大于20km/h时,宜调整平、纵面设计;当同一路段的设计速度与运行速度的差值大于20km/h时,应对该路段的相关技术指标进行安全性验算。

4.7 路线设计新技术应用

目前,科学技术发展日新月异,秦巴山区地形、地质等条件复杂,传统设计方法工作量大,效率低下,返工率高,合理应用新技术将极大地提高工作质量和工作效率。

4.7.1 3S 技术

全球定位系统(GPS)、遥感(RS)、地理信息系统(GIS)是目前大地观测中空间信息获取、存储管理、更新、分析和应用的三大支撑技术(又称3S技术),是现代社会持续发展、资源合理规划和管理利用、自然灾害动态监测与防治的重要技术手段,也是实现3S技术和公路计算机辅助设计(CAD)的集成,即以高新技术为主体的野外勘察、内业数据处理和CAD一体化集成技术,实现公路勘察设计的自动化、可视化和集成化,从根本上改变了公路勘察设计传统方法。

3S技术为公路勘察设计提供了新一代的观测手段、描述语言和理论观念。利用3S技术可以全面掌握公路走廊带内的地形、地貌、地质构造等多种因素,利用计算机和遥感图像进行路线选线,既高效又准确,还能在卫星图上直观地比较方案,大幅度降低了公路工程勘察设计成本,缩短了设计周期,提高了勘察质量。

西安至汉中高速公路途经关中平原、秦岭山脉和汉中盆地,路线长,地质结构复杂,难以用常规方法在短期内进行方案比选。勘察设计中首次采用了由陕西省交通规划设计研究院有限公司自主研发的3S技术进行1∶10000比例尺工程地质调绘,显著提高了勘察工作效率和质量,如图4-24所示。

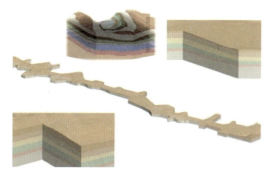

图4-24 地质模型、数字地面模型

4.7.2 测量新技术

4.7.2.1 倾斜摄影测量

倾斜摄影测量技术是近年发展起来的一项高新技术,该技术通过从一个垂直、四个倾斜这五个不同的视角同步采集影像,获取到丰富的建筑物顶面及侧视的高分辨率纹理。以大范围、高精度、高清晰的方式全面感知复杂场景,通过高效的数据采集设备及专业的数据处理流程生成的数据成果直观反映地物的外观、位置、高度等属性,为真实效果和测绘级精度提供保证,如图 4-25、图 4-26 所示。它不仅能够真实地反映地物情况,高精度地获取物体纹理信息,还可通过先进的定位、融合、建模等技术,生成真实的三维模型。倾斜摄影测量技术同时还能有效提升模型的生产效率,大幅降低三维模型数据采集的经济成本和时间成本。

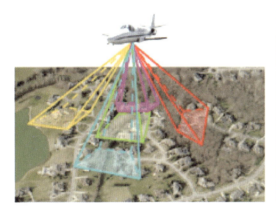

图 4-25　倾斜摄影测量示意图

图 4-26　华测 P550 无人机

4.7.2.2 三维激光扫描测量

三维激光扫描技术是目前获取三维空间数据的最先进的技术之一,突破了传统单点精确测量的局限,可以大面积地获取被测对象表面的三维坐标数据,通过高速激光扫描测量的方法,以点云的形式获取物体或地形表面的三维空间尺寸信息和反射率信息,并可以逼真地保留被扫描对象的纹理。与传统的数据采集方法相比,三维激光扫描技术具有高效率、高精度、非接触主动测量等独特优势,有效避免了传统作业方式外业劳动强度大、时间长、重复测量、工作效率低等弊端,为快速建立物体的三维影像模型提供了一种全新的技术手段。

1)车载激光移动测量

车载激光移动测量技术是一种集激光扫描、全球导航卫星系统(GNSS)、惯性导航系统(INS)、摄影测量、计算机等技术于一体的新型道路测绘数据采集技术,可在车辆行进过程中快速、精细、准确获取道路两侧三维激光点云数据。传统的高速道路基础信息数据的采集依靠人工在道路现场手动量测和记录,需要大量人工现场数据采集和后续的数据整理,费时费力。车载激光移动测量增大了数据采集能力和范围,提高了现场数据获取的效率,以全方位视角直接高速获取高精度、高密度、超高分辨率的场景三维空间信息和反射强度信息,满足了空间信息获取和表达的需要,克服了传统测量技术的局限性,在公路改扩建领域显现出极大的技术优势。该技术势必会引发一场新的技术革命。

2)机载激光雷达测量

机载激光雷达扫描或者激光扫描(Airborne Laser Scanning 或者 Airborne Lidar)技术可以说是近些年来摄影测量与遥感领域最具革命性的成就之一。激光扫描测量是在差分全球定位系统(DGPS)、INS 支持下,通过激光扫描器和距离传感器,经由微型计算机对测量资料进行内部处理,显示或存储、输出距离和角度资料,并与距离传感器获取的数据相匹配,最后经过相应软件进行一系列处理,获取被测目标的表面形态和三维坐标数据,从而进行各种测量计算或建立立体模型,如图 4-27、图 4-28 所示。载激光雷达 + 摄影测量技术一次飞行即可快速精确获取地表三维信息及影像数据,同时由于具有多回波特性,还可获取树下地形点,可快速制作大比例尺数字线划图(DLG)、数字正射影像(DOM)及数字高程模型(DEM),特别适用于条带状区域大比例尺数字测图。

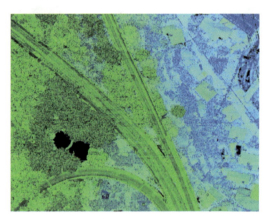 

图 4-27　原始激光点云　　　　　　　　图 4-28　数字正射影像

4.7.3　BIM + GIS 技术

BIM 具有可视化、协调性、模拟性、优化性等特征,可以快速实现工程质量、进度、成本的综合管理。在项目精细化勘察设计、施工、运营管理中扮演着重要的角色,备受青睐。GIS 采集、管理、分析和输出地理信息与空间数据,以分析模型为驱动实现空间综合分析和动态预测,产生高层次的地理信息,为高速公路全线的宏观管理提供技术支撑。

高速公路具有路线跨度长、区域范围广、施工复杂等特点,将 BIM 和 GIS 两种技术结合起来,就可提供一种全新的数字化、可视化、精准化的工具,如图 4-29 所示。对于勘察设计,可更直观地展现设计方案,更准确地进行工程量统计校核,从多角度辅助设计决策,有效加快了设计进度与精度,减少设计差错漏,提高设计质量。同时可提供基于三维模型的设计图纸的交互式浏览和可视化展示相关信息数据,在施工阶段,利用模型的三维可视化,将各构件与施工进度、建造费用数据关联,形成"3D 模型+时间+成本"的"5D BIM",监测数据通过 BIM 进行可视化呈现,构件植入射频识别技术(RFID)芯片并结合物联网技术,提高物资信息的管理效率。在运维阶段,建立 BIM 运营养护系统能够有效帮助运营单位提高管理水平,降低运营成本。在"设计—施工—管养"全寿命周期中,为业主项目建设管理系统提供有力保障。

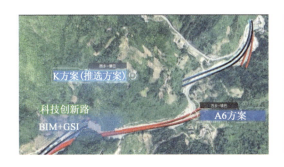 

图 4-29　西镇高速公路 BIM + GIS 技术

第 5 章 路基路面设计

5.1 路基工程

5.1.1 路基工程概述

5.1.1.1 路基工程的概念

1)路基

路基是按照路线位置和技术要求修筑的带状构造物,是路面的基础,承受由路面传来的行车荷载并将其扩散到地基,是公路的承重主体。它贯穿公路全线,与桥梁、隧道相连,构成公路的整体。路基工程是关于路基及其支挡防护、排水设计、施工和质量控制与检测的学科。

路基按照结构层分为路床和路堤,按照路基整体形式分为整体式路基和分离式路基,按照典型断面分为填方路基、挖方路基和半填半挖路基。

2)路基设计工作

(1)一般路基设计

区别于特殊路基设计,一般路基设计可以结合当地的地形、地质情况,直接选用典型断面图,不必进行个别论证和验算。一般路基设计主要包括:选择路基典型横断面和一般路基横断面形式;确定路基宽度、路床厚度、路基填方和挖方高度等;选择合理的路堤填料与压实标准;明确边坡形式、坡度、碎落台宽度等;对于高填、深挖、陡坡路基应进行独立工点勘察设计。通常根据公路路线设计确定的路基高程与天然地面高程是不同的,路基设计高程低于天然地面高程时,需进行挖掘;路基设计高程高于天然地面高程时,需进行填筑。由于填挖情况的不同,路基横断面的典型形式有路堤、路堑和填挖结合三种类型。

(2)特殊路基设计

特殊路基设计应考虑地质和环境等因素对路基的影响,以及这些因素的发展变化规律。公路工程设计中,受制于地形、地质、水文等周边环境的影响,应将不良地质、特殊岩土等作为独立工点进行勘察设计,结合现场水文地质条件、填料构成等因素,遵循以防为主、防治结合、力求根治的原则,以稳定性分析与验算为依据,以工程类比法为基础,经综合技术经济比较,因地制宜,采取合理的治理方案和有效的工程处理措施。

(3)路基防护与支挡

坡面防护主要是保护路基边坡表面免受雨水冲刷,减缓温差及湿度变化的影响,防止和延缓软弱岩土表面的风化、碎裂、剥蚀演变进程,从而保护路基边坡的整体稳定性,并在一定程度上兼顾路基美化和协调自然环境。常用的坡面防护措施有植物防护(种草、铺草皮、植树等)和工程防护(抹面、喷浆、勾缝、石砌护面等)。

冲刷防护主要是对沿河滨海路堤、河滩路堤及水泽区路堤,亦包括桥头引道,以及路基边坡堤岸等的防护。此类堤岸常年或季节性浸水,受流水冲刷、拍击和淘洗,造成路基浸湿、坡脚淘空,或水位骤降时路基内细粒填料流失,致使路基失稳,边坡崩塌。所以堤岸的冲刷防护与加固,主要针对水流的破坏作用而设,起防治水害和加固堤岸的双重功效。冲刷防护可分为直接防护和间接防护两类。直接防护主要包括植树、铺石、抛石与石笼;间接防护主要包括设置丁坝、顺坝、防洪堤、拦水坝等导流构造物以及改移河道。

支挡结构包括挡土墙、抗滑桩、预应力锚索等支撑和锚固结构。目前,支挡结构不仅被广泛应用于公路、铁路、城市建设,同时还被应用于水坝建设、河床整治、港口工程、水土保持、山地规划、山体滑坡及泥石流防治等领域。

(4)填料设计

根据路基结构层划分,在满足路基强度和回弹模量的条件下,结合地形、地质、湿度条件选择合适的填料,并针对工点设计提出施工要求。填料遵循节能环保、就地取材的原则,降低建设成本。

(5)弃渣应用及弃土场设计

秦巴山区高速公路项目地处山区腹地,路基、隧道挖余方远大于填方,填挖不平衡,为保护环境,减少水土流失,节约占地,设计阶段应进行合理施工组织设计,采取有效措施消化弃渣,减少弃土场设置。当不可避免需要增设弃土场时,依据相关法律、法规,根据绿色公路建设基本原则,结合地方乡村规划要求,合理选择弃土场场址,完善弃土场分级高度、坡率、坡面防护、排水等设计。

5.1.1.2 秦巴山区路基工程特点

(1)受道路沿线的地形、地质和水文等自然因素影响,即使在较小范围内,路基填挖、岩性、土质、水文都会有较大差异,使得路基边坡、基底的物理力学性能差异巨大,路基设计的不确定性大。

(2)沿线地形起伏较大,填方路堤、挖方路堑、半填半挖路基、桥头路基等路基形式交错出现,存在大量纵、横向填挖交界及桥头路基过渡区,极易引起路基不均匀沉降。

(3)由于该区域河道密布、沟道纵横、峡谷深切、地形复杂,深路堑和高填路堤分布广泛,路基填、挖高差巨大,严重影响路基整体稳定。

(4)该区域地质构造发育,工程地质条件较复杂,膨胀岩土、湿软地基、强风化岩土、人工填土等特殊性岩土分布广泛,受秦岭山区集中降水影响,沿线滑坡、危岩、崩塌不良地质灾害频发,根治困难。

(5)项目沿线山岭陡峻,沟谷狭窄深邃,沟底坡度较大,受其影响,沿线高填深挖路基、陡坡路堤大量分布,圬工防护工程量大,防护工程费用高。

(6)秦巴山区高速公路工程建设中挖方土石方数量大,且项目沿线山岭陡峻、沟谷狭窄深邃、沟底坡度较大,植被茂密,路线之间距离较近,适合弃土的支沟较少,为保护环境、减少水土流失、节约占地,需合理选址弃土场,完善弃土场设计。

(7)项目区域内自然风景优美,生态环境良好,部分项目距离景区较近,工程建设填、挖、弃直接或间接破坏沿线植被,影响区域生态环境。且区域内雨水充沛、降雨集中,极易造成山体水土流失,引发次生地质灾害,路基设计应重视环境保护和水土保持。

5.1.2 一般路基设计

一般路基工程应遵循以下设计原则:

(1)设计中应根据沿线气候、水文、地形、地貌、地质、筑路材料等资料,做好沿线地质、路基填料勘察试验工作,查明地层岩土性质、厚度、空间分布及有关物理力学参数。

(2)秦巴山区高速公路地处山区腹地,山高谷深,宜避免高填深挖方案。不可避免时,宜集合路线方案,与桥梁、隧道等结构物或分离式路基进行方案比选。

(3)沿河及受水浸淹的路基边缘高程,应满足百年一遇设计洪水频率计算水位+壅水高度+波浪侵袭高度+0.5m安全高度要求。

(4)根据当地自然和工程地质条件,选择合适的路基断面形式和边坡坡度。沿河路基不宜侵占河道,应根据冲刷情况,设置必要的防护支挡工程,并妥善处理路基废方,避免拥塞河床,冲毁沿线构造物、农田、房屋等。

(5)路基设计应控制工后沉降。对软弱地基、桥头路基、填挖交界、高路堤、陡坡路堤,应采取综合措施,防止路基不均匀沉降。

(6)高路堤、深挖路基、陡坡路基宜采用动态设计,根据现场施工情况及时改进、优化、调整设计方案。

5.1.2.1 一般填方路基设计

一般将填高小于8m的填方路基划分为一般填方路基。

(1)路基填方高度满足百年一遇洪水设计频率,路堤高度应大于中湿状态路基临界高度。

(2)边坡高度$H \leq 8m$时,采用直线形边坡,边坡坡率1:1.5;边坡高度$H > 8m$时,采用台阶形边坡,上部8m边坡坡率为1∶1.5,下部坡率为1∶1.75,边坡平台宽2m。

(3)对于地面横坡缓于1∶5时,清除地表草皮、腐殖土后,可直接铺筑。地面横坡为1∶5~1∶2.5时,原地面应挖台阶处理,台阶宽度大于或等于2m;薄层基岩覆盖层(厚度小于2m),清除基岩后再挖台阶处理;基岩覆盖层较厚且稳定,清除地表草皮、腐殖土后,可直接铺筑。地面横坡陡于1∶2.5的陡坡路基,应该按照陡坡路基设计内容进行路基设计。

5.1.2.2 一般挖方路基设计

一般将土质挖方边坡高度小于或等于20m,岩质挖方边坡高度小于或等于30m的路基挖方段落划分为一般挖方路基。

(1)土质挖方边坡

碎石土、砾石土边坡坡率采用1∶1。当坡高 $H \leqslant 10m$ 时,采用直线形边坡;当坡高 $10m < H \leqslant 20m$ 时,采用台阶形边坡,分级高度8m,平台宽度3m;当坡高 $H > 20m$ 时,为工点设计。

(2)岩质挖方边坡

强~中风化石英片岩、石英云母片岩、炭硅质板岩等,根据岩体结构、结构面产状、风化程度等地质条件确定边坡坡率。反倾边坡坡率采用1∶0.75;对于顺层边坡,岩层倾角大于40°时,边坡坡率采用1∶1.0;岩层倾角不大于40°时,边坡坡率采用1∶0.75。

当坡高 $H \leqslant 10m$ 时,采用直线形边坡;当坡高 $10m < H \leqslant 30m$ 时,采用台阶形边坡,第一级坡高8m,其余分级高度8~10m(依地形、地质条件确定)。当坡高 $H > 30m$ 时,为工点设计。强风化平台宽度3m,中风化平台宽度2m。

(3)土石二元结构挖方边坡

上部为碎石土或砾石土覆盖层,参照土质挖方边坡设计;下部为强~中风化石英片岩、石英云母片岩、炭硅质板岩等石质地层,参照石质挖方边坡设计。在土石分界面处设置平台,在土质边坡坡脚设置护脚墙固脚。

5.1.2.3 填挖交界路基处理

填挖交界路基分为横向填挖交界和纵向填挖交界。为了减少填挖交界处的差异沉降,根据地基情况对填筑路基进行超挖、补强处理,填筑指标应高于一般填方路基。

(1)对于土质松软的路段,挖方侧地基自路床底面向下超挖0.7m,超挖后采用重型压路机(不小于25t)振动碾压,土体孔隙率不大于21%,待检验合格后,回填路基填料。填方侧地基采用60cm厚碎石垫层进行换填处理。

(2)对于砂砾石土、碎石土或石质路段,挖方侧路床下不进行超挖处理,填方侧基底只进行清表换填处理。横向填挖交界的挖方一侧,超挖宽度不小于一个车道宽度,且其远离填挖交界侧,应位于车道分界线处。当地面横坡坡度陡于1∶5、填方高度大于2m时,需对纵向填挖交界处补强处理。纵向填挖交界填方侧地基处理范围根据路堤填土高度确定;当填土高度不大于 6m 时,处理范围取 6m;当填土高度大于 6m 时,处理范围与填土高度相同。

(3)填挖交界的填方部分如图 5-1 所示,路堤孔隙率要求比规范值提高 1%,即上路堤孔隙率不大于 21%,下路堤孔隙率不大于 23%。地下水发育的土质路段,在填挖交界处超挖土方下侧设置横向或纵向盲沟加强排水。

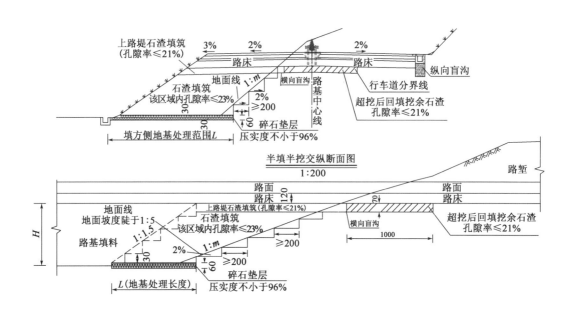

图 5-1　填挖交界路基处理

5.1.2.4　高路堤与陡坡路基设计

高路堤与陡坡路堤设计应在掌握场地水文地质条件、填料来源及其性质的基础上,进行地基处理、结构形式、排水设施、边坡防护等综合设计。设计中坚持动态设计原则,加强施工过程中的沟通、协调,根据实际情况变化,及时调整设计,保证路基稳定。对于特殊路基路段,按照特殊路基地基处理方案进行处治。

(1)高路堤设计

陕西省内一般将填方高度大于或等于 8m 的路基划分为高路堤,对填土高度大于 20m 的路段进行个别勘察设计,同时对重要路堤进行稳定性监控。

基底为土质或松散堆积物时,设置 60cm 的厚石渣垫层,应采用较大粒径石渣填筑,0.075m 以下粒径含量不大于 5%,垫层高出原地面 30cm,压实度不小于 22%。

为了减少高路堤工后差异沉降、提高路基压实质量,在使用普通压实机械压实的基础上,对路基采用强夯进行增强补压,第一次强夯面位于一级平台处,第二次强夯面位于上路堤底面以下 40cm 处。采用直径为 2.5m、重量为 10~15t 夯锤,共夯击 3 遍,前两遍以 1000kN 的单击夯击能跳夯,第三遍以600kN的单击夯击能满夯,夯痕彼此重叠搭接,以保证表层有较高的密实度。

对于不适宜强夯路段,高路堤路段的填筑除严格按照路基填料的设计要求进行填筑外,将路堤压实标准提高1%。

(2)陡坡路基设计

进行陡坡路基横断面设计,在考虑填挖平衡的同时,主要是考虑路基的稳定。在地质条件较好的路段,尽量设置路肩墙或路基挡土墙,在收缩坡脚、减少路基边坡高度的同时,挡墙可以稳定地支撑路基,避免路基倾覆和滑移。在没有条件收缩坡脚时,应根据实际填挖情况,经过技术经济比较确定方案。

如图5-2所示,当地基横坡陡于1:2.5时,按照陡坡路基开展设计工作。陡坡路基宜根据地形、地质条件,采用护肩、砌石或挡土墙。当陡坡路基基底存在软弱下卧层时,需对基底进行换填处理改善基底条件。

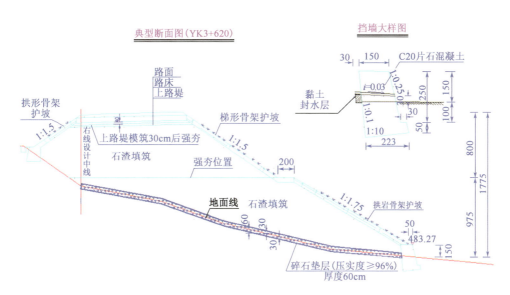

图5-2 陡坡路基设计(尺寸单位:cm)

陡坡路基基底为松散堆积物、软弱土层时,设置60cm厚石渣垫层,应采用较大粒径石渣填筑,0.075m以下粒径含量不大于5%,垫层高出原地面30cm,压实度不小于96%。在路基边坡坡脚处设置C20片石混凝土护脚挡墙,挡墙墙高3m、挡墙外露1.5m、埋深1.5m,压实要求同高路堤设计。

(3)沉降观测

高路堤与陡坡路堤施工应注意观测路堤填筑过程中或以后的地基变形动态,对路堤施工实行动态监控,观测的项目详见表5-1。

高路堤稳定和沉降监测表   表 5-1

观测项目	仪器名称	观测目的
地表水平位移量及隆起量	地表水平位移桩(边桩)	用于稳定监控,确保路堤施工安全和稳定
地下土体分层水平位移量	地下水平位移计(测斜管)	用于稳定监控与研究,掌握分层位移量,推定土体剪切破坏位置。必要时采用
路堤顶沉降量	地表型沉降仪(沉降板或桩)	用于工后沉降监测,预测工后沉降趋势,确定路面施工时间

5.1.2.5 深路堑

1)设计理念及原则

岩质路堑边坡高度大于30m,按照深路堑设计。深路堑设计采用安全经济、顺应自然、造型美观、与环境景观相协调的设计理念,坚持边坡动态设计原则,加强施工过程中的沟通、协调,借鉴已有的成功经验,利用工程类比方法,根据地形地貌、土石类别、岩土界面特征、岩石风化程度或松散物密实程度、岩层产状、节理发育程度、水文地质、边坡高度等因素进行综合分析并通过稳定性验算,综合考虑路容美观,确定合理设计坡率和防护、排水形式,最终完善相关设计工作。

2)边坡稳定性分析方法

路堑边坡稳定性评价宜综合采用工程地质类比法、图解分析法、极限平衡法和数值分析法进行。边坡稳定性计算应考虑边坡可能的破坏形式,可按下列方法确定:

(1)规模较大的碎裂结构岩质边坡和土质边坡宜采用简化Bishop法计算。

(2)对可能产生直线形破坏的边坡,宜采用平面滑动面解析法进行计算。

(3)对可能产生折线形破坏的边坡,宜采用不平衡推力法进行计算。

(4)对结构复杂的岩质边坡,可配合采用极射赤平投影法和实体比例投影法分析及模拟滑动面法进行计算。

(5)当边坡破坏机制复杂时,宜结合数值分析方法进行。

3)主要工作内容

(1)逆层岩石边坡:采用台阶型边坡形式,边坡分级高度为8m,边坡坡率根据岩石风化程度、岩层倾角和边坡倾角采用1:0.5~1:0.75;边坡高度较小、岩石风化程度高的情况下,为保证路基安全与稳定,边坡坡率采用1:1.0。

强风化岩层中,平台宽度采用3.0m;中风化岩层中,平台宽度设置为2m。边坡下部采用混凝土框架梁和窗孔护面墙防护,边坡中上部采用窗孔式护面墙防护。若表层覆盖土质坡积层,采用拱形骨架护坡防护,坡率1:1.0,土、石界面处设矮挡墙。强风化岩质边坡坡脚、岩层分界处、土石界面处设置仰斜排水孔。

(2)顺层岩石边坡:采用台阶型边坡形式,每级边坡高度为8m。强风化岩层中,平台宽度采用3.0m;中风化岩层中,平台宽度设置为2m。中、强风化边坡采用锚杆框架梁和锚索框架梁防护,坡率1:0.75;若表层覆盖土质坡积层,采用拱形骨架护坡防护,坡率1:1.0,土、石界面处设矮挡墙。强风化岩质边坡坡脚、岩层分界处、土石界面处设置仰斜排水孔。

(3) 土质边坡

秦巴山区深路堑土质边坡位于边坡上部,由坡积土构成,分级高度8m,平台宽度3m。对于边坡高度小于或等于3m的土质挖方边坡采用植草防护。

边坡高度大于3m的细粒土、碎石土边坡,路堑拱形骨架护坡防护,边坡坡率1:1.0,材料采用C20现浇混凝土,拱圈内采用培土25cm喷播植草防护。对于收坡边坡或土、石界面处,设护脚墙。

5.1.2.6 路桥过渡段路基设计

1) 过渡段路基处理

如图5-3、图5-4所示,为了减少路基与桥梁接合部的差异沉降,避免桥头跳车,路堤与桥台、通道、涵洞连接处均设过渡段。过渡段路堤采用石渣填筑,石渣粒径不大于10cm,压实度不小于96%。其中桥梁、通道及明板涵过渡段路基底部长度为6m或(2H+3)m,顶部长度为(6+1.5H)m或(3.5H+3)m(H为台背路基高度)。

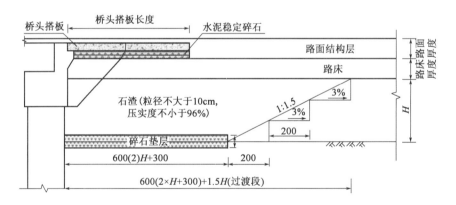

图5-3 桥台过渡段处理(尺寸单位:cm)

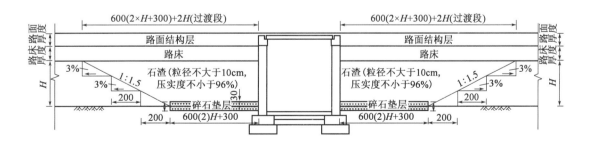

图5-4 通道、涵洞过渡段处理(尺寸单位:cm)

2) 过渡段地基处理

粉质黏土、卵石土路堑地基与桥梁、通道台背连接部位路基需进行处理;桥头地基为裸露基岩时,桥头地基不做处理。与挖方路基衔接的桥梁、通道台背路基采用超挖回填进行处理,即自路床底面向下开挖 0.4m 后换填碎石,通道台背碎石换填底部设置横向碎石盲沟。纵向处理长度为 10m,横向处理宽度为挖方路基两侧边沟外边缘。地基开挖后采用不小于 25t 的羊角碾进行碾压,压实度不小于 93%,待检验合格后,采用碎石分层回填碾压,碎石粒径为 2~4cm,含泥量不大于 5%,压实度不小于 96%。为确保施工质量,挖方桥台施工开挖平台及耳墙下侧难以压实的部分,采用 M7.5 浆砌片石砌筑,片石强度等级不应低于 MU40。

对路堤与桥梁、通道及涵洞台背连接处的过渡段,在地基清表后,设置 60cm 厚级配碎石垫层;对挖方过渡段,路基路床底部超挖处理,设置 40cm 厚级配碎石垫层,处理长度为台后 10m 范围内;碎石垫层粒径 0.5~4cm,含泥量不大于 5%,压实度不小于 96%。

3) 坡面防护、排水

对填方桥台、桥梁、通道台后边坡均设浆砌片石护坡 5m,急流槽一道;在通道台身上设直径为 5cm 的聚氯乙烯(PVC)泄水孔,间距为 2m,工程量数量均计入桥梁、通道工程数量表中。

5.1.3 特殊路基设计

5.1.3.1 膨胀土地段路基

1) 特点及设计原则

膨胀土是具有明显的吸水膨胀与失水收缩的高塑性黏土,土体受温度、湿度变化影响,产生膨胀与收缩导致开裂,降雨渗入后产生的膨胀力会引发坡面变形,进而造成坡体破坏。针对膨胀土的特点,在膨胀土地区进行路基设计应采取相应措施,减少湿度对其影响,以防水、保湿、防风化为主。

2) 设计实例

(1) 地基处理

软弱膨胀土地基换填 60cm 厚片石,片石粒径大于或等于 30cm。

一般填方膨胀土路基换填 60cm 厚的 8% 灰土垫层,边沟两侧设置隔水墙。

(2) 挖方路基

碎落台宽度大于或等于 2m(一般挖方路基碎落台宽度 1m),路堑边沟底部设置渗沟。

为了固脚,路堑边坡第一级设置石笼挡墙,分级码砌,坡率 1:0.25,外露高度 2m,石笼挡墙基础采用干砌片石基础,基础底部设置 50cm 碎石垫层,长度 3.9m,垫层下部铺设防渗土工布;第二级采用拱形骨架护坡防护,坡率 1:1.5,分级高度 8m。

为消除渗水,坡顶设置堑顶截水沟,截水沟至占地界之间设置 8% 灰土封闭,40cm 厚,同时各级坡体内埋设仰斜式排水孔,长度 15m。

5.1.3.2 湿软地基路基

湿软地基是指天然孔隙比大于或等于1.0,且天然含水率大于液限,具有高压缩性、低强度、高灵敏度、低透水性和高流变性的细粒土(包括淤泥、淤泥质土、泥炭等)地基。湿软地基在较大地震作用下可能出现震陷。

秦巴山区湿软地基主要为沿线分布的水稻田,多位于河流周边一级阶地,主要为冲洪积土,土质湿软,一般为流塑~可塑的粉质黏土,厚约0.5~1.5m,其下部为卵砾石。

当地基土为潮湿时($0.5 < $稠度$W_L \leq 0.75$),路基清表后设置碎石垫层,垫层高出原地面30cm,碎石粒径采用2~4cm,含泥量不大于5%。当地基土为过湿时(稠度$W_L \leq 0.5$),路基清表后压填片石,压填片石高出原地面30cm,片石需采用不易风化的石料,大小为15~40cm。压填片石顶部设置碎石调平层,碎石粒径采用2~4cm,含泥量不大于5%。

5.1.3.3 危岩体、崩塌地段路基

1)危岩

项目区属于中低山剥蚀地貌,构造褶皱发育,节理裂隙发育将岩体切割成块状菱形体,风化剥蚀作用较强烈,局部岩体破碎,风化严重。岩体变形主要为强风化带、岩溶带内的挠曲变形,由于地形陡峻,卸荷作用普遍、卸荷裂隙发育,形成不稳定坡体,斜坡变形较强烈;持续发展造成破裂面连通产生斜坡失稳,斜坡稳定性较差,扰动后易于失稳。

沿线发育的危岩多位于路线两侧山坡,主要为已经脱离基岩基座的松散巨块石和尚与基岩基座相连接的危岩体。危岩体可采用清除、支挡、挂网锚喷等处理措施,也可采用柔性防护系统或设置拦石墙、拦石网、落石槽等构造物。拦石措施与落石槽宜配合使用,设置位置可根据地形合理布置。在运营期间,应加强预警提示和坡面巡查。

2)崩塌

崩塌是指斜坡上的不稳定岩土体在重力、地震、降雨或其他外力作用下,从高处突然向下崩落,堆积于斜坡坡脚,具有明显的拉断倾覆现象。

项目区内地形起伏较大,边坡陡立,河流侵蚀作用强烈,降雨多又较为集中,在灰岩等硬质岩地区,岩块易沿节理或裂隙面脱离母岩,形成崩塌;在构造破碎带及影响带,由于岩石强度较低,节理、裂隙等结构面极其发育,近地表风化层较厚,在山坡坡体的近地表受重力作用和风化作用的共同影响,常发生层面弯曲或倒转,形成风化层、基岩破碎体,并形成崩塌岩堆堆积体。

沿线发育的崩塌多位于路线两侧山坡,现状稳定性较好,在陕南多雨条件下,近年也未发生整体滑动破坏,但部分崩塌体坡面孤石散落,在不利因素影响下,有局部失稳的可能性。对于可能存在的崩塌隐患,采取清除部分崩塌体的措施,并设置抗滑桩支挡、锚杆框架梁、锚索框架梁、主动柔性防护网加强边坡防护等措施,保证路基安全稳定。在运营期间,应加强预警提示和坡面巡查。

3)项目工程治理案例

(1)工程概况

如图5-5所示,坡体为一岩质边坡。该段坡体地层主要为寒武-奥陶系洞河群强化硅质板岩夹千枚岩,岩层产状为110°∠42°,与边坡坡向呈小角度斜交,岩层主要发育84°∠1°、近水平向节理,顶部发育多组节理将岩石切割成块状,形成危岩体。

图5-5 K9+100~K9+150段

该边坡多次滑塌、落石,滑塌范围起讫桩号为K9+100~K9+150,长约30m,宽约50m,滑塌后缘距路面高差最大达25m,厚度约为5~6m,总体积约9000m³。滑塌体整体形态呈扇形,两侧周界清晰,坡面地形上陡下缓,滑塌物质主要为全强风化硅质板岩夹千枚岩组成的碎、块石土,松散破碎。滑塌物质目前主要堆积于坡体的中下部,堵塞S207路基及部分河道。抢险工程清理上部危石量为5000m³左右。K9+195~K9+235段坡顶上部发育40cm宽裂缝,在暴雨等不利因素下易发生危岩落石现象。

据现场调查,该段坡体整体处于基本稳定状态,但块状岩体在降雨、冻融等不利因素影响下,易产生大型崩落和掉块现象,严重威胁道路运营安全。

(2)治理设计

如图5-6、图5-7所示,通过现场调查及工程测绘工作,结合地形和岩体条件及方案设计意见,确定边坡采取"清理危石+护面墙+柔性防护网SNS+被动防护网"的防治措施,工程措施布设具体如下:①沿节理面高度设置5m宽平台,平台下部一级边坡按照1:0.5坡率、上部二级边坡按照1:0.75坡率对松散岩体进行清理;对坡顶裂缝采用C25混凝土封缝。②边坡坡脚处设置墙高4m的护面墙,墙顶设置2.5m宽平台。③在护面墙以上一级坡面和天然坡面设置柔性防护网。④在二级平台设置被动防护网。⑤在二级平台上设置平台截水沟。

5.1.3.4 滑坡地段路基

1)设计原则

滑坡防治应根据滑坡区工程地质条件、类型、规模、稳定性、对公路危害程度以及公路的重要性和施工条件等,采取排水、减载、反压与支挡工程的综合治理措施。

(1)复杂大型滑坡应尽量避让,当避让有困难或成本较高时,应与滑坡防治进行方案比选。

(2)采取有效措施迅速处理可能急剧变形的滑坡。

(3)根据路线通过滑坡的位置,滑坡上缘宜结合现场情况进行挖除;滑坡下缘宜设置成路堤形式。

(4)宜在旱季进行滑坡治理,滑坡整治之前应做好临时排水措施。

(5)加强滑坡的动态监测工作,同时加强施工期间的管理。

(6)滑坡稳定性分析应采用工程地质法和力学分析法。

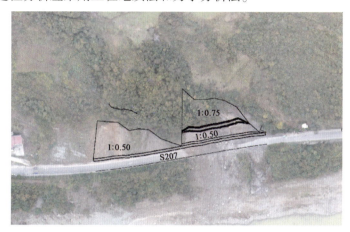

图 5-6 防治工程平面图示意图

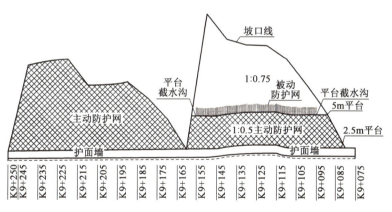

图 5-7 防治工程立面图

2)填沟反压治理

(1)概况

该滑坡位于西乡至镇巴高速公路 K20+670~K20+730 处,滑坡形态整体上呈一扇形,滑坡编号为 1HP19。滑坡后缘高程为 720~730m,前缘高程约为 700m,相对高差约为 20~30m,滑坡主滑方向长度 160m,前缘宽度约 90m。滑坡后缘界限明显,后壁较陡峭,滑坡整体表面坡度平缓,约为18°~20°。滑坡滑动方向为东偏北约30°。该揭露滑体最大厚度约为8m,体积估算约$4.2\times10^4 m^3$,为中型土质滑坡。

(2)工程地质特征

滑体:滑体物质主要为粉质黏土,在滑坡体上广泛分布,一般为黄褐色或褐色,可塑~硬塑状,稍湿,2~8m厚,重度约19.8 kN/m^3。

滑带(面):滑带物质为粉质黏土,褐色,软塑~可塑状,可见擦痕或揉搓现象。

滑床:中元古界郧西组(云母)石英片岩,稳定基岩,强~中风化,灰色,板状构造,细粒结构。滑坡前缘滑床为第四系中更新统卵石土,杂色,中密~密实状,厚度约为6~8m,磨圆度好,局部被滑坡牵引,有揉搓现象。

(3)滑体稳定性分析

①滑坡成因分析

根据走访调查,该滑坡近期未发生滑动,滑坡前缘底部揭露有第四系中更新统高阶地残留物,分析认为该滑坡是第四系晚期形成。

根据野外调绘资料和勘探情况定性分析形成机理,应是在现代河床侵蚀作用下形成一定的临空面,在暴雨等不利条件下,原阶地沿基岩倾角面和高阶地顶部发生失稳性滑动。

②定性分析

根据对该滑坡的实地调查和勘察,该滑坡后缘陡峭,无新近裂缝发育,滑坡体上有耕地,滑坡形成以来,未发生新的明显滑动,滑坡目前整体稳定。

综上所述,认为滑坡在天然状态下处于稳定状态,暴雨状态下基本稳定。

③定量分析

首先根据土工试验结果,剔除异常参数,再对各参数进行分析统计。在计算过程中,按照规范稳定、安全系数,结合定性分析结果对滑坡进行反算,求出滑带土内摩擦角ϕ值,最后结合试验统计参数及地区经验给出计算值,具体见表5-2。

滑坡稳定性分析计算结果表　　　　表5-2

剖面编号	计算工况	稳定系数	安全系数	最终剩余下滑力(kN)	黏聚力c(kN)	内摩擦角ϕ(°)
1HP19断面治理前	天然工况	1.233	1.25	39	10.2	12.0
	暴雨工况	1.065	1.15	198	8.8	10.5
1HP19断面治理后	天然工况	1.364	1.25	0	10.2	12.0
	暴雨工况	1.174	1.15	0	8.8	10.5

滑体加权平均天然重度取18.9kN/m^3,饱水重度取19.4kN/m^3。

(4)治理方案设计

根据地勘资料及现场调查,治理工程主要为主线路堤在滑坡前缘通过,采用高路堤填筑反压治理措施。

该段路基填料采用中硬质石渣填筑。路堤填筑除严格按照路基填料的设计要求进行填筑外,应加强碾压,下路堤的孔隙率要求相应提高,即不大于23%。

填方路堤外侧坡脚设置C20片石混凝土脚墙,脚墙墙背底部采用黏土封闭,泄水孔采用直径10cm PVC管,高出地面30cm,泄水孔孔距为2~3m。在靠山侧路堤边沟下设纵向盲沟,并每隔20m设横向盲沟,将坡体水及时引至左侧路基范围外排出。

3)抗滑桩支挡防护

(1)设计概况

该段边坡原设计内容如下:该段挖方路基为四级边坡,采用台阶型放坡,单级边坡高度8m,平台宽度3m。第一、第二级边坡坡率为1:0.75,采用窗孔式护面墙防护;第三级边坡坡率1:1,采用拱形骨架防护;第四级边坡植草绿化。该边坡于2017年9月前后开始开挖,开挖至三级坡面后边坡出现浅层滑塌,未发现明显滑动面,对该高边坡进行了补充地质勘察。根据地勘资料,对该边坡采用了放缓边坡处理,边坡高度每6m一级,坡率1:1.25,平台宽度4~5m。

按放缓边坡方案,边坡开挖至设计高程。2018年8月坡体沿二级边坡中部剪出,剪出约30cm,四级平台出现宽约15cm裂缝,且已施工完的五级边坡拱形骨架出现大面积裂缝。现场已出现明显滑动面,根据现场情况,重新对地勘进行了分析评价,对该边坡进行了稳定性计算。根据最新补充地勘资料及平镇高速公路管理处2018年第11次会议纪要相关内容,对该边坡进行了重新设计。2018年9月20日,抗滑桩挖桩过程中,已施工完成的部分抗滑桩锁口及护壁损毁,管理处于9月29日再次组织专家对该边坡进行现场踏勘。根据管理处2018年第13次会议纪要相关内容,继续维持原设计方案,同时在7~14号桩后增设两排钢管桩,钢管桩纵向间距1m,横向间距0.6m,保证抗滑桩开挖过程中的安全;抗滑桩锁口以下5m范围内护壁由25cm增至40cm,并按双层钢筋配筋。

(2)坡体工程地质特征

①地貌特征

该段开挖边坡位于冲河高阶地上,原始地形起伏较大,边坡整体自然坡度约为11°~24°,坡面人工开挖呈多级平台及土坎,坡面可见角砾及碎石,坡顶可见基岩裸露,坡体前缘,右线K3+500右侧附近路基开挖后基岩出露。坡体地面高程约为495~530m,相对高差约35m。

②地层岩性

该段高边坡位于冲河冲积阶地上,岩土工程地质性质较简单,地层主要由第四系全新统残坡积层(Q_4^{dl+el})、第四系中更新统冲洪积层(Q_2^{al+pl})、中元古界耀岭河组(Pt_2^{yl})组成。其工程地质特征描述如下:

a.滑坡物质地层特征:

2-13粉质黏土(Q_4^{dl+el}、Q_4^{dl}):褐黄色,硬塑,土质不均匀,主要由粉黏粒组成,含大量碎石及角砾、局部夹块石,其母岩为全强风化片岩,厚度5~18m。

2-62 碎石土(Q_4^{dl+el},Q_4^{dl}):碎石土,杂色,中密,母岩以全强风化的片岩为主,含量约为55%以上,一般粒径5~15cm,呈棱角状,混杂有少量的角砾,充填有大量的粉黏粒,厚度1~3m,局部较厚。

b. 滑床土特征:

6-13 粉质黏土(Q_2^{al+pl}):浅黄色,硬塑,土质较均匀,结构较致密,主要由黏粒组成,可见黑色铁锰质斑点,切面光滑,层厚3~10m。

6-63 卵石土(Q_2^{al+pl}):杂色,密实,母岩以板岩及辉绿岩为主,含量约为55%以上,一般粒径10~11cm,最大粒径13cm,磨圆度一般,呈浑圆状,混杂有少量的漂石及圆砾,充填有少量的砂质。该层工程性能较好,可做路基持力层,层厚2~10m。

12-62 强风化绿泥石英片岩(Pt_2^{yl}):灰色,变晶结构,片状构造,矿物成分主要为石英、云母、绿泥石。节理裂隙发育,岩芯呈碎块状,偶有短柱状,层厚3~10m。

12-63 中风化绿泥石英片岩(Pt_2^{yl}):变晶结构,片状构造,节理裂隙较发育,石英脉纹路发育,岩芯呈块状及短柱状。勘察未能揭穿。土石方开挖类别及等级:普通土/Ⅲ级。该层工程性能较好,可做路基持力层。

c. 滑带(面):

滑带物质为粉质黏土,可见擦痕或揉搓现象,位于中更新统冲洪积层和全新统坡残积层交界面。

(3)坡体稳定性评价

①边坡滑移成因分析

根据现场调查,边坡前缘滑动面明显,位于中更新统冲洪积层和全新统残坡积层交界面。中更新统粉质黏土结构致密,相对隔水,上部坡残积层结构较疏松,孔隙较发育,透水性及赋水性较强。受降雨影响,土体自重增大,抗剪强度降低,加之边坡施工开挖后,滑坡中前缘抗滑段土体被开挖,形成临空面,应力平衡被打破,在重力作用下上部坡积体沿中更新统粉质黏土交界面产生滑移,进而拉裂后部坡积体,在边坡坡顶附近产生张拉裂缝。

②参数选取过程及计算结果

a. 参数值的选取:

根据定性评价结果,对滑动面参数进行试算及反算,并结合临近滑坡报告及地区经验,参数取值如下:天然工况下 $c=9.0$~16.1kPa,$\phi=7.4°$~$15.2°$,暴雨工况下 $c=8.2$~16.1kPa,$\phi=7.0°$~$14.8°$;天然工况下 $\gamma=19.5$kN/m³,暴雨工况下 $\gamma=20.0$kN/m³。参数选取见表5-3。

坡体稳定性及剩余推力计算参数选取表 表5-3

断面	天然工况			暴雨工况		
	γ(kN/m³)	c(kPa)	ϕ(°)	γ(kN/m³)	c(kPa)	ϕ(°)
Ⅰ-Ⅰ	19.5	8.5~10.0	7.4~15.7	20.0	7.7~9.2	7.0~15.3
Ⅱ-Ⅱ	19.5	9.0~16.1	7.4~15.2	20.0	8.2~16.1	7.0~14.8

b.计算结果:

Ⅰ-Ⅰ断面天然工况下滑坡稳定性系数 0.951,在安全系数为 1.25 时,最终剩余下滑力 730kN/m;暴雨工况下滑坡稳定性系数 0.897,在安全系数为 1.20 时,最终剩余下滑力 762kN/m。

Ⅰ-Ⅰ断面潜在滑面天然工况下滑坡稳定性系数 1.237,在安全系数为 1.25 时,最终剩余下滑力 53kN/m;暴雨工况下滑坡稳定性系数 1.188,在安全系数为 1.20 时,最终剩余下滑力 48kN/m,潜在滑面稳定。

Ⅱ-Ⅱ断面工况开挖后,天然工况下滑坡稳定性系数 0.87,在安全系数为 1.25 时,最终剩余下滑力 647kN/m;暴雨工况下滑坡稳定性系数 0.819,在安全系数为 1.20 时,最终剩余下滑力 669kN/m。

Ⅱ-Ⅱ断面潜在滑面工况开挖后,天然工况下滑坡稳定性系数 1.001,在安全系数为 1.25 时,最终剩余下滑力 537kN/m;暴雨工况下滑坡稳定性系数 0.954,在安全系数为 1.20 时,最终剩余下滑力 547kN/m。

(4)变更设计内容

①如图 5-8 所示,边坡采用台阶型放坡,单级边坡高度 6m,坡率 1:1.25,平台宽度 3~5m,各级边坡防护采用拱形骨架防护。

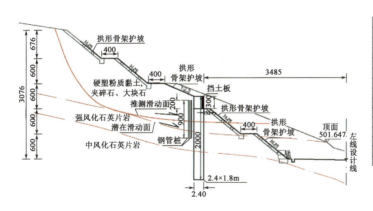

图 5-8 边坡治理横断面设计图(尺寸单位:cm)

②ZK3+518~ZK3+596 二级平台位置设置抗滑桩 14 根,桩长 17~20m,桩身截面尺寸 2.4m×1.8m,桩间设置挡土板,桩顶以上边坡坡率 1:2.5,植草绿化。

③各级边坡平台设置平台截水沟,坡顶设置堑顶截水沟。土质边坡设置支撑渗沟,每 9m 设置一道。

④为保证施工期间施工安全,确保抗滑桩安全开挖,在 ZK3+557~ZK3+587 桩后位置增设两排钢管桩,钢管桩纵向间距 1m、横向间距 0.6m。

5.1.4 路基防护、加固与支挡设计

路基防护、加固与支挡是防止坡面因地表水流和气候变化产生损毁、确保路基整体稳定的重要工程措施,是高速公路正常运营的重要保障。路基防护、加固与支挡结构设计应遵循"因地制宜、就地取材、以防为主、防治结合、绿色环保"的理念,考虑其生态恢复功能,尽量采用植物防护、植物-工程结合的支挡加固形式,避免采用大规模实体护面墙、挡土墙、桩板墙等圬工结构。

5.1.4.1 路堤坡面防护

坡面防护的主要作用是保护路基边坡免受雨水冲刷、风化剥蚀,减缓温差及湿度变化的作用,防止和延缓岩土表面的风化、破碎、剥蚀演变过程,保证路基边坡稳定,并改善路域环境。坡面防护工程应设置在稳定的边坡上,结合土质、气候、降水等因素选择合理的防护形式,主要坡面防护包括拱形骨架护坡、窗孔式护面墙、实体护面墙、实体护坡、植草防护等。

1)填方边坡防护

(1)植草防护

当填方边坡高度 $H \leqslant 3m$ 时,坡面采用植草护坡。

(2)路堤拱形骨架护坡(图 5-9)

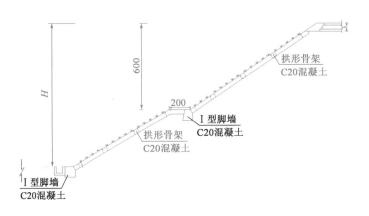

图 5-9 路堤拱形骨架护坡(尺寸单位:cm)

路堤拱形骨架护坡适用于边坡高度 $H>3m$、坡率 $1:1.5 \sim 1:2.0$ 的路堤边坡防护,材料采用 C20 现浇混凝土,拱圈内采用培土 25cm 喷播植草防护,既可加强边坡防冲刷能力,又可美化路容。

2)挖方边坡防护

(1)植草防护

对于边坡高度 $H \leqslant 3m$ 的土质、砾石土、碎石土的挖方边坡采用植草防护,坡率不陡于 $1:0.75$。

(2)方格植草(图5-10)

对边坡高度3m<H≤10m的土质边坡或砾石土边坡,边坡坡率不陡于1:1.0,采用混凝土方格植草防护,方格内放置植生带。方格植草应与路堑拱形骨架防护,结合现场实际情况进行比选。

3)路堑拱形骨架护坡

路堑拱形骨架护坡适用于边坡高度3m<H≤10m的细粒土、碎石土边坡,边坡坡率1:1.0,分级高度8m,材料采用C20现浇混凝土,拱圈内采用培土25cm喷播植草防护。对于收坡边坡或土、石界面处设护脚墙,如图5-11所示。

图5-10 方格植草

图5-11 路堑拱形骨架护坡

4)冲刷防护

受洪水侵蚀路段边坡,在设计水位以下采用C15或C20混凝土实体护坡,设计水位以上边坡高度$H>3m$时设置路堤拱形骨架护坡(取消脚墙),设计水位以上边坡高度$H≤3m$时植草防护。

5)实体护面墙

适用于边坡坡率不陡于1:0.5的土质和易风化剥落的岩石边坡防护,外露高度1~1.5m,一般与其他防护措施配合使用,设置于边坡坡脚,防止岩土风化、剥蚀、冲刷。

5.1.4.2 路堑坡面防护

(1)锚杆(锚索)框架梁植草防护

对于边坡高度$H≤10m$的强风化顺层岩质边坡(岩层倾角大于或等于25°)、边坡高度$H≤30m$的顺层强~中风化岩质边坡、边坡高度$H≤30m$的逆层强风化岩质一级边坡,一般采用锚杆框架梁植草防护,对于存在外倾、局部下滑隐患的岩质坡体,采用预应力锚索框架梁植草防护,如图5-12所示。锚杆框架梁一般是浅层、表层坡体的加固措施,锚索加固是深层加固措施,通过稳定性分析确定是否采用。

图5-12 锚杆(锚索)框架梁植草防护

(2)窗孔式护面墙

对于卵砾石、块石土质边坡,边坡高度 $H≤10m$ 的强风化顺层岩质边坡(岩层倾角小于25°),边坡高度 $H≤16m$ 的逆层强风化岩质边坡,边坡高度 $H≤30m$ 的逆层强风化岩质的二级及以上边坡,一般采用窗孔式护面墙防护,设置坡率 $1:0.75 \sim 1:1.0$,窗格内填充植生袋。

(3)主(被)动防护网

危岩体危及公路安全,局部高陡山体有危岩、落石地段,清理较困难,采用主动柔性防护系统。对于冲沟坡口处,植被茂密,坡面较缓,冲沟内部存在多处破碎岩体,具有剥落、滚落隐患时,应结合现场情况,在谷口处设置被动防护网进行拦截,避免影响行车安全。

5.1.4.3 路基支挡工程

1)设计原则

秦巴山区高速公路支挡工程选型应充分体现山区高速公路的特点,选型时应遵循以下原则:

(1)技术可行、安全可靠。路基支挡工程应根据设计位置、墙高、地基承载力等选择与之适应的支挡类型;支挡结构要在土压力、荷载等条件下,满足路基稳定性要求;沿河路基同时满足抗浸水和抗侵蚀稳定性。

(2)就地取材、经济合理。支挡工程主要由圬工材料构成,规模大、石材消耗量高。支挡结构选型时,应结合当地石材来源、价格、质量等因素综合考虑,通过技术与经济比较分析,确定合理的支挡结构。

(3)与结构物衔接。秦巴山区高速公路桥隧规模占比较高,路基支挡工程宜考虑与桥台、隧道洞门等构造物的有效衔接、相互协调。

(4)绿色、环保。支挡工程的设计应注重绿色防护与自然景观相协调,避免过度使用大圬工防护,加强支挡工程的景观设计,同时兼具水土保持作用。

秦巴山区高速公路建设中,常用支挡防护主要有仰斜式路肩挡土墙、衡重式路肩挡土墙、仰斜式路堤挡土墙、石笼式挡土墙和桩板墙支挡结构。

2)仰斜式路肩挡土墙

仰斜式路肩挡土墙简称路肩墙,主要用于路基收坡坡脚、减少占地、抵抗河水冲刷,陡坡路堤中防止路堤下滑,提高路基整体稳定性。路肩墙高度不宜超过12m,采用C20或C15现浇混凝土。

按照使用场景分为浸水式路肩墙和非浸水式路肩墙。应根据基底承载力分别设计岩质路段路肩墙和土质路段路肩墙。土质路肩墙基底设置碎石垫层大于或等于50cm,以提高承载力。土质或全风化岩层基底埋深大于或等于1.5m,中风化以上岩层基底埋深大于或等于1m,受水流冲刷时基底应置于局部冲刷线以下1m。挡墙与路堤之间可采用锥坡连接,墙端深入路堤内大于或等于0.75m;挡墙深入土质路堑坡体内大于或等于1.5m,深入岩质路堑坡体内大于或等于1m。

挡土墙应分段砌筑,每段长度一般为 10~15m,两段间设置伸缩缝,在地形、地质变化及墙高变化较大处,应设置沉降缝,缝宽 2~3cm。挡墙墙背应设置 0.5m 宽的碎石填料,墙身设置泄水孔,采用 ϕ10cmPVC 管,上下排交错布置,间距 2~3m,最下一排泄水孔底部应高出地面 0.4m。

3)衡重式路肩挡土墙

衡重式路肩挡土墙简称衡重墙,主要用于路基收坡坡脚、减少占地、抵抗河水冲刷、降低对附近构筑物的干扰;陡坡路堤中防止路堤下滑,提高路基整体稳定性。衡重墙相比于路肩墙,占地更少,但由于其自重大、造价高,常作为路肩墙备选方案,被广泛用于极端受限路段,如桥梁错幅布置,用于路基一侧收缩坡脚。

上墙墙背与衡重台相交的折角处,为防止应力集中,施工时应做成近似弧形的渐变形式。

衡重墙高度、使用场景、基底处理、埋深、材料、布置要求同仰斜式路肩挡土墙。

4)仰斜式路堤挡土墙

仰斜式路堤挡土墙简称路堤墙,设置在高路堤或陡坡路堤下方,提高路基整体稳定性,同时可以收缩路堤坡脚,减少填方数量,减少拆迁和占地面积。

公路建设中通常采用路堤墙以弥补路肩墙高度不足的缺陷。路堤墙相比路肩墙,在不考虑地形受限的条件下,应用场景更加广泛,造价更低,路基稳定性更高。

路堤墙常见墙顶填土高度为 $T=3$m、$T=6$m、$T=8$m,挡墙高度一般不宜超过 12m。

路堤墙使用场景、基底处理、埋深、材料、布置要求同仰斜式路肩挡土墙。

5)石笼式挡土墙

石笼式挡土墙又称格宾挡土墙,是近年来发展较快的挡土墙结构,属于重力式块石结构。该挡墙是由镀锌覆高耐磨有机涂层钢丝制作而成的网箱结构,根据设计要求组装成蜂巢网箱,装入片块石,形成挡土结构。石笼式挡土墙具有整体性好、柔韧性好、透水性好、适应变形能力强、抗冲刷能力强、绿化及景观效果好等特点,近年来在高速公路建设中广泛应用于路基边坡支挡、加固、河道防冲刷加固、弃土场防护。

石笼式挡土墙填充物采用质地坚硬、不易崩解、水解的片石或块石,石料粒径宜为 100~300mm,小于 100mm 的粒径不应超过 15%,且不得用于石笼网格的外露面,孔隙率不得超过 30%。

石笼式挡土墙墙背应设置一层透水土工布,以防淤堵;对于土质基底,石笼式挡土墙基底应铺设防水土工膜,以防雨水下渗浸泡基底,因墙底承载力不足导致挡墙失稳。

6)桩板墙支挡结构

桩板墙支挡结构一般由钢筋混凝土桩和挡土板组成,如图 5-13 所示。利用桩前被动土压力、桩的刚度联合作用抵抗墙后主动土压力或滑坡推力。对于岩质边坡,结构受到较大土压力或滑坡推力时,可在桩的外露部分设置一定数量的预应力锚索以改善桩的受力特征,减小桩的断面尺寸和圬工体积。桩板墙支挡结构适用于陡坡路堤支挡、路堑边坡加固、滑坡治理。

图 5-13 桩板墙

（1）桩板墙设计要求

①抗滑桩宜选择在滑坡厚度较薄、推力较小、锚固段地基强度较高及有利于抗滑的位置,桩的平面布置、桩间距、桩长和截面尺寸等应综合考虑确定,保证滑坡体不越过桩顶或从桩底和桩间滑动,达到安全可靠、经济合理、与周围景观相协调之目的。

②抗滑桩应采取动态设计,根据桩基开挖过程中揭示的地质情况和边坡变形监测信息,及时核实地质勘察结论,校核、完善抗滑桩设计。

（2）桩板墙设计内容

①进行群桩的平面布置,确定桩位、桩间距等平面尺寸。

②拟定桩型、桩埋深、桩长、桩断面尺寸。

③根据拟定的结构确定作用于抗滑桩上的力系。

④确定桩的计算宽度,选定地基反力系数,进行桩的受力和变形计算。

⑤进行桩截面的配筋计算和一般构造设计。

⑥提出施工技术要求,拟定施工技术方案,计算工程量,编制概预算等。

（3）桩板墙构造

抗滑桩按照构造分为圆形截面、方形截面、矩形截面,由 C30 水泥混凝土浇筑,钢筋采用 HRB400,常用尺寸一般为直径 2m、2m×3m、3m×3m、2.4m×1.8m 等尺寸,桩间距 5~6m。

挡土板分为现浇板和预制板,混凝土强度等级不低于 C30,一般设置于桩的后缘紧邻边坡一侧,钢筋采用 HRB400,一般厚度 40~60cm。

常见的桩板墙有混凝土桩板组合墙、锚杆-混凝土桩板组合墙、锚索-混凝土桩板组合墙。可结合滑坡推力、桩径大小结合现场情况,灵活选用桩板墙类型。

工程常用抗滑桩为钻孔灌注桩,按照成孔方式不同分为机械钻孔和人工挖孔桩。机械钻孔速度快,桩径可调节,适用于各种地质条件,但受地形限制的边坡工程,机械难以进场、架设难度大。人工挖孔特点是方便、简单、经济,但速度较慢,遇不良地层（如流沙、渗水）时处理难度大,此外,人工挖孔的孔径一般不小于 1m。

5.1.5 路基填料选择

区域内项目深路堑边坡及隧道的弃方量大,基于"变废为宝、综合利用"的原则,路基填筑优先选用路基挖方和隧道弃渣等优质石料填筑。但部分地区沿线可利用的石渣有限,多以强风化岩层为主,局部路段岩质以千枚岩、泥岩等为主,项目建设时从区域外购买石料造价高且运输不便,路基填料的选择成为项目关键性技术问题。

项目所在地区为秦巴山山岭重丘区,气候、地形地质条件复杂,道路崎岖,沿线地层为云母片岩和千枚岩,岩石抗风化能力、抗水性及抗变形能力较差,若远借料源,则运输不便,运输成本过高。设计中通过大量试验确定,在强风化千枚岩填料中分别掺加4%~6%的水泥,再添加10%~20%的中细砂改良后可作为路基填料。由此可解决路堤填料缺乏和弃土场问题,节约投资,减少水土流失及对周围环境的破坏。

5.1.6 弃渣及弃土场综合利用

5.1.6.1 弃渣利用

秦巴山区高速公路主要分布于秦巴山区腹地,沿线山岭陡峻。为保护环境,减少水土流失,节约占地,应采取有效措施消化弃渣,减少弃土场设置。

(1)施工组织明确弃渣分类堆放,回收处理,实现资源再利用。

(2)合理控制路基填挖,统筹土石方调配。

(3)加强施工组织,有效利用弃渣,降低工程造价。遵循"先挖后弃,就近利用"的原则。

(4)各分部工程中加强弃渣利用,明确弃渣利用率。

5.1.6.2 弃土场设计

弃土场是山区公路项目在施工期产生的大量弃土、弃石等固体废弃物的专门堆放场地。由于地形地貌的限制,山区公路建设中土石方的纵向调配困难,不可避免地会产生大量弃渣,必然要设置弃土场来满足处置弃渣的需要。弃土场设置多位于荒沟、林地,加强弃土场复耕、绿化设计,是防治水土流失、实现绿色公路建设的必然要求。

1)设计原则

根据《公路工程项目建设用地指标》和《关于加强我省公路建设项目节约集约占地的通知》(陕交发[2014]53号)文件的要求,弃土场选择尽量利用荒沟或结合当地复垦规划,弃土后将其表面覆土绿化或复耕还林。

(1)弃土场址不占或尽量少占良田、耕地。

(2)弃土场址应远离公共设施、重要建筑物、民宅。

(3)避开泥石流沟、滑坡体等不良地质段。

(4)弃土场设计与原有地貌、自然环境相结合,注意防排水。

(5)弃土之前应将清表种植土及腐殖质土单独集中堆放,弃渣结束后及时对弃渣场进行植被恢复重建或复耕还林的水保工作。

(6)废方集中运至弃土场。

2)设计要求

(1)秦巴山区弃土场应分级填筑。

(2)弃土坝前缘支挡防护,宜采用石笼式挡土墙或片石混凝土挡土墙,推荐采用石笼式挡土墙防护。

(3)弃土场坡面防护采用码砌片石护坡防护。

(4)为便于场区排水,弃土平台纵向设置单向坡。

(5)对于场区内有常流水的弃土场,原沟道埋设 $\phi 150cm$ 钢波纹管作为临时排水设施;渗沟应每隔100m设置沉淀池;弃土场施工应避免雨季施工。

(6)石笼式挡土墙按相应要求进行砌筑。

(7)其他未尽事项依据《公路路基设计规范》(JTG D30—2015)、《公路路基施工技术规范》(JTG/T 3610—2019)及相关行业规范执行。

5.1.6.3 弃土场开发应用

弃土场作为公路工程弃渣堆积地,由于占地面积大,堆弃石渣较多,后期有效的开发利用能够实现资源节约与环境友好相协调,具有较大的社会效益、环境效益、经济效益。

(1)填沟造地、复垦、复耕

根据设计要求,弃土场主要设置于冲沟、荒地内,所有的弃土场均要求恢复植被或复垦。工程建设期间积极倡导绿色公路,将路基清表腐殖土,分段集中堆放,用于后期绿化或复垦。弃土场复垦、复耕能够有效增加区域耕地,缓解土地紧张,见图5-14。

图5-14 填沟造地

(2)绿色恢复,植树育林

在弃土场设计及审查过程中,把弃渣影响因素和环境保护治理综合起来,作为一个系统整体考察、分析和整治,充分体现绿色公路的建设理念。后期通过弃土场坡面绿化,平台植树育林,自始至终最大限度地保护植被,改善自然环境,减少水土流失,防止地质等自然灾害发生,真正做到开挖一块绿化一片,占用一块开发一片,达到美化环境、秀美山川之目的,见图5-15。

图 5-15　植树育林

（3）碎石加工，弃渣处理

遵循少废方的设计理念，积极探索运营期间的弃渣资源化利用，不仅能改善由于弃土弃渣处理不当带来的环境问题，也能进一步完善资源调配，提升地方经济发展，如将适宜材料加工为混凝土、路基路面用碎石等。

秦巴山区隧道挖方主要为中、硬质岩石，规格质量高，通过设置碎石加工场，向周边工程建设供应石料，缓解区域石料紧张的问题，同时有效减少挖山取石造成的山体破坏；隧道和路基挖方中的软质岩石弃渣，可作为农村公路的路基填料使用，用于坑槽修补，沟道整平。在隧道进出口，通过改移小河道、支沟，设置路基、消纳弃渣的理念，可以将河谷两侧零星耕地整合为整片耕地，对路基起到防洪堤作用。

5.2　路面工程

5.2.1　路面工程概述

秦巴山区位于我国中西部，跨越陕西、四川、重庆等省市，小盆地和山间谷地众多，其地形复杂，地质情况较差，暴雨频率高、强度大，其路面易发生石料剥离、车辙等病害，因此需要对路面结构进行针对性设计。

5.2.1.1　面层

面层是直接同行车和大气接触的表面层，它承受较大的行车荷载的垂直力、水平剪切力和冲击力的作用，并将荷载传递到基层以下的结构层，同时还受到降水的浸蚀和气温变化的影响。同其他层相比，面层应具备较高的结构强度、良好的抗滑性、较高的抗变形能力、较好的水稳定性和抵抗车辙的能力。修筑面层所用的材料主要有水泥混凝土、沥青混合料、砂砾或碎石、掺土或不掺土的混合料以及块料等。目前在公路上运用较多的为沥青路面与水泥混凝土路面。

沥青面层应满足功能性和结构性的使用性能要求,可为单层、双层、三层。双层结构分为上面层、下面层,三层结构分为上面层、中面层、下面层。上面层应具有平整密实、抗滑耐磨、稳定耐久等功能,同时应具有高温抗车辙、低温抗开裂、抗老化、抗剥离等特性。中面层、下面层应具有一定的密水性、高温抗车辙等性能,下面层还应具有良好的抗疲劳性能和兼顾其他性能要求。沥青面层主要受垂直应力和剪切应力的作用,因此沥青面层材料设计主要考虑抗车辙和抗剪切,表层路面材料主要应考虑耐久和抗滑特性,上面层和中面层应选择抗车辙和抗剪切性能好的材料。

水泥混凝土路面一般可分为普通混凝土路面、钢筋混凝土路面、连续配筋混凝土路面、预应力混凝土路面、装配式混凝土路面、钢纤维混凝土路面以及新型混凝土路面,如橡胶改性水泥混凝土路面。水泥混凝土路面也分上下两层铺筑,分别采用不同强度等级的水泥混凝土材料。

5.2.1.2 基层

基层主要承受由面层传来的车辆荷载作用力(包括垂直力和拉应力),将垂直力扩散到下面的功能层和土基中去,承受拉应力作用并维持良好的耐久性。因此,基层是路面结构中的承重层,应具有一定的强度和刚度,并具有良好的抵抗疲劳破坏能力。基层遭受大气因素的影响虽然比面层小,但是仍然有可能经受地下水和通过面层渗入雨水的浸蚀,所以基层结构应具有足够的水稳定性。基层表面虽不直接供车辆行驶,但仍然要求有较好的平整度,这是保证面层平整性的基本条件。基层主要承受拉应力或拉应变,因此基层或底基层材料主要应考虑其抗疲劳特性。

水泥混凝土路面与沥青路面的基层在受力方面有较大差异。水泥混凝土路面的刚度较大,路面主要起承载作用,基层为路面提供稳定的支撑;而沥青路面的刚度较小,基层不仅起着支撑作用,还起一定承载作用。

修筑基层的材料主要有各种结合料(如石灰、水泥或沥青等)稳定土或稳定碎(砾)石,贫水泥混凝土,各种工业废渣(如煤渣、粉煤灰、矿渣、石灰渣等)和土、砂、石所组成的混合料等。天然砂砾、各种碎石或砾石、片石、块石或圆石可以作为底基层材料,提高基层的整体抗冰冻、抗水侵害和承载能力。

基层按材料和力学特性的不同可以分为柔性基层、半刚性基层和刚性基层三种,各种基层有不同的特点,各有适用的场合。基层厚度太厚时,为保证工程质量可分 2~3 层铺筑。当采用不同材料来修筑基层(底基层)时,应根据基层(底基层)的受力特点和结构要求,合理就近取材。

5.2.1.3 功能层

为保证面层和基层不受路基水温状况变化所造成的不良影响,必要时应设置功能层,它的主要功能是加强路面结构层之间的联结、改善路基的湿度和温度状况。

修筑功能层的材料,强度要求不一定高,但水稳定性和隔温性能要好。常用的功能层材料:由松散粒料(如粗砂、砂砾、碎石等)组成的透水性材料层或防冻层;用水泥或石灰稳定土等修筑的稳定类材料层;还有沥青或乳化沥青的封层、黏层、透层及应力吸收层。

5.2.1.4 结构组合设计

沥青路面各结构层之间应紧密结合,从而使结构不因层间滑动或松散而丧失整体性。

沥青面层由两层或三层组成又不能连续摊铺时,则在铺筑上面层之前彻底清扫下层表面的灰尘、泥土、油污等有可能破坏层间结合的有害物质,然后设黏层沥青。

沥青面层与基层之间应设置透层沥青或黏层沥青;当采用半刚性基层时,为防止粒料松散和雨水下渗,宜采用单层层铺法表处或稀浆封层表处进行封闭;当采用水泥混凝土刚性基层时,应设黏层沥青。

5.2.2 路面设计标准

5.2.2.1 沥青路面的设计使用年限

沥青路面是用沥青作为结合料黏结矿料修筑面层与各类基层和功能层所组成的路面结构,是我国高等级路面的主要形式之一。

随着我国公路网的不断完善,为了确保发挥公路网的运营效率,减少路面结构性的频繁维修对公路网运输效率和交通安全带来的不利影响,对路面结构设计使用年限作出规定是必要的。

英国路面结构设计使用年限为 40 年;法国国家公路网中,高速公路和快速路设计使用年限为 30 年,城镇道路和其他等级公路路面结构设计使用年限为 20 年,地方上的低交通量道路路面结构初始设计使用年限为 12 年;德国高速公路、州级公路和低等级公路一般为 30 年;澳大利亚新建柔性路面结构设计使用年限为 20~40 年、罩面为 10~20 年,刚性路面为 30~40 年;日本主要干线公路、高速公路路面设计使用年限为 40 年,国道 20 年,隧道内的路面为 20~40 年,大交通量的交叉口(立交)和城市的干线公路为大于 20 年。

根据《公路沥青路面设计规范》(JTG D50—2017)规定,我国的路面结构设计使用年限如表 5-4 所示。与发达国家相比,我国公路路面结构设计使用年限偏低。

沥青路面结构设计使用年限表 表 5-4

公 路 等 级	设计使用年限(年)	公 路 等 级	设计使用年限(年)
高速公路、一级公路	15	三级公路	10
二级公路	12	四级公路	8

5.2.2.2 交通荷载等级

路面设计采用轴重为 100kN 的单轴-双轮组荷载作为设计荷载。根据《公路沥青路面设计规范》(JTG D50—2017)规定,路面所承受的交通荷载按交通量划分为极重、特重、重、中等、轻五个等级,如表5-5所示。

设计交通荷载等级表   表5-5

设计交通荷载等级	极重	特重	重	中等	轻
设计使用年限内设计车道累计大型客车和货车交通量($\times 10^6$ 辆)	≥50.0	50.0~19.0	19.0~8.0	8.0~4.0	<4.0

5.2.3 路面结构组合

5.2.3.1 沥青路面结构

沥青路面结构组合设计应遵循以下原则:

(1)保证路面表面使用品质长期稳定。在整个设计使用期内,表面抗滑安全性能、平整性、抗车辙性能等各项功能指标均稳定在允许范围之内。

(2)路面各结构层的强度、抗变形能力与各层次的力学响应相匹配。由于车轮荷载与温度、湿度变化产生的各项应力或应变由上到下会有不同,因此,通常面层承受较高的压应力或剪应力,应具有较高的强度或模量和抗变形能力。基层承受拉力,应具有较好的疲劳性能。

(3)直接经受温度、湿度等自然因素变化而造成强度、稳定性下降的结构层次应提高其抵御能力。

(4)充分利用当地材料,节约外运材料,做好优化选择,降低建设与养护费用。

1)面层结构

高速公路、一级公路一般选用三层沥青面层结构,即上面层、中面层、下面层。为满足不同层次的使用要求,应选择合适的沥青面层混合料,通常使用密实型中粒式或细粒式沥青混凝土混合料(如AC-13、AC-16)用于表面层。该类材料空隙率一般为3%~5%,可防止泛油、水害及冻害。此外,密实型级配沥青混合料的抗裂性、疲劳强度和耐久性均较优越。对于重交通和特重交通荷载等级,普通热拌沥青混合料不能满足使用要求时,可从材料和沥青混合料结构上改善,如采用改性沥青结合料和SMA-13等混合料。

沥青中面层和下面层经受着与沥青上面层相同的不利工作环境,仅在平整性和抗滑性方面的要求略低些,因此对沥青混合料的选择同样有较高要求,特别是在密实防水和抗剪切变形等方面,通常选用密实型中粒式和粗粒式混合料(如AC-20、AC-25),对于特重交通荷载等级或者炎热地区,常采用改性沥青结合料。

二级、三级、四级公路一般采用双层沥青面层结构,即上面层与下面层。沥青混合料的选型,除了沥青混凝土之外,也可选用热拌沥青碎石(ATB)或沥青贯入式结构,再加上表面封层。四级公路一般可采用双层沥青表面处治结构。

沥青面层在路面结构层中价格最高,一般情况下对沥青面层厚度应有所控制,但也不宜过薄,从压实效果来看,各种类型的沥青层最小压实厚度与它的公称最大粒径值相关。

从技术经济合理的角度考虑,宜采用适宜厚度。在以往的陕南秦巴山区的项目实施过程中,典型的面层结构材料及其厚度如表5-6所示。

典型的路面结构材料及其厚度(主线)表 表5-6

项目名称	交通荷载等级	面层材料名称	面层厚度(cm)
省级高速公路古镇线西乡至镇巴公路	重	橡胶改性沥青混凝土(AR-AC-13C)	4
		中粒式沥青混凝土(AC-20C SBS改性沥青)	6
		粗粒式密级配沥青碎石(ATB-30)	10
国家高速公路银百线(G69)陕西境安康至岚皋(陕渝界)公路	重	细粒式沥青混凝土(AC-13C SBS改性沥青)	4
		中粒式沥青混凝土中面层(AC-20C SBS改性沥青)	6
		水泥混凝土下面层	24
宁陕至石泉高速公路	重	细粒式沥青混凝土(AC-13C)	4
		中粒式沥青混凝土(AC-20C)	6
		粗粒式密级配沥青碎石(ATB-30)	10
平利至镇坪(陕渝界)高速公路(第N1标段)	特重	细粒式沥青混凝土(AC-13)	4
		中粒式沥青混凝土(AC-20)	6
		粗粒式密级配沥青碎石(ATB-30)	10

2)沥青路面基层结构

与沥青面层相比,由于基层不直接与车轮和大气接触,与路面表面性能有关的材料性能指标(如抗滑性能、抗剪切变形等)可以略为放宽。

选择基层类型关系到路面结构的耐久性和长期使用性能,首先应根据路面结构所承受的交通等级进行比选,同时应考虑地基支承的可靠性、当地水温状况、路基排水与路基稳定的可靠程度作不同方案,比较后择优选定。

在交通环境各方面工作条件都十分恶劣的情况下,可以考虑各种基层组合使用。如地基承载力不佳,交通特别繁重,雨水集中,路基排水不良,可以考虑半刚性基层和柔性基层组合应用,采用半刚性基层下层、柔性基层上层。一方面提高结构承载力,减轻沥青面层荷载应力,同时发挥柔性基层变形协调,利于渗水排水的优势,使路面始终保持良好工作状态;另一方面,还可避免横向裂缝反射到面层。对于严重超载的沥青路面,除了采用组合基层之外,也可以采用配钢筋的混凝土板或连续配筋混凝土板作基层的沥青路面。

基层结构的厚度主要应满足强度与刚度的设计要求,在厚度设计时,应逐层进行验算。除此之外,还应考虑施工实施的可行性和材料规格对厚度的影响。一般情况下,基层的厚度应大于混合料最大粒径的4倍,同时还应考虑压实机具的功能,通常取能一次压密的最佳厚度。若基层厚度超过最佳厚度,可分几层铺筑,每层厚度接近最佳厚度。

基层可以是一层或多层,当基层由多层构成时,一般称最上一层为基层,最底下基层为底基层。目前单层基层多用于低等级公路,高等级公路一般都采用多层基层。

表 5-7 所示为秦巴山区道路建设项目的典型基层结构材料及厚度。由表可知,现阶段高等级公路建设项目的基层主要以水泥稳定碎石材料为主,典型结构为 36cm 水泥稳定碎石基层 +18cm 水泥稳定碎石底基层为主,典型厚度为 54cm。

典型的基层结构材料及其厚度(主线)表 表 5-7

项目名称	交通荷载等级	基层材料名称	基层厚度(cm)
省级高速公路 古镇线西乡至镇巴公路	重	水泥稳定碎石基层	36
		水泥稳定碎石底基层	18
国家高速公路 银百线(G69)陕西境安康至 岚皋(陕渝界)公路	重	贫混凝土基层	20
		级配碎石底基层	20
宁陕至石泉高速公路	重	水泥稳定碎石基层	36
		水泥稳定碎石底基层	18
平利至镇坪(陕渝界)高速公路 (第 N1 标段)	特重	水泥稳定碎石基层	36
		水泥稳定碎石底基层	18

5.2.3.2 水泥混凝土路面结构

目前陕西省的高等级公路主要为沥青路面,水泥混凝土路面主要用于收费站广场以及低等级公路上,典型路面结构组合将在表 5-8、表 5-9 中进行介绍。

5.2.3.3 典型路面结构组合

(1)主线及匝道

经过多个工程实践验证,提出了较为典型的几种高速公路路面结构组合,主要为沥青混凝土路面。常见的路面结构组合如表 5-8 所示。

典型高速公路主线及匝道路面结构组合 表 5-8

4cm 橡胶改性沥青混凝土(AR-AC-13C)	4cm 细粒式沥青混凝土(AC-13 SBS 改性沥青)
6cm 中粒式沥青混凝土(AR-20C SBS 改性沥青)	6cm 中粒式沥青混凝土(AC-20 SBS 改性沥青)
10cm 粗粒式密级配沥青碎石(ATB-30)	10cm 粗粒式密级配沥青碎石(ATB-30)
36cm 水泥稳定碎石(水泥剂量 4.5%)	36cm 水泥稳定碎石(水泥剂量 4.5%)
18cm 水泥稳定碎石(水泥剂量 3.5%)	18cm 水泥稳定碎石(水泥剂量 3.5%)

(2)收费站广场

收费广场路面主要采用水泥混凝土路面,面层采用聚丙烯纤维和钢纤维混凝土面层,基层多采用水泥稳定碎石材料。常见的收费站广场路面结构组合如表 5-9 所示。

典型收费广场路面结构组合　　　　　　　　表 5-9

28cm 聚丙烯纤维水泥混凝土面层(掺量 1.2kg/m³)	26cm 钢纤维混凝土面层(钢纤维掺量 0.8%)
20cm 水泥稳定碎石(水泥剂量 4.5%)	20cm 水泥稳定碎石(水泥剂量 4.5%)
20cm 水泥稳定碎石(水泥剂量 3.5%)	20cm 水泥稳定碎石(水泥剂量 3.5%)

5.2.4 路面材料技术要求

5.2.4.1 陕西省设计相关指导文件

(1)《公路沥青路面设计规范》(JTG D50—2017)。
(2)《公路沥青路面施工技术规范》(JTG F40—2004)。
(3)《公路水泥混凝土路面设计规范》(JTG D40—2011)。
(4)《公路水泥混凝土路面施工技术细则》(JTG F30—2014)。
(5)《公路路面基层施工技术细则》(JTG/T F20—2015)。
(6)《陕西省沥青路面车辙防治指导意见》(DBJTJ/T 002—2005)。
(7)《陕西省交通厅关于高速公路建设项目沥青路面加厚等问题的通知》(陕交函〔2009〕136 号)。
(8)《陕西省公路建设工程质量工作指导意见》(陕交发〔2012〕41 号)。
(9)《陕西省高速公路施工标准化指南(试行)》(陕交发〔2011〕76 号)。
(10)《陕西省交通运输厅关于优化高速公路路面及硬路肩结构设计等有关问题的通知》(陕交函〔2013〕635 号)。

5.2.4.2 陕西省沥青路面原材料性能要求

1)粗集料

粗集料应洁净(上面层必须采用水洗碎石)、干燥、表面粗糙,其技术要求参照《公路沥青路面施工技术规范》(JTG F40—2004)、《陕西省高速公路施工标准化指南(试行)》(陕交发〔2011〕76 号)相关条文执行,具体要求如表 5-10 所示。

沥青混合料用粗集料质量技术要求表　　　　　　表 5-10

项　目	压碎值	洛杉矶磨耗损失	表观相对密度	吸水率	坚固性	针片状颗粒含量
上面层	不大于20%	不大于28%	不小于2.6	不大于2.0%	不大于12%	不大于10%
下面层	不大于23%	不大于30%	不小于2.5	不大于3.0%	不大于12%	不大于15%

项　目	水洗法<0.075mm 颗粒含量	软石含量	磨光值 PSV	与沥青的黏附性
上面层	不大于0.5%	不大于2%	不小于42	不低于 5 级
下面层	不大于1%	不大于3%		不低于 4 级

2)细集料

细集料应洁净、干燥、无风化、无杂质,并有适当的颗粒级配,其技术要求参照《公路沥青路面施工技术规范》(JTG F40—2004)执行,具体要求如表 5-11 所示。

沥青混合料用细集料质量技术要求表 表5-11

项　　目	指　标　值
表观相对密度,不小于	2.5
坚固性(>0.3mm部分),不小于(%)	12
含泥量(小于0.075mm的含量),不大于(%)	3
砂当量,不小于(%)	60
亚甲蓝值,不大于(g/kg)	25
棱角性(流动时间),不小于(s)	30

（1）AC-13C、AC-20C混合料中禁止用天然砂,应使用机制砂。机制砂应采用1~2cm的石灰岩碎石轧制而成,级配要求如表5-12所示。

沥青混合料用机制砂规格表 表5-12

规格	通过下列筛孔(mm)质量百分率(%)						
	4.75	2.36	1.18	0.6	0.3	0.15	0.075
S16	100	80~100	50~80	25~60	8~45	0~25	0~15

（2）石屑应严格控制粉尘含量及砂当量,宜将S14和S16组合使用,规格要求见表5-13,质量要求见表5-14。

石屑的规格表 表5-13

规格	通过下列筛孔(mm)质量百分率(%)							
	9.5	4.75	2.36	1.18	0.6	0.3	0.15	0.075
S14	100	90~100	0~15	—	0~3	—	—	—
S16	—	100	80~100	50~80	25~60	8~45	0~25	0~15

石屑的控制指标表 表5-14

石屑规格	0~2.36mm	0~4.75mm	2.36~4.75mm
0.075mm筛孔通过率	≤15%	≤10%	≤5%
砂当量	≥60%	≥70%	≥80%

注：本表参照《陕西省沥青路面车辙防治指导意见》(DBJTJ/T 002—2005)规定。

（3）填料。

沥青混合料用矿粉必须采用石灰岩或岩浆岩中的强基性岩石等憎水性石料经磨细得到的矿粉,原石料中的泥土杂质应除净。若采用水泥代替部分矿粉,其用量应控制在矿粉总量的2%左右,禁止使用回收粉。矿粉应干燥、洁净,能自由地从矿粉仓流出,其技术要求满足《公路沥青路面施工技术规范》(JTG F40—2004)规定,具体要求如表5-15所示。

沥青混合料用矿粉质量技术要求表 表5-15

表观密度 (t/m³)	含水率 (%)	粒度范围（%）			外观	亲水系数	塑性指数
		<0.6mm	<0.15mm	<0.075mm			
不小于2.50	不大于1	100	90~100	75~100	无团粒结块	<0.8	<4

(4)沥青。

AC-13C 上面层及 AC-20C 中面层沥青混合料采用改性沥青(SBS类I-C),基质沥青采用 A 级 90 号道路石油沥青。

橡胶改性沥青混凝土(AR-AC-13C)上面层采用橡胶沥青。橡胶改性沥青混凝土中高模量剂掺入剂量为 0.3%;中粒式沥青混合料 AC-20C 中面层采用 SBS(I-C)成品改性沥青,基质沥青采用 A 级 90 号(1-3)道路石油沥青。其技术要求参照《公路沥青路面施工技术规范》(JTG F40—2004)、《陕西省高速公路施工标准化指南(试行)》(陕交发〔2011〕76 号)相关规定执行,具体要求如表 5-16 和表 5-17 所示。

SBS 类(I-C)改性沥青技术要求表　　表 5-16

项目	针入度25℃ 100g,5s(0.1mm)	针入度指数 PI	延度5℃ 5cm/min(cm)	软化点 $T_{R\&B}$ (℃)	运动黏度135℃ (Pa·s)
指标	60~80	不小于 -0.4	不小于 35	不小于 75	不小于 1.8 不大于 3.0
项目	闪点(℃)	溶解度	弹性恢复25℃	储存稳定性离析,48h 软化点差(℃)	软化点衰减(160℃,4h)
指标	不小于 230	不小于 99%	不小于 80%	不大于 2.5	不大于 5%
TFOT(或 RTFOT)后残留物					
项目	质量变化	针入度比 25℃	延度 5℃(cm)		
指标	不大于 ±1.0%	不小于 65%	不小于 20		

A 级 90 号道路石油沥青技术要求表　　表 5-17

项目	针入度25℃,100g,5s(0.1mm)	针入度指数 PI	蜡含量(蒸馏法)	软化点 $T_{R\&B}$(℃)
指标	80~100	-1.0~+1.0	不大于 2.0%	不小于 45
项目	延度10℃(cm)	延度15℃(cm)	闪点(℃)	溶解度
指标	不小于 25	不小于 100	不小于 245	不小于 99.5%
项目	60℃动力黏度(Pa·s)		密度15℃(g/cm³)	
指标	160		不小于 1.01	
TFOT(或 RTFOT)后				
项目	质量变化	残留针入度比	残留延度10℃(cm)	
指标	不大于 ±0.8%	不小于 57%	不小于 8	

(5)聚酯纤维。

沥青混合料中添加聚酯纤维,其用量为沥青混合料总用量的 0.25%。聚酯纤维具有强度高、不溶解、吸附性强、化学性质稳定以及良好的分散性等优点,不易结团。

(6)沥青混合料技术指标。

①沥青混合料矿料级配范围参照《陕西省沥青路面车辙防治指导意见》(DBJTJ/T 002—2005),如表 5-18 所示。

沥青混合料矿料级配范围表 表 5-18

级配类型	通过下列筛孔(方孔筛 mm)的质量百分率(%)												
	31.5	26.5	19.0	16.0	13.2	9.5	4.75	2.36	1.18	0.6	0.3	0.15	0.075
AC-13C	—	—	—	100	95~100	65~80	35~45	25~30	15~24	12~20	8~15	6~10	4~6
AC-20C	—	100	95~100	82~94	71~86	55~69	35~45	25~34	15~24	12~20	8~15	6~10	4~6

沥青混合料级配控制的关键性筛孔(方孔筛)如表 5-19 所示。

沥青混合料矿料级配控制的关键性筛孔表 表 5-19

级配类型	代号	控制的关键性筛孔(mm)					
细粒式沥青混凝土	AC-13C	3	7	11	16	—	—
中粒式沥青混凝土	AC-20C	3	7	11	16	19	26.5

注:本表参照《陕西省高速公路施工标准化指南(试行)》(陕交发〔2011〕76 号)规定。

②沥青混凝土面层各层的设计目标空隙率为 4%,范围为 3%~5%,同时控制粉胶比在 1.0~1.2,不得超过 1.6。沥青混合料马歇尔试验技术指标如表 5-20 所示。

沥青混合料马歇尔试验技术指标表 表 5-20

名称	击实次数(次)	稳定度(kN)	流值(0.1mm)	空隙率(%)	矿料间隙率(%) 空隙率			沥青饱和度(%)
					3%	4%	5%	
AC-13C	双面75	≥8	15~40	3~5	≥13	≥14	≥15	65~75
AC-20C	双面75	≥8	15~40	3~5	≥12	≥13	≥14	65~75

③沥青混合料水稳性及高、低温技术指标见表 5-21。

沥青混合料水稳性及高、低温技术指标表 表 5-21

项 目	AC-13C(SBS 改性) AC-20C(SBS 改性)
浸水马歇尔试验残留稳定度(%),不小于	90
冻融劈裂试验残留强度比(%),不小于	85
车辙试验动稳定度(次/mm),不小于	5000
弯曲试验破坏应变($\mu\varepsilon$)($-10℃$,50mm/min),不小于	2800

注:本表参照《陕西省高速公路施工标准化指南(试行)》(陕交发〔2011〕76 号)规定。

④根据《陕西省公路建设工程质量工作指导意见》(陕交发〔2012〕41 号)规定,沥青混合料路面渗水系数不大于 80mL/min。

⑤压实度

沥青混合料的压实度,以试验室标准密度为标准时,上、中面层应不小于 98%;以最大理论密度为标准时,上、中面层不小于 94%。

(7)黏层和封层

黏层采用 SBR 改性乳化沥青,其技术指标满足《公路沥青路面施工技术规范》(JTG F40—2004)表 4.7.1-2 要求,沥青含量应控制在 50% 以上,洒布量通过试洒确定。

封层采用改性热沥青同步碎石封层,改性热沥青采用SBS改性A级90号沥青。做桥面封层时,碎石采用4.75~9.5mm规格,撒布量为8~10kg/m²;做基层顶面封层时,碎石采用9.5~16mm规格,撒布量为12~15kg/m²。

(8)基层与底基层

①基层

a. 水泥稳定碎石混合料中水泥剂量为4.5%,采用集中厂拌法施工。

b. 水泥采用普通硅酸盐水泥,水泥强度等级采用42.5,初凝时间应大于4h,终凝时间应大于6h且小于10h。

c. 水泥稳定碎石粗集料的公称最大粒径不大于26.5mm,材料分档不少于5档。应符合下列技术要求:压碎值不大于25%,针片状颗粒含量不大于18%,0.075mm以下粉尘含量不大于1.2%,软石含量不大于3%。

d. 水泥稳定碎石细集料小于0.075mm的颗粒含量不大于15%,塑性指数不大于17,有机质含量小于2%,硫酸盐含量不大于0.25%。

e. 水泥稳定碎石基层被稳定材料液限不大于28%、塑性指数不大于5,级配应符合表5-22要求。

水泥稳定碎石基层级配表　　　　表5-22

结构层名称	通过下列筛孔(方孔筛mm)的质量百分率(%)											
	26.5	19.0	16	13.2	9.5	4.75	2.36	1.18	0.6	0.3	0.15	0.075
底基层	100	86~82	79~73	72~65	62~53	45~35	31~22	22~13	15~8	10~5	7~3	5~2

f. 水泥稳定碎石7d无侧限抗压强度应控制在4~6MPa,压实度(重型击实标准)≥98%。

②底基层(水泥稳定碎石)

a. 水泥稳定碎石混合料中水泥剂量为3.5%,采用集中厂拌法施工。

b. 水泥采用普通硅酸盐水泥,水泥强度等级采用42.5,初凝时间应大于3h,终凝时间应大于6h且小于10h。

c. 水泥稳定碎石粗集料的公称最大粒径不大于31.5mm,材料分档不少于4档。应符合下列技术要求:压碎值不大于26%,针片状颗粒含量不大于20%。

d. 水泥稳定碎石中的细集料小于0.075mm的颗粒含量不大于15%,塑性指数不大于17,有机质含量小于2%,硫酸盐含量不大于0.25%。

e. 水泥稳定碎石底基层被稳定材料液限不大于28%、塑性指数不大于5,集料级配应符合表5-23的要求。

水泥稳定碎石底基层级配表　　　　表5-23

结构层名称	通过下列筛孔(方孔筛mm)的质量百分率(%)						
	31.5	19.0	9.5	4.75	2.36	0.6	0.075
底基层	100	68~86	38~58	22~32	16~28	8~15	0~3

f. 水泥稳定碎石 7d 无侧限抗压强度不小于 2.5~4.5MPa,压实度(重型击实标准)不小于 97%。

③硬路肩底基层(石渣)

a. 硬路肩底基层采用路床材料即中硬质石渣铺筑,石料饱和抗压强度大于 30MPa,其最大粒径应小于 100mm。

b. 石渣的液限宜不大于 28%,塑性指数宜小于 6。

c. 硬路肩底基层石渣的压实度(重型击实标准)不小于 97%。

5.2.4.3 陕西省水泥路面原材料性能要求

1) 水泥混凝土板(弯拉强度标准值为 5.5MPa)

根据《公路水泥混凝土路面施工技术细则》(JTG/T F30—2014)规定。

(1) 水泥宜采用旋窑道路硅酸盐水泥,也可采用旋窑硅酸盐水泥或普通硅酸盐水泥,抗折强度、抗压强度如表 5-24 所示。

路面水泥各龄期的抗折强度、抗压强度　　　　　表 5-24

龄期(d)	3	28
抗压强度(MPa),不小于	23.0	52.5
抗折强度(MPa),不小于	5.0	8.0

(2) 水泥的化学成分、物理性能等路用品质要求应符合表 5-25 规定。

路面用水泥的化学成分和物理指标　　　　　表 5-25

水泥性能	技术要求	水泥性能	技术要求
铝酸三钙含量	≤7.0%	标准稠度需水量	≤28.0
铁铝酸四钙含量	15%~20%	出磨时安定性	雷氏夹和蒸煮法检验均必须合格
游离氧化钙含量	≤1.0%	比表面积(m^2/kg)	宜在 300~450
氧化镁含量	≤5.0%	细度(80μm 筛余)	≤10.0
三氧化硫含量	≤3.5%	初凝时间(h)	≥1.5
碱含量	$Na_2O + 0.658K_2O \leq 0.6\%$	终凝时间(h)	≤10.0
混合材种类	不得掺窑灰、煤矸石、火山灰和黏土	28d 干缩率	≤0.09%
氯离子含量	≤0.06%	耐磨性(kg/m^2)	≤2.5

(3) 粗集料应选用质地坚硬、耐久、洁净的碎石,不得使用不分级的统料,应按最大公称粒径的不同采用 2~4 个单粒级的集料进行掺配,具体要求见表 5-26、表 5-27,最大公称粒径不超过 26.5mm。

碎石的技术指标　　　　　表 5-26

项目	技术要求	项目	技术要求
碎石压碎值(%)	≤25.0	含泥量(按质量计,%)	≤1.0
坚固性(按质量损失计,%)	≤8.0	泥块含量(按质量计,%)	≤0.5
针片状颗粒含量(按质量计,%)	≤15.0	有机物含量(比色法)	合格

续上表

项　　目	技 术 要 求	项　　目	技 术 要 求
硫化物及硫酸盐(按SO_3质量计,%)	≤1.0	松散堆积密度(kg/m^3)	≥1350
岩石抗压强度(MPa)	沉积岩≥60,岩浆岩≥100	空隙率	≤47%
表观密度(kg/m^3)	≥2500	碱活性反应	不得有碱活性反应或疑似碱活性反应

粗集料级配范围　　　　　　　　　　　　　　　表5-27

级　　配		累计筛余(方孔筛 mm,以质量计)(%)						
		2.36	4.75	9.50	16.0	19.0	26.5	31.5
合成级配	4.75~26.5	95~100	90~100	70~90	50~70	25~40	0~5	0

(4)细集料应采用质地坚硬、耐久、洁净的天然砂,面层水泥混凝土使用的天然砂细度模数宜在2.0~3.7之间,细度模数差值超过0.3的砂应分别堆放,分别进行配合比设计,具体要求见表5-28、表5-29。

细集料技术指标　　　　　　　　　　　　　　　表5-28

项　　目	技 术 要 求	项　　目	技 术 要 求
坚固性(按质量损失计,%)	≤8.0	吸水率(%)	≤2.0
含泥量(按质量计,%)	≤2.0	表观密度(kg/m^3)	≥2500
泥块含量(按质量计,%)	≤0.5	松散堆积密度(kg/m^3)	≥1400
氯离子含量(按质量计,%)	≤0.03	空隙率(%)	≤45
云母含量(按质量计,%)	≤1.0	有机物含量(比色法)	合格
硫化物及硫酸盐(按SO_3质量计,%)	≤0.5	碱活性反应	不得有碱活性反应或疑似碱活性反应
轻物质含量(按质量计,%)	≤1.0	结晶态二氧化硅含量(%)	≥25.0

细集料级配范围　　　　　　　　　　　　　　　表5-29

砂分级	通过下列筛孔(方孔筛 mm)的质量百分率(%)							
	9.5	4.75	2.36	1.18	0.60	0.30	0.15	0.075
粗砂	100	90~100	65~95	35~65	15~30	5~20	0~10	0~5
中砂	100	90~100	75~100	50~90	30~60	8~30	0~10	0~5

(5)饮用水可直接作为混凝土搅拌和养护用水。若采用非饮用水拌和混凝土,须进行水质检验,并应符合《公路水泥混凝土路面施工技术细则》(JTG/T F30—2014)中3.5.2的要求。

(6)外加剂的产品质量应符合《公路水泥混凝土路面施工技术细则》(JTG/T F30—2014)表3.6.1的要求。

(7)钢筋应符合国家和行业现行相关标准的规定。钢筋应顺直,不得有裂纹、断伤、刻痕、表面油污和锈蚀。传力杆钢筋加工应锯断,不得挤压切断;断口应垂直、光圆,用砂轮打磨掉毛刺,并加工成 2~3mm 圆倒角。拉杆钢筋应在中部不小于 100mm 范围内采取涂防锈漆等防锈措施。

(8)接缝材料:

①胀缝板:应选择能适应混凝土面板膨胀和收缩、施工时不变形、弹性复原率高、耐久性好的胀缝板,其技术要求应符合《公路水泥混凝土路面施工技术细则》(JTG/T F30—2014)中表 3.9.2 的要求。

②填缝材料:应具有与混凝土板壁黏结牢固、回弹性好、不溶于水、不渗水,高温时不挤出、不流淌、抗嵌入能力强、耐老化龟裂,负温拉伸量大,低温时不脆裂、耐久性好等性能。其技术要求应符合《公路水泥混凝土路面施工技术细则》(JTG/T F30—2014)中相关要求。

(9)接缝:

① 纵向接缝:纵向施工缝采用平缝形式,上部应锯切槽口,深度为 5cm,宽度为 5mm,槽内灌塞填缝料。纵向缩缝采用假缝形式,锯切的槽口深度为 10cm,宽度为 5mm。纵缝应与路线中线平行。拉杆应采用螺纹钢筋,设在板厚中央,并应对拉杆中部 100mm 范围内进行防锈处理。最外侧拉杆距横向接缝的距离不得小于 100mm。

②横向接缝:每日施工结束或因临时原因中断施工时,必须设置横向施工缝。在邻近构造物处或与沥青路面相接时,应设置 1~2 条横向胀缝。施工缝位置应尽可能选在缩缝或胀缝处。设在缩缝处的施工缝,应采用加传力杆的平缝形式;设在胀缝处的施工缝,其构造与胀缝相同。传力杆应采用光面钢筋。最外侧传力杆距纵向接缝或自由边的距离为 150~250mm。

2)贫混凝土基层

(1)贫混凝土的配合比设计水泥剂量为 10%,施工时应根据 28d 龄期的抗弯拉强度试验确定水泥剂量。

(2)贫混凝土基层集料的公称最大粒径不应大于 31.5mm,水泥用量不得少于 170kg/m^3,28d 弯拉强度标准值宜控制在 2.0~2.5MPa 范围内。其他材料技术要求同混凝土板。

(3)贫混凝土基层应设置纵缝、横缝,并灌入填缝料。

3)级配碎石底基层

(1)集料技术要求同混凝土板。

(2)集料最大粒径不应超过 31.5mm,压实度(重型)应达到 96%,参照《公路路面基层施工技术细则》(JTG/T F20—2015)规定,级配范围应符合如表 5-30 所示要求。

级配碎石底基层集料颗粒级配　　　　表 5-30

结构层	通过下列筛孔(方孔筛 mm)的质量百分率(%)											
	31.5	26.5	19	16	13.2	9.5	4.75	2.36	1.18	0.6	0.3	0.15	0.075
底基层	100	95~90	84~72	79~65	72~57	62~47	40~30	28~19	20~12	14~8	10~5	7~3	5~2

5.2.5 新材料、新工艺、新技术

5.2.5.1 高温多雨地区沥青路面设计

在秦巴山区,气候湿热、气温高、降雨量大,沥青路面在水的作用下,由于汽车车轮动态荷载的作用,进入路面空隙中的水不断产生动水压力或真空负压抽吸的反复循环作用,使沥青黏附性降低并逐渐丧失黏结力,沥青膜从石料表面脱落剥离,沥青混合料掉粒松散,继而形成沥青路面的坑槽、推挤变形等损坏现象。

沥青在高温及长时间行车荷载作用下,路面使用性能下降。提高沥青混合料的黏结力和摩阻力就能进一步提高沥青混合料的整体稳定性。

5.2.5.2 长大纵坡路面抗车辙方法

长大纵坡路段沥青路面出现车辙病害的主要原因是行车速度的降低。车辆在爬坡过程中,存在着一个车速逐渐下降的过程,低速行车增加了轮胎与沥青路面的作用时间,当车速下降到某一临界值后,就会造成车辙。车速越小,车辙越严重。

目前长大纵坡路段沥青路面车辙的解决办法主要有:建立基于抗车辙性能的长大纵坡标准,有效地控制沥青路面的车辙病害;提高长大纵坡上沥青混合料的高温抗变形能力;当车速低于60km/h时,路面宜采用双层改性沥青混凝土或水泥混凝土;超载对长大纵坡的车辙影响最为显著,须严格控制超载车辆。

5.2.5.3 相变调温材料

国内外研究表明,温度对沥青路面的使用性能有较大的影响,沥青混凝土的温度敏感性较高,在高温时容易产生车辙,低温时容易开裂,在一定的温度环境下,加入相变材料,沥青和相变材料发生化学键的断裂与重组,具有沥青改性作用,能够提高沥青在高温下软化点,降低低温脆点。当环境温度发生急剧变化时,路面会产生黑色冰层,而利用太阳能蓄热,添加相变材料的沥青混合料在一定温度下可释放热量,进行主动式调控沥青路面与环境的温差,预防路面黑冰的产生。路面相变材料通过能量的储存和释放实现主动、智能地调节路面温度,从而提高沥青混合料的使用性能,提高其环境适应性,有效避免温度敏感性对沥青混合料的影响,减小环境温度变化的影响,延长沥青路面的使用寿命,降低全寿命周期沥青路面的综合养护成本。

5.2.5.4 长隧道路面温拌沥青

常用的沥青混凝土多为热拌沥青混凝土,施工温度高达160℃。高温施工过程中,沥青路面将会产生大量的有毒气体,施工机械产生大量尾气,能耗高。在长隧道中,有毒气体和尾气难以及时排放至隧道外,对隧道内施工人员健康产生较大的影响,还需增加长隧道通风的预算。为了降低沥青的施工温度,在沥青混合料中添加温拌剂,与沥青发生反应,沥青分子微观层面上形成润滑结构层,制作成施工温度较低的温拌沥青。

国内学者在长隧道中运用温拌沥青材料并进行费用效益分析,采用温拌沥青路面施工,降低施工温度30~50℃,节省燃油22%,减少沥青有毒气体排放90%以上,减少施工机械等二氧化碳排放量50%以上,同时可节约养护资金,具有较好的社会经济效益。

5.3 路基、路面排水设计

5.3.1 路基排水

在详细调查项目沿线水文、气象、地形、地质、环境敏感区建设条件等基础上,根据公路功能、技术等级,确定排水设计原则。秦巴山区植被茂密,雨水充沛,为保证路基稳定,减少冲刷、防止水毁,保护沿线水资源,保证沿线居民出行便利,根据沿线地形、地质情况,排水系统设计以防、排、疏相结合,兼顾考虑主线和被交线排水,并与路面排水、路基防护等工程设计相协调,以形成分段、完善的综合排水系统。

秦巴山区雨水充沛、水系发达,路基通过设置完善的排水设施,将坡面及坡体汇水集中收集,避免冲刷边坡,造成水毁。由于项目区域多位于水源保护区,初期雨水需集中收集处理达到排放标准后,方可排入自然沟道。路堑边坡坡面汇水可通过设置平台截水沟及破口外截水沟直接拦截,截留后通过急流槽直接排入自然沟道。路侧边沟、纵向涵等设施,集中收集后根据水体排放要求接入自然冲沟或雨水径流处理池。

5.3.2 路面排水

秦巴山区高速公路路面排水也是保证路基稳定的重要因素。通过多年来完成的陕南高速公路设计、施工及养护项目的总结、分析,路基、路面病害多为路面排水不畅导致,尤其是每年夏季雨水增多,加之随着经济发展交通量增大、重载车比例增多等问题,形成路面排水不畅、积水,导致路面水下渗后出现路面病害及路基病害。针对此类问题,尽量从设计开始,通过设置完善的路面排水系统,细节上优化方案,从而避免后期病害的发生。

5.3.2.1 中央分隔带排水

降雨强度较大时,道路中央分隔带处积水较多。排除路表积水的有效方法之一为中央分隔带排水。中央分隔带排水设施不完善容易导致中央分隔带雨水下渗等问题,从而引发雨水下渗后路基受雨水浸泡、承载力不足,导致路基及路面产生病害,严重时影响行车安全。

对于秦巴山区,中央分隔带一般采用植物防眩。为保证中央分隔带植物防眩设施雨水及灌溉水下渗,在中央分隔带路面底与路床顶之间设置防渗土工布,避免下渗,同时对于竖曲线低凹路段前后150m设置纵向渗沟及加密的横向渗沟,将路基中央分隔带水排出,如图5-16所示。

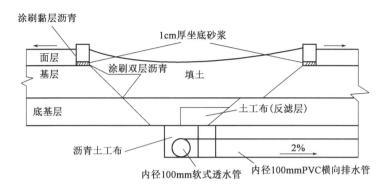

图 5-16 沥青路面中央分隔带排水设计横断面图

5.3.2.2 超高路段

受地形等约束,秦巴山区高速公路不可避免地需要设置超高路段,超高路段内侧路面汇水可汇至路侧边沟,但超高外侧路面汇水排至中央分隔带位置,需通过在中央分隔带设置完善的排水系统,才能将路面水排出。超高外侧路面积水多影响内侧行车道行车安全,同时影响路面强度,积水下渗,影响路面黏附性及强度,造成路面病害。

超高路段通过在中央分隔带侧设置纵向集水沟,收集雨水,并通过窨井、横向排水管排入路侧边沟,引至路基范围外,保证超高段排水系统完善。纵向集水沟、窨井采用混凝土现浇,盖板预制,窨井井盖采用树脂箅子或铁箅子以方便检修及清淤。横向排水管设置于路床范围内。为了路基压实连续,路基施工完成后,实施横向管布设,采用开槽施工,保证涵背压实度,图 5-17 为超高路段排水设计横断面图。

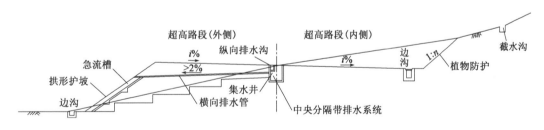

图 5-17 超高路段排水设计横断面图

5.3.2.3 路肩排水

由于路拱横坡的存在,路面水多汇于路肩边部。对于挖方路段,路面水直接排至路侧路堑边沟;对于填方路段,路面水汇至路肩,通过坡面汇至路堤边沟;填方路段路面水汇至路肩后,为避免冲刷边坡,对于边坡较高设置骨架护坡路段,通过在骨架拱圈处设置挡水块,有效拦截坡面水冲刷。对于未设置防护措施的植草路段,需通过在土路肩设置拦水带及坡面急流槽拦截路面排水,减少对坡面冲刷。

对于路面内部排水,通过在土路肩处基层设置纵向集水沟及横向排水管,有效将路面内部水排至路侧边沟内,如图 5-18 所示。

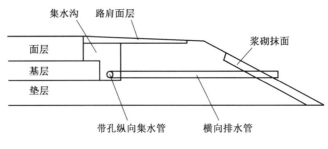

图 5-18 路肩排水设计横断面图

5.3.3 地下排水

路基及边坡土体中的上层滞水或埋藏很浅的潜水称为地下水。当地下水影响路基强度或边坡稳定时,应设置暗沟(管)、渗沟和检查井等地下排水设施。常用的路基地下排水设备有盲沟、渗沟、渗水隧洞和渗井等,其特点是排水量不大,主要是以渗流方式汇集水流,并就近排出路基范围以外。对于流量较大的地下水,应设置专用地下管道予以排除。由于地下排水设备埋置在地面以下,不易维修,在路基建成后又难以查明失效情况,因此要求地下排水设备牢固有效。

(1)暗沟

相对于地面排水的明沟,暗沟属隐蔽工程,如图 5-19、如图 5-20 所示。从盲沟的构造特点出发,由于沟内分层填以大小不同的颗粒材料,利用渗水材料透水性将地下水汇集于沟内,并沿沟排泄至指定地点。此种构造相对于管道流水而言,习惯上称之为盲沟,其水流的水力特性是紊流。

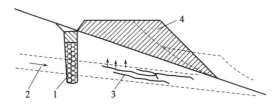

图 5-19 边沟下设盲沟
1-盲沟;2-层间水;3-毛细水;4-可能滑坡线

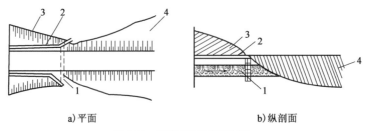

a) 平面   b) 纵剖面

图 5-20 挖填交界处横向盲沟
1-盲沟;2-边沟;3-路堑;4-路堤

(2)渗沟

采用渗透方式将地下水汇集于沟内,并通过沟底通道将水排至指定地点,此种地下排水设备统称为渗沟,如图5-21所示,它的作用是降低地下水位或拦截地下水,其水流的水力特性是紊流,但渗沟在构造上与上述简易盲沟有所不同。

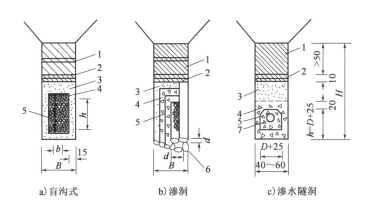

图5-21 渗沟结构形式(尺寸单位:cm)

1-黏土夯实;2-双层反铺草皮;3-粗砂;4-石屑;5-碎石;6-浆砌片石沟洞;7-预制混凝土管

盲沟式渗沟与上述盲沟相似,但构造更为完善,当地下水流量较大要求埋置更深时,可在沟底设洞或管,前者称为渗洞,后者称为渗水隧洞。

(3)渗井

渗井属于立式地下排水设备。当地下存在多层含水层,其中影响路基的上部含水层较薄、排水量不大且平式渗沟难以布置时,可采用立式(竖向)排水,设置渗井,穿过不透水层,将路基范围内的上层地下水引入更深的含水层中去,以降低上层的地下水位或全部予以排除,如图5-22所示。

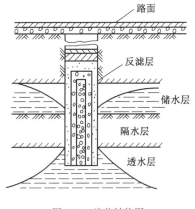

图5-22 渗井结构图

渗井的平面布置以及孔径与渗水量,按水力计算而定。一般渗井为直径1.0~1.5m的圆形,亦可是边长为1.0~1.5m的方形。井深视地层构造情况而定,井内由中心向四周,按层次分别填入由粗到细的砂石材料,粗料渗水,细料反滤。填充料要求筛分冲洗,施工时需用铁皮套筒分隔,填入不同粒径的材料,并要求层次分明,不得粗细材料混杂,以保证渗井达到预期排水效果。

鉴于渗井施工不易,单位渗水面积的造价高于渗沟,一般尽量少用。有时,因土基含水率较大,严重影响路基、路面的强度,其他地下排水设备不易布置,其他技术措施如隔离层的造价较高,此时渗井可作为技术措施之一在合适时有条件地选用。

5.3.4 水源地保护区排水

南水北调工程是我国的战略性工程,分东、中、西三条线路,中线工程起点位于汉江中上游丹江口水库,受水区域为河南、河北、北京、天津四个省(市)。

秦巴山区位于秦岭与大巴山之间,陕西省内主要为陕南地区,含陕南地区商洛、汉中、安康三个市,属于丹江、汉江流域。该地区涉及南水北调中线工程,即从长江最大支流汉江中上游的丹江口水库东岸岸边引水,经长江流域与淮河流域的分水岭南阳方城垭口,沿唐白河流域和黄淮海平原西部边缘开挖渠道,在河南荥阳市王村通过隧道穿过黄河,沿京广铁路西侧北上,自流到北京颐和园团城湖的输水工程。

陕南区域内河流众多,流域水系发达,是南水北调中线工程的水源地,秦巴山区水资源保护对南水北调工程有着重要意义。公路建设及运营对区域内水源保护区有影响,加强秦巴山区水资源保护是设计中的关键性技术。

5.3.4.1 水源保护区风险识别

公路路面径流是具有单一地表使用功能的地表径流,所含污染物与车辆运输及周围环境状况有关,污染物来源于车辆排气、车辆部件磨损、路面磨损、运输物洒落及大气降尘,主要成分为固体物质、有机物、重金属、无机盐等。

影响路面径流污染强度的因素很多,主要有降雨量、降雨间隔时间、路面污染物沉降量(与运输货物种类及数量有关)等。路面径流中高浓度的污染物主要产生于降雨初期,其浓度会随着降雨时间的延长而降低。且路面径流经过自然下渗及土壤吸附降解后才进入水体,路面径流中的污染物浓度已经降低很多,所以对沿线水体产生的影响很小。

投入运营后,公路本身不会对外环境产生任何影响。对外环境的影响主要体现在公路上行驶的车辆发生事故后可能对人群及周围环境产生的影响,特别是危险品运输车辆发生事故后,危险品泄漏、污染环境空气及对人群健康产生的危害。应将此作为重点防范的目标。

5.3.4.2 防范措施

结合秦巴山区建设项目多位于水源保护区范围的特点,采取多专业联合治理,彻底有效解决对区域内水环境影响。结合秦巴山区已建项目经验,可采取以下多种措施:

(1)在设计标准较低的路段,为防止危险品泄漏事故风险,应设置减速带和限速标志。

(2)对水源保护区内的路面、桥面分别设置桥面雨水收集系统和应急事故池,可对事故状态下的事故废水进行收集。

(3)对水源保护区内的桥梁设置高等级防撞护栏,防止车辆冲入河道。

(4)在水源保护区路段两端设置限速、警示、禁止停车、禁止超车标志,设置禁止抛洒、随意丢弃垃圾标志。

(5)公路管理部门加强重点保护段道路的管理监控力度,一旦突发事故发生,做到及时发现,及时采取有效措施。

(6)在高速公路入口处设置危险品运输申报点,对申报危险品运输的车辆的准运输证、驾驶证和押运证等单独实施检查,必要时对车辆进行安全检查,并在车上安装危险品运输标志。

(7)对运输危险品的车辆实施安全监控,防止危险品运输车辆高速行驶、超车。如果运输量大,必要时进行交通控制,以减少事故率。

(8)充分发挥收费站、路政及公路巡警的监督检查和管理职能,对各种未申报又无危险品运输标志的罐车、筒装车进行检查,未按规定办理手续的车辆禁止进入高速公路。

(9)大雨、大雾天气禁止危险品运输车辆上路,车辆在相应的路段停车区待命。

5.3.4.3 项目实例

省级高速公路古镇线西乡至镇巴公路是陕西省高速公路网规划中18条联络线之一,为汉中市南部的一条纵贯南北、联系陕川两省的交通运输大通道。路线北起西乡县古城镇,途经西乡、镇巴两县,连接了国家高速公路包茂线(G65)和十天线(G7011),承担着两条国家高速公路联络线的功能。结合环评报告,项目全线河流均为Ⅱ类水体,为避免对沿线水资源造成污染和危害,全线通过沿线设置雨水径流处理系统对路基路面水进行集中收集,并经处理净化处理后再排入河道。

西镇项目多位于狭窄的沟谷,区域内水系发达,且项目位于南水北调上游水源补给地,对跨越集中式生活饮用水水源地及水源保护区Ⅱ类及以上地表水体等水环境敏感区的桥梁、路面,设置桥面、路面径流水收集系统,并设置处理池(图5-23、图5-24),对发生污染事故,特别是危险化学品车辆运输中危险化学品泄漏等可能造成水污染事故的桥面、路面径流进行处理,切实保护水环境。图5-25为桥面雨水径流处理系统。

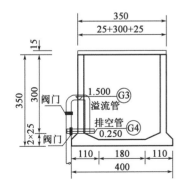
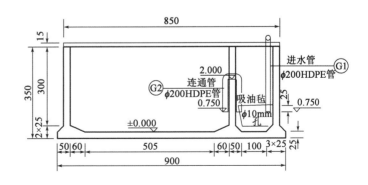

图 5-23 径流处理池断面(尺寸单位:cm)

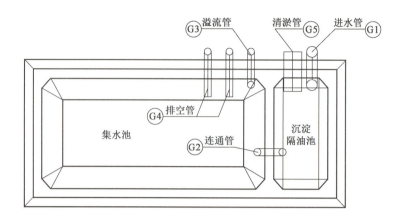

图 5-24 径流处理池断面

图 5-25 桥面雨水径流处理系统

由于沟谷狭窄,雨水径流系统布设困难,结合项目特点,为有效减小运营期桥面雨水对水源保护区的影响,将径流处理池设置于沟道两侧侧壁百年一遇设计水位以上,采用片石混凝土浇筑。

5.3.5 排水系统衔接

路基、路面排水设施有边沟、急流槽、纵向涵、渗沟、超高段、拦水带、中央分隔带等。各种设施相互配合衔接,以形成功能齐全、排水通畅的完整排水系统,从而形成完善的排水体系。除路基路面排水系统的相互衔接,还应注意与桥面排水、桥下排水、涵洞、隧道排水系统及自然冲沟等的相互衔接。图 5-26 所示为路基、路面排水系统设计平面图。

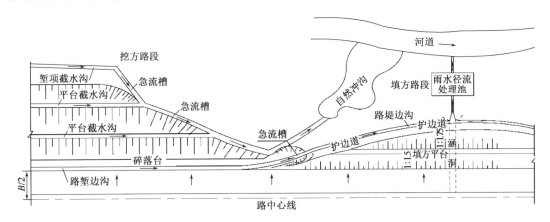

图 5-26 路基、路面排水系统设计平面图

秦巴山区多位于水源保护区,路面径流水需集中处理,边沟过涵洞时尽量通过加无泄水孔盖板引至雨水径流处理池,坡面及坡口外汇水通过堑顶截水沟、平台截水沟及破口外急流槽可直接排入冲沟。

路堑边沟在桥头时,注意与桥头护栏协调,应提前设置过渡段往外顺接,同时注意与桥头急流槽、桥下排水系统衔接。

第6章 桥梁涵洞设计

6.1 概　　述

高速公路平、纵线形指标高,在地形复杂多变的秦巴山区展线布设,往往需要修建大量的桥涵构造物以适应路线线形要求。

秦巴山区桥梁设计几乎涵盖了所有的桥梁类型,按结构体系划分,有梁式桥、拱桥、刚架桥、缆索承重桥(悬索桥、斜拉桥)四种基本体系;按主要使用材料划分,有混凝土桥(包括钢筋混凝土桥、预应力混凝土桥、圬工拱桥)和钢桥(包括钢管混凝土拱桥、钢-混凝土组合梁桥、钢箱梁桥);按定位功能划分,有跨越河沟桥梁、与道路及管线交叉桥梁和跨越深谷桥梁;按施工方法划分,有节段式预制拼装桥和整体式现浇桥。

对于秦巴山区涵洞的设计,有盖板涵、拱涵、箱涵、圆管涵、钢波纹管涵五大类型;从使用功能上来讲,有排水涵、灌溉涵、通道涵及管线保护涵。

秦巴山区高速公路桥梁占比高,桥涵所在区域地形、地质条件复杂,生态环保要求高,建设条件差,桥涵的勘察设计应更加精细化。桥涵的勘察设计主要包含桥位与桥型方案选择、水文勘测及计算分析、桥梁勘测设计、典型桥梁设计、钢结构桥梁应用、桥梁防护及排水和涵洞的勘察设计七个方面。西汉、西康、西商、西镇等多条高速公路的建成通车,成功攻克了秦巴山区高速公路桥涵勘察设计中的一个个技术壁垒,为桥涵勘察设计积累了宝贵经验。图6-1所示为西乡至镇巴高速公路泾洋河特大桥施工现场图。

图6-1　西乡至镇巴高速公路泾洋河特大桥施工现场图

6.2 总体设计原则

与平原地区相比较,由于山区的气候和气象条件的多变性,在考虑常规荷载的同时,还应注重考虑风荷载、流水压力及漂流物的撞击作用对桥梁产生的不利影响。

(1)稳定性:在一些受地形条件严格限制的路段,桥梁布设会出现高墩大跨结构,这种桥梁的整体刚度分配,构件的稳定性分析都是设计时的重难点,也是保证结构安全的关键因素所在。

(2)耐久性:桥梁设计在满足基本承载力的同时,还应考虑结构的耐久性设计,尤其是秦巴山区桥梁所处的气象、水文条件复杂,环境作用是引起其结构性能劣化的主要因素。对于混凝土结构桥梁,应根据结构的设计使用年限、结构所处的环境类别及作用等级,确定材料耐久性指标,减轻环境作用效应的结构构造措施、防腐蚀附加措施等。一些长桥所处位置和局部环境特点不尽相同,虽然同属一类环境类别,但各构件所属的环境作用等级有所差别,还需要分区、分部位进行耐久性设计。对于钢结构桥梁,防腐处理要求更高,养护管理更加困难。

(3)结构选择:秦巴山区高速公路的桥梁设计在桥梁选型时应尽量采用桥面连续结构的预制梁、连续现浇梁或刚构体系,避免在桥梁上设置过多的伸缩装置,以减少车辆的冲击力和振动,充分展现现代高速公路快速、便捷及舒适的特点。由于山区运输条件差,运距大,材料的选择应充分利用现场有利条件,就地取材。区域位置的特殊性使得施工场地布设及大型机具使用都受到较大限制,从施工方案的适用上来讲,山区大、中跨径的桥梁在预制条件成熟时,宜采用预制构件;特大、大跨径桥梁和小半径平曲线桥梁应尽量采用现浇施工方法。

(4)环境相适:秦巴山区植被茂密,生态环境优美,水源保护地众多,要与自然环境相协调,充分应用美学设计,努力做到"车从山中过,人在画中游"。桥梁设计应充分考虑对自然环境的保护,合理布孔,桥台位置和桩顶横系梁的布设应尽量减少对山体的开挖,避免植被的破坏和自然环境的失衡。在施工及后期运营期间,都需采取工程措施减少对河流的污染,使污染降低到最低程度。

(5)经济性:山区高速公路工程的造价较平原区昂贵许多,对于本就处于经济欠发达的秦巴山区,所选桥型的造价是否合理是一个非常现实的问题,所以山区桥梁的设计对经济性指标的控制有了更高的要求。在初步设计阶段,就应该依据工程的地理环境和项目的特点进行多方案的技术经济指标论证,获得较优的桥梁设计方案,从而节约工程费用。

因此,秦巴山区高速公路桥梁设计应按照安全、耐久、适用、环保、经济和美观的原则,考虑因地制宜、就地取材、便于施工和养护等因素,进行全寿命周期设计。

6.3 桥位选择

秦巴山区高速公路的桥位选择总原则是：大、中桥严格服从路线线形布设，特殊大桥、特大桥等大型工程做同深度的多方案桥位比选，并以其为控制点，总体上达到与路线走向一致，做到路、桥综合考虑，衔接合理。桥位选择时，各个可比选的方案应进行详细调查和勘测，并根据实际需要对桥址区做必要的工程地质勘探和水文地质分析工作，同时应考虑桥位布设对其周围环境的影响，充分征求地方政府有关部门的意见，经全面分析比选，确定推荐方案。

6.3.1 桥位选择考虑的主要因素

1）地形、地物及地貌

秦巴山区桥梁由于所处的地形、地物、地貌等均较复杂，所以在桥位选择时应尽量位于两岸有山嘴或高地等河岸稳固的河段，对水流较小的河流或旱沟，应与沟、谷轴线尽量正交，避免桥位附近有山嘴、石梁、沙洲等阻水地形的地段。尽量避免桥位处地面、地下既有重要设施的拆迁。要注意与山区自然环境相协调，保护生态环境，使桥位通过处的自然环境破坏减少到最低。

2）工程地质

秦巴山区工程地质构造复杂多样，桥位应选在基岩和坚硬土层或埋藏较浅、地质构造简单、地基稳定处，应尽量避开活动断层、滑坡、泥石流、强岩溶等不良地质地段。

3）水文及航运

河流水文、通航条件也是桥位选择中不可或缺的因素之一。秦巴山区桥梁一般情况下不受水文及通航条件限制，且桥长不受水文条件控制。

4）气象及地震

对于大桥或特大桥工程，桥址附近的风向、风速，以及桥址附近有关地震的资料都应充分考虑。

6.3.2 桥位选择的方法

1）跨越沟谷

秦巴山区地形变化大，降雨丰富，其河流往往呈现出沟谷深、水流急、河滩窄的特点。在水量大、水流急的山区峡谷河段，水中设墩难度大，宜采用一跨跨越的桥梁方案。对水流较小的河流或旱沟，桥墩布设应尽量避开沟心，避免雨季水流、泥石对桥墩冲刷。

2)变迁性河段

为了服从路线总体布局,有时桥梁将会从山前变迁性河段上跨越,桥位宜选在两岸与河槽相对比较稳定的狭窄河段上,若必须跨越扩散段时,也应选在摆动范围比较小的河段上,且与洪水流向总趋势正交。

3)山前冲积漫流河段

在山前冲积漫流河段上,桥位宜选在上游狭窄或下游收缩段上,不宜选择中游扩散段,如必须通过中游扩散段时,宜采用一河多桥方案,且使各桥位大致在同一等高线上。

4)泥石流地区

对于泥石流地区的桥位选择应采取绕避的方案;当路线必须通过泥石流地区时,桥位应选在沟床稳定的流通区的直线段上,且桥轴线应与主流正交,不应选在沟床纵坡由陡变缓、断面突然收缩或扩散段以及弯道的转折处;当路线通过泥石流堆积扇时,桥位应避开扇腰、肩顶部位,并尽量选在肩缘尾部,路线应沿等高线定线,桥梁宜分散设置;如堆积扇受大河水流切割时,桥位选择应考虑切割发展,留有一定的余地。总路线通过泥石流堆积扇群时,桥位宜选在各沟出山口处或横切各扇缘尾部。

5)跨岩溶地区

秦巴山区桥梁在遇到强岩溶地区时,桥位应以绕避为主,并考虑选在弱岩溶地区;若必须在强岩溶地区设桥时,则应选在岩层比较完整、洞穴顶板厚度尺寸足够处;当路线跨越岩溶地区时,桥位应避开构造破碎带,无法避开时,应使桥位垂直或以较小的斜交角通过,桥位应避开巨大洞室和大竖井;岩溶塌陷区的桥位应选在覆盖层较厚、土层稳固、洞穴和地下水位稳定处,如塌陷范围小,可用单跨跨越。

6)跨水库桥位

在选线时难免要遇到一些大、中型水库,所以桥位选择时应充分考虑水库的影响,并考虑因修水库而引起的河流状态的改变,以及可能产生的各种不利因素。桥位位于水库上游回水范围以内时,应选在库面较窄、岸坡稳定、泥沙沉积较少的地段;在水库下游时,桥位应选在下游集中冲刷影响范围以外。

6.3.3 桥位方案比较

1)桥位方案比较原则

桥梁各桥位方案比较必须做到资料齐全、真实准确,方案比较必须在同等设计深度的前提下进行全面比较。

2)应综合考虑的主要因素

(1)应考虑工程建设费、维修养护费和运营费的总和为最少。

(2)有较好的施工场地的布置和材料运输条件。

(3)应使桥头引道和调治构造物的技术指标达到最优、工程量达到最省。

(4)应优先选用具有良好水文、工程地质条件的方案。

(5)注重环境保护,避免墩台处大量填挖,桥梁美观,与周围自然环境相协调。

6.4 桥型方案选择

秦巴山区地形、地貌状况较为复杂,而高速公路对线形要求严格,为了满足总体路线的布设,需要修建大量的桥涵构造物。桥涵构造物设置的合理性、桥型方案的适用性、施工方法的可行性、自然环境的保护性及工程造价的经济性都需要进行多方案的比较与选择,以期获得最优化的设计方案。

6.4.1 上部结构选择

秦巴山区桥梁常规桥型要满足"结构安全、使用舒适、经济性好、施工养护容易、造型优美与自然环境相协调"的原则。

1)高架桥

(1)大中跨径桥梁上部结构宜优先使用预应力混凝土,选择先简支后连续的结构,交通量不大时可采用桥面连续结构,墩高较高时可考虑墩梁固结的结构。

(2)上部结构形式一般采用预应力小箱梁,跨径较小、净空高度受限时也可采用空心板。预应力小箱梁适用的跨径有20m、25m、30m、35m、40m,特殊情况下也可采用50m跨径。空心板适用的跨径有10m、13m、16m,斜交角度不宜大于30°。

(3)跨越V形沟谷且桥墩较高时,可结合平面线形、地质条件考虑采用连续刚构桥或拱桥。

2)跨河桥

(1)在水流相对平缓的河段,宜采用标准化跨径装配式小箱梁,方便施工,工期短、造价低。位于河道中的桥墩、桩基设计除考虑冲刷影响外,还应考虑防冲撞、磨蚀等措施。

(2)在水量大、水流急的河段,宜选择大跨径桥梁一孔跨越主河槽。如地质较好时可选用拱式结构,地质一般时可选用连续刚构桥。

(3)跨越电站库区的桥梁宜根据桥位处地形、水深、水位变化等综合因素,选用高墩梁桥、连续刚构桥、悬索桥、斜拉桥等结构,并注意水位变化对岸坡的影响和岸坡稳定对桥梁的影响。对跨越水源库区的桥梁,应注意做好桥面排水的收集工作,以便集中排放,防止桥面污水污染水源。

3)跨线桥

(1)互通式立交区主线桥梁等宽或宽度变化较小时,一般可采用装配式梁桥,较大半径等宽或宽度变化较小的匝道也可采用装配式梁桥。半径较小或桥宽变化较大的宜采用现浇梁桥。

（2）被交道路为已有交通流量较大的干线公路或高速公路时，桥型的选择及施工方案应考虑尽量减少施工对桥下交通的影响，并制定切实的保通、安全措施。

（3）独立的跨线桥是公路的窗口及风景线，对整条公路的景观及评价有十分重要的作用。

6.4.2 下部结构选择

秦巴山区桥梁下部结构及基础的选择主要取决于上部结构采用的结构形式、沟谷河流的形态断面及工程地质等条件。对于常规桥梁，下部结构桥墩根据桥梁跨径及墩高的不同，一般采用柱式墩、框架墩、空心薄壁墩；桥台根据地质情况，一般采用桩柱式、肋板式埋置桥台或重力式U形台。

1）桥墩

柱式墩的墩高一般不超过40m，墩柱断面可采用圆柱或方柱。一般情况下优先选择圆柱墩，多采用双柱墩。

柱式墩系梁一般在10~15m设置一根横系梁。当柱高$H \leqslant 5m$时，一般不设置系梁（当地质较软时，可增加桩顶系梁）；当$5m < H \leqslant 10m$时，设置底系梁；当$10m < H \leqslant 25m$时，设置底系梁及一根柱间系梁；当$25m < H \leqslant 40m$时，设置底系梁及两根柱间系梁。

秦巴山区桥梁底系梁设置应根据地形横坡进行。当地形横坡较缓时，底系梁应设置于桩顶；当地形横坡较陡时，应考虑生态环境保护，尽量减少边坡开挖，避免由于边坡开挖引发地质灾害，破坏自然环境，墩柱宜按高低柱设置，底系梁设置于矮柱柱底。

墩柱布设于河沟处时，应根据河流水文对墩柱进行防护。河流携沙较多、无大块石者，为防止泥沙对墩柱磨蚀，适当增加混凝土保护层厚度，并增设钢筋网；若河流中大块石较多，为防止石块对墩柱冲撞，应增设导流堤或钢护筒、混凝土套筒等，如图6-2所示。

图6-2 增设钢护筒保护墩柱

空心薄壁墩一般采用矩形截面钢筋混凝土结构，一般适用于墩高不小于40m以上桥墩，施工可采用滑模施工。由于墩身钢筋配置较多，施工精度要求较高，且这种墩型一般采用群桩基础，位于纵横坡较陡处，承台位置的合理性非常重要。承台埋置深度应结合地形地质条件合理确定，应避免深埋后的大量开挖，一般采取半露半埋形式，若不可避免需要进行高边坡开挖，应边挖边防护，避免引发较大的地质灾害。空心薄壁墩若设置于沟心（沟边），且可能会有泥石、块石冲撞时，应对墩进行防护或设置拦沙坝、改沟等措施，避免桥墩受损。

桥墩基础一般采用桩基础，当地质较好、覆盖层较浅时，宜采用扩大基础。

秦巴山区地形地质较为复杂,大部分桥墩位于斜陡坡地段,桩基长度设计时要注意有效桩长计算,一般桩中心至地面边缘 2 倍桩径以上桩长不能计算为有效桩长;当墩位处有滑坡或崩塌体而桥位或墩位无法避让时,应先处置(采用清方卸载、施打抗滑桩等措施)滑坡或崩塌体,确保其稳定后才能进行桩基施工。

桥位处采用扩大基础时,基础底面前缘至山坡基岩的水平距离一般不应小于 2～3.5m(根据岩石软硬及节理发育程度、岩石走向确定),桥梁跨径越大,桥墩越高,基础边缘越要远离山坡坡面。若墩位于冲刷严重的河谷陡岸边、地形起伏大使扩大基础开挖相互干扰处,应避免采用扩大基础,改为桩基础。墩位处有滑坡、岩堆或残积层较厚、坡体较破碎时,不能采用扩大基础,应采用桩基础。

2)桥台

桥台一般采用桩柱式、肋板式埋置桥台或重力式 U 形台。重力式桥台一般采用片石混凝土或浆砌块片石等圬工材料,构造简单、施工方便,适用于基础地质较为均匀、场地较为稳定、承载力较高的地段。当桥台位于地面纵横坡较陡且基岩覆盖层较浅时,扩大基础底面可做成台阶,每台基础长度一般不小于 1.5m,高度不大于 1m,台阶斜线倾角一般为 20°～30°;当基岩坚硬完整且条件适应时,将台帽直接置于基岩,可不设置台身及基础。

地面横坡较陡时,桥台长度应根据地形设置,伸入挖方段长度一般不应大于 1～2m。若位于填方段,横坡太陡,台后锥坡难以设置,应延长侧墙长度或接路肩墙至挖方段;若台后接路肩墙,桥台长度可由锥坡不超过桥台前墙控制,左右两侧侧墙可采用不等长。

地质较软或覆盖层较厚时,宜采用桩柱式或肋板式埋置台,当桥台高度不大于 5m 时,宜采用桩柱台,否则采用肋板台。采用桩柱式桥台时,要求先进行台后路基填土,并应分层压实满足路基压实度要求,达台帽高度后才能进行桥台桩基施工,确保桩基安全。施工中往往是先施工桩基,再进行路基填土,若填土较高且施工时不注意,只从一边填土,则会造成桩基承受附加水平力。因此一定要按照设计施工顺序进行。采用肋板台时,若桥台较高,肋板承台可适当提高,以降低桥台高度。

所处地形纵横坡较陡且采用埋置台设置锥坡较为困难时,若条件允许,应先考虑适当增加桥梁长度,使桥台能进入挖方段。若仅为单侧露土,则可取消该侧耳墙直接与路肩挡土墙相接。

6.5 水文勘测及计算分析

秦巴山区地理位置西起青藏高原东缘,东至华北平原西南部,地势西高东低、南北高中部低。气候类型多样,垂直变化显著,有北亚热带海洋性气候、亚热带向暖温带过渡性季风气候和暖温带大陆性季风气候,年均降水量 450～1300mm。地表多为基岩,山高坡陡,河流深切,在少数大河两侧或山间盆地有冲积物组成的河流阶地。水系受构造控制,多呈网格状或平行状。

秦巴山区降水较丰富,地形变化大,河流密布。河流分属长江、黄河两大水系。

6.5.1 水文调查与勘测

1）山区水文气象特征

山区地面自然坡度较陡,沟壑纵横交错,降雨后雨水会迅速流向低洼沟壑处,坡面汇流时间较短。山地间地面高差大,气候随着海拔高度的变化而变化,除受季节变化影响外,多变的气象、突降暴雨等都将会导致河流水位的暴涨。

2）暴雨洪水特征

山区河流多以季节性水源为主,岩层裂隙水、毛细水为辅,在旱季或非雨季河流一般呈涓涓细流,甚至干枯无水。河床下切发育,河谷地面纵坡大,雨季及汛期洪水发生时水流湍急,涨落幅度大,具有"暴涨暴落"的特点。

3）水文资料

水文资料是河流水情变化的记录,是进行水文分析和计算的基础。水文资料主要来自3个方面,即水文观测资料、洪水调查资料和文献考证资料。

（1）水文观测资料

受河流水文站分布数量及观测资料有限等因素的制约,实际工作中绝大多数中小型河（沟）无实测资料,更多的是寻求通过洪水调查和查询文献考证资料来获得所需要的水文资料。同时应对上述收集到的资料的可靠性、一致性、代表性进行分析评价,有选择地应用于水文分析计算。

（2）洪水调查资料

洪水调查主要是在桥位上、下游河道调查历史上各次较大洪水水位,确定洪水比降,推算相应的历史洪水流量作为水文分析计算的依据。洪水调查应深入群众,细心访问沿岸居民,确定历史洪水的淹没位置、发生的年月及大小顺序。历史洪水的淹没位置可由年纪稍大、思维正常的目睹者亲临现场指认,最好能由多人（超过两人）在两岸不同位置指认,测定位置和高程,以便相互校核,确保资料可靠一致。

历史洪水位相应洪水流量可按水力学中明渠均匀流复式断面的方法进行计算。流量计算所需的形态断面应尽量靠近调查的历史洪水位,但距桥位不能太远,同时,水文断面与桥位之间应保证既无支流汇入又无分流。如果调查的历史洪水位不在形态断面上,应按洪水比降（若无实际的洪水比降,一般采用水面比降代替）把历史洪水位的高程换算到水文断面上,再进行流量计算。

（3）文献考证资料

历史上留下了许多的地方志,如省志、府志、县志、河志及其他历史档案。通过查阅和考证历史文献,一般可查到近百年或更长时期内洪水发生的年代、次数和灾害情况,为洪水调查提供线索。虽然历史文献记载多为灾情的一般描述,缺少洪水流量方面的资料,但是可以利用文献记载的灾情严重程度、灾情范围和洪水深度等,与调查或实测的洪水泛滥情况作对比分析,估计历史洪水流量数量的数值范围或大小顺序,为水文分析计算提供依据。

对于河道上既有的构造物如堤防、闸坝、水库、桥梁等设施进行调查,搜集其水文参数及工程设计等相关资料,以便对计算资料进行分析核对、相互验证。

4) 水文勘测

水文勘测目的是搜集水文控制的桥涵有关水文资料,据以确定跨河线路高程、桥墩形式、孔跨大小和基础埋置深度。勘测主要内容有地形图测绘、流域面积、水文断面、水面比降(河道纵坡)、洪痕及洪水比降测量、既有桥涵及水工构造物的控制测量等。

(1) 地形资料包括地形图,航摄图片,水准点的位置、高程及高程系统,三角点、导线点的坐标和方位角等资料。

(2) 利用1∶10000、1∶50000等地形图绘制沿线流域水系图,勾绘或测量桥涵所在地的流域面积。调查桥址附近的河床及河岸变迁资料,流域内有关水文测站历年实测的最大流量及其相应的水位、流速、糙率、水面坡度、测流断面和水位流量、水位流速关系曲线等资料。

(3) 水文断面测量。每个桥位至少应施测两个水文断面。断面位置应根据河段特征、水文情况和洪水位的分布密度确定。当桥位断面符合水文断面条件时,水文断面位置可采用桥址断面。

水文断面宜选在水流顺直、河床稳定、冲淤变化小、岸坡稳定的河段上,且宜与主槽及河滩流向垂直。测量范围应高于最高历史洪水位2~5m。漫滩较宽的河流可测至最大历史洪水边界。

断面测量时,测点除断面内地形变化点外,其余均按间距不大于10m控制。测量时应现场调查标注河槽与河滩位置及相应的糙率。

(4) 比降一般指洪水比降,在无法搜集测量到洪水比降时,可采用实测河流水面比降或河道纵坡以代替洪水比降。

测量时一般选择在桥址或水文断面处沿河流一岸流动的长流水水面实测,不应选在死水或干枯河岸进行实测。若无长流水时,实测河床地面纵坡作为河流比降。

测量长度下游不应小于1倍的河宽,上游不应小于2倍的河宽。在弯曲河段或当设计需要时,应在两岸同时测量。

6.5.2 设计洪水分析与计算

根据区内河(沟)的具体情况可分为:对于较大河流(沟)且有水文站实测洪水流量观测成果时,采用水文站流量观测资料的样本的统计参数,按理论频率曲线(一般选用皮尔逊Ⅲ型分布曲线)推算给定频率的设计流量;对于较小河(沟)且无水文站时,可采用实测和调查历史洪水资料,利用面积和洪峰流量建立的经验关系(即经验公式)计算。

6.5.2.1 设计流量的计算

1)利用实测流量系列资料推算设计流量的方法

该方法适用于较大河流且有水文站实测流量的河流。具体为先根据流量观测资料系列确定统计参数,然后根据水文站流量观测资料的样本的统计参数,按皮尔逊Ⅲ型分布曲线推算给定频率的设计流量。皮尔逊Ⅲ型分布曲线的统计参数为平均流量 $Q(x)$、变差系数 C_v 和偏差系数 C_s;频率统计参数计算可采用求矩适线法。采用三点适线法、绘线读点补矩法计算洪水流量系列的均值 Q、变差系数 C_v 和偏差系数 C_s 的初算值,点绘理论频率曲线与实测流量经验频率点并做比较,如吻合程度不理想,可调整 C_v 和 C_s 值,使二者基本吻合。

计算洪水频率时,实测洪水流量系列不宜少于 30 年,且应有历史洪水调查和考证资料。实测洪水流量系列的插补延长年数不宜超过实测洪水流量的年数,并应结合气象和地理条件作合理性分析。

2)利用历史洪水频率推算设计流量的方法

桥位上下游无水文站观测资料或观测年数太少时,往往不能得到可靠的统计参数,此时可利用洪水调查资料计算洪水流量,再根据洪水流量来推算设计流量。

(1)当调查的历史洪水位处于水面比降均匀、河道顺直、河床断面规整的稳定均匀流河段时,可按相应的公式计算历史洪水流量。

(2)当调查洪水位处于河床断面形状和面积相差较大的稳定非均匀河流段时,可按相应的公式计算历史洪水流量。利用历史洪水流量推算设计流量,应遵循以下原则:

①历史洪水流量不宜少于两次,C_v 和 C_s 值应符合地区分布规律,如出入较大,应分析原因,作适当调整。

②当有多个历史洪水流量能在海森概率格纸上点绘出经验频率曲线时,可根据调整后的频率曲线参数计算设计流量。

③当各次历史洪水流量不能在海森概率格纸上点绘出经验频率曲线时,可按下列步骤计算设计流量:

a.参照地区资料,选定 C_v 和 C_s 值;

b.计算平均流量;

c.计算设计流量。

3)地区内各地区经验公式法计算设计流量

该方法适用于小流域且无水文站的河流。水文现象受气候和自然地理因素的影响,具有明显的地区性特征。跨越中、小河流的桥梁,在缺少水文站观测资料时,可根据地区的水文经验公式或采用暴雨资料推求计算水文参数和流量。一般可向当地水文部门调查,也可查阅当地的《水文年鉴》和反映地区性水文参数的《实用水文手册》,确定相关的计算参数,进行设计流量的计算。

陕西省秦巴山区共包含宝鸡地区、汉中地区、安康地区、商洛地区、西安地区、渭南地区,对不同的地区选择不同的区内洪峰流量经验公式。

4)推理公式法推求设计流量

暴雨是形成洪水的主要因素,在假定设计暴雨与设计洪水的频率相应和暴雨全面积笼罩的前提下,分析产流和汇流过程,进而推求设计洪峰流量。

此方法是计算小流域设计洪水最常用的方法,计算较为烦琐,详细计算可参照各区《实用水文手册》计算。

6.5.2.2 设计流量计算关键问题

1)采用观测流量计算设计流量时,应根据洪水调查情况对水文站观测系列流量进行插补、延长。

2)选取 C_v、C_s 时应根据区域水文站资料、各地区分布情况及水工构造物计算资料参照选用。

3)采用经验公式或推理公式计算设计流量时,必须采用洪痕调查点或既有构造物设计流量进行验证,采用设计流量与验证流量误差需控制在5%之内。

6.5.2.3 设计水位的确定

1)确定形态断面

通过对测区路段现场勘察及历史洪水情况调查,结合设计资料分析,最终确定形态断面。

2)洪水比降计算

历史洪水水面比降数据一般难以采集,故采用实地测量的水面比降代替洪水比降。每个形态断面均有一组实测的水面比降资料。

3)糙率系数确定

糙率系数 n 值综合反映了各种因素对水流阻力的影响,这些因素包括床面粗糙程度(粒径大小和级配)、床面形态(沙文、沙垄、沙波及床面地形)、断面形状、纵坡的变化、植被及障碍物的存在等。一般首选当地水文站或水利部门实测 n 值或 $1/n$ 值。为了计算简便,可参照按实测资料编制的糙率系数和由高冬光主编的《桥位设计》(第二版)表5-4-1、表5-4-2中的数据进行试算,并采用历史洪水调查资料反算结果来校核。

4)设计水位计算

根据河段调查及实测水文断面资料,采用谢才-曼宁公式进行涉河桥梁或路基工程河道断面设计洪水位计算。

利用谢才-曼宁公式推求断面处水位-流量关系曲线,其计算公式见式(6-1):

$$Q_p = \frac{1}{n}AR^{\frac{2}{3}}i^{\frac{1}{2}} \tag{6-1}$$

式中:Q_p——控制断面处设计频率为 P 的洪峰流量(m^3/s);

n——控制断面处河段河道糙率系数;

A——控制断面处断面面积(m^2);

R——控制断面处水力半径(m);

i——控制断面处高水位时的水面比降。

断面处计算设计流量对应的设计水位采用试算法,其流程如图6-3所示。

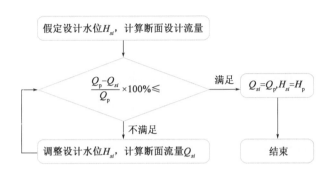

图6-3 试算法计算设计水位流程图

实际计算时可根据假定的设计水位和实测河流断面、比降数据等,采用 Excel、Visual Basic 语言或其他编程语言编制程序进行计算。

根据设计流量反算设计水位,用推算设计水位与调查历史洪水位相互印证。根据实地调查的河床的地质、地形、植被等情况和所调查洪痕资料,通过查表和反算滩槽的糙率系数,进而验算河段糙率系数取值。

6.5.3 桥面高程确定

1)桥面高程的确定方法

设计水位是公路工程确定路线纵断设计的重要依据。因此合理确定桥面最低高程是工程设计的关键。依据《公路工程水文勘测设计规范》(JTG C30—2015),按下列内容确定桥面高程。

(1)桥面最低点高程按设计水位计算应按式(6-2)计算:

$$H_{\min} = H_s + \sum \Delta h + \Delta h_j + \Delta h_0 \tag{6-2}$$

式中:$H_{\min}$——桥面最低高程(m);

H_s——设计水位(m);

$\sum \Delta h$——考虑壅水、浪高、波浪雍高、河湾超高、水拱、局部股流壅高(水拱与局部股流壅高不能同时考虑,取其大者)、河床淤高、漂流物高度等诸因素的总和(m);

Δh_j——桥下净空安全值(m),见表6-1;

Δh_0——桥梁上部构造建筑高度(m),包括桥面铺装高度。

不通航河流桥下净空安全值 Δh_j 表6-1

桥梁部位	按设计水位计算的桥下净空安全值（m）	按最高流冰水位计算的桥下净空安全值（m）
梁底	0.50	0.75
支座垫石顶面	0.25	0.5
拱脚	0.25	0.25

注：1. 无铰拱的拱脚，可被洪水淹没，淹没高度不宜超过拱圈矢高的三分之二；拱顶底面至设计水位的净高不应小于1m。
   2. 山区河流水位变化大，桥下净空安全值可适当加大。

(2) 桥面最低点高程按设计最高流冰水位计算应按式(6-3)计算：

$$H_{\min} = H_{SB} + \Delta h_j + \Delta h_0 \tag{6-3}$$

式中：H_{SB}——设计最高流冰水位(m)，应考虑床面淤高。

(3) 通航河流的桥面设计高除应满足不通航河流的要求外，尚应符合式(6-4)要求：

$$H_{\min} = H_{tn} + H_M + \Delta h_0 \tag{6-4}$$

式中：H_{tn}——设计最高通航水位(m)；

H_M——通航净空高度(m)。

2) 设计高程确定的关键因素

(1) 山区河流河床比降大、河道弯曲、断面宽窄变化较大，岔流、支沟较为常见，因此注重水文断面的布设。路线位于沿溪线的路段，应整体考虑路基、桥梁、隧道等构造物处水文断面的控制性布设。

(2) 加强壅水、浪高、波浪壅高、河湾超高、水拱、波浪爬高、河床淤高、漂流物高度的调查与计算，合理确定其取值的合理性。

(3) 根据多年来在秦巴山区公路工程勘察设计的经验及对既有桥梁调查情况可知，秦巴山区桥下净空安全值取1.5m较为合理。

(4) 对于沿河纵向桥，应考虑桥梁盖梁对水位的影响。

(5) 根据秦巴山区河流比降大、河道弯曲等特点，在确定的路线走廊带内同一河道上确定设计高程时，应根据断面绘制河床地面线、设计水位线、桥面或路基边缘最低点高程线，以便路线设计高程满足洪评要求。

6.5.4 墩台冲刷深度的确定

桥梁墩台附近床面总的冲刷深度是河床演变自然冲刷、一般冲刷和局部冲刷的总和。在洪水冲刷过程中，上述三种冲刷是交织在一起同时进行的。但是，为了便于分析计算，一般将三种冲刷深度分别计算，然后再叠加，而且假定局部冲刷是在一般冲刷完成的基础上进行的。

虽然一般冲刷的计算结果包括了部分自然冲刷，但对位于水库上游的桥梁或水土流失严重、床面逐年淤高河段上的桥梁以及其他冲刷严重的特殊河段上桥梁的河床演变，应通过调查、分析来确定。

6.5.4.1 冲刷计算

对于墩台的一般冲刷和局部冲刷,《公路工程水文勘测设计规范》(JTG C30—2015)按非黏性土河床和黏性土河床给出了河槽和河滩的计算公式。实际工作中一般按给出的公式计算即可。对于岩石冲刷,可根据岩石类别按《公路工程水文勘测设计规范》(JTG C30—2015)附录 D 分析确定。

6.5.4.2 墩台基础最小埋置深度

(1)在确定桥梁墩台基础埋置深度时,除应该根据桥位河段具体情况,取河床自然演变冲刷、一般冲刷、局部冲刷的不利组合确定外,尚应满足《公路桥涵地基与基础设计规范》(JTG 3363—2019)第 5.1 节的规定。

(2)非岩性河床天然基础墩台基底埋深安全值按表 6-2 采用。

基底埋深安全值　　　　表 6-2

冲刷总深度(m)		0	2	10	15	20
安全值	大、中小桥	1.5	2.0	2.5	3.0	3.5
	特大桥	2.0	2.5	3.0	3.5	4.0

注:1. 总深度为自河床面算起的河床自然演变冲刷、一般冲刷与局部冲刷之和。
    2. 表列数字为墩台基底埋入总冲刷深度以下的最小值。设计流量、水位和原始断面资料无十分把握或河床演变尚不能获得准确资料时,其值可适当放大。
    3. 桥位上下游已有已建桥梁或旧桥改建时,应调查旧桥的特大洪水冲刷情况,新桥墩台基础埋置深度应在旧桥最大冲刷深度上酌加必要的安全值。

(3)岩石河床墩台基底最小埋置深度。

岩石河床墩台基底最小埋置深度应考虑基岩的可能冲刷,根据岩石的坚硬程度、胶结物类别,风化程度、裂隙、节理发育情况等,参照表 6-3 通过分析选用。

岩石地基桥墩冲刷及基底埋深参考数据表　　　　表 6-3

岩石类别	极限抗压强度(MPa)	岩石名称	最大冲刷深度(m)	建议埋入岩面深度(按施工枯水季平均水位至岩面的距离分级)(m)			备注
				$h<2m$	$2m \leqslant h \leqslant 10m$	$h>10m$	
软质岩 II_1	5~15	黏土岩、泥质页岩等	0.4~2.0	2~3	3~4	4~5	取上限
软质岩 II_2	15~30	砂质页岩、砂页岩互层、砂岩砾岩等	0.4~1.25	1~2	2~3	3~4	取下限
硬质岩	>30	板岩、钙质砂岩、石灰岩、花岗岩、石英岩等	0.4~0.7	0.2~1.0	0.2~2.0	0.5~3.0	取上限

注:1. 使用时应以岩石强度作为选用表中数值的依据,不以岩石名称作为依据。
    2. 表中埋深数值系岩面算起,包括风化层部分,已风化成松散砂粒或土状的除外。
    3. 表中建议埋深指扩大基础埋深,如用桩基可作为最大冲刷线位置。
    4. 表中未考虑泥石流冲刷作用,泥石流冲刷深度按 1~3m 考虑。

4)冲刷对桥涵基础设计影响及措施

对区内已建成运营的高速公路调查可知,桥梁墩台基本未发生基础(扩大基础或墩台防护基础)悬空、桩基外露现象,桥梁桩基外露、悬空多有发生。

造成桩基系梁外露主要原因有以下几点:山区河流大,冲刷明显,河床沙在洪水作用下被携带走,加之人为因素如河道采砂、疏浚河道等,加速河床下切;山区河道建桥施工桩基一般采用筑岛围堰法,由于桩顶、系梁在施工时受到地形、地质、水文、技术等因素限制,实际施工时将桩顶抬高现象普遍发生,导致桩顶系梁埋深不足,在洪水冲刷作用下发生外露;水文冲刷深度计算时采用经验公式,只考虑了洪水冲刷影响,未考虑人文因素影响。

应加强桥址河道段水文调查,在采用冲刷深度确定基础埋深时应结合河段人文因素的影响,合理确定基础埋深;对于变迁型河道,基础埋深时应根据水文调查主河槽搬动情况,合理确定现状河道内桥梁墩台桩基系梁(承台)的埋置深度;对于河道中桥墩桩基顶部,为了确保其浇筑质量计在不可抗拒因素下桩顶外露部分的质量,在山区公路桥梁桩基设计时增设桩顶钢护筒的永久防护措施,确保桥梁的安全。

6.6 桥梁勘测设计

高速公路桥梁一般可以分为跨越河沟桥梁和与道路及管线交叉桥梁两大类,这两类桥梁的勘测要点、桥孔设计又不尽相同。跨越河沟桥梁主要对地形、地质及水文进行勘测,为桥梁设计提供翔实可靠的依据。与道路及管线交叉桥梁主要征求相关管理单位及政府部门意见,根据规范相关要求进行桥梁设计。

6.6.1 跨越河沟桥梁

6.6.1.1 勘测要点

1)地形测量

一般山区地形都比较复杂,山高谷深,沟壑纵横,坡陡流急。而高速公路技术指标要求高,路线走向大多以横穿山岭或沟谷形式通过。地形测量在山区高速公路前期工作中至关重要。地形测量的成果主要是得到各种不同比例尺的地形图。测绘范围应能满足桥梁孔径、桥头引线和调治构造物的需要。为了给设计者提供详尽的设计资料,一般初步设计阶段和施工图设计阶段地形图采用1∶2000比例尺地形图。

2)水文信息确定

根据已调查得到的水文资料及计算分析资料来确定设计流量、流速等资料。

3)桥位测量

桥位测量的内容主要包括桥位平面控制测量、桥梁纵断面测量、横断面测量等工作。

(1)平面控制测量。大桥、特大桥一般要求沿桥轴线在起、终点埋设 1~2 个桥位桩,特大桥至少埋设 2 个桥位桩,桥位桩也兼作平面控制点和水准点。

(2)桥梁纵断面测量,在山区特别要注意桥轴线纵断面与横断面的综合考虑,由于山区地形起伏较大,尤其是横向高差较大,桥梁纵断面测量要测设路线中心线、路线左边线、路线右边线三条线的纵断面。

(3)横断面测量,山区地形复杂,对应路线中心桩号均需进行横断面测量,特别是桥梁墩台所在位置,更应增加横断面测量,为桥梁墩台基础顶面设计高程的确定及桥梁孔径的布设提供依据。

4)桥梁落墩位置勘测

山区桥梁落墩位置选择主要是由地质和地形地貌方面的要求确定的。除按《公路桥涵设计通用规范》(JTG D60—2015)的有关规定执行外,尚应注意以下几个方面的原则:

(1)山区冲沟发育,沟壑纵横,桥梁落墩位置宜选在坡体稳定、地基条件良好和冲沟稳定不易坍塌的地段,特别是桥台伸入山体路基时,应避开不稳定坡体、滑坡等不良地质地段,并应考虑有无岩溶滑坡和泥石流等不良地质影响。

(2)桥梁落墩位置应避开平行于桥轴线方向的大断裂带,尤其不可在具有活动性的断层上建桥。

(3)桥梁落墩位置宜选在沟岸较低、冲沟较窄、抗冲性强、比较稳定的地段,桥梁落墩位置应与路线配合,并应注意沟岸防护和调治构造物的设置。

(4)桥梁落墩位置应避开黄土陷穴、溶洞和洞穴易于崩体、潜蚀、顶冲以及发育不稳定的地段。

(5)当桥梁必须经过有滑坡等不良地质现象的地段时,应结合不良地质现象的规模,先行治理,然后进行桥梁施工。

6.6.1.2 桥孔设计要点

1)桥孔长度

桥孔设计长度应满足《公路工程水文勘测设计规范》(JTG C30—2015)中第 7.2.1 条计算的最小净长度,尚应结合桥位地形、河床地质、桥前壅水、冲刷深度和台后填土高度等情况,进行不同桥长的技术经济比较,综合论证后确定。

2)桥跨布设

(1)桥跨布设应与天然河流断面流量分配相适应,桥孔不宜压缩河槽。

(2)在设有防洪堤的河段上,桥跨布设应避免扰动现有河堤。与堤防交叉处宜留有防汛抢险通道。

(3)在断层、陷穴、溶洞、滑坡等不良地质地段不宜布设墩台。

(4)在冰凌严重河段,桥孔应适当加大,并应增设防冰撞措施。

(5)山区河流的桥跨布设应峡谷河段宜单孔跨越。桥面设计高程应根据设计洪水位,并结合两岸地形和路线等条件确定。

(6)在开阔河段可适当压缩河滩。河滩路堤宜与洪水主流流向正交,斜交时应增设调治工程。

(7)山区沿河纵向桥,宜提高线位,将沿河纵向桥设置在山坡坡脚,避开水面或少占水面。

3)桥面设计高程

桥面设计高程应满足《公路工程水文勘测设计规范》(JTG C30—2015)中第7.4节的要求,考虑山区河流水位变化大,桥下净空安全值可适当加大。当按斜桥设计时,要考虑纵横坡的影响,计算桥面最低设计高程。

6.6.2 交叉桥梁

6.6.2.1 勘测要点

(1)与公路交叉时,应测量交叉点桩号、高程及交叉角度,被交叉路的纵坡、路基及路面宽度。

(2)与铁路交叉时,应测量交叉点桩号、铁路各轨顶高程及交叉角度,铁路纵坡及路基横断面。

(3)与管线交叉时,应测量交叉点桩号、交叉角度、交叉点悬高或埋置深度、杆塔高度以及受影响的长度。

6.6.2.2 桥孔设计要点

1)与公路交叉桥梁

(1)跨线桥的桥墩设置在桥下公路的路侧时,不得侵入公路建筑限界。桥墩宜设置在公路路侧净区以外。

(2)公路与公路立体交叉的跨线桥桥下净空及布孔除应符合《公路桥涵设计通用规范》(JTG D60—2015)中第3.4.1条的规定(即高速公路、一级公路、二级公路的净高应为5.00m,三级公路、四级公路的净高应为4.50m)外,尚应满足桥下公路的视距和前方信息识别的要求,其结构形式应与周围环境相协调。

(3)斜交跨线桥当交叉角度大于或等于60°时,宜采用斜桥斜布方案,墩、台及上部结构横梁等均与下穿公路平行,如图6-4所示。

2)与铁路交叉桥梁

(1)下穿桥梁与铁路桥梁墩台的净距不宜小于3m,结构两端距铁路桥梁水平投影外侧的垂直距离不应小于20m。

(2)下穿桥梁桩基与高速铁路桥梁桩基的中心距应符合以下规定:①对于软黏土及饱和粉、细砂土层等不良地质,不宜小于6倍下穿桥梁桩径;②对于其他良好地层,不宜小于4倍下穿桥梁桩径。

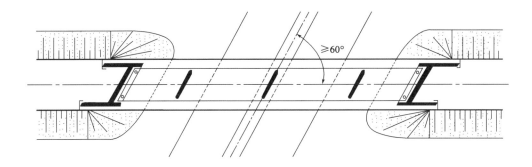

图 6-4 斜桥斜布方案

(3)上跨铁路的高速公路桥梁墩台应与铁路保持一定的安全距离,高速公路桥梁墩台与铁路路肩边缘(桥梁边线)的净距不宜小于 3.0m。

3)拟建管线与既有高速公路交叉桥梁

(1)电信线、电力线、电缆、管道等的设置不得侵入公路桥涵净空限界,不得妨害桥涵交通安全,并不得损害桥涵的构造和设施。

(2)高压线跨河塔架的轴线与桥梁的最小间距,不得小于一倍塔高。高压线与公路桥涵的交叉应符合《公路路线设计规范》(JTG D20—2017)的规定。

(3)严禁易燃、易爆、高压等管线设施利用或通过公路桥梁。天然气输送管道离开特大、大、中桥的安全距离不应小于 100m,离开小桥的安全距离不应小于 50m。

(4)新建或改建油气管道需要穿(跨)越既有公路的,受地理条件影响或客观条件限制,必须与公路桥梁交叉的,可采用埋设方式从桥梁自然地面以下空间通过。但不能影响桥下空间的正常使用功能,油气管道与两侧桥墩(台)的水平净距不应小于 5m,交叉角度以垂直为宜,必须斜交时,应不小于 30°。

(5)新建或改建公路与既有油气管道交叉时,应选择在管道埋地敷设地段,采用涵洞方式跨越管道通过;受地理条件影响或客观条件限制时,可采用桥梁方式跨越管道通过。采用涵洞跨越既有管道时,交叉角度不应小于 30°;采用桥梁跨越既有管道时,交叉角度不应小于 15°。

6.6.2.3 安全防护措施

1)与公路交叉桥梁

(1)需要在中央分隔带设置桥墩时,桥墩结构应考虑汽车的撞击作用,并应在桥墩附近设置必要的防撞设施及警示标志、标线。设防撞护栏时,应留有护栏缓冲变形的空间。

(2)跨线桥的墩(台)、墙等构造物不能满足设置在公路路侧净区以外时,应设置桥下公路路侧防撞护栏。防撞护栏与墩(台)、墙等构造物之间应留有护栏缓冲变形的空间,如图 6-5 所示。当混凝土护栏与侧墙整体修建时,护栏不应侵占硬路肩的宽度,如图 6-6 所示。

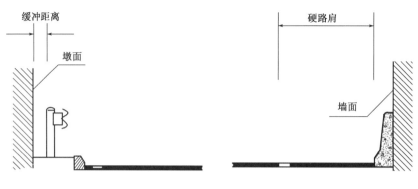

图 6-5　护栏与墩台分开设置　　　　图 6-6　护栏与墙体整体修建

(3)当跨线桥跨越高速公路和一级公路时,应在跨越下穿公路桥段及两端各不小于10m范围内设置防撞护栏和防护网。

2)与铁路交叉桥梁

(1)桥梁下穿高速铁路时应按规定设置防撞护栏,护栏防撞等级应采用《公路交通安全设施设计规范》(JTG D81—2017)规定的最高等级。

(2)护栏的设置范围应为铁路线路安全保护区宽度(斜交时应取最大的斜交宽度)并分别向外延长20m。

(3)上跨高速铁路和城际铁路的高速公路桥梁路侧护栏应采用两道护栏,两道护栏间距不宜小于1.5m;上跨其他等级铁路的高速公路桥梁路侧护栏宜采用两道护栏,两道护栏间距不宜小于1.0m;已建公路加宽困难或新建公路受条件限制时,经技术论证后可采用一道护栏。

(4)上跨铁路的高速公路桥梁应设置防落物网,采用两道护栏时防落物网宜设置在外侧护栏上,防落物网距地面的高度不应小于2.5m。

3)与管线交叉桥梁

(1)油气管道与公路桥梁交叉时,在对管道采取防护措施后,交叉角可小于30°,防护长度应满足公路用地范围以外3m的要求。

(2)油气管道与各级公路相交叉且采用下穿方式时,应设置地下通道(涵)或套管,通道或套管应按相应公路等级的汽车荷载等级进行验算。穿越公路的保护套管,其顶面距路面底基层的底面应不小于1.0m。

(3)油气管道采用开挖埋设方式从公路桥下穿越时,管顶距桥下自然地面不应小于1m,管顶上方应铺设宽度大于管径的钢筋混凝土保护盖板,盖板长度不应小于规划公路用地范围宽度以外3m,并设置地面标识标明管道位置;采用定向钻穿越方式的,钻孔轴线应距桥梁墩台不小于5m,桥梁(投影)下方穿越的最小深度应大于最后一级扩孔直径的4～6倍。

(4)采用钢套管穿越公路的管段,对管道阴极保护形成屏蔽作用时,应增加牺牲阳极保护。

6.6.2.4 施工方案

1）转体施工方法

高速公路上跨高速铁路及其相关联络线和动车走行线的桥涵地段,以及上跨开行客车的普速铁路的桥涵地段,桥梁施工应优先采用转体施工方案。

(1)平面转体:按照桥梁的设计高程线在两侧岸边先预制成半桥,当预制件达到设计强度后,借助转动设备在水平面内转动使之在跨中合龙成桥。平面转体可分为有平衡重转体与无平衡重转体。有平衡重转体一般以桥台背墙作为平衡重,并作为桥体上部结构转体用拉杆(和锚索)的反力墙,用以稳定转动体系和调整重心位置,一般适用于跨径100m以内的拱桥。而梁式桥和斜拉桥则均为有平衡重转体施工,它们是以桥墩为转动中心,平转后形成三跨桥梁。无平衡重转体不需要一个作为平衡重的结构,而是利用两岸山体岩土锚洞作为平衡半跨桥梁悬臂状态时所产生拉力的锚碇,通过由立柱与其下端的转盘组成的转动体系进行平面转动。无平衡重转动的跨径可以更大一些。

(2)竖向转体:适用于有地形条件的拱桥施工。是将半跨拱桥在支架和土牛上预制,以拱脚为铰心,通过牵引设备将桥梁转体就位后合龙的施工方法。

(3)平、竖结合转体:当桥梁受到地形限制,不可能采用一种方法完成时,可以结合两种方法来完成桥梁的施工。

采用转体施工设计时应考虑的问题:

(1)要根据桥位处的地形、地质、水文、气象等条件,确定采用转动形式与安全措施。

(2)要根据整个转动体系的受力模型,完成整个施工过程中各构件(包括桥体、拉索、平衡体、锚固设备、转轴、转盘、地基等)的强度、刚度与稳定性验算,并要考虑动力与抗风的影响。

(3)转动工艺设计应包括转动体重心计算,转体装置计算以及转体牵引设计等主要内容。

(4)要进行转体合龙后体系转换的计算。

2）顶推施工法

(1)适用情况:适用于水深、桥高或高架道路上,可在较小预制场地上,在不中断交通的条件下,安全快速地施工。一般用于中等跨径(合理顶推跨径为35~50m,最大可达70m,大跨可加临时墩)的等截面连续长桥,可完成平曲线及竖曲线的桥梁施工,也可用于斜拉桥或简支梁桥施工。

(2)顶推施工:在一侧桥台后设预制场,分节段预制(可在台后直接预制,也可在预制场预制后运至桥头拼装),逐段连续,逐段顶推施工。预制节段长度一般为5~8m,导梁长度一般为跨径的0.6~0.8倍,刚度为主梁的1/15~1/9,且导梁刚度以从根部到前端逐渐减小为宜。梁段顶推的水平力施加有单点顶推与多点顶推两种。单点顶推适合于桥台刚度大、梁体轻的情况,多点顶推适合于桥墩较高、截面尺寸小的柔性墩施工条件。

(3)设计时应考虑的问题

顶推施工的桥梁,由于梁体结构受力反复变化,设计时要按照实际的结构模型,包括导梁在内进行全过程整体计算,合理安排永久索与临时索,并考虑临时索的拆卸与利用。桥墩设计要考虑施工设备的安放与受力工况,要考虑横向限位与纠偏装置的设计以及临时墩的设计。

6.7 特殊路段桥梁勘测设计要点

6.7.1 沿河纵向桥

沿河纵向桥,顾名思义是沿着河道,与河道水流方向基本一致布设的桥梁。秦岭山区的河流除部分干流河道两侧滩地较宽阔平坦外,多数支流位于两山夹一川的地形当中,地形呈U形或者V形,河道断面狭窄,两侧山坡陡峭,坡脚处河滩稀少。由于受地形限制及水流影响,路基方案已不适宜,因此沿河纵向桥便成为近年来山区高速公路设计较多采用的方式。

沿河纵向桥最大优势在于能与河道特有的地形、地貌特征相融合,减少对自然环境的干扰与破坏,使得高速公路能巧妙地嵌入自然环境中并与自然环境相协调。秦岭山区沿河纵向桥的布设有其自身的特点、方式和注意的事项,现分析如下,以供参考。

6.7.1.1 沿河纵向桥主要控制因素

1)地质条件

一般而言,秦岭山区河道地质条件相对较好,多数为卵砾石和基岩,对桥梁基础的布设较为有利。但河道两侧的支沟、冲沟以及山坡坡体是不良地质灾害易发位置,如滑坡、泥石流、崩塌等。对此,在设计工作中,如果桥址区域存在下列几种地质条件,则应谨慎选择桥梁方案:第一种为桥址区内存在大面积滑坡的地段,若在此地质条件下建设桥梁,则桥梁桩基将很容易受到滑坡因素的影响,导致桩基产生较大的偏移;第二种为较大可能发生泥石流的冲沟、支沟地段,会对桥梁主体和墩身稳定性造成很大的破坏;第三种为河道两侧山坡坡体破碎,地震或强降雨发生时,崩塌、落石严重的地段,直接影响桥梁安全。基于此,在确定桥梁方案之前,应先做好桥址区域地质条件勘察及评估,排查所有可能发生的风险,并确定风险产生概率。如果经评估发现桥梁建设中灾害发生概率较高,则应放弃桥梁方案,改用隧道方案或进行绕避。

2)洪水位

沿河纵向桥沿着河道布设,虽解决了路基压缩河道、受洪水冲刷的问题,但不是说自身可以不考虑洪水位的影响。沿河纵向桥虽然下部采用墩柱和桩基础可以减少对河道的压缩,但毕竟是将外物至于天然河道当中,对河道多少也有影响,因此对沿河纵向桥布设后洪水位的计算便是重中之重。

3）水流冲刷

沿河纵向桥区别于横向桥，流水压力对桥梁的影响更为突出。由于沿河纵向桥多采用桩柱式桥墩的梁式桥，其纵桥向抗推刚度远较横桥向小，因此流水压力对下部结构的影响变得至关重要。

沿河纵向桥多数桥墩基础设置于河道内，长期受水流冲刷，尤其是洪水对河道地面的形状及高程的改变作用强烈，因此在基础设计时要充分考虑冲刷对河床断面的影响。设计中应加强水文计算，对比各类桥型方案对洪水位的影响，确保桥梁高程满足规范对洪水位控制的要求。加强流水压力下的下部承载力计算，保证所选下部结构形式在最不利情况下的承载能力满足规范要求。计算中应充分考虑洪水发生时流水压力的变化以及漂浮物冲撞的影响，充分对比各类下部结构形式的优缺点，选出最优的下部结构形式，既要减少阻水，又要保证安全。

4）施工场地

沿河纵向桥多数位于狭窄的山区沟道内，河道两侧滩地较少，桥梁施工困难，上部梁预制场地设置困难，导致无法大面积制梁、存梁，沟道内多数无现成道路，材料运输困难，施工便道设置难度高，施工场地受洪水威胁大。因此沿河纵向桥施工场地及施工便道的合理布局及设计就变得尤其重要。

6.7.1.2 沿河纵向桥总体设计思路

1）详细勘探

沿河纵向桥勘察时必须要保证足够的地质钻探量，以探明基本的地质情况，不仅要查明基础设置位置的地质详情，还应查明影响桥梁整体安全的不良地质段落。地质人员应对桥位附近进行认真的地质调查、测绘，查明桥位周边的工程地质情况。

2）多方案比选

沿河纵向桥多采用标准化施工的梁式桥，但不同的桥跨方案及下部形式对工程造价及水流的影响差异较大，因此做好桥梁多方案比选尤为重要。对于沿河纵向设置的特大、大中桥，做好不同桥跨、不同下部结构形式的经济比选，确保比选出最安全、经济的桥型方案。

6.7.1.3 沿河纵向桥布设

1）桥梁布设及桥型方案

沿河纵向桥的桥型及桥跨应以方便、快捷的标准化预制拼装结构为优先考虑，结合施工便道及施工场地的设置，选取便于施工和运输又安全经济的桥梁结构。通常根据地形及桥面高程变化选择一至两种跨径即可，下部结构形式设置尽量减少阻水面积，以桩柱式结构为宜。

当桥梁长度较大时，应注意设计洪水位的变化，应在桥梁上中下游多设水文断面，标注各断面设计水位，桥梁应在全长范围内满足设计洪水位要求。为了减少洪水对桥墩冲刷带来的不利影响，特别是防止洪水中树木等大型漂浮物在桥墩柱间发生悬挂堵塞造成阻水或避免上游滚石对桥墩造成的危害，在顺河段的路线宜尽量远离主河槽，以利桥梁安全。

2) 上部结构

沿河纵向桥上部结构尽量采用标准化、模块化的预制拼装结构,便于快速运输及施工,降低施工难度。

沿河纵向桥一般为满足洪水位控制及经济性的要求,桥梁墩高一般在 15~40m 之间。为了防止墩柱过密,压缩河道断面,增加阻水,20m 及其以下小跨径桥梁已不适宜此类地形设置。而 40m 以上跨径桥梁的上部结构既不经济又不利于施工和运输,亦不适用于沿河纵向桥的设置。因此 25~40m 跨径的预制小箱梁、T 梁、钢板箱梁等是沿河纵向桥常用的上部结构,不仅能有效减少下部墩柱数量,降低阻水作用,又能在有限的施工空间内进行运输及吊装。

3) 下部结构

(1) 桥墩设计

沿河纵向桥上部结构大多采用预制拼装的先简支后连续结构,对桥墩的重要控制因素为纵向水平力及流水压力,按集成刚度法分配给各支座及墩顶,通过近年来多个项目设计过程中的计算结论及经验总结,每联桥跨长度控制在 100~150m 之间为宜。

在桥墩的类型选择上,主要采用圆柱墩、方柱墩,基础采用桩基础。圆柱墩具有外形整洁美观,与地形适应性强,施工工艺简单,滑模施工便捷,与桩基衔接好的特点;方柱墩具有同尺寸刚度较大,滑模提升速度快,施工稳定性好,可较好适应提高墩柱纵向承载能力的要求。墩柱直径应根据不同墩柱高度采用不同直径,但同一桥梁为施工方便尽量采用统一墩柱尺寸。

桥墩大多位于河沟内,为避免上游滚石对桥墩的危害,必须尽量减少桥墩数,增强桥墩的抗撞能力,同时减少桥墩的阻水面,整体式路幅段可适当采用双幅桥整体式双柱墩。双幅桥整体式双柱墩由于桥墩少且两墩柱间距较大,不但阻水面积小,且可预防漂浮物的悬挂;由于桥墩的柱径大,对避免上游滚石对桥墩危害、提高桥墩的抗撞击的能力均有优势。

(2) 桥台设计

桥台一般采用肋板式桥台、桩柱式桥台等,基础采用桩基础。沿河纵向桥起终点一般接隧道或挖方路基,地形起伏较大,横坡较陡,桥台尽可能伸进山体,增强其稳定性,避免桥头跳车。桥台应顺应地形的变化,当桥梁与隧道或挖方路基连接时,桥台宜选用柱式台;如地质条件良好,地基为中风化基岩时,可选用台座式台;当桥台处路基填高较高且地形相对较好时,桥台可选用肋板式台。

(3) 基础设计

沿河纵向桥基础设置的重点在于防冲刷,其次在于水中施工。基础设计不仅要考虑河道地质情况、墩台荷载的大小,还要考虑洪水冲刷的影响。基础顶高程应位于一般冲刷线以下,桩基长度应考虑冲刷影响留有足够的安全储备。

(4) 系梁

沿河纵向桥墩高一般在 15~40m 之间,为了加强桩柱之间的整体性,需要设置横系梁。通常桩基系梁顶高程与桩基顶高程一致,应位于一般冲刷线以下。墩柱间系梁为了不阻挡水流,避免遭受漂浮物撞击,应将系梁底高程控制在设计洪水位之上并留有一定空间。

6.7.1.4 施工注意事项

沿河纵向桥桥址区应做好施工便道和施工预制场地的选择和设计,施工方进场后应对全段的地形地貌及周边的运输条件进行详细考察,提出切实可行的施工组织方案。河道内桩基水中施工应注意调整工期,宜选择枯水期进行基础施工。注意施工场地及施工设施的防洪措施,避免洪水造成不必要的损失。施工时注意环保措施的设置,不应破坏河道内水质及边坡。基础埋深必须满足设计防冲刷要求,不得为降低施工难度,人为抬高基础顶高程。

6.7.2 陡坡路段桥梁

秦巴山区山高坡陡、河流深切,地形地质复杂,地表多为基岩,高速公路设计时,为满足线形要求而在陡坡路段设置桥梁。陡坡桥梁和平原地区的桥梁有很大不同,除设计方面以外,施工存在更多安全风险。因此有必要通过仔细分析,确定合理的桥梁设计方案。

6.7.2.1 陡坡桥梁主要控制因素

1) 地质条件

一般而言,地质条件不会对桥梁建设造成太大影响,但与建设在平缓地区的桥梁相比,建设在陡坡处的桥梁,若地质条件较差,将对桥梁施工带来很大的困难。比如,当陡坡坡度相对较大时,由于岩石自重和周边水文条件等因素的影响,容易引发一些地质灾害。对此,在设计工作中,如果桥址处存在下列几种地质条件,则应谨慎选择桥梁方案:第一种为陡坡段内存在大面积滑坡,或地下水位较高,或处在地震频发段,若在这些地质条件下建设桥梁,则桥梁桩基将很容易受到滑坡因素的影响,导致桩基产生较大的偏移。第二种为地下水分布较为密集且泥石流汇集能力相对较强的段落,可能对桥梁主体和墩身稳定性造成很大的影响。第三种为地震频发段,如果发生地震,将产生滑坡等灾害,直接影响桥梁施工及安全。基于此,在确定桥梁方案之前,应先做好桥址处地质条件勘察及评估,排查所有可能发生的风险,并确定风险产生概率。如果经评估发现桥梁建设中灾害发生概率较高,则应放弃桥梁方案,改用隧道方案或进行绕避。

2) 地面横坡

一般情况下,如果地面横坡达到22°以上则为陡坡。在陡坡条件下设置桥梁,横坡坡度可分为四种情况考虑:第一种为横坡在22°~45°范围内,此类地形多见于路线在山坡坡脚设线,若该条件下的地质情况相对稳定,则可采用在陡坡路基及桥梁方案之间比选,而如果该条件下的地质情况不稳定,则应采用桥梁方案。第二种为横坡在45°~53°范围内,若地质情况相对稳定,但由于坡度较大,则应先进行边坡稳定性验算,经验算合格后,方可采用桥梁方案;而如果地质情况不稳定,采用桥梁方案风险较大,则应考虑调整路线,与隧道方案进行比选。第三种为横坡在53°~63°范围内,该条件下的桥梁施工有很大困难,开挖施工后可能会对承台墩身造成影响,建成之后的维修与检修也有很大的难度,从经济性和安全性角度考虑都不建议采用桥梁的方案,应和隧道方案进行详细比选。第四种为横坡超过63°,该条件已经无法进行桥梁建设,应尽可能绕避。通过以上分析可知,横坡是陡坡设桥的主要控制因素。如果不考虑其他影响,陡坡桥梁应先保证横坡处于22°~53°之内。

3)施工条件

陡坡桥梁大多处在地形较为陡峭的地区,施工难度系数很高。虽然坡脚处的桥梁的施工难度相比较低,但要想保证陡坡整体稳定性,施工中不仅要确保岩体自身稳定性,还应减少对坡脚进行的开挖。如果开挖坡面欠稳,则要设置完善可靠的防护。在半坡条件下开展施工时,应设置专门的平台和便道,使原坡面尽可能保持完整,并在施工中加强坡面防护。施工完成后,应对之前形成的便道和平台进行回填,并通过夯实使其结构达到密实。相比之下,坡顶施工难度最大,为了防止桩基临空,应通过防护墙的建设来防护,适当增加桩侧岩土层实际厚度。桥梁施工中,要根据周围地形条件,结合桩基所在位置,编制合理的施工方案,以此保证边坡整体稳定性,使桩基承载力满足设计标准。

6.7.2.2 陡坡桥梁总体设计思路

1)准确测量

陡坡路段多因地形陡峻、植被茂密而导致测量工作艰难,但为了设计和施工的需要,必须对陡坡路段墩台处的纵断面、横断面实施准确测量,绘制准确的纵横断面图,为设计和施工提供准确的第一手资料。光电测距设备、全球定位系统等先进设备和技术为准确测量提供了良好的技术保障,可在测量工作中全面应用。

2)详细勘探

陡坡路段由于钻探机具难以到位,勘察工作不足,加之本身地质条件复杂多变,因此工程地质勘察深度和精度往往不能满足要求。针对这种情况,勘察时必须要保证足够的地质钻探量,以探明基本的地质情况,地质人员还应对桥位附近进行认真的地质调查、测绘,对桥位辅以探坑等手段,详细查明桥位的工程地质情况。

3)精细化设计

陡坡路段由于桥梁下部结构设置困难、施工困难,不同的桥跨方案及下部结构形式对工程造价及施工方案的影响差异较大,因此做好桥梁多方案比选尤为重要。对于陡坡路段的特大、大、中桥,在方案可行的前提下,做到不同桥型的比选、同种桥型不同桥跨的比选、同种桥跨不同下部的比选相结合,确保比选出全寿命周期最优的桥型方案,使施工更安全、方便,后期运维管理更经济。

6.7.2.3 陡坡桥梁布设

1)桥梁布设及桥型方案

陡坡桥梁的桥型及桥跨应以安全性、经济性和施工可行性为优先考虑因素,结合下部设置位置,尽量选取对下部基础设置位置最有利的桥跨和桥型方案,尽量降低下部施工难度及防护工程量。同时不追求大跨径,尽量做到标准化、系统化,便于施工,注意造型美观并与周围环境相协调。秦岭山区地形起伏变化频繁,通常应根据地形选择一种跨径,不宜根据墩高而频繁调整,当墩高变化很大时,可以采用2种跨径进行组合。当一座桥有几种跨径方案可以选择时,应结合上下部结构进行造价分析,综合比较后再做取舍,同时应尽量采用标准跨径。桥跨结构的选择需考虑抗震因素,应重视上部跨径与下部墩高的高跨比的选择,在无特殊要求时尽量采用经济跨径。

2)上部结构

桥梁上部结构体系的选择,应结合桥梁具体情况,综合考虑其受力特点和经济性,尽量采用标准化、装配化设计,施工便利,节省造价。

(1)中小跨径应尽量选择装配式结构。装配式结构在中小跨径桥梁中具有造价低、施工方便的优点,容易实现工业化、标准化生产,是山区高速公路桥梁的常用形式。陡坡路段中小跨径桥梁优先考虑先简支后连续结构,不仅能适应桥梁的受力特点、路线平面线形和路基不同宽度,实现中、边跨的标准化设计和施工,还便于施工。

(2)大跨桥梁推荐采用悬臂浇筑或悬臂拼装连续(刚构)箱梁。对于大跨径桥梁,悬臂浇筑或悬臂拼装的连续(刚构)箱梁无疑是一种优选的桥型。该类桥型几乎不受交通运输和预制场地等条件的限制,也无需大型的吊装机具,施工方便,受力明确、合理,下部墩柱数量少,布设时可将其设置在最安全可靠的陡坡位置上。

3)下部结构

(1)桥墩设计:

陡坡桥梁上部结构大多采用装配式预应力混凝土先简支后连续结构,对桥墩的重要控制因素为纵向水平力及边坡横向下滑力,按集成刚度法分配给各支座及墩顶。值得注意的是,墩顶设单排橡胶支座,混凝土的收缩、徐变和降温作用产生的纵向水平力在各墩的分配规律与汽车制动力的分配规律是不同的,究竟是高墩不利还是低墩不利,需要通过计算才能确定。在桥墩的类型选择上,结合多年以来山区高速公路桥梁设计的成功经验,并结合桥墩高度的实际情况,桥墩主要采用圆柱墩和空心薄壁墩。圆柱墩具有外形整洁美观,与地形适应性强,施工工艺简单,滑模施工便捷,与桩基衔接好的优点;空心薄壁墩刚度较大,滑模提升速度快,施工稳定性好,可较好地适应高墩稳定性要求。桥墩高度小于35m的桥墩多采用圆柱式桥墩,配桩基础。墩柱直径应根据不同墩柱高度采用不同直径,但同一桥梁为施工方便尽量采用统一墩柱。桥墩高度大于35m时,宜采用空心薄壁墩,配群桩基础。墩高超过65m时,薄壁墩顺桥向应考虑放坡,采用变截面形式。秦岭山区冲沟路段山体坡面较陡,高速公路桥梁跨越冲沟时,一般不在陡坡上布设桥墩,争取一跨或加大跨径跨越陡坡,不扰动陡坡。不得已在陡坡上布设桥墩时,桥墩形式的选择和截面尺寸的确定除满足承载能力的要求以外,还应特别重视桥墩基础基坑开挖对山体的破坏,优先选择对山体开挖较小的下部结构形式。在地面横坡较大处的桥梁,可将内外侧桥墩基桩顶面顺地形设置,系梁一端接桩基,一端接墩柱,减少坡体开挖量;当桥墩一侧墩柱较矮时,桩基可直接与墩帽相接,取消系梁构造,方便施工;在地面横坡陡峭处的单幅路基,其桥梁可考虑单幅独柱式桥墩,以减小对山体的破坏,同时也避免内外侧墩柱刚度相差较大。

(2)桥台设计

桥台一般可采用 U 形桥台、肋板式桥台和桩柱式桥台等,基础采用桩基础或扩大基础。秦岭山区地形起伏大,特别是横坡较陡,桥头填土溜坡或挡土墙设置困难,桥台应尽可能伸进山体,增强其稳定性,避免桥头跳车。桥台应顺应地形的变化,当桥梁与路基挡土墙、隧道连接时,桥台的结构形式应适应衔接的需要。当桥台处地面坡度较陡、易崩塌时,为保证桥台的安全与稳定,应优先采取加长桥孔的措施,并降低桥台高度,以策安全。桥台和陡坡边缘距离宜控制在 5~10m,既确保桥台的安全,又方便路基压实施工,减少桥头防护难度。当桥台处地面横坡陡峭或横向有陡坎时,左右幅桥梁宜根据各自地面高度分别选用桥台形式,一般地面高处选用桩柱式桥台,地面低处选用肋板式桥台。秦岭山区高速公路常常遇桥隧相接的情况,而且往往桥隧接合处位于陡峭的山坡上,在这种位置设置桥台会遇到很大的困难,同时面临与隧道如何相接的问题,此时可选用台座式桥台,既有利于结构受力,又轻巧便利。

(3)基础设计

陡坡桥梁在山坡上设置墩台基础是桥梁设计的一大难题,基础设计不仅要考虑所在基底山坡的土质情况、墩台荷载的大小,而且还与周围地质构造、基底以下坡体和基底以上墩台身侧面山体的稳定性以及墩台施工方法是否会扰动山坡现状等因素密切相关。要想确定墩台基础的合理位置,在桥梁分孔时就要充分考虑基础位置处的地质、边坡和水文条件是否合适。若能通过改变桥梁分孔避开不利的地质、使墩台位置远离山坡坡面,是设计应该首选的方案。仅当受条件所限必须设置时,方可考虑在山坡上设置墩台。

秦岭山区段高速公路桥梁通常采用扩大基础和桩基础。一般地质条件较好的桥梁采用扩大基础,但地面横坡较大或地质情况复杂的桥梁,则应优先采用桩基础。布设在陡坡上的桥墩、桥台,优先采用桩基础,陡坡上的桩基础必须考虑基础扩散角和覆盖层厚度以及施工时的相互影响,有必要时应采取相应的措施进行支护,如打锚杆做挡墙等。

基础置于较陡的岩体上时,基础临坡围岩厚度对基础稳定有着重要影响。基础临坡围岩厚度有两个因素需要考虑:一是构造安全或施工需要,二是桩基受力需要。以往建设经验及有关的试验结果表明,当群桩桩距等于或大于 $6d$(d 为桩径)时,群桩中各桩桩底压力才不致重叠。因此,对于陡坡路段桩基而言,其桩顶临坡围岩厚度应不小于 $3d$(d 为桩径)。桩基顶部一定范围内土体对桩基础难以形成有效的摩阻力,故计算桩长时,假定陡坡边缘距桩基外缘水平距离 3~4m 处至桩顶段桩基自重为外荷载,不计其正摩阻力。

陡坡桥梁桩基不仅需要承受侧面岩土体荷载,还要承受上部轴向及水平方向上的荷载。因此,桩基设计过程中应有效保证受力性能,采用模型分析的方法,使桩长及桩径都能满足设计要求。

(4)系梁

为了加强桩之间的整体性,尤其对于陡坡路段桩基,有必要设置横系梁。对于山区公路陡坡桩基的横系梁,以山体上侧的桩基桩顶地面高程为系梁底面高程。系梁调整后,需接长至地面以上的桩基,必须用钢模浇筑桩身混凝土以确保美观。为了使系梁混凝土颜色与墩柱颜色一致,系梁的混凝土强度等级应与墩柱混凝土强度等级应一致。

6.7.2.4 施工注意事项

对于表层较厚且岩石破碎易坍塌的山体,桩基施工应加强观测,发现异常情况立即处理。对于以摩擦桩设计的桩基,如采用挖孔桩施工,护壁混凝土必须与桩身混凝土强度等级相同,并用振动棒捣密实。在平台及通道的施工过程中,应尽量防止对原坡面造成破坏,提前制定合理可行的防护措施,以免产生坍塌等灾害。山体自身不稳定或稳定安全系数不能满足规范要求时,应先对山体采用锚杆等轻型支挡类的结构防护。桩周土质极差时应先在桩周 $3d$(d 为桩径)范围内采用帷幕注浆等处理措施,提高桩侧岩土整体性及水平抵抗能力。

6.7.3 断层路段桥梁

对于跨越活动断裂带桥梁,国内外已建或在建的工程实例很少,相关的研究更少。现行的规范中,对于工程区域内存在活动断裂带的桥梁,一般采用避让原则。对断裂构造的工程避让方案可分时间避让和空间避让两种。时间避让主要是指将工程使用期置于断裂构造稳定期内,即在断裂活动的稳定期内能充分保证工程的安全质量;空间避让主要是保证足够的距离。《公路桥梁抗震设计规范》(JTG/T 2231-01—2020)规定,A类桥梁宜避开主断层,地震设防烈度为Ⅷ度、Ⅸ度时,桥墩边缘至主断裂边缘的距离不宜小于300m和500m;在有足够的地质资料可以精准确定存在活断层迹线的地区,且该地区并不复杂时,避让距离可规定为16m。

6.7.3.1 断层路段设计原则

根据公路勘察设计项目的经验并结合国内相关工程实例及秦巴山区特殊地质的特点,跨越断层的桥梁设计应遵循以下原则:

(1)上部结构优先采用对断层错位适应能力强、容易修复的简支结构。

(2)尽量采用一跨跨越断层,对于不能一跨跨越非活动越断层破碎带的,桥梁上部结构宜采用跨径较小的多跨简支桥面连续、便于修复的结构。

(3)对受条件限制必须跨越活动断层的桥梁,应根据桥梁各部分的重要性等级和修复难度,将重要性等级高、修复难度大的结构布置在断层下盘上,且各结构需预留足够的避让距离。

(4)位于断层内的桥梁下部基础应采用桩基础,桩基长度应根据桩基位于断层的位置、埋深、厚度等因素综合确定,对于摩擦桩的桩长应留有一定安全储备。

(5)跨越活动断层桥梁一般以采用桥梁设计空间避让为主,若采用时间避让时,应根据断层的活动位移参数等推求出设计使用年限内最大的位移值,利用特殊设计的可调位移及高度支座或可采用拆装式钢垫石设计方案。

6.7.3.2 断层路段桥梁案例

勘察区内地质构造相对稳定,区内目前未发现桥梁跨越活动断层的实例,而跨越非活动断层实例相对较多,如 G6911 线陕西境平利至镇坪高速公路项目饶峰-麻柳坝-钟宝主断裂(F22c、F15)、省级高速公路太凤线(太白至凤县)项目凤镇—山阳断裂带(F13)都对路线布设产生影响,受其主断裂影响,区内断层发育,桥梁多处跨越断层。现以太凤线项目 K24+585 西河大桥跨越 F13 断层破碎带桥梁设计为例。

西河大桥位于宝鸡市凤县境内,桥梁为跨越西河而设,桥梁起点桩号 K24+242,终点桩号 K24+928,桥梁全长 686m,最大桥高 22.6m,桥梁上部结构采用 34×20 装配式预应力混凝土连续、简支箱梁,下部结构采用柱式墩、桩基础、肋板式、柱式台、桩基础。项目于 2017 年 3 月开工建设,于 2020 年 10 月通车运营。

桥址区地质钻孔资料表明,表层为中密卵砾石土,K24+242(桥梁起点)~K24+260(F13 断层起点)下伏强风化砾岩、中风化砾岩,K24+270(F13 断层起点)~K24+830(F13 断层终点)下伏强风化断层碎裂岩、中风化断层碎裂岩,F13 断层终点(K24+800)中桥梁终点下伏强风化炭质板岩、中风化碳质板岩。

F13 断层:该断裂为商丹带南界断裂,沿核桃坝—磨房沟—老县城—板房子展布,磨房沟向西,近东西向延伸,核桃坝以西被白垩系东河群所覆;磨房沟—老县城间,呈弧形向南凸出、南东东向延伸。该断裂位于平木镇西庙儿岭,太凤线项目设计线路在 K24+277~K24+833、K29+660~K32+070 以桥梁形式穿越该断层,K24+833~K39+000 段与该断裂近平行走向。断面陡立北倾,产状 345°~35°∠65°~85°,局部南倾 210°∠70°,属逆断层,断层破碎带宽度 200~500m。断层形成时代于泥盆纪,为非全新世活动断裂。

受项目路线布设限制,路线于 K24+277~K24+833 跨越 F13 断层(K24+853 西河大桥桥位地质纵断面图见图 6-7)。该断层第四纪以来未有明显活动迹象,为非全新世活动断层,断层工程稳定性较好,对工程建设无大影响。考虑到破碎带内碎裂岩松散、可能形成地下水下渗通道,从而对碎裂岩的强度、承载力进行削弱,因此在桥梁桩长设计时应适当加长桩长,预留一定的安全储备,确保桥梁安全。

位于断层破碎带内桥梁长度共为 540m,桥梁设计时上部结构桥跨采用 27×20m 装配式预应力混凝土简支箱梁、桥面连续,4 孔、5 孔一联;下部均采用柱式墩,钻孔灌注桩基础,桩基采用摩擦桩设计,桥梁桩基长度均进行了适当加长。

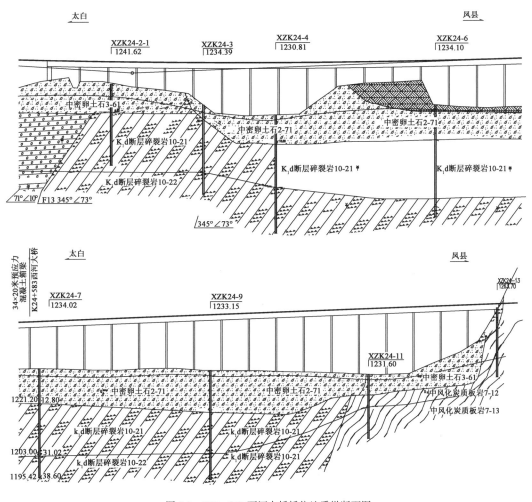

图 6-7　K24+853 西河大桥桥位地质纵断面图

6.7.4　滑坡路段桥梁

秦巴山区滑坡灾害主要集中在秦岭南麓、巴山北坡低山丘陵区,滑坡的分布多受地质构造控制。其发育与地形地貌、降雨、地层构造和人类工程活动关系密切。南北高中山区海拔高,地势陡峭,人口居住稀疏,灾害极少发生。而在沟谷切割深度较大、岸坡陡峻地段及岩土破碎地段,易形成滑坡。

6.7.4.1　滑坡体附近桥梁设计原则

(1)路线布设时应尽可能避绕不稳定山体斜坡,更应该避免将桥梁置于滑坡体上,或将桥梁墩台设于有滑坡的岸坡上。

(2)桥位选择时要调查岸坡附近有无农田变形、水田漏水情形发生和圈椅状地貌、岸坡出现台阶、附近建筑物开裂等坡面滑动迹象。如果经调查,滑坡长期以来并无活动迹象,通过地质调查勘探确认滑坡确已稳定,可以考虑设桥。

(3)桥型桥跨选择时,对于桥梁位于滑坡体边缘处时且滑坡体相对较小时,可采用较大跨径一孔跨越,上部结构宜采用结构受力明确且方便维护的结构形式,下部结构优先采用桩基础。

(4)当路线无法完全避开山体滑坡时,顺山坡坡脚可以纵向桥形式通过。滑坡体对桥梁基础稳定性造成潜在威胁,则应首先考虑对山体斜坡采取工程措施进行处治,确保桥基安全。

(5)位于相对稳定的滑坡体,不得以设桥时,必须注意做好工程的防排水设施,以及注意不要因为填挖和冲刷过多地扰动地形,引起古滑坡的复活。

(6)布设于陡坡上的桥梁墩台,当桥墩高度不大时,宜采用柱式桥墩,桥台设置原则上应尽量降低桥头高程。当采用扩大基础以致基坑开挖破坏山体面积较大或易诱发新的滑坡时,应优先采用钻孔桩基础。

6.7.4.2 防治措施

(1)位于滑坡体上的桥梁结构损坏主要是由滑坡体被激活产生的巨大土压力剪切破坏墩台基础造成的。为避免此类情况发生,对位于滑坡体上的桥梁,设计应采取有效措施防止滑坡体被激活,同时采用有效的抗滑措施隔离或减弱滑坡土压力。

(2)无论桥梁跨越稳定性滑坡还是从滑坡边缘地带经过,必须先对滑坡采用抗滑桩进行预加固或直接防治,施工顺序应严格按先进行滑坡治理,再进行桥梁下部桩基施工。

(3)位于滑坡范围内桥梁抗滑桩设置时,首先应判断滑坡的性质,即区分是推移式滑坡还是牵引式滑坡。当滑坡为牵引式滑坡时,则宜在桥墩前部设置抗滑桩,以阻断坡体的牵引发展对桥墩的影响;当滑坡为推移式滑坡时,则宜在桥墩后部设置抗滑桩,以阻断坡体的后部滑体对桥墩的挤压影响。

(4)抗滑桩的形式可采用普通抗滑桩或锚索抗滑桩,但采用普通抗滑桩时,桩与桥墩的间距应满足普通抗滑桩在后部滑坡推力作用下发生变形时不挤压桥墩的要求,且设计不应考虑桩前抗力,工程实践中一般取桥与桩的净间距为6~10m左右为宜。当采用锚索抗滑桩时,由于锚索桩加固滑坡为主动受力结构,因此,理论上桥墩与桩的间距可以不受限制,但考虑到桥梁施工及安全,工程实践中,一般桥与桩的净间距以3~5m左右为宜。

6.7.4.3 滑坡路段桥梁案例

眉县至太白高速公路H17滑坡位于路线ZK29+750~ZK29+950段左侧,路线在此以桥梁形式通过,桥梁为莲花沟大桥2~9孔(30m跨径),位于滑坡前缘。设计线距离滑坡前缘约10m,滑坡主滑方向长约100m,宽约240m。主滑方向与路线走向基本垂直,滑坡后缘呈圈椅状,后壁高约8~15m,滑坡体后缘上方发育高阶地,阶地上堆积了较厚的冲洪积漂卵石土和粉质黏土,滑坡前缘为莲花湾沟。结合滑坡专项勘察及验算可知,滑坡整体上处于稳定状态。考虑到滑坡在暴雨与地震工况下稳定性差,对桥梁桩基有影响,从桥梁安全、耐久等方面考虑,采用在滑坡前缘距桥墩约7m处设置间距为6m、桩径为2.4m×1.8m、共计16根普通钢筋混凝土抗滑桩的治理措施,以减小在不利因素下滑坡位移对桥梁工程产生的安全隐患。

对于滑坡附近的桥梁,根据桥梁墩台基础承载能力情况及滑坡特征,桥梁设计时应按"桥梁应绕避大中型滑坡;采用大跨度桥梁从滑坡体边缘跨越;墩台基础靠山侧设置抗滑桩;增加桩顶锚索,控制桩顶位移;加强整体防排水及局部封闭措施;桥墩承台与抗滑桩间填充易变形材料,防止土压力直接传至桩基础"等原则及防护措施设计,可有效地避免激活滑坡体、隔离或减弱滑坡土压力,保证桥梁结构安全。

6.7.5 泥石流路段桥梁

泥石流是一种携带大量石块、砂和泥的山洪现象,一般是在强降雨下发生,具有暴发突然、运动快速、能量巨大和来势迅猛等特点,对山区桥梁破坏性特别巨大。

6.7.5.1 泥石流地区桥梁设计原则

1) 桥位选择

(1) 在强烈泥石流地区,结合路线选线,桥位应尽可能采取绕避方案。

(2) 对于泥石流流通区桥位:桥址应与流通区河势、流向正交,不得已时斜交角不应大于10°~20°;桥位应选在沟道顺直、主流稳定、上下游无急弯、纵坡较一致或上缓下陡的沟段;桥位不应选在上下游都有急弯、坡度由急变缓的变坡点附近或陡坎下面;桥位紧接隧道、明洞洞口时,要桥隧结合考虑,留足桥下净空,防止泥石流堵桥时漫流进入隧道。

(3) 对于泥石流堆积区桥位:桥位选择时考虑泥石流堆积区由于沟道不明显、水流分散、漫流淤积严重、流向极不稳定等原因,设桥宜分散,不宜集中;针对各泥石流沟道水文、泥砂、冲淤特征,及上游流向与下游出口河流走势,分清主次,在泥石流扇上分别设主桥与备流桥;沟道明显、河床稳定、上下游都接通流路时,应见沟设桥,不宜强行并沟设桥;桥位宜与泥石流扇辐射线正交。山前区泥石流桥位越往下游越好,山麓区泥石流桥位越往下游越佳,并禁止桥位选在扇缘被主河切蚀影响范围内,避免主河冲切时基础深、本沟淤积时净空高的双重危害。

2) 桥型桥跨布设

(1) 桥梁上部宜选择梁高相对较低的混凝土结构、钢结构。

(2) 在泥石流沟中要尽量减少设计桥墩设置。设墩时不允许用轻型桥墩,最好是用圆端形或圆形实体桥墩,以适应多变的流向和强大的冲击力。桥台不应采用锥坡突出台前的埋置式桥台,最好用矮小的重力式桥台。在颗粒粗大、冲击力强的泥石流沟中,桥墩迎水面要加强结构的整体性和建材的耐磨性。实践证明,现行的墩台定型设计大多不能抵抗泥石流的冲击力。因此,在泥石流沟主流线上的桥墩设计应作泥石流冲击力的特别验算。

(3) 跨越泥石流河流桥梁的主要危害是冲击与淤积,然而即使在持续淤涨的沉积区也可能产生严重的冲刷。墩台基础形式应根据地质情况综合比选,一般以选择桩基础为好。

（4）泥石流地区桥梁设计必须结合流势,按照顺其自然的原则,桥梁孔跨设计不能单凭流量,应结合地形、地质、沟槽宽度、泥石流性质以及危害作用和发展走势等因素,综合考虑其孔跨。

（5）流通区沟道明显、稳定,桥孔设计不宜压缩沟床,不宜在沟中设墩,最好用单孔大跨跨过主沟,以不改变泥石流的运动规律为原则,避免泥石流强大冲击危害。

（6）对于山麓泥石流堆积扇区孔跨,在有明显沟槽的扇形地上设桥时,孔跨不应仅凭流量确定,要参照地形、沟槽宽度和泥石流常年活动范围设桥,不宜过分压缩,主流中不应设墩,最好采用大跨跨过。在无明显沟槽的泥石流扇上设桥时,孔跨要分清流量、流势、流向与桥孔的主次,按泥石流的常年洪水宽度确定桥长。

（7）对于山前区泥石流堆积扇孔跨,山前泥石流扇形地一般沟槽宽浅,经常漫流改道,主流不稳定。桥孔应分清流量、流势、流向与桥位的主次,按泥石流常年流水宽度确定桥长。

3）基础埋深

桥梁基础设计常受泥石流沟道累积性淤积控制,在未完成累积性淤积之前基础,有被泥石流集中冲刷的风险。因此,泥石流冲刷常和地理位置、泥石流密度、泥石流运动特征以及建筑物形状位置等有关联。

（1）山麓区泥石流桥的基础,要考虑堆积扇常遭主河水流冲刷、切蚀、搬运的影响。当形成泥石流排泄基面低落凌空时,将产生揭底拉槽式溯源冲刷下切,因此山麓区泥石流桥梁基础常受一次性揭底冲刷控制。

（2）当桥墩处于泥石流堆积扇扇缘,有直接遭受主河水流割切冲刷危害时,桥墩基础有可能跌入主河床中,应按河床床面和水流计算桥梁基础冲刷深度。

（3）山前区以淤为主的泥石流沟上的桥梁基础埋置深度,一般按泥石流沟现状计算桥梁基础冲刷,并适当考虑在一定使用时段内,可能产生的累积性淤积高度的作用,适当减小部分冲刷线以下的安全值。

（4）在有条件设计V形槽排泄泥石流时,其桥梁基础深度不考虑冲刷与淤积的作用。

（5）墩台冲刷深度按《公路工程水文勘测设计规范》（JTG C30—2015）第11.2.6条计算。

4）桥下净空高度

（1）山前区（宽谷段）泥石流桥下净空受设计年限、河床累积淤积高度控制；山麓区（峡谷段）泥石流桥下净空受一次性极限最大淤积高度控制。

（2）遇泥石流出口主河流上涨时,桥下淤积值受主、支流淤积值之和控制,应加上主河流在设计年限内的累积性淤积值。

（3）泥石流淤积值随地形条件、堆积扇部位、区域转换条件和桥位不同而异,需综合分析确定。

（4）在有条件设计V形槽的泥石流沟,其桥下净空不考虑淤积值。

（5）严禁采用开挖河床、清淤河床等办法来增大桥下净空。

6.7.5.2 泥石流流量计算及梁底最低高程

(1)泥石流流量计算可按雨洪修正法计算,有泥痕的河沟也可按泥痕调查法计算,必要时可用两种方法分别计算,相互校核。

泥石流峰值流量与沟谷清水洪峰流量有关,按照泥石流与暴雨同频率、同步发生计算得到的剖面暴雨洪水设计流量全部转变成泥石流流量。按水文方法计算出剖面不同频率下的小流域暴雨洪峰流量,然后选用堵塞系数按雨洪修正法计算河沟泥石流设计量。

(2)桥下净空是泥石流地区桥梁设计的主要控制条件,其梁底最低高程根据《公路工程水文勘测设计规范》(JTG G30—2015)计算确定,以宁高勿低为原则。

6.7.5.3 泥石流路段桥梁案例

秦巴山区受地质构造、地形、水文等因素影响,泥石流较为发育,公路工程在选线时一般都对其采用避让的设计方案,对于发生泥石流流量较小、沟道较窄的采用桥梁跨越,已实施的公路项目中,如十天高速公路、平镇高速公路等项目均有跨越泥石流冲沟的桥梁。

平利至镇平高速公路在 K77+372~K77+396 段跨越江南河右岸一支沟,沟道宽度约为 18m,该泥石流沟在南江河形成扇形堆积体,如图 6-8 所示,宽度 24m 左右,厚度 3~5m,根据详勘阶段勘察资料与 2014 年初勘调绘资料对比,泥石流堆积体规模未有明显改变。路线于泥石流流通区跨越,距扇形堆积区 32m,路线与泥石流沟道交角为 75°。由路线设计资料可知,该段路线设线高度较高,桥高不受泥流位控制,桥梁采用高架桥的形式跨越泥石流冲沟,跨越泥石流冲沟段桥孔为 3×30m 装配式预应力混凝土先简支后连续箱梁,下部采用柱式墩、桩基础,未在沟道内设墩。

图 6-8 泥石流沟

6.7.6 岩溶路段桥梁

秦巴山区岩溶区主要分布于镇巴、柞水、宁强等三叠系、泥盆系的灰岩,岩性为白云质灰岩、白云岩等,岩石主要由大量的碳酸盐岩组成,在水的侵蚀作用下,易形成孔洞,对工程有严重影响。

6.7.6.1 岩溶地区桥梁设计

(1)对于桥址处存在地下隐伏溶洞的桥梁,桥型方案尽量采用静定结构。

(2)桥跨布设时桥梁墩台尽量避开溶洞、溶槽、漏斗、暗河,桥跨跨径不宜太大,必要时可采用不等跨,按照避重就轻的原则,从安全、经济、合理等方面,提出不同的桥型方案综合比选,择优选用。

(3)桥梁基础荷载主要为竖向荷载,设计应保证基础有足够的稳定性、地基岩土有足够的承载能力,因此桥梁下部基础宜采用桩基础,桩基设计类型应根据桥址覆盖层厚度、桩尖处地基承载力及溶洞的大小等情况,采用端承桩和摩擦桩设计。

6.7.6.2 岩溶区桥梁桩基础设计原则

岩溶区域地质构造复杂,溶洞形态千差万别,它们对桥梁安全性的影响程度不同,对其处理的方法也应有所不同。桥梁桩基施工面临着很大的困难,施工中往往事故多、进度慢、成本高。因此,施工前应熟悉地质报告,弄清溶洞所在位置、大小、有无充填物、是否漏水等影响施工的情形,据此确定每根桩的施工方案,把握好现场的开孔原则,务必把各项准备工作、应急措施做到位后再进行开孔。同时提高施工现场工人、技术人员的责任心,制定详细可行的施工细则、程序,并要求严格执行,在施工中还要注意观察桩的地质变化,以采取相应技术措施。设计中当遇到岩溶地基时,桥梁墩台基础原则采用桩基础,具体设计时按以下基本原则执行:

(1)端承桩及嵌岩桩安全性高、抗震性好,是首选的桩基类型。当覆盖土层的摩阻力不足以提供桩基的竖向承载力,或不能满足沉降要求时,须采用端承桩或嵌岩桩,桩基的承载力可按规范公式计算。此类桩基的设计难点是如何确定桩底岩层的厚度,通常认为桩底有连续3倍桩径的完整岩体是安全的。

(2)在岩溶地区采用摩擦桩有两种情况:一种是覆盖层的摩阻力足以提供桩基的竖向承载力,桩基不进入溶洞区;另一种则是桩底进入溶洞区并终孔在薄顶板或充填物中的情况,此时计入覆盖层及溶洞充填物和溶洞岩体的摩阻力。前一种与普通桩基的设计计算没有太大区别,但要注意保证桩底与溶洞间土层及岩体的厚度;后一种摩擦桩的计算则要根据具体情况变通应用规范公式,其设计难点是合理选取溶洞区桩侧土的极限摩阻力及桩底支承力如何计入。

(3)当桥梁地基下的溶洞较大,埋藏较深,但又不满足顶板厚度验算要求时,采用桩基础。对于桩尖下伏溶洞,采取穿过溶洞还是桩尖立于溶洞顶,须根据计算和经验设计,可分三种情况:

①若完整基岩顶板厚大于10m且顶板厚与溶洞孔径之比大于2时,经计算桩长满足要求,可将桩尖置于溶洞顶,溶洞可以不处理。

②当桩基进入完整基岩中的深度满足验算要求,不满足①所述桩尖下完整基岩顶板厚,但仅在距桩尖6m以上位置存在小型溶洞(溶洞高<2m,有充填),桩基可不穿过该溶洞,但需在桩基施工前对下伏溶洞进行注浆加固处理。

③除上述两种情况外,均应采用桩基穿过溶洞方案。

(4)钻(挖)孔桩在穿过溶洞进入完整基岩中的深度,应结合地质资料进行计算。一般要求嵌入中风化岩石有一定的深度。

(5)设计时应重视桩基负摩擦力的影响。一般地基土石在扰动之后都会在自重的作用下固结下沉,特别是由于大量开采地下水而导致地基软弱层相对桩基固结下沉,因而产生一个向下的摩擦力,即负摩擦,从而增加了桩基所承受的轴向荷载,甚至可能导致桩基被破坏。

(6)当基桩穿过多层岩溶层支立于坚固的岩层上时,不应考虑多层岩溶层对桩侧起摩阻作用,因为岩溶层与桩侧之间的摩阻作用,在本质上不同于一般土与桩侧之间的摩阻作用。

6.7.6.3 溶洞的处理方法

1)常规成孔法

当溶洞内有可塑或软塑的亚黏土充填物,且溶洞不漏水时,不管溶洞有多大,也不管溶洞垂向数量多少,都可以不考虑溶洞的存在,按照正常的地质情况施工,采用人工挖孔或冲击钻成孔,对于溶洞高度较高(大于3m,小于5m)且内填充物松软的,钻孔时给孔内抛入一定数量的小块片石并加大泥浆比重,使钻孔时此部分块片石挤压至溶洞松软的填充物部分,形成护壁。通过这种方法,可使穿越松软填充物溶洞段的钻孔孔壁稳定,不易塌孔。

2)片石黏土筑壁法

在溶洞内无充填或半充填,溶洞不太大(一般高度在3m以内),但存在严重漏水或半漏水,护筒内水头高度不能保持时,可采用片石加黏土(按1∶1的体积比)回填冲击使其形成泥石护壁。

3)钢护筒跟进法

在溶洞较大(高度大于5.0m)、洞内无充填物或有流塑充填物、漏水很严重、采取片石加黏土反复打密仍无法形成泥石护壁时,可采取钢护筒跟进法施工。钢护筒钢板厚宜采用8~10mm的Q235钢材,分段接长、分段振沉。

6.7.6.4 岩溶路段桥梁案例

秦巴山区受地质构造影响,区内石灰岩分布相对较为零散且面积不大,现有高速公路经过区域发现最多的为省级高速公路西乡至镇巴项目,该项目位于中低山峡谷碳酸盐岩区,灰岩、角砾状灰岩发育,易遭受溶蚀,形成大小不一的溶洞。

通过勘察共揭露溶洞119处,调绘发现裸露型溶洞45处,钻探揭露的隐藏型溶洞74处,对桥梁有影响的共47处。钻孔揭示溶洞多为碎石土填充型溶洞,空腹溶洞极少,溶洞发育纵、横向无规律,变化极大,纵向多为串珠状,横向急剧变化。主要集中在K22+800~K25+400、K36+700~K41+100、K45+340~项目终点的范围。

桥梁主要包括西乡泾洋河特大桥、鱼泉泾洋河特大桥、二郎滩泾洋河特大桥、小河子2号桥、蔡家庄泾洋河大桥、镇巴北立交主线桥及匝道桥等,部分桥墩均受溶洞影响,溶洞最大高度约10.0m,串珠状最多达5个(钻孔深度48m时),典型桥墩处溶洞大小、位置如图6-9所示。

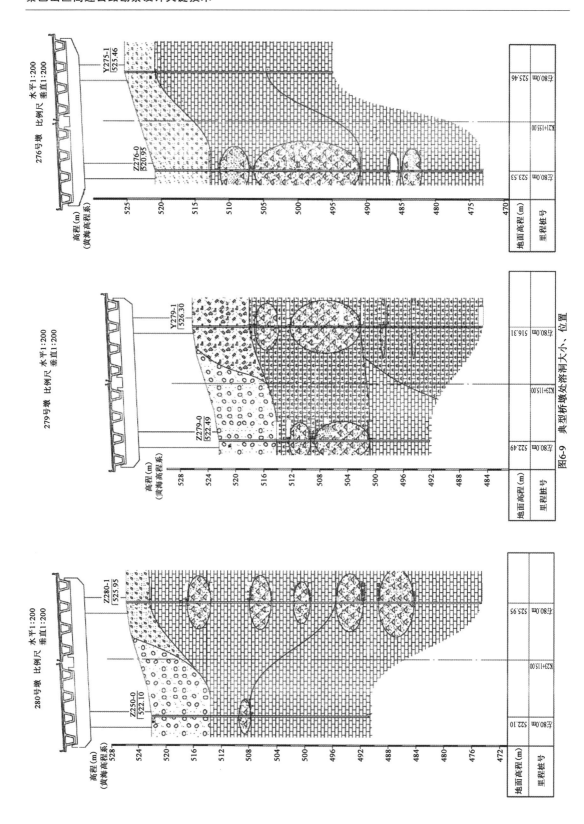

图6-9 典型桥墩处溶洞大小、位置

根据桥梁布设及桥址地质情况,桥墩桩基采用端承桩设计,考虑到桥墩处溶洞大小及洞内填充物密实性及其为松软还是硬塑状的具体情况,分别采用了增加钻孔泥浆比重并在孔内抛入一定数量小块片石的常规成孔法和钢护筒跟进法。从该项目施工效果来看,这两种方法施工简单,效果明显。

项目对于穿越溶洞的桥梁桩基础均采用端承桩设计,桩底持力层及桩基长度按上述要求计算。

6.7.7 桥隧过渡段

区内受地形、地貌、水文、地质等因素影响,桥隧规模较大,设计速度不同,桥梁宽度与隧道宽度均不相同,除短隧道外,隧道宽度均比桥梁宽度窄,如双向四车道高速公路,设计速度为80km/h时,桥梁宽度一般为12.75m,隧道宽度为10.25m。为了确保行车安全,按照《公路交通安全设施设计规范》(JTG D81—2017)及《公路交通安全设施设计细则》(JTG/T D81—2017)规定要求,结合区内项目桥隧相接处桥梁断面与隧道断面设计情况,分别采用双向四车道高速公路不同设计速度下特长、长隧道进口处桥隧相接护栏过渡、短隧道进口处桥隧相接护栏过渡及桥隧出口处桥隧相接护栏过渡的设计方案。

6.7.7.1 设计原则

(1)隧道进口处过渡段长度首先须满足不同车速情况下规范对渐变率的要求,具体长度应含隧道进口处桥梁过渡段长度、短路基过渡段长度(含隧道进口处3.0m长的翼墙长度),为了方便施工,过渡段总长度不宜太长。

(2)特长、长隧道进口处桥梁过渡段受隧道与桥梁不同宽的影响,桥型方案根据桥址处的地形、地貌、水文、地质及路线设线高度等因素,可采用装配式预制结构、现浇结构或其他结构形式,采用预制拼装时一般桥梁受预制构件控制,变宽设计较为困难,一般采用等宽设计,桥侧护栏采用调整位置适应渐变要求。现浇结构桥梁根据渐变要求按变宽设计,其他桥型按过渡渐变率要求,进行具体设计。

(3)短隧道进口过渡段桥梁采用与隧道同宽设计,但规范要求进口处混凝土护栏或翼墙应交通流一侧在隧道洞口外宜与检修道内侧立面平齐,进口处外侧护栏也应进行过渡。

(4)特长、长隧道进口处渐变段长度护栏均采用刚性护栏(混凝土护栏)。

(5)隧道进口处渐变段长内短路基长度一般按不大于15m进行设计。

(6)特长、长隧道出口处是由"窄变宽"的行车方向,行车相对安全,规范也未作规定,考虑到隧道出口处桥梁内侧(平面设计线处)护栏位置正对隧道内侧的隧道检修道,为了避免前进车辆撞上护栏端部发生事故,从安全方面靠考虑,隧道出口处桥隧相接过渡采用桥面宽度不变,将隧道与桥梁相接处的桥台以路线平面设计线与桥台背墙前缘线交叉点为基准,整体向路线平面设计线一侧偏移一定的距离,以使相接处桥梁护栏顶部护栏内侧边缘线置于与隧道内壁平齐的方案。

6.7.7.2 设计方案

1) 分离式特长、长隧道进口桥隧相接处混凝土护栏过渡设计

考虑秦巴山区特点,区内四车道高速公路设计速度一般以80km/h、100km/h为主,分离式路基宽度分别为12.75m、13.0m(桥面宽度分别为12.5m、12.75m,路线设计线距桥边线间隙25cm),隧道宽度分别为10.25m、10.75m时,分离式特长、长隧道进口处桥隧相接过渡按以下方案设计:

(1)依据《公路交通安全设施设计规范》(JTG D81—2017)混凝土护栏渐变率按上述两种不同设计速度时混凝土护栏渐变率分别为1∶14、1∶18,根据桥隧不同宽时护栏向内侧的偏移值,经计算并考虑便于施工等因素,内侧护栏过渡段长度按不同设计速度均可采用8.0m,外侧护栏过渡段长度均可采用50m,按照此过渡段长度及偏移值计算后,内侧护栏实际的渐变率均为1∶32,外侧护栏渐变率分别为1∶20、1∶22.22,均满足规范要求。

(2)过渡段长度内桥梁或短路基混凝土护栏无论采用SS、SA及SB级时,两种设计速度下内侧混凝土护栏内侧边缘线与隧道相接处端部向内偏移均为25cm;外侧混凝土护栏内侧边缘线与隧道相接处向内侧偏移分别为250cm、225cm。桥梁内外侧混凝土护栏底宽可均采用50cm设计,短路基段内外护栏均混凝土护栏,SS级底宽采用52.5cm、SA级底宽为50.3cm、SB级底宽为48.3cm,短路基段混凝土护栏与桥梁混凝土护栏底宽不一致时,应保证迎车面顺接。

(3)对于预制梁桥时,过渡段内桥梁采用等宽设计,桥面宽度大于隧道宽度,此时桥梁内外侧护栏需要按照渐变率要求调整其位置,此时桥梁护栏基础预埋件位置是桥梁设计的关键,具体预埋件位置为过渡段桥外侧护栏沿外侧边缘线向内侧偏移值按两种设计速度分别为$\Delta = X/20$、$\Delta = X/22.22$,过渡段内侧护栏沿内侧护栏边缘线向内侧偏移值两种设计速度均为$\Delta = X/32$(X为过渡段内任意点至过渡段起点距离,Δ为过渡段内混凝土护栏内侧边缘线任意点距对应偏移前护栏迎车面线的距离)。

(4)对于现浇梁桥,过渡段内桥梁采用变宽设计,护栏沿桥边线正常布设即可。

(5)隧道进口处设长3.0m的翼墙过渡,翼墙构造应专项设计。

(6)过渡段内桥梁(预制梁桥)桥面排水采用横向泄水管+竖向泄水管组合设计,当为现浇桥时,桥面排水采用正常排泄系统设计。

(7)当桥梁设有耳墙、搭板时,为了协调护栏过渡渐变的要求,耳墙宽度及横桥向位置应按渐变率的要求单独设计,确保耳墙顶部设置的混凝土护栏渐变率满足规范要求,以便与隧道检修道顺接,对于过渡段内设有桥头搭板时,相应的搭板宽度应根据耳墙偏移情况进行变宽设计。

分离式特长、长隧道进口($v = 80$km/h)桥隧相接处混凝土护栏过渡设计如图6-10所示。

第6章 桥梁涵洞设计

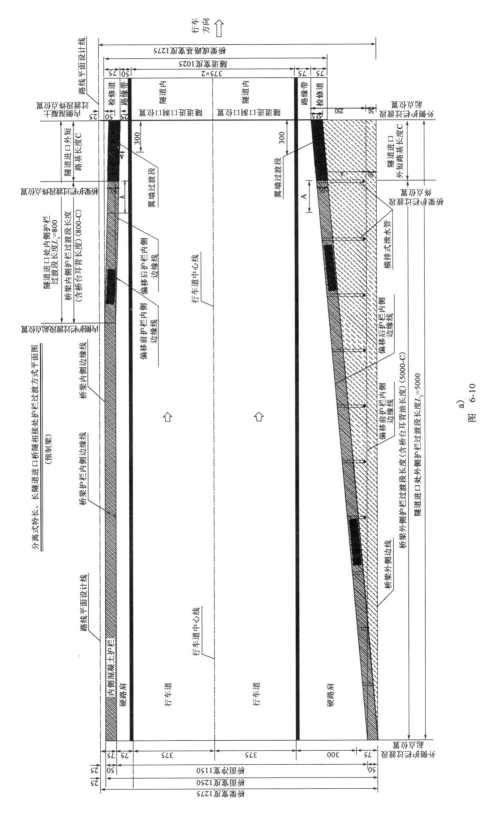

图 6-10

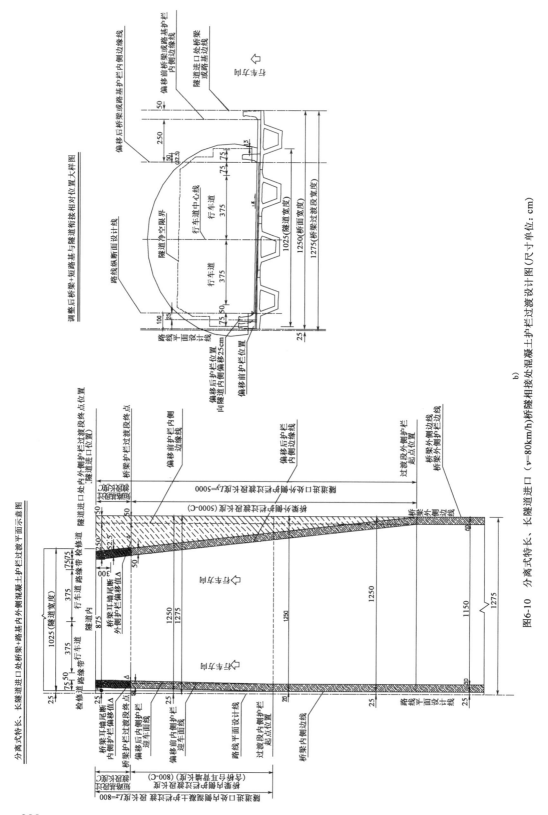

图6-10 分离式特长、长隧道进口（$v=80$km/h）桥隧相接处混凝土护栏过渡设计图（尺寸单位：cm）

第6章 桥梁涵洞设计

2)分离式短隧道进口桥隧相接处混凝土护栏过渡设计

考虑秦巴山区特点,区内四车道高速公路设计速度一般以80km/h、100km/h为主,分离式路基宽度分别为12.75m、13.0m(桥面宽度分别为12.5m、12.75m,路线设计线距桥边线间隙25cm),隧道宽度分别为12.5m、12.75m时,分离式短隧道进口处桥隧相接过渡按以下方案设计:

(1)依据《公路交通安全设施设计细则》(JTG/T D81—2017),混凝土护栏渐变率按上述两种设计速度时,混凝土护栏渐变率分别为1:14、1:18,按规范规定的短隧道设计时,隧道宽度采用与桥面宽度相同的断面设计。依据隧道断面及桥梁断面设计经核算,桥梁内侧混凝土护栏在交通流一侧隧道洞口外处与隧道检修道内侧立面完全平齐时,不需要平移过渡;而桥梁外侧护栏在交通流一侧隧道洞口外处与隧道检修道内侧立面不平齐时,需要采用过渡段进行平移过渡。

(2)依据桥隧断面按照"交通流一侧在隧道洞口外处与隧道检修道内侧立面完全平齐"的要求,两种设计速度时外侧混凝土护栏与隧相接处端部向内侧偏移25cm,经计算并考虑便于施工等因素,两种设计速度下外侧护栏过渡段长度均采用8.0m,按照此过渡段长度及偏移值计算后,外侧护栏实际渐变率均为1:32,满足规范要求。

(3)过渡段长度内桥梁或短路基混凝土护栏无论采用SS、SA及SB级时,外侧混凝土护栏内侧边缘线与隧道相接处均向内侧偏移25cm。桥梁内外侧混凝土护栏底宽均采用50cm,短路基段内外护栏均为混凝土护栏,SS级底宽采用52.5cm、SA级底宽采用50.3cm、SB级底宽采用48.3cm,短路基段混凝土护栏与桥梁混凝土护栏底宽不一致时,应保证迎车面顺接,图6-11中以SS级混凝土护栏示意,护栏底宽采用52.5cm。

(4)对于预制梁桥时,过渡段内桥面采用与隧道同宽设计,此时桥梁外侧护栏需要按照渐变率要求调整其位置,因此桥梁外侧护栏基础预埋件位置是桥梁设计的关键,具体预埋件位置为过渡段桥外侧护栏沿外侧边缘线向内侧偏移值按两种车速均为$\Delta = X/32$(X为过渡段内任意点至过渡段起点距离,Δ为过渡段内混凝土护栏外侧边缘线任意点距对应偏移前护栏迎车面线的距离)。

(5)对于现浇梁桥,过渡段内桥梁采用以保证外侧护栏在交通流一侧隧道外处与隧道洞口处检修道立面平齐时的变宽设计,护栏沿桥边线正常布设即可。

(6)隧道进口处设长3.0m的翼墙过渡,翼墙构造应专项设计。

(7)过渡段内桥梁(预制梁桥)桥面排水采用正常排泄系统设计,泄水管适当向外倾斜一定角度即可,以避免泄水管不受箱梁腹板干扰。

(8)当桥梁设有耳墙、搭板时,为了协调护栏过渡渐变的要求,耳墙宽度及横桥向位置应按渐变率的要求单独设计,确保耳墙顶部设置的混凝土护栏渐变率满足规范要求,以便与隧道检修道顺接,对于过渡段内设有桥头搭板时,相应的搭板宽度应根据耳墙偏移情况进行变宽设计。

分离式短隧道进口($v = 80$km/h)桥隧相接处混凝土护栏过渡设计如图6-11所示。

3)分离式特长、长隧道出口桥隧相接处混凝土护栏过渡设计

考虑秦巴山区特点,区内四车道高速设计速度一般以80km/h、100km/h为主,分离式路基

宽度分别为 12.75m、13.0m（桥面宽度分别为 12.5m、12.75m，路线设计线距桥边线间隙 25cm），隧道宽度分别为 10.25m、10.75m 时，分离式特长、长隧道出口处桥隧相接过渡按以下方案设计：

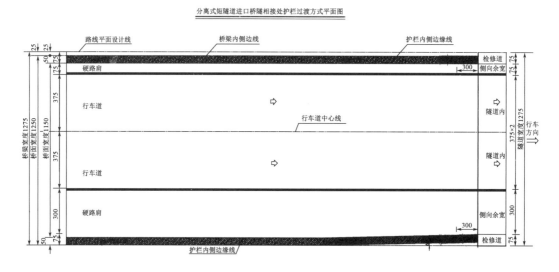

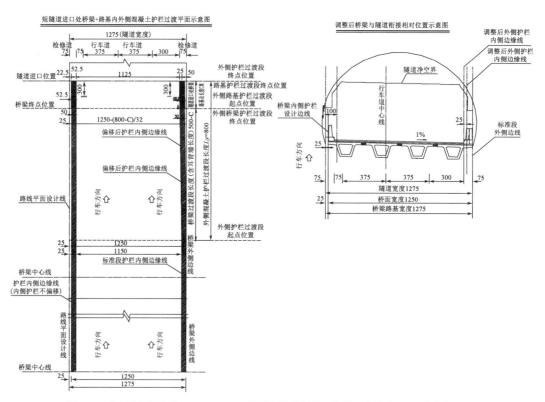

图 6-11　分离式短隧道进口（$v=80$km/h）桥隧相接处混凝土护栏过渡设计图（尺寸单位：cm）

(1)考虑到隧道出口处桥梁内侧(平面设计线处)护栏位置正对于隧道内侧隧道检修道上,为了避免前进车辆撞上护栏端部发生事故,从安全方面靠考虑,隧道出口处桥隧相接过渡采用桥面宽度不变,将隧道与桥梁相接处的桥台以路线平面设计线与桥台背墙前缘线交叉点为基准整体向路线平面设计线侧偏移,按两种车速分别为65cm、50cm(相邻桥墩位置不变),以使相接处桥梁护栏顶部护栏内侧边缘线置于与隧道内壁平齐;隧道出口至桥台背墙前缘线之间的短路基段(含桥台耳背墙长度)采用直线过渡。

(2)桥隧相接过渡段长度为隧道出口短路基 C(含耳背墙墙长度) + 桥梁第1跨跨径 L。

(3)当隧道出口短路基长度 <15m 时,将桥台向路线平面设计线侧偏移过渡,当隧道出口短路基长度≥15m 时,则桥台不偏移,采用路基侧护栏过渡。

(4)桥侧护栏(含耳背墙长度)均采用混凝土护栏,SS 级、SA 级,SB 护栏底宽均采用50cm。短路基过渡段长度(不含耳背墙长度)侧混凝土护栏 SS 级底宽为52.5cm,SA 级底宽为50.3cm,SB 级底宽为48.3cm,短路基段混凝土护栏与桥梁混凝土护栏底宽不一致时,应保证迎车面顺接。

(5)受偏移影响,隧道出口处第1孔桥的预制箱梁设计时应根据偏移值计算调整预制箱梁的首尾夹角。

分离式特长、长隧道出口($v=80$km/h)桥隧相接处混凝土护栏过渡设计如图6-12所示。

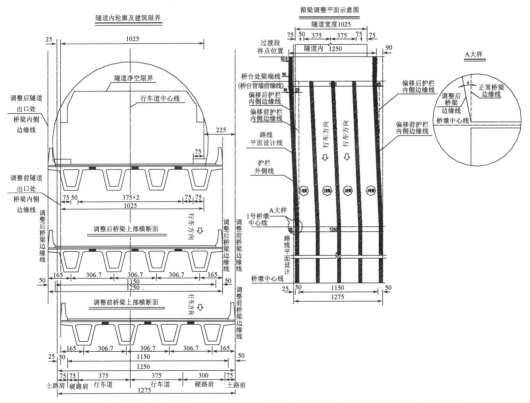

图6-12 分离式特长、长隧道出口($v=80$km/h)桥隧相接处混凝土护栏过渡设计图(尺寸单位:cm)

6.8 钢结构桥梁应用

6.8.1 钢管混凝土拱桥的应用

石门水库特大桥(图6-13)是陕西定汉线坪坎至汉中(石门)高速公路的重要节点工程,该桥跨越316国道和石门水库,桥位距石门水库大坝约4km。

图6-13 石门水库特大桥

大桥两侧分别接石门隧道及牛头山隧道,主线为分离式道路,上、下行相距35m。桥位处路线与316国道及水库垂直交叉,桥面设计高程高出G316国道路面约15m,水库水面宽度约200m、水深20m左右,桥址区地表以下依次为碎石、强风化片麻岩、中风化片麻岩,中风化片麻岩单轴饱和极限抗压强度为35MPa。

大桥采用16m+16m(空心板)+262m(中承式钢管混凝土拱)+13m+13m(空心板结构),下部结构引桥采用柱式墩、柱式桥台,主桥基础采用扩大基础,强风化基岩处设桩基础补强。

该桥在设计之初就采用"全寿命、全要素、全方位"的三全原则,更加注重桥梁美学与建养可行性,避免在水库库区设置桥墩,桥梁主跨采用中承式拱桥。

施工方案为:从宝鸡侧拱座开始至山体挖方段搭设支架形成平台,与隧道口至桥头之间开挖的施工平台一起构成了拼装平台,平台横向宽80m,纵向长50m,拱肋节段在工厂预制(预制节段15m左右一节)。进行一次全跨预拼装检验,拆卸后将节段运输到施工场地,在场地拼装区进行二次预拼装,场地拼装长度为45m(一个吊装段30m+一个预制段15m),拼装完经检查后将前一段吊装段通过缆索起吊纵向移动到指定区域进行安装,剩下的预制段与下一预制节段焊接拼装组成一吊装段后,再与下一预制段进行预拼装,拼装完经检查后将此吊装段进行起吊安装,以此类推直至全部吊装完拱肋节段。

该桥的设计方案与施工方案充分借鉴了绿色公路建设技术指南的相关要求,公路路线穿越环境敏感区时,适当增大跨径。通过工厂化预制与工地现场拼装的方式,减少对国家级水利风景区的占用和破坏。充分利用316国道的运输条件,采用缆索吊装法,避免水中搭建施工平台,保护了水源。

6.8.2 钢-混凝土组合梁桥的应用

古(城)镇(巴)线与平利至镇坪(陕渝界)高速公路均位于秦巴山区大巴山北麓,该区是中国地理格局的重要枢纽、大尺度东西向的生态廊道,又是最高级别的生态安全保障区。项目区水源地密集,是省内河流分布密度最大的区域之一,水质均为Ⅱ类水体,是南水北调上游主要水源补给地;整体生态较为敏感,施工及运营期对水环境保护、污水排放控制要求极高。

西乡泾阳河特大桥(图6-14)沿泾阳河河谷设线,河道宽度约40~50m,河道两岸山势陡峻,河床为卵砾石,坡脚及山坡均为基岩,是非常典型的"两山夹一沟"的"沿溪线"。桥面宽度基本覆盖"行洪主河槽",且沟道内无任何道路设施,桥梁为沿河纵向桥,桥址区的百年一遇设计流量为2221m³/s,设计洪水水深8~10m,每年4月~9月为洪水期,行洪期内无法正常施工。

图6-14 西乡泾洋河特大桥

针对以上特点及项目建设的难点,采用四车道35m跨径钢-混凝土组合梁桥的建设方案,该方案钢材用量省,分段工厂化预制,现场焊接拼装,双主梁钢-混凝土组合梁高为跨径的1/18~1/16,不同型号的厚板应力控制在240~270MPa,总体上已经达到断面尺寸最优,中小跨径适用于半径不小于400m的平曲线,能更好地适应山区高速公路路线形态。

在创新公路桥梁结构选材上,耐候钢(在陕西省的气候环境下,100年被腐蚀厚度约为0.1mm)为外露结构钢主选材,耐候钢比非耐候钢原材料费用每吨高500~800元,而普通钢材,首次防腐费用为每吨1000元,若按10年一次防腐一次,防腐现价投入还需要10000元,所以耐候钢为设计基准期内总费用最低提供了坚实的保障。

在设计钢-混凝土组合梁时,考虑了推拉、导梁架、跨间支架上拼装施工完成,简单易行,施工工艺充分考虑了陕西省的当地情况,充分解决了陕南秦岭山区无法设置预制厂情况下的桥梁选型问题。钢-混凝土组合梁行车道板可在沿线楼板厂预制,无须设立大梁预制场,有效节约成本。钢-混凝土组合梁桥主梁结构简单,无须进入结构内部,便于检测和维护。

钢-混凝土组合梁桥,双主梁与四主梁的比较,见表6-4和表6-5。

35m 跨径上部构造材料指标比较表　　　　　　　　　　　　　　表 6-4

材　料	35m 跨径四梁式	35m 跨径双梁式
钢材 Q345qD(kg/m²)	186.8	155.3
C40 混凝土	0.287	0.281
普通钢筋(kg/m²)	116.1	108.0

40m 跨径上部结构材料指标比较表　　　　　　　　　　　　　　表 6-5

材　料	40m 跨径四梁式	40m 跨径双梁式
钢材 Q345qD(kg/m²)	262.0	177.1
C40 混凝土	0.283	0.281
普通钢筋(kg/m²)	109.7	108.0

由此可见,双梁式钢-混凝土组合梁经济性更优。

钢-混凝土组合梁桥应用在陕南秦巴山区,具有上部结构自重轻,相同自重条件下,跨越能力更强的特点,可以有效地克服岩溶地区、断裂带的设线难题。

6.8.3 钢箱梁桥的应用

在跨越河道的段落优先选取钢箱梁桥的桥型方案,如图6-15和图6-16所示。钢箱梁桥能有效地发挥钢板的承载能力,同时结构自重小,桥梁下部结构造价低;工厂支座现场安装,压缩施工成本。钢箱梁桥整体受力性能好,无预应力混凝土连续梁的跨中下挠等病害。

图 6-15　钢箱梁桥施工

第 6 章　桥梁涵洞设计

图 6-16　钢箱梁桥

但钢箱梁桥不具有混凝土桥面的刚性底层支撑,钢桥面铺装处于随时都在变形的基础之上;钢箱梁在不同的季节气候下温度变化影响更大,易导致沥青铺装层的变形;在某些荷载作用下,会使沥青铺装层表面承受拉伸荷载。针对这些特点,在西镇高速公路镇巴北立交钢箱梁桥中,选择了双层环氧沥青碎石+高弹性 SMA 方案的桥面铺装解决方案。性能可以显著改善,其中 70℃动稳定性达到 5000 次/mm 左右,抗拉伸断裂强度达到 1.12MPa 以上,显著提高了高温抗剪能力,实用性较强。

6.9　桥梁防护与排水

6.9.1　桥梁防护设计

桥梁防护的主要作用是加强桥头路基、沿河边坡坡面、坡脚和墩台基础的抗冲能力,以保证桥梁墩台、桥头引道及桥位附近河道的安全。

6.9.1.1　河岸处防护设计要点及注意事项

各种防护措施及防护机理见表 6-6。

各种防护措施及防护机理表　　表 6-6

防护形式		防护机理
护坡类	干砌块石	防止暴雨、水流、波浪或漂浮物对路基坡面的淋洗、直接冲击和侵蚀,并有一定的加固坡面作用
	浆砌片石	
	水泥混凝土块	

续上表

防护形式		防护机理
抛石类防护	大型砌块	防止水流、波浪或漂浮物对路基坡面的直接冲击和侵蚀,并随着河床的冲刷一起下沉,有效、持续地保护路基基础
	四面体	
	水泥沙袋	
	抛石	
浸水挡墙		挡墙可以避免路基受到水流的直接冲刷,可以稳定河湾,使之不再发展,并对路基、河岸有支撑作用
护坦		护坦的设置限制了螺旋流的自由发展和对凹岸的冲刷,使凹岸冲刷和凸岸淤积都减小,横向床面变形趋向平缓,并保护路基基础不受水流的直接冲刷
丁坝和丁坝群		以调节水流为主,改变水流的主流方向,使其远离防护的河岸或路段
顺坝		以护岸为主,用以防止水流对河岸或路基的有害冲刷,它只改变局部水流方向,不改变主流方向,这时多用较短的丁坝
桩排		根据排桩挂板消能,坝前坝后水的流速不同,使坝后泥沙沉积,并挑水导流改变河流走向,避免水流对河岸或路基的直接冲刷。桩排之间还形成了泥沙淤积带,可在泥沙淤积带上植树,进一步稳固河床
石笼		石笼用于防护沿河路堤坡脚及河岸,免受急流和大风浪的破坏作用,同时也是加固河床,防止冲刷的常用措施
桥梁墩台直接防护		桥梁墩台的直接防护犹如桥梁墩台的铠甲,防止水流对河床的直接冲刷,同时一些桥梁墩台直接防护的不规则表面对水流起到消能作用,减小水流的速度。
桥梁导流堤		确保水流与桥梁正交,充分利用桥下断面,使墩台和桥头路堤免受集中冲刷,以达到防护效果
生物防护		加强路基或河床土壤的黏接力,加固坡面和基础,并对水流起一定防冲和消能作用,具有良好的防护效果和环境效果

实践表明,桥梁防护措施都有一定的适用条件,水毁病害成因、防护措施的防护机理以及防护措施自身的结构强度和经济造价三者的综合作用决定了桥梁防护措施的适用条件,见表6-7。

各种防护措施及适用条件表　　　　　　　　　　　　表6-7

防护形式	适用条件
干砌块石	(1)较缓的(不陡于1:1.25)土质路基边坡,因雨、雪水而发生破坏。洪水水流平顺,不受冲刷,均可采用干砌片石防护; (2)用于防护沿河路基受到水流冲刷等有害的部位,被防护的边坡坡度应符合路基边坡的稳定要求,一般为1:1.5~1:2; (3)干砌片石防护工程不宜用于水流流速较大(容许速度为2~4m/s)、波浪作用较强、有漂浮物冲击的边坡

续上表

防护形式	适 用 条 件
浆砌片石	(1)浆砌片石护坡常用于坡度较缓(缓于1:1)。若路基边坡缓于1:1的土质或岩石边坡的坡面防护采用干砌片石不适宜或效果不好时,可用浆砌片石护坡; (2)当水流流速较大(如4~6m/s),波浪作用较强,以及可能有流冰、漂浮物等冲击作用时,可采用浆砌片石防护并结合其他防护加固措施
石笼	(1)在缺乏大石块作冲刷防护的地区,用石笼而填充较小的石块,也可抵抗较大的流速。在流速大、有卵石的冲积河流中,铁丝笼易被磨损而导致早期破坏,一般不宜采用,这时可在石笼内浇灌小石子混凝土,或采用钢筋混凝土框架石笼; (2)在含有大量泥沙及基底地质良好的条件下,宜于采用石笼防护,这样,石笼中石块间的空隙很快被泥沙淤满而形成整体层; (3)石笼一般用于容许流速为5~6m/s,容许波浪高约1.5~1.8m的水流
抛石	(1)适宜在盛产石料(大砾石、卵石)和沿河线开山废石方较多的地区使用; (2)经常浸水且水流方向较平顺,河床地层承载力较强无严重局部构造物; (3)在流速大、波浪高及水很深三种情况兼有时,应采用较大粒径的石块
浸水挡墙	(1)桥台临水锥坡及台前溜坡基础难以设置时; (2)在水深流急、冲刷大、洪水持续时间长、流向不定、险岸位置经常发生变化、水流中的漂浮物多而且大或有强烈流冰等时,在沿河桥墩所在岸坡受冲击处,可采用浸水挡土墙; (3)容许流速为5~8m/s
护坦	由于护坦对天然水流的干扰较小,适用于对山区峡谷河段的沿河公路路基防护。河流容许流速为4~8m/s,而且还常与砌石护坡、浸水挡墙、丁坝等配合使用,并用于桥台和桥墩基础冲刷防护
丁坝和丁坝群	(1)河流容许流速为6~10m/s; (2)河床比较宽,水流比较急,凹岸冲刷严重或河流属于宽浅变迁河段需限制水流方向稳定河床; (3)适用于路基受水流冲刷严重,需要改变水流流向,使路坡坡脚淤积变坦的地段局部冲刷严重,采用其他防护措施无法满足时
水泥混凝土预制块	水泥混凝土预制板块护坡可抵抗水流速度3~8m/s以上、波浪高度2m以上和较大的水压力。对于石料缺乏、人工费昂贵的地区,或城市环境美化要求较高、机械化施工条件较好的地区,有一定的优越性。由于造价较高,应用不广
水泥沙袋	对于缺少石料的地区或作为洪水来临前的应急或洪水抢险措施,使用水泥和砂、水泥和土混合均匀后,装入编织袋,码砌护坡是可行的。对于永久性护坡,采用15%的水泥和85%的砂混合为宜。采用价格低廉的农用编织袋亦可,一年后虽然编织袋在日光作用下破坏,但是装填的水泥砂在河水浸泡后已凝固成块体
顺坝	适用于稳定受流水冲刷的地段,使之不再发展而又基本不改变水流原有的特性。适用于导治线与河岸距离较近及通航河段,并可用于河岸河床地质较差的地段

续上表

防护形式	适用条件
大型砌块	河流容许速度为5~8m/s;受主流冲刷严重的河段且设置深基防护有困难;常与脚墙配合使用
四面体	河流容许速度为4~6.54m/s;受主流冲刷严重的河段且设置深基防护有困难;常与脚墙配合使用
桥墩直接防护	洪水和河床变形受人为和自然多种因素影响,有时会发生无法预料的变化,直接危及桥梁墩台的安全,只能在桥梁墩台周围就地采取防护措施,进行直接防护。此外,在流速大而采取其他间接防护还不能有效防护时,可以考虑与桥梁墩台的直接防护配合使用
桥墩导流堤	(1)在宽浅变迁性河流上游设置导流堤以稳定河床。采取导流堤改变水流方向,确保水流与桥梁正交,充分利用桥下断面,使墩台和桥头路堤免受集中冲刷,以达到防护效果。并在导流堤前形成淤积,使河道线形更加通畅平顺和稳固; (2)河流自然过水断面很宽,但通过流量很小,为减小桥孔孔径,用路堤代替桥孔,并设置导流堤引导水流,改善水流条件。这样做虽然对水流进行了一定程度的压缩,但是对洪水的通畅排泄无多大影响,在经济上带来很大的节约; (3)水流与桥孔不正交,且桥梁墩台受到集中冲刷,冲刷严重时需要设置导流堤改变水流方向,使水流顺直的通过桥孔
生物防护	包括种草、平铺草皮、平铺迭置草皮、植树。水流容许速度为0.4~3m/s;边坡不陡于1:1.5。适用于任何适于生长植物的路堤、路堑边坡和河滩、河岸。种草、平铺草皮、平铺迭置草皮不适于经常浸水或长期浸水的边坡

此外,涉河桥梁防护措施在设计时还应注意:

(1)防护措施基础埋置深度应在河床一般冲刷线以下0.5~1.0m;顶面高程应高于设计洪水位0.5m。

(2)受水流冲刷的浆砌片石护坡厚度和抛石粒径应由计算确定。

(3)秦巴山区河流河床多为砂卵石、卵砾石和漂石,水中桥墩常受到洪水裹挟的石头撞击,应在墩身设置钢筋混凝土护壁或钢护筒,露出河床的承台也应设计钢筋混凝土保护层。

(4)经调查,位于秦巴山区的桥梁建成多年以后,桥墩位置河床下切严重,严重威胁桥梁结构安全,设计时应增加各类抗冲刷措施。

(5)防护措施台背应设置反滤层,一般厚度为15~40cm,对于多种反滤结构,每一层厚10~20cm。土工织物应埋入地下,避免见光老化。

6.9.1.2 半坡处防护设计要点及注意事项

秦巴山区大部分的陡坡都经常应用半路半桥的方式进行穿越,或者是应用全高架桥的方式,这样容易致使多数桩基都以高陡边坡作为基建基础,甚至基建于悬崖绝壁之上。边坡、墩台以及桩基三个方面的内容,就组成一个较为复杂的承载体系,必要时应设置防护措施。

1)半坡处桩柱式桥墩防护方案

因桥墩施工开挖可能影响原有边坡稳定性或开挖后形成新的高陡边坡,故施工前应对边坡稳定性进行评价,必要时设置挡土墙、抗滑挡土墙或锚杆框架梁保证边坡稳定。对位于稳定滑坡体上桥墩,可设置抗滑桩保护桥墩安全。

2)半坡处带承台桥墩防护方案

(1)挡墙+回填碎石土方案

对于因地形限制承台外露的桥墩,可采用在承台悬空侧设置挡土墙,并在悬空区域内回填压实的碎石土或浆砌片石等材料,并以回填的材料顶面作为承台的施工工作面,见图6-17。

采用挡墙+回填碎石土,其主要适用于原状边坡坡度小于30°、山体覆盖层厚度较薄且地质条件较好的地段;当坡度大于30°时,不推荐采用该方案。此外由于挡墙基础需要一定承载力,如覆盖层较厚,或地基承载力小于300kPa时该方案也不适用。

(2)基桩外露+外露基桩增加防裂钢筋网方案

按基桩外露高度不同又分为两种情形:基桩外露高度 $H<5m$ 时,基桩直径内外侧相同;$H \geqslant 5m$ 时,需要调整内外侧基桩的尺寸。外露的基桩直径比内侧的基桩直径一般需要提高一个级别,如内侧基桩直径为1.8m,外侧基桩直径取为2.0m。

具体防护为:基桩外露高度 $H<2m$ 时,按常规经验,不做防护处理,基桩直接外露;基桩外露高度 $H>2m$ 时,在基桩出露部分混凝土内设置净厚度为2cm的D6钢筋网保护层,防止外露基桩混凝土开裂;并在所有暴露在空气中的基桩混凝土外侧涂防腐剂。

采用基桩外露+外露基桩增加防裂钢筋网,其适用于各种地形,尤其在悬崖等极陡地形条件中无法采用其他防护措施时,但人较容易接触、河道附近、冲沟沟谷内以及可能受到滚石、落石影响的地形条件下该方案不适用。

(3)注浆钢花管+挡墙+回填浆砌片石方案

在承台悬空侧下方修建混凝土挡墙围住悬空区域,挡墙基础设置 $\phi 80mm \times 4$ 注浆钢花管处理(钢花管处理深度一般需打入岩层内,钢花管间距100cm×100cm,梅花形布置)。考虑到减少回填材料对挡墙的侧向土压力,在挡墙围起来的悬空区域内回填浆砌片石,回填的平台作为承台施工工作面,该方案(见图6-18)属于方案(1)的另一种形式。

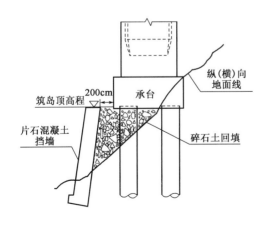

图6-17 挡墙+回填碎石土方案

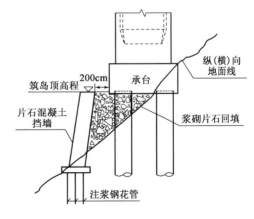

图6-18 注浆钢花管+挡墙+回填浆砌片石方案

采用注浆钢花管+挡墙+回填浆砌片石,其是方案(1)的优化方案,该方案主要适用于因地质、地形条件的限制,方案(1)不能适用的情形,如:坡度在30°~60°之间的边坡、覆盖层厚度较厚(厚度不超过10m的情况)、地基承载力较小的情形。

(4)片石混凝土回填方案

对承台下山体覆盖层较薄的情形,可将承台凌空部分的地面挖成台阶状,台阶高一般可按3m控制,台阶宽度可在3~5m左右,然后在台阶上填片石混凝土至承台底高程,回填物最大高度控制在10m左右,并以回填的片石混凝土作为承台施工平台。

采用片石混凝土回填,适用于各种地形,尤其在边坡较陡但基岩出露的地形、地质条件下更为适用;由于其对地基承载力有一定要求,一般如开挖台阶后,地基承载力小于400KPa时,慎用该方案。

基桩外露+外露基桩增加防裂钢筋网方案施工方便也最为省钱,但是其存在安全隐患且景观效果差,同时对下部结构受力有较大的不利影响,故建议在一般情况下不应优先考虑该方案。

6.9.2 桥梁排水设计

目前,秦巴山区常用的桥面排水方式主要有直排式、集中排水式和集中式加事故径流收集池。直排式多用于桥下无敏感水体和被交路的情况;集中排水式多用于桥下有被交路或水体有环保要求的情况;集中式加事故径流收集池多用于桥下为敏感水体路段。

1)桥面排水设计汇流计算

桥梁纵向排水管的设置,必须通过水力计算合理确定其管径。

雨水量的相关计算可参照现行《室外排水设计规范》(GB 50014)的规定,根据不同降雨历时及流量进行试算,直至管道排水能力满足降雨历时内降雨量,从而确定纵向排水管直径。

2)事故径流收集池的设计

事故径流收集池(图6-19)设计的关键在于其应具有能蓄纳全部事故径流的有效容积,一旦发生危险化学品泄漏事故时,能妥善收集危险化学品径流。收集池还应做好防渗处理,选用的建筑材料应耐酸、碱等危险化学品的侵蚀性能。

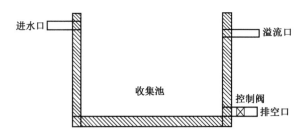

图6-19 事故径流收集池

3)排水管材的选取

目前,公路桥梁桥面泄水管主要采用铸铁泄水管,铸铁泄水管材料强度高,耐寒、耐高温,缺点是耐腐蚀性能差、易锈蚀或氧化,由于工艺原因没有合适的防腐蚀措施;桥梁纵向集水管主要采用PVC管,但其抗腐蚀能力较差,抗冲击性能差,易发生脆性破坏,使用寿命一般在10~20年,需要不定期的养护更换。可考虑采用HDPE管,但价格较高。

6.10 涵洞的勘察设计

6.10.1 概述

1)行车要求

涵洞和路基的设计必须满足《公路工程技术标准》(JTG B01—2014)和《公路桥涵设计通用规范》(JTG D60—2015)等对桥涵净空、路基宽度、线形标准、设计荷载的要求,保证其结构在制造、运输、安装和使用过程中具有足够的强度、刚度、稳定性和耐久性。

2)排水要求

涵洞的布设还必须保证洞内水流的畅通,使路线通过地区不因公路修建而造成流水宣泄不畅、水毁、积水淹没、严重冲刷等现象,进而影响路基稳定或损害农业。

保证排水要求,主要是通过保证涵洞有足够的净空尺寸来实现。净空尺寸必须满足以下两个要求:

第一,保证涵洞内一定设计频率洪水流量的安全宣泄。依据《公路工程技术标准》(JTG B01—2014),涵洞设计洪水频率应符合表6-8规定。

涵洞及小型排水构造物设计洪水频率表 表6-8

构造物名称	公 路 等 级				
	高速公路	一级公路	二级公路	三级公路	四级公路
涵洞及小型排水构造物	1/100	1/100	1/50	1/25	不作规定

第二,根据不同结构类型的要求,限制涵洞内洪水位的高度,使其有足够的净空高度。依据《公路桥涵设计通用规范》(JTG D60—2015),涵洞宜设计为无压力式的。无压力式涵洞内顶点至洞内设计洪水频率标准水位的净高应符合表6-9的规定。

无压力式涵洞内顶点至最高流水面的净高表 表6-9

涵洞进口净高(或内径)h(m)	管 涵	拱 涵	矩 形 涵
$h \leq 3$	$\geq h/4$	$\geq h/4$	$\geq h/6$
$h > 3$	$\geq 0.75\text{m}$	$\geq 0.75\text{m}$	$\geq 0.5\text{m}$

6.10.2 涵洞勘测

6.10.2.1 涵洞外业调查前的资料收集及准备工作

充分了解地域地质特征,与设计图纸相对应,初定涵洞设置位置,调查人员准备好工具与资料,并拟定工作计划。

6.10.2.2 涵洞外业调查及位置初步拟定

(1)设计人员沿路线走向,在现场实地勘察,依据图纸标记的涵洞位置以及所发现的实际情况,测量记录路线所交叉天然冲沟的沟槽横断面尺寸、沟底纵坡、冲刷痕迹等资料。

(2)查看涵洞位置是否合适,进出口形式如何选择等,是否因设置涵洞造成排洪不畅、冲毁路基等情况。

(3)涵洞位置和方向设置,要做到"进口要顺、水流要稳",不发生斜流、旋涡等现象,在洞口处理上要注明设计方法及处置措施。

(4)山区河沟坡陡水急、洪水猛、历时短,冲刷及水毁比较严重。因此,涵位布置应尽量符合水流方向,顺沟设置。一般不宜改沟设涵强求正交。只有当河沟比较宽浅,沟底纵坡平缓,水流较小时可考虑改沟设涵。改沟时要注意做好引水及防护工程,并注意对下游冲刷的影响。

(5)涵洞设计人员应和路基排水组人员加强沟通,确保涵位与路基排水系统密切配合。结合路线平、纵面设计图,可考虑在以下位置设置路基排水涵洞:

①在凹形竖曲线底部,为排除内侧边沟水流,一般应考虑设路基排水涵。

②纵断面上陡坡变缓坡处,内侧边沟水流由急变缓,容易产生急流和不利冲刷。若在200m 内无可排水涵洞,宜在变坡点附近考虑设路基排水涵。

③在陡坡弯道处,平曲线半径较小时,路线进入弯道前的纵坡又大于4%,边沟急流直接顶冲路基内侧,在暴雨期水流会溢出边沟漫上路基,直接影响路基稳定及行车,在弯道起(止)点附近考虑设路基排水涵。

综合以上调查分析,设计人员可初步拟定涵洞位置及交角。

6.10.2.3 涵洞类型选择

山岭区常用涵洞有石拱涵、板涵、管涵等。设计人员可根据现场地质资料及就地取材原则选择合理的涵洞形式,如表6-10所示。

山区常用涵洞适用性和优缺点对比表　　　　表6-10

涵洞形式	适 用 性	优 缺 点
石拱涵	适用于盛产石料地区,地基承载力较好的基岩或者卵砾石层基础,路基填土较高,进口沟口宽阔,排水顺畅	优点是造价低、费用少,可利用人工修建;超载潜力大,使用寿命长。缺点是不能工厂预制,对地基要求较高

续上表

涵洞形式	适 用 性	优 缺 点
板涵	明板涵适用于填土高度较小或者涵洞进口为挖方的路基排水涵；暗板涵适用于填土较高者可采用暗板涵	优点是施工简单，便于工厂预制现场装配，遭受破坏后易于修复，板涵对地基条件要求不高，不满足时可加强地基处理
管涵	适用于缺乏石料地区，顶填土高度需大于0.5m。常用钢筋混凝土圆管涵及钢波纹管涵	优点是力学性能好、构造简单、工程数量小、施工方便、工期短、利于装配运输。缺点是管节接缝处理不好容易渗水浸湿路基

6.10.3 涵洞设计

6.10.3.1 涵洞孔径

孔径指涵洞过水净空的大小，是设计的基本尺寸。涵洞孔径的设计应注意以下因素：

（1）涵洞孔径的设计必须保证设计洪水内的各级洪水及流冰、泥石流、漂流物等安全通过，并应考虑壅水、冲刷对上下游的影响，确保涵洞附近路堤的稳定。

（2）涵洞孔径的设计应考虑桥位上下游已建或拟建涵洞和水工建筑物的状况及其对河床演变的影响。

（3）涵洞孔径设计尚应注意河床地形，不宜过分压缩河道、改变水流的天然状态。

（4）当缺乏水文资料时，可根据现场调查的多年洪水痕迹、泛滥范围和既有涵洞验算涵洞的孔径。

（5）当涵洞的上游条件许可积水时，依暴雨径流计算的流量可考虑减少，但减少的流量不宜大于总流量的1/4验算孔径。

（6）利用经验方法，当不考虑水文条件，考虑养护方便时涵洞最小孔径可按表6-11选用。

涵洞最小孔径表 表6-11

涵洞长度(m)	最小孔径(m)	涵洞长度(m)	最小孔径(m)
$L \leq 15$	0.75	$L > 30$	1.25
$15 < L \leq 30$	1.00		

6.10.3.2 涵洞洞身及基础

涵洞洞身和基础是涵洞的主体部分，它们形成一个整体，一方面保证水流快速通过；另一方面直接承受荷载压力和填土压力，并将其传给地基。涵底纵坡不应小于0.4%，方便水流排出，不积水。

1）石拱涵

石拱涵是常见的一种涵洞形式，由于秦巴山区石料丰富，便于就地取材而受到广泛应用，如图6-20所示。

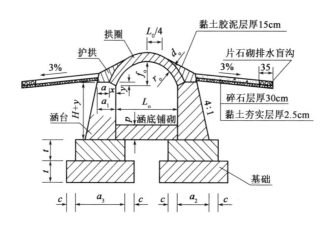

图 6-20　石拱涵洞身横断面

(1)拱圈是石拱涵的承重结构部分,材料采用浆砌块石,常采用等厚的圆弧拱,矢跨比可取 1/2、1/3、1/4。拱圈厚度可查阅相关规范资料计算取得或参考交通运输部颁布的通用图。

(2)护拱作用主要是保护拱圈,防止可变作用冲击,常用浆砌片石构成。护拱高度一般为矢高的一半。

(3)涵台、拱上侧墙、涵底铺砌及基础多采用浆砌片石构成。

(4)排水设施于拱背及台背,其作用是排除路基渗水,使拱圈免受水的侵蚀,以确保路基稳定。

(5)沉降缝应在涵洞沿洞身长度方向分段设置,以防止不均匀沉降。沉降缝应贯穿整个横断面(包括基础),缝宽约 2~3cm,缝内以热沥青麻筋填塞或填嵌沥青木板等。沉降缝沿洞身每隔 3~6m 设一道,设置在地基土质发生变化、基础埋深不同及基础填挖交界处。置于均匀岩石地基上的涵洞时,可不设置沉降缝。

2)板涵

板涵主要由盖板、涵台、基础、涵底铺砌、沉降缝等组成。盖板采用钢筋混凝土预制或现浇,台身基础可采用浆砌块片石或者混凝土,可查阅交通运输部颁布的通用图,选取相应尺寸。其沉降缝设置同石拱涵。

3)管涵

管涵主要由管身、基础、接缝及防水层组成。管身是管涵的主体部分,通常采用钢筋混凝土或钢波纹管,预制拼接安装。

管涵基础宜设置混凝土基座,如图 6-21 所示,避免涵洞在路基夯实及运营过程中移位造成路基不稳定。可根据地基承载力情况考虑其是否需要设置垫层基础,在砂砾、卵石、碎石或砂土地基上采用砂砾石做垫层基础,在黄土地区采用灰土做垫层基础。

管节接头采用浸过沥青的麻絮或其他防水措施处理。

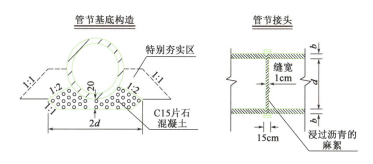

图 6-21 管涵混凝土基座

6.10.3.3 涵洞洞口形式选择

洞口形式常用的有八字墙洞口、端墙式洞口、跌水井洞口及扭坡式洞口等。

(1)八字墙洞口为重力式墙结构,施工简单方便,与路基较好结合。常用于河沟平坦顺直,沟底与涵底高差变化不大的情况。当八字墙墙身与涵台平行,八字墙张角为0°时,称为直墙式洞口,其适用于涵洞跨径与河沟基本一致,无须集纳和扩散水流情况。

(2)端墙式洞口为在涵台两端修一垂直于台身的端墙(又称"一字墙")的洞口,端墙式洞口可以配锥形护坡、梯形水渠、急流槽,跌水井等结构,便于与进出口沟渠合理搭配,形式灵活多样。

(3)跌水井洞口有边沟跌水井洞口及一字墙配急流槽洞口两种。边沟跌水井洞口用于路基边沟排水涵,路基挖方侧设置进水口;一字墙配急流槽洞口用于天然河沟纵坡大于50%或需要保证涵洞净空要求的进水口,使陡坡沟槽与涵洞进口连接。

(4)扭坡式洞口用于与灌溉渠平顺衔接,避免产生过大的水头损失和减少冲刷或淤积,用一段变边坡的过渡段设于洞口与渠道之间。

6.10.3.4 涵洞布置图及工程数量表

1)涵洞布置图设计

主要包含以下流程:编制涵洞一览表;加强与各专业组沟通;绘制涵洞布置图(每道涵洞的设计内容通常都反映在图纸上,有立面、平面、侧面、洞身断面及洞口形式等尺寸数据)。

2)涵洞工程数量表

工程数量表可根据涵洞种类分别编制,如石拱涵工程数量表、明板涵工程数量表、暗板涵工程数量表、钢筋混凝土管涵工程数量表及钢波纹管涵工程数量表等,表中分别对洞身及洞口的数量予以计算,以满足概预算的要求,并给施工准备材料提供依据。

6.10.4 涵洞实例

6.10.4.1 山岭区排洪涵

秦巴山区某高速公路,路基宽度为25m,设计汽车荷载等级为公路—Ⅰ级,设计洪水频率为 1/100。经过调查综合分析,路线跨越某桩位冲沟需要设计涵洞,地质表层为 1~2m 碎石土,其下为基岩,如图 6-22 所示。

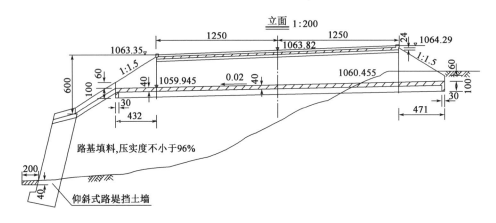

图 6-22　山岭区排洪涵(尺寸单位:cm)

该涵处在填方路基上,右侧进口沟底平缓,洞身沟底纵坡较大,左侧出口临河。经过综合分析,采用 1-4m 明板涵结构形式,进口八字墙,出口八字墙接急流槽、挡土墙。

该涵结构形式的优点为:进口八字墙能够很好地集纳水流,不壅水;明板涵建筑高度低,保证一定的净空高度,排水顺畅;基底路基填料经过压实处理后易满足明板涵承载力要求,保证路基稳定;涵底纵坡较缓,施工方便,洞身不易横向滑移;出口八字墙接急流槽水流易于排出;涵洞长度较短,造价低等。

该涵结构形式的缺点为:在石料充裕地区不能就地取材,需工厂化加工或者就地现浇;高填方路基不易压实,达不到要求会产生不均匀沉降,影响路基稳定等。

6.10.4.2　山岭区路基排水涵

秦巴山区某高速公路,路基宽度 25m,设计汽车荷载等级为公路—Ⅰ级,设计洪水频率为 1/100。路基排水设计人员经过计算需要在某桩号位置设置涵洞,地质表层为 1~2m 碎石土,其下为基岩,如图 6-23 所示。

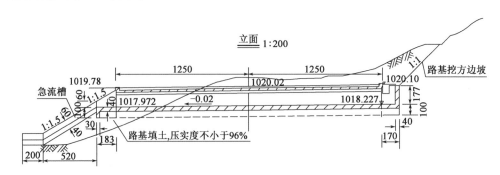

图 6-23　山岭区路基排水涵(尺寸单位:cm)

该涵处在半填半挖路基上,右侧进口为挖方边坡,排除纵向边沟水,洞身多半处于挖方路基,左侧出口地势较缓,为无人区,可散排水流。经过综合分析,确定采用 1～2m 明板涵结构形式,进口跌水井,出口八字墙接急流槽。该涵结构形式的优点为:进口跌水井能够很好地集纳路基边沟水流,不壅水;明板涵建筑高度低,保证一定的净空高度,排水顺畅;洞身基础位于基岩上,满足明板涵承载力要求,保证路基稳定;出口八字墙接急流槽水流易于排出;涵洞长度较短,造价低等。

该涵结构形式的缺点为:在填挖交界处填方不易压实,会造成不均匀沉降,注意设置沉降缝;挖方路基施工难度增加,注意做好防护措施。

6.10.5 涵洞常见问题分析及处理措施

(1)路线平纵面图标注的涵洞位置、形式及孔径与涵洞布置图不一致,评审机构或施工单位提出质疑。

原因分析:初步拟定的涵洞方案在做设计时进行了调整,设计人员未能及时反馈给各专业组,建议各专业组加强沟通。

(2)挖方涵洞出口排水处理不完善。设计人员在绘制涵洞布置图时,应完整画出横断面地面线及横断面设计情况,否则设计出来的涵洞和现场情况不一致,如图 6-24 所示,高速公路某路基排水涵位于挖方断面,右侧进口高边坡,左侧出口有一段约 3m 高的挖方边坡,路基左侧边缘 15m 外为排水沟。现场施工时,相关单位反映该涵出口设计为八字墙,挖方地面线未示意,出口排水不完善,和实际不相符。

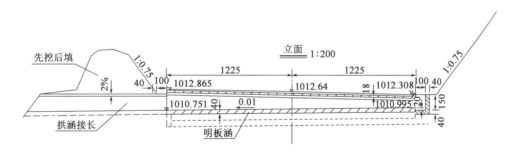

图 6-24　挖方涵洞出口排水处理(尺寸单位:cm)

原因分析:①设计人员不重视涵洞出口处理;②设计人员不重视地面线绘制;③设计人员不重视和地道组人员沟通,没弄清楚左侧浅挖方平台是留还是取;④设计人员没弄清楚水流该排向何处。

处理措施:后续人员经和现场相关单位沟通后采取左侧出口砖拱接长至排水沟,然后恢复路基挖方设计,坡面植草皮的方法处理。

(3)涵底纵坡和水流方向。涵洞设计经常出错的问题是水流方向和涵底纵坡。外业调查记录应该详细记录水流的来去方向,设计时注意查看记录。涵底纵坡不应小于 0.4%,以满足最小排水要求。涵底纵坡大于4%时对基础设计应进行特殊处理,比如设成锯齿形以增加抗滑性能等。

(4)涵底填料不适合地基土质,水文条件导致不均匀沉降。涵底填料的选择应根据土壤类别、地质特征、水文条件等合理选择,多和路基设计人员沟通交流。比如不宜在湿陷性黄土地区采用透水性材料做垫层,也不宜在透水性地区采用灰土垫层材料做地基,以免导致不均匀沉降。

(5)进出口设计不合理,出口水流不能到达指定位置。涵洞进水口、出水口结构形式要合理选择,要和周围地形地貌、地质及排水用途等紧密配合,水流排放要有规划。比如,有的涵洞出口距离排水主河道较远,超出公路界限,此时是否需要设置引渠,如必要,那么引渠长度、尺寸的设计等都牵扯到占地问题,这些要和征迁人员、排水设计人员沟通解决。

(6)涵洞位置不合理,出口水流正对住户,洪水期可能会威胁人民生命财产安全。涵洞位置在外业调查时应详细记录周围地形地貌、出口水流去向及不利因素等,看水流是否会影响村民建筑等设施。如洪水期影响住户安全的,涵洞可采取移位、斜交设置、改渠等措施进行技术经济比较,若拆迁较为经济,可和征迁人员协调解决。

第7章 隧道设计

7.1 概 述

7.1.1 秦巴山区公路隧道现状

公路隧道的发展趋势是隧道越修越长、越修越宽,穿越的地质越来越复杂,所需要的技术水平越来越高。秦巴山区地质结构复杂,许多隧道都有"地质博物馆"之称,经常有危岩、断层、突泥涌水、有毒有害气体、洞口偏压顺层、岩溶、软岩大变形等地质病害。同时,隧道结构形式多样,既有分离式隧道,又有双连拱、小净距结构隧道等,断面大、纵坡长的公路隧道也较常见。这些均给隧道结构、安全施工及运营带来极大风险。面对隧道建设中各类复杂的地质问题、结构问题,工程技术人员以严谨科学的态度,开展有针对性、开创性的工作,破解了这些难题。例如秦岭Ⅰ、Ⅱ、Ⅲ特长隧道群建设中穿过了20余条断层、大型崩塌、涌水、岩爆等各种复杂的地质条件,工程建设技术要求高、施工难度大;包家山隧道在建设过程中,克服了富水千枚岩段、岩溶突泥涌水段、高地应力段落等不良地质,提出了创新性的泄水沉砂池综合治理方案,这是设计人员结合包家山隧道实际,因地制宜的成功范例;紫阳隧道以强风化炭质板岩、绢云母千枚岩为主,穿越断裂9条,但断层破碎带、影响带长度占隧道总长的1/5,地下水发育,并发育有煤层、采空区等多种地质病害,建设期间克服多次突泥、涌水、大塌方及大变形;石泉隧道为陕西省首次在高速公路隧道建设中遇到大范围穿越平行断层及软弱围岩大地应力区域等情况;飞凤山隧道施工过程中,遇见了大型溶洞,其容量约9万m^3,沿隧道路线方向发育长约32.3m,宽约49m,设计高程以下深约38m、以上高约16m,底部有溶洞塌方堆积体,右侧有积水,水深约8m,为省内公路隧道穿越的最大溶洞,也为陕西省公路隧道的溶洞治理总结了一些宝贵经验。

7.1.2 秦巴山区公路隧道主要特点

7.1.2.1 桥隧比例高、长大隧道多

秦巴山区地势起伏均较大,沟壑纵横,河流深切,高速公路主要在山地和沟谷间穿行。桥

隧比例一般较高,已经建成开通的高速公路的桥隧比例都超过50%。其中西乡至镇巴高速公路桥隧比例达到了91.8%。同时,隧道工程也占有很大的比例,平利至镇坪、宝鸡至平坎、小河至安康、西乡至镇巴、西安至汉中等高速公路隧道比例接近甚至超过了40%。已建成的超过5km以上的长大公路隧道达到了8座,在建的超过5km以上的长大公路隧道达到了7座,其数量在国内位居前列。

7.1.2.2 隧道工程地质复杂,不良地质多

高速公路建设中所遇到的断层破碎带、浅埋偏压、岩溶、软岩大变形、煤层瓦斯及采空区等不良地质问题,这些都是秦巴山区高速度公路隧道建设中最为常见的。

7.1.2.3 隧道洞口多处于不良地质中

受地形条件的限制,秦巴山区高速公路隧道的进出口往往会遇到危岩落石、岩堆、滑坡、顺层偏压浅埋、强风化软弱围岩、陡坡进洞等问题。因此,隧道在进洞施工时往往会发生高边坡滚石伤人、边坡滑塌等事故,安全风险极高,施工难度大。

7.1.2.4 大跨径、小净距、双连拱隧道应用广泛

(1)大跨隧道

根据公路隧道通行能力和选线的需要,有时要修建三车道、四车道大断面隧道,其矢跨比小,为扁平结构,受力条件相对较差,再加上围岩软弱自稳力差,导致施工安全风险大增,施工工序多、技术复杂、难度大。

(2)小净距隧道

根据线形控制的需要,有时要修建小净距隧道,极端条件下隧道左右线间的净距不足5.0m,要保证中岩柱的稳定性相当困难,再加上双洞效应对山体围岩的扰动范围增大,施工中易引起塌方,安全风险较高,施工工序多,技术复杂,难度大。

(3)双连拱隧道

由于受地形条件的限制,在通过山势不高,纵向长度较短,横坡较陡,上、下行线分不开的情况下,设置连拱隧道。因此,双连拱隧道往往具有埋深浅、隧道短、偏压的特点,再加上双连拱隧道本身跨度大、结构复杂、施工工序多,施工中易引起塌方冒顶,安全风险较高。

7.2 总体要求及设计原则

7.2.1 总体要求

隧道总体设计是一项综合的、多学科的、整体性强的系统工程综合设计。其关键是明确隧道的功能、定位,合理确定隧道位置、建设规模、建筑尺寸及通风防灾方案。

(1)受秦巴山区山谷河沟较多、地形地貌复杂多变的条件限制,平面线形、纵坡坡度应充分考虑行车安全、运营通风节能及排水能力的需要,应合理确定平、纵指标及组合。

(2)受秦巴山区地形复杂的条件限制,洞外场地狭小,隧道群较多,应综合考虑洞内紧急停车带、横通道、附属洞室、救援站等营运设施的总体布置。

(3)宜根据隧道功能、定位、隧道长度、超高旋转方式及通风防灾方案合理确定建筑限界与内净空。

(4)应进行正洞隧道、辅助隧道、地下机房、竖(斜)井总体横断面布置,以满足施工、营运安全所需的空间需要。

(5)应重点考虑桥隧衔接的相互影响及协调统一。

(6)应对秦巴山区常见的地质病害如危岩、断层、突泥涌水、有毒有害气体、洞口偏压顺层、岩溶、软岩大变形等地质病害制订有针对性的处理方案。

7.2.2 秦巴山区公路隧道设计原则

(1)隧道设计首先应确保隧道主体结构(洞口坡体、洞门、衬砌、路面等)稳定可靠,避免运营期间病害的发生。在设计中,应全面比较,重点勘察,尽可能将隧道布置在地质条件较好的稳定地层中,尽可能降低运营期间的养护费用。

(2)在设计隧道结构时,要对地层条件、地理位置条件、隧道规模、工期以及施工方法等加以考虑。

(3)在隧道建设时,如确认当初的条件不适合现场条件时,应根据实际情况进行调整。

(4)本着"安全可靠、经济合理、以人为本"的原则,隧道内需设置与隧道交通量、重要性相适应的运营管理监控设施,提供一个安全、舒适的运营环境。

(5)注重环保,尽可能降低隧道修建对原有自然生态的破坏,特别是对地下水资源的保护。

7.3 隧道内轮廓设计

(1)隧道应进行总体横断面设计,其内容应包含隧道建筑限界和隧道内轮廓,以及通风、供电照明、排水、消防、监控等运营设施布置。

(2)隧道内轮廓尺寸除满足隧道建筑限界及运营设施安装空间的需要外,还应考虑内装饰所需空间,以及施工误差、围岩变形预留裕量。确定的断面形式及尺寸应符合安全、经济、合理的原则。

(3)隧道两侧检修道高度宜不小于35cm,以利于管线布置和防止事故车辆冲到检修道上。

(4)隧道内机电设施应充分考虑养护维修的需要,选择合理的布置方式及安装高度。

(5)检修道下部空间应满足强电、弱电电缆,消防供水管及排水设置的需要。

7.4 隧道洞口设计

隧道洞口设计主要包括边仰坡的防护,洞门墙结构,洞口排水系统,洞口段衬砌。在隧道工程中,洞口的稳定性问题已经成为隧道设计过程中最为关键的一环。在现场大多数工程事故均出自洞口段,多数又由于洞口边仰坡产生破坏而引发洞口段整体失稳破坏。特别是由于浅埋隧道覆盖层很薄,隧道上方的岩土很难形成自承体系,而且围岩早期压力大变形快,如果对隧道变形控制不当,围岩会很快松弛,产生胀裂破坏,将导致直达地表面的塌陷。因此,洞口段开挖时应强调围岩变形的控制而不应强调围岩变形的释放,必须采用强度较高和刚度较大的初期支护,限制土体变形,以免破坏土体结构。同时二次衬砌和仰拱紧跟,形成封闭结构。

隧道洞口地段,一般地质条件差,往往会遇到危岩落石岩堆、滑坡顺层、偏压、浅埋、软弱围岩、陡坡进洞等问题,且地表水汇集,施工难度较大,风险较高。可在设计中采用管棚施工、地表预加固等措施,辅以特殊手段,以确保洞口的安全。其关键性施工技术如下:

(1)洞口工程及洞口段是整个隧道施工的关键,必须强调洞口段严格执行"早进晚出"的原则,尽量不扰动洞口段岩体,防止洞口塌方,尽量不破坏岩体坡脚,尤其是处于滑坡或堆积层或有顺层滑塌危险的洞口,更应采取保护坡脚的施工措施。

(2)边仰坡的防护主要是从边仰坡的施工工艺及工法,以及施工要点几个方面入手,主要突出边仰坡防护和防排水等关键技术。仰坡按设计分层开挖和防护。提前做好洞顶和洞口排水系统,避免积水。

(3)河口段应根据地质条件,选择合理的预加固方案和方法,选择合理的开挖方式与开挖方法。

①采用钻爆法开挖,一定要坚持"短进尺,弱爆破"的光面爆破或预裂爆破。进洞开口开挖进尺不超过1.5m。

②洞口段围岩地质条件较差时,采用台阶法施工,上半断面尽量采用预留核心环形开挖法,对于浅埋和偏压隧道,应采用地表预加固和围岩超前支护的方法,做到"先支护,后开挖"。

③洞口段围岩地质条件很差时,应采用特殊方法进洞施工。采用分部法施工,尽量采用人工配合机械开挖,要采取提高围岩强度和加固围岩的方法施工。开挖前应对围岩采取预加固措施,钢架紧贴洞口开挖面进行强支护,再进行开挖作业。

④台阶法开挖下部时,应采用拉中槽左右跳槽开挖,且应随挖随支随喷混凝土和施工锚杆。

⑤开挖台阶不宜过长,做到尽早成环,尽早封闭,尽早衬砌。

⑥如有明洞,应采取先施工明洞后进洞的施工顺序。反之,如果先进隧道后做明洞,开挖

边仰坡时,容易引起塌方。

(4)尽早完成洞门工程,增强洞口段的稳定性。

7.4.1 隧道洞口位置的选择

隧道洞口位置应坚持"早进洞、晚出洞"的原则,减少对自然山体和环境的破坏。同时,应针对洞口的地形、地质条件的不同,从有利于洞口边仰坡稳定及排水的角度,采取针对性的技术措施,以确保施工和运营期的安全。

(1)隧道进出口线路中线宜与地形等高线相垂直或接近垂直,当不能满足上述要求时,要尽量以大角度斜交进洞,尽量避免与等高线平行进洞。

(2)洞口地形等高线与隧道线路斜交,当靠山一侧边坡较高时,宜采用接长明洞、暗洞明做的进洞方式,并采取相应防护措施,以降低边仰坡、防止落石等病害的发生。

(3)洞口地形等高线与隧道线路正交,自然边坡较陡,但围岩稳定性差,容易诱发塌方时,应早进洞并酌情接长明洞,以确保施工及运营期间的安全。

(4)位于悬崖陡壁下的洞口,不宜切削原坡面。如崖壁稳定,则可贴壁进洞。如存在落石掉块风险,则应接长明洞或采取其他防护措施。

(5)在漫坡地形选择洞口时,应考虑洞外路基填挖方情况、排水条件和有利快速施工等因素,结合少占农田、改土造田等要求,综合分析确定。基于少占用土地和环境保护,为有效利用立体空间,当隧道位于城市、风景区附近时,以尽量少做拉长槽进洞,可适当延长隧道为宜。

(6)隧道洞口位于沟谷和山凹处,应妥善处理地表径流与洞口位置的关系,并加强洞口段的防排水措施。

(7)当洞口倾斜岩层、层理、片理结合很差或存在软弱结构面时,不宜大挖,避免斩断岩脚,以防止顺层滑动或坍方,并尽量早进洞或接长明洞。

(8)洞口位置应尽量避免选择在不良地质段,不能避免时应采取必要的安全措施。隧道洞口位置应尽量避免选择在:

①岩层松散破碎、风化较为严重、容易产生坍塌的位置;

②断层、滑坡、松散堆积体等不良地质的位置;

③宜受洪水、泥石流威胁的位置。

7.4.2 隧道边仰坡的处理

隧道洞口边仰坡开挖应尽量不扰动山体,遵循"早进洞、晚出洞"的原则,避免出现因洞口开挖而破坏边仰坡的稳定、发生坡面坍塌的情况。施工完成后对开挖痕迹应进行恢复处理,以减少对山体原貌的破坏,保护自然环境。

(1)洞口仰坡开挖高度应以能否方便恢复原有地形、掩盖人工开挖痕迹和隐藏防护结构为条件。

(2)洞口仰坡开挖痕迹可通过接长明洞,在隧道顶回填土石、恢复植被等进行掩饰;洞口坡面(特别是仰坡坡面)应尽可能采取一些构造措施,淡化或隐藏支挡结构物的存在。

(3)隧道顶以上仰坡开挖高度大于2.0m时,即可考虑暗挖进洞。双车道隧道顶以上仰坡最大高度宜控制在5.0m以下,三车道隧道顶以上仰坡最大高度宜控制在8.0m以下。

(4)双洞分离式隧道、小净距隧道两线间边坡应尽量予以保留,以利于仰坡稳定和减少支护和回填工程量。当相同一端两隧道洞口错开一定距离时,应确保路基边坡施工对相临隧道洞身结构无不利影响。

(5)隧道洞口边仰坡应采取必要的可靠防护措施,以确保施工和运营期间的安全。洞口边仰坡的防护可采用喷锚、植物防护、砌石圬工、钢筋网、围岩注浆、砂袋堆砌等方法。各防护措施应能在工程完工后被回填的根植土掩盖和绿化。

7.4.3 偏压、斜交洞口设计

(1)宜采取接长明洞、半明半暗施工、设置护拱、回填反压、喷锚支护、地表加固等技术措施减少边仰坡开挖高度和降低施工风险。

(2)洞门结构一般可采用台阶式洞门或单压式洞门。并应重视山体外侧洞门基础的承载力及稳定性。

7.4.4 正交缓坡、陡坡洞口设计

(1)正交缓坡、陡坡地形风化严重,稳定性较差时,应避免洞口施工大开大挖,一次拉槽成形。暗洞开挖施工前,暗洞外应预留核心土,对洞口开挖面应及时施作锚喷支护,以确保洞口边仰坡的稳定。

(2)宜将洞口大管棚超前支护与仰坡稳定结合考虑。大管棚套拱基础底部高程应置于隧道基础之下稳固基岩上,地基承载力不足时,可采用扩大基础或采取其他地基加固措施。

(3)洞口地质条件较好,无须采用大管棚超前支护时,可在洞口设置不小于2m长的护拱作为临时安全防护结构,并用打入仰坡的超前锚杆或超前小导管与之焊接牢固。护拱结构由纵向间距0.5~1.0m的钢架、纵向连接钢筋及网喷混凝土组成。

(4)洞口仰坡安全隐患较大时,应避免长时间的暴露,及时施作明洞并进行洞顶回填,以避免仰坡坍塌。

7.4.5 前置式洞口设计

(1)前置式洞口由前置临时衬砌、洞顶回填反压、临时衬砌内暗挖三个主要工序组成。

(2)临时衬砌由纵向间距0.5~1.0m的钢架、纵向连接钢筋及喷混凝土(或现浇混凝土)

组成,并与暗挖隧道仰坡面相接触,洞外延伸长度根据实际情况确定。

(3)临时衬砌施工应避免大挖大刷,拱部以上采用不大于2m高度的微开挖方式,并及时喷锚支护;墙部2m宽左右采用拉槽开挖,并对开挖面喷锚支护,剩余宽度范围山体不予以开挖。

(4)临时衬砌基础应处于隧道结构边墙基础以下,并置于稳固基岩上。当地基条件较差,不满足承载力要求时,应采用扩大基础或进行其他处理。

(5)临时衬砌混凝土强度达到设计强度的70%后,可采用人工夯填土或码砌袋装土的方法进行洞顶回填反压,表层覆土植草木绿化。回填高度及范围根据地形情况合理选择,但应确保洞口边仰坡的稳定及暗洞施工的安全。

(6)临时衬砌段及相临暗洞5～8m长度范围内暗挖开挖施工,应尽量采用人工开挖,在采取辅助临时支护措施后,可采用微振爆破进行施工。

(7)临时衬砌段及相临暗洞段监测数据趋于稳定后,应及时施作二次衬砌。当监测数据未稳定而提前施作二次衬砌时,应采取结构配筋加强等措施。

前置式洞口宜采用削竹式洞门,以节省洞口圬工。

7.4.6 接长或采用明洞、棚洞方式的设计

(1)隧道轴线与地形等高线正交,洞口山体自然坡较陡且地质条件较差,施工及运营期间均存在安全隐患时,宜接长明洞并在洞口开挖后尽早施作。明洞顶应通过适当的回填反压,防止落石及仰坡失稳滑塌。

(2)隧道轴线与地形等高线正交,洞口山体自然坡为漫坡,当地质条件差,暗挖施工成洞困难时,对边仰坡开挖高度在20m以下的地段,宜采用明挖施工再覆盖回填的明洞方案。

(3)线路设计轴线傍山通过,采用路基方案边坡病害隐患大时,采用明洞隧道或棚洞能有效减少边坡病害。

(4)隧道轴线与地形等高线斜交,洞口边仰坡开挖高度大,可接长明洞延长隧道,通过明洞顶回填降低边仰坡暴露高度。

(5)隧道轴线与地形等高线斜交,隧道顶山体外侧裸露或覆盖层较薄,难以暗挖施工时,宜采用明洞或棚洞隧道。

(6)隧道洞口位于沟谷,地表沟谷汇水排水困难时,宜接长明洞,使汇水从设置于明洞隧道顶的水沟通过。

7.4.7 明洞或棚洞隧道结构形式的选择

(1)当条件允许时,明洞施工宜优先采用放坡拉槽开挖,然后施工明洞结构,最后回填覆盖的方案,以方便施工及降低造价。

(2)对存在偏压的明洞,可设耳墙式单压明洞或回填反压克服偏压。

（3）当地形或地质偏压，全部放坡开挖安全隐患大时，可采用拱部先明挖，设置护拱回填反压后，再对隧道内核心土暗挖的技术措施。

（4）当地形偏压严重，不宜采用全断面放坡开挖时，可采用半明半暗式明洞。

（5）应以明洞或棚洞隧道两端路基边坡的合理控制高度确定其设置长度。

7.4.8 明洞结构设计

明洞结构应按永久结构设计，满足规定的强度、稳定性和地基承载力要求，明洞开挖应采取适当防护和回填。

（1）对称明洞结构应采用拱形现浇钢筋混凝土，结构由拱圈、边墙、仰拱组成，混凝土强度等级不低于C25。单压式明洞在对称明洞结构的一侧设置耳墙，耳墙采用C15片石混凝土或钢筋混凝土。

（2）傍山独立明洞或棚洞可采用箱形框架结构，由顶板、内墙、外墙及底板结构组成，混凝土强度等级不低于C25。外墙宜采用开孔结构以节省造价。

（3）明洞开挖边坡应及时喷锚防护，边仰坡坡率根据地质情况确定。

（4）明洞边墙侧超挖部分宜采用浆砌片石或混凝土回填一定高度，其余采用土石对称分层回填至拱顶不小于1.5m的高度。顶部50cm厚应采用黏土进行回填。洞顶表面回填坡度一般为1：10～1：1.5。山坡有严重的危石、崩塌威胁时，应予以清除或加固处理。

（5）端墙式或台阶式明洞顶普通截水沟底距洞顶外缘厚度不小于1.0m，排洪沟渠底距洞顶外缘厚度不小于1.5m。

（6）明洞结构按整体式衬砌进行设计，并应按破损阶段计算构件截面强度，同时验算标准荷载作用下的裂缝宽度，裂缝验算宽度不大于0.2mm。

（7）明洞设计荷载应按《公路隧道设计规范　第一册　土建工程》（JTG 3370.1—2018）附录H中的计算方法计算拱圈、边墙的垂直土压和侧向土压。当受洞顶边仰坡落石威胁时，应验算落石冲击荷载下的安全性。

（8）衬砌设计只计墙背地层（或回填土）主动土压力时，边墙背后回填料的内摩擦角，不应小于地层的计算摩擦角或所用回填料的计算摩擦角。

（9）当仰拱先施工时，明洞仰拱按弹性地基梁考虑。当墙背考虑弹性抗力的影响时，应采用混凝土或浆砌片石进行超挖部分的回填。

（10）明洞隧道应根据洞顶设计回填线核算地基承载能力，地基承载能力计算时应考虑明洞基础埋深的修正影响。当地基承载能力不足时，应采用换填等措施。

（11）明洞基础尽量避免设置在软硬不均的地层上，当无法避免时，应核算其承载能力。必要时采取换填、桩基等进行加固处理，及对仰拱采取必要的配筋加强等措施。

（12）单压式明洞隧道外墙基础埋深不小于1m，水平距离地面线不小于1.5m。当外墙承载力不满足要求或外墙基础悬空时，应采用浆砌片石回填基础或桩基。外边墙基础深度超过路基面以下 3m 时,应将外墙结构与明洞拱墙及仰拱结构整体浇筑。必要时对基础采用锚杆锚固于稳定的岩层内。

(13)明洞结构上部设置护拱时,护拱结构设计应满足上覆填土垂直荷载和抵抗山体侧向压力的需要,并应与明洞隧道周围围岩用锚杆、灌注桩等可靠连接。

局部地段外墙基础设置困难时,可采用拱、梁跨越。

7.4.9 经典案例

平利至镇坪高速公路锦鸡洞隧道右线全长 155.23m,和右幅月亮湾 2 号大桥斜交衔接,隧道洞身与轴线逆时针夹角为 60°。原设计该隧道为从进口独头掘进,进口端洞口围岩为强~中风化辉长岩夹板岩,辉长结构,块状(片理化)构造,围岩等级为 V 级围岩,超前支护采用超前大管棚。

该隧道进出口山体陡峭,局部区域呈倒悬状,岩体表面节理裂隙发育,洞口下方紧邻国道 G541,且隧道进出口河道沟谷狭窄,不具备改移道路为隧道正面进洞施工提供作业平台的条件,如图 7-1、图 7-2 所示。

图 7-1 锦鸡洞隧道进口原地貌

图 7-2 锦鸡洞隧道出口

隧道进口采用利用施工导洞的进洞方案,即通过1号施工导洞(约35m)进入右线施工,再通过2号施工导洞(约10m)进入左线施工。选用地形条件较好的位置设置施工导洞,施工导洞宽7m、高7m,满足施工设施及施工机械的最小要求,同时,为了尽量缩短施工导洞的长度,降低工程造价,施工导洞与主洞相交时采用了小半径曲线进行过度,如图7-3所示。

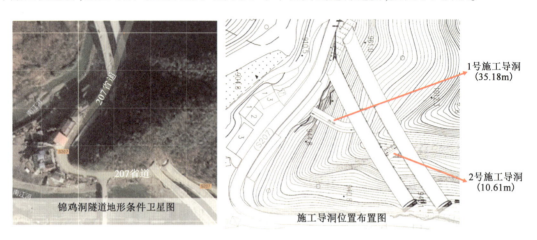

图7-3　锦鸡洞隧道进洞方案

出洞方案:由施工导洞转入洞内施工后,根据洞外无施工场地的实际情况,且洞内地质条件较好,采用了洞内双层小导管从洞内向洞外掘进出洞,出洞前提前与地方公路、交通运输主管部门联络,发布临时交通管制公告,同时为进一步降低出洞风险,在洞口坡面设置主动、被动拦石网,防止坡面碎石崩落。

因锦鸡洞隧道右线进口位于陡崖峭壁上,洞口下方紧邻地方公路,路侧紧邻河道,河道边还有数间民房,考虑到此处沟谷狭窄,且河道、旧路、民房及主线墩柱也互有干扰,不具备改移该地方路的条件。经现场踏勘后,结合现场地形,将月亮湾2号大桥右幅19号墩由双柱式调整为独柱墩、将右幅20号柱式台调整为台座式台,下边坡采用锚拉墙护面,有效避开地方公路。

受地方道路、主线线位及山体走向的影响,锦鸡洞进口与月亮湾2号大桥斜交60°,且主线高程比旧路高20m左右,为避免偏压造成隧道洞身结构受力不均,过度开挖造成洞口高边坡、洞口仰坡落石危及下方行车安全,在锦鸡洞隧道右线进口右侧沿路线方向增设偏压挡墙,并采用半明半暗的形式延长初支,同时延长明洞,最大程度贯彻"早进洞"理念,确保洞口段隧道洞身结构安全和运营后的行车安全,如图7-4所示。结合实际地形地质条件,最终施工后该隧道右线进口洞身与轴线逆时针夹角为50°,较原设计斜度更大。

因右幅月亮湾2号大桥20号台无法放置,最终采用桥进隧的形式将桥台基础置于稳固基岩处。

按照"零开挖"理念,锦鸡洞隧道进口采用了半明半暗施工延长洞身避免洞口高边坡、减少洞口开挖的有效措施,同时也有针对性地解决了洞口处桥梁墩柱、台座、箱梁布设困难以及上跨地方公路的问题。施工后的隧道洞口既确保了工程结构的需要,也为维护地方公路正常运营创造了有利条件,如图7-5所示。

图7-4　锦鸡洞隧道进口设计

图7-5　锦鸡洞隧道"桥进隧"

7.5　隧道洞身设计

7.5.1　一般设计原则

(1)隧道洞身应选择在稳定的地层中,尽量避免穿越工程地质和水文地质极为复杂以及严重不良地质地段,当必须通过时,应有切实可靠的工程措施。

(2)隧道洞身应设计永久承载结构,设计使用寿命为100年。

(3)隧道应采用曲边墙拱形衬砌结构,Ⅳ~Ⅵ级围岩段衬砌及三车道隧道软质岩Ⅲ级围岩段衬砌一般应设置仰拱,弱~微风化硬质岩Ⅳ级围岩段两车道隧道在采取有效技术措施后可不设仰拱。拱部、边墙、仰拱宜采用等厚截面连接圆顺。

(4)公路隧道应设置衬砌,设计应充分考虑地质条件、断面形状、施工开挖方法、施工顺序及断面闭合时间等因素,力求充分发挥围岩自承能力。

(5)初期支护的组成应根据围岩的性质及状态、地下水情况、隧道断面尺寸及隧道埋置深度等条件确定。自稳时间短、变形量大的地层,或对地表沉降有严格要求时,应设置钢架。在软弱围岩中应采用封闭式钢架。

(6)深埋隧道二次衬砌一般采用C30模筑混凝土,二次衬砌提前施作或发生坍方等异常情况时采用C35钢筋混凝土。

(7)隧道复合式衬砌支护参数根据工程类比和计算分析确定,并通过理论分析验算。当无类比资料时,可参照设计规范选用,并应根据现场围岩量测信息对支护参数做必要的调整。

(8)Ⅲ~Ⅵ级围岩隧道二次衬砌应按荷载结构法计算,并按破损阶段验算构件截面强度,对钢筋混凝土衬砌结构,还应按荷载基本组合验算最大裂缝宽度不大于0.2mm。当按新奥法原理,二次衬砌在初期支护变形稳定前提前施作时,应适当考虑配筋加强等措施。

(9)隧道与车行横通道、人行横通道、通风横道等连接段衬砌应予以加强。

(10)硬软地层分界处及对衬砌纵向受力有不利影响处,应设置变形缝。

(11)初期支护喷混凝土应在开挖后及时进行,并宜采用湿喷工艺。喷层表面应连续圆顺并有一定平整度,平整度应满足$D/L \leq 1/6$(D为喷混凝土表面相邻两凸面凹进去的深度,L为表面两凸面间的距离)。钢架应有足够的保护层厚度,外侧保护层不小于4cm,内侧保护层不小于3cm。

(12)系统锚杆纵向间距与钢架间距应一致,系统锚杆、超前锚杆、超前小导管尾部均应与钢架进行焊接。隧道位于土层及全风化~强风化岩层时,位于拱、墙部位钢架的接头处均应设置锁脚锚杆(管),且宜采用格栅钢架。

(13)软弱围岩隧道施工应按照"管超前、严注浆、短开挖、强支护、速封闭、勤量测"的原则进行。开挖施工宜尽量采用非爆破开挖,必须爆破时应采用微振爆破,以尽量减少对围岩的扰动。

(14)隧道开挖施工应预留适当的变形量,其量值可根据围岩级别、隧道宽度、埋置深度、施工方法和支护情况等条件,采用工程类比法确定。当无类比资料时,可参照规范建议值采用。

(15)隧道拱、墙背回填应符合下列规定:
①拱部范围与墙脚以上1m范围内的超挖,应用同级混凝土回填;
②其余部分的空隙,可视围岩稳定情况、空隙大小,采用混凝土、片石混凝土回填;
③拱部局部坍塌严禁用浆砌片石回填。

(16)仰拱应超前拱墙施作,其超前距离宜保持3倍以上衬砌循环作业长度。仰拱施作各段应一次成型,不得分部灌筑。

(17)二次衬砌边墙及仰拱施作前,必须将底部虚碴、杂物、积水等清除干净,超挖部分应采用同级混凝土回填与找平。

(18)隧道爆破施工应采用光面爆破或预裂爆破,以减少对围岩的扰动和控制超挖,并有利于施工质量控制和减少二次衬砌混凝土后期收缩裂缝的发生。隧道开挖严禁欠挖。

(19)初期支护与围岩、防水层与初期支护、二次衬砌与防水层背后应确保密贴,以避免受力不均引起的应力集中。

(20)二次衬砌浇筑宜采用泵送混凝土,模板台车应具有足够强度承受浇筑混凝土时的压力。端头模板位于下坡端时,为确保拱顶混凝土浇筑达到设计厚度,应设置排气孔。

(21)二次衬砌一次浇筑长度宜为6~9m,当浇筑长度必须大于10m时,应在长度方向中央,环向设置宽85mm、深60mm的三角形凹槽,以减少衬砌后期收缩引起的环向裂缝。

7.5.2 浅埋隧道施工措施

浅埋隧道段设计应根据围岩分级、埋深合理划分段落,根据工程具体条件不同,可针对性采取洞内外预加固、加强支护参数,选择合理的施工方法及施工工艺。

浅埋和深埋隧道的分界,按荷载等效高度值,并结合地质条件、施工方法等因素综合判定。钻爆法的施工条件下,拱顶埋深在如下范围的为浅埋隧道:

$$Ⅳ \sim Ⅵ 级围岩 \qquad H \leqslant 2.5hq \tag{7-1}$$

$$Ⅰ \sim Ⅲ 级围岩 \qquad H \leqslant 2hq \tag{7-2}$$

式中:H——浅埋隧道的拱顶埋置深度(m);

hq——深埋隧道的荷载等效高度(m),按 $hq = 0.45 \times 2^{s-1}\omega$ 取值;

s——围岩级别;

ω——宽度影响系数,$\omega = 1 + i(B - 5)$;

B——隧道宽度(m);

i——B 每增减 1m 时的围岩压力增减率,以 $B=5m$ 的围岩垂直均布压力为准,当 $B<5m$ 时,取 $i=0.2$;$B>5m$ 时,取 $i=0.1$。

浅埋隧道的二次衬砌应采用荷载结构法计算。荷载计算按《公路隧道设计规范 第一册 土建工程》(JTG 3370.1—2018)附录 E 进行。

位于洞口及洞身的浅埋隧道,其初期支护均应适当加强。Ⅴ级围岩以上围岩段一般可采用降一级围岩级别的深埋隧道支护参数;对Ⅴ级围岩浅埋隧道应根据具体工程条件,在深埋隧道支护参数基础上,采取喷混凝土层加厚(25~28cm)、系统锚杆加长加密、钢架刚度加强及间距加密(0.5~0.75m)等方法加强初期支护。

浅埋隧道应采取必要的围岩预加固措施,如长管棚注浆、小导管注浆超前预加固、地表锚杆加固、地表注浆预加固等。应根据隧道所处具体位置、埋置深度、工程地质与水文地质情况、采用的施工方法合理选用其中的一种或几种。并优先选用洞内超前预加固措施,以节约造价。

浅埋隧道应选择合适的开挖方法及施工顺序,并采取必要的辅助措施控制沉降。沉降量由小到大的开挖方法顺序为:CRD法、中隔壁法、双侧壁导坑法、上半断面临时闭合法、拱部弧形开挖预留核心土法、台阶法。

7.5.3 偏压隧道设计

偏压隧道段设计应针对地形、地质偏压的特点,合理选择结构断面和加强支护措施。同时应采取合理施工方法和施工工艺,以及必要的洞内外预加固、回填反压等措施,减少偏压作用的不利影响。

(1)偏压隧道是指由于地形、地质或坍方等原因而承受显著不对称荷载的隧道。

(2)当傍山浅埋的隧道的拱肩外侧围岩覆盖厚度 t 值小于表7-1中的数值时,两车道隧道将会承受由于地形原因引起的偏压荷载。

两车道隧道拱肩外侧围岩覆盖厚度 t 值(m)　　表7-1

围岩级别	t 值					
	地面横坡(1:m)					
	1:0.75	1:1	1:1.25	1:1.5	1:2	1:2.5
Ⅲ	7	7	—	7	—	—
Ⅳ石	—	12	—	11	10	—
Ⅳ土	—	—	18	16	14	13
Ⅴ	—	—	—	30	25	20

(3)偏压隧道的二次衬砌应采用荷载结构法计算。偏压荷载的计算按《公路隧道设计规范　第一册　土建工程》(JTG 3370.1—2018)附录F进行。

(4)偏压隧道的二次衬砌宜采用等厚截面形式,但偏压荷载大时,也可采用变截面结构。

(5)Ⅴ级围岩及Ⅳ级软质岩偏压隧道二次衬砌宜采用C30钢筋混凝土结构,其余围岩偏压隧道二次衬砌一般采用C30素混凝土。

(6)偏压隧道的初期支护参数根据工程类比确定,在施工过程中根据监控量测反馈信息调整。当出现由于偏压引起的大变形时,除必要的临时加固措施外,可采取在偏压大的一侧加设长锚杆(管)、径向小导管注浆加固、钢架加大加密、喷纤维混凝土等方法对初期支护加强。

(7)偏压隧道外侧岩体薄,是施工的薄弱环节,为防止坍塌和边坡失稳,应根据实际情况对外侧岩体采取必要的技术措施,如洞内超前大管棚注浆加固、超前小导管注浆、超前锚杆(超前支护必要时可双层);洞外地表锚杆或注浆加固、回填反压等方法。

(8)偏压隧道施工开挖在横断面方向宜先外侧后内侧进行。自稳能力差、地下水丰富的Ⅴ~Ⅳ级围岩宜采用CRD法、中隔壁法、双侧壁导坑法、上半断面临时闭合法等施工方法,以控制施工变形。

7.5.4 富水带、断层破碎带隧道段设计

富水带、断层破碎带隧道段设计应重视地下水的不利影响,调查地下水来源和富水量,结合裂隙带和断层带规模及其充填、胶结情况,采取排、堵结合,超前预加固等综合治理措施。

(1)规模小、与隧道轴线交角大、地下水不丰富的断层破碎带,可按一般深埋隧道设计。

(2)规模大、地下水丰富的断层破碎带,应对开挖面以外一定范围或掌子面全断面采取必要的超前预注浆加固措施,以提高围岩承载能力。

(3)无稳定水源补给,通过超前钻孔能很快排除围岩裂隙储水的Ⅴ~Ⅳ级围岩破碎带,可采用超前长管棚注浆、超前小导管注浆、超前锚杆等超前预加固围岩。

(4)无稳定水源补给,但通过超前钻孔不能很快排除围岩裂隙储水,对Ⅴ~Ⅳ级围岩破碎带,宜采用超前长管棚注浆、掌子面全断面超前预注浆的措施超前预加固围岩,必要时可设置平行隧道的泄水洞排除地下水。对稳定性较好的Ⅳ~Ⅲ级围岩富水裂隙带,可先带水开挖后,再采取必要的径向小导管注浆加固措施。

(5)地下水补给丰富的断层破碎带或岩溶地带,应首先对补给水源进行充分的调查,并采取可靠的措施尽量切断补给水源或大幅减少补给水量(岩溶地带暗河还可疏导排水)。

(6)富水地段隧道应尽可能采用"以排为主、以堵为辅"的原则,避免使隧道二次衬砌承受水压。当有环境保护要求或其他无法抗拒的原因必须限量排放时,可在对水压进行合理折减的基础上设计抗水压衬砌。水压按沿隧道衬砌径向分布考虑。

(7)当隧道临近水库和河流时,隧道路面高程应尽可能在最高水位以上。当在水位以下不可避免时,应充分勘察水库、河流与隧道的连通性,从而为隧道设计提供依据。

7.5.5 岩爆隧道设计

(1)应根据岩爆烈度等级从改善围岩物理性能和应力条件、加强初期支护等方面采取有效的防治措施。岩爆地段的初期支护可采用喷射混凝土、系统锚杆和钢筋网,形成喷、锚、网的一体组合支护,具体参数可参考表7-2采用。

岩爆地段的初期支护　　　　表7-2

岩爆程度	初期支护			
	锚杆	喷射混凝土	钢筋网	钢支撑
轻微岩爆（Ⅰ级）	ϕ22mm 砂浆锚杆,加垫板,长 2m,间距 120cm,梅花形布置	C25 厚 10cm	ϕ6mm,间距 20cm×20cm	—
中等岩爆（Ⅱ级）	ϕ22mm 砂浆锚杆,加垫板,长 2~2.5m,间距 100cm,梅花形布置	C25 厚 10~12cm	ϕ8mm,间距 20cm×20cm	必要时,增设格栅钢架支撑

续上表

岩爆程度	初期支护			
	锚杆	喷射混凝土	钢筋网	钢支撑
强烈岩爆（Ⅲ级）	φ22mm砂浆锚杆，加垫板，长2.5~3m，间距50~100cm，梅花形布置；掌子面可采用φ40mm超前缝管式锚杆加固，长3.5m，间距1.5~2m	C25厚12cm	φ8mm，间距20cm×20cm	设格栅钢架支撑
剧烈岩爆（Ⅳ级）	φ22mm砂浆锚杆，加垫板，长3.5m，间距50cm，梅花形布置；掌子面可采用φ40mm超前缝管式锚杆加固，长3.5m，间距1~2m	C25厚15cm	φ8mm，间距20cm×20cm	设格栅钢架支撑

（2）应合理安排开挖方法及循环进尺，及时施作初期支护。轻微岩爆（Ⅰ级）、中等岩爆（Ⅱ级）地段开挖采用全断面、短进尺，每循环进尺控制在2.0~2.5m。强烈岩爆（Ⅲ级）、剧烈岩爆（Ⅳ级）地段，每循环进尺控制在2.0m以内，必要时下部可以预留1/3分两部分开挖，以降低岩爆破坏程度。

（3）应合理优化爆破设计参数，提高光面爆破的效果，改善洞壁应力条件。

（4）应采取必要的技术措施，以减弱岩爆。轻微岩爆（Ⅰ级）、中等岩爆（Ⅱ级）地段，可对掌子面、洞壁面及时喷水，保持岩面潮湿与巡回找顶，必要时采取超前钻孔应力解除方法；强烈岩爆（Ⅲ级）、剧烈岩爆（Ⅳ级）地段，可采取超前钻孔应力解除、松动爆破或震动爆破等方法，降低岩体应力，必要时需均匀、反复地向掌子面内岩体高压注水，以降低岩体的强度。

7.5.6 小净距隧道设计

（1）应根据隧道地质条件，进出口地形条件，经综合比选后合理确定左右洞净距值。当一种级别围岩在隧道长度中占绝大多数时，宜以该围岩级别所需最小净距作为隧道间距设计的基础。小净距隧道最小净距以不小于4m为宜。

（2）当隧道大部分为Ⅴ级围岩，且净距小于8m时，应进行小净距隧道与连拱隧道的技术经济综合比选。

（3）小净距隧道应采用复合式衬砌，支护参数应经工程类比及计算分析综合确定。

（4）中夹岩柱的稳定是设计、施工的重点。Ⅲ级以下围岩段应采取对拉锚杆、小导管注浆、锚杆加长等措施加固中夹岩柱。

（5）应根据围岩级别及净距，合理安排先施工洞与后施工洞，及其中一洞本身的施工方案、施工顺序及间隔距离。

7.5.7 连拱隧道设计

（1）洞口地形狭窄或对两洞间距有特殊要求时，宜采用连拱隧道。偏压严重的地形不宜设置连拱隧道。

(2)连拱隧道宜采用复合式衬砌,并宜选择复合式中墙结构形式。支护参数可采用工程类比法并结合计算分析确定。

(3)施工中应确保中墙的侧向稳定和与顶部岩体的密贴。侧向稳定措施主要是对导洞中的中墙与后施工洞侧的空隙进行一定高度的回填或设置水平撑,并在中导洞顶部岩层打设锚杆,锚杆伸入中隔墙1m且与中隔墙钢筋焊接;与顶部岩体的密贴主要是采用喷混凝土等措施保证中墙顶部与岩层回填密实。

(4)全风化~强风化地层及遇水软化的软质岩,中导洞应设置不小于10cm厚的素混凝土铺底层,以避免中墙基础在施工中软化导致承载能力不足。中墙基础承载能力不足时,可采用基础换填、锚杆或小导管注浆加固等措施。

(5)洞口地形偏压,外侧隧道覆土厚度不足难以暗挖施工时,可采用设置护拱的半明半暗法、回填反压加固后暗挖等方法处理。

(6)导洞施工时,应及时核实围岩情况,以便根据围岩级别变化情况调整中墙的厚度。

(7)连拱隧道应提出施工方法及施工顺序的具体要求,对辅助施工措施应做专项设计。偏压连拱隧道宜采用外侧隧道先行的施工顺序。

(8)连拱隧道应加强监控量测,并以拱部垂直位移、中墙以上的拱部水平位移量测作为重点。

(9)为确保连拱隧道施工安全,爆破施工应对相邻洞室的最大临界振动速度进行控制,一般不宜大于15cm/s。

7.6 隧道防排水设计

7.6.1 暗洞防排水设计

7.6.1.1 设计原则

隧道防排水应遵循"防、排、堵、截结合,因地制宜,综合治理"的原则,保证隧道结构物和营运设备的正常使用和行车安全。隧道防排水设计应对地表水、地下水妥善处理,洞内外应形成一个完整通畅的防排水系统。

7.6.1.2 隧道防水

(1)隧道地表沟谷、坑洼积水、渗水对隧道有影响时,宜采用疏导、勾补、铺砌和填平等处治措施。废弃的坑穴、钻孔等应填实封闭。隧道附近的水库、池沼、溪流、井泉水、地下水,当有可能渗入隧道时,应采取防止或减少其下渗的处理措施。

(2)隧道应在初期支护与二次衬砌之间设置防水层,防水层采用防水板+无纺布的结构形式。防水板应采用抗老化性能好、易于焊接的防水卷材,厚度不小于1.0mm,接缝搭接长度不小于100mm;无纺布密度不小于300g/m²。

(3)隧道二次衬砌应满足抗渗要求。混凝土的抗渗等级不低于P8。抗水压衬砌应根据设计水头高度采取适当的抗渗等级。

(4)隧道二次衬砌的施工缝、沉降缝、伸缩缝应采取可靠的防水措施。在衬砌环向、纵向施工缝处设置缓膨型遇水膨胀止水条(胶),在变形缝处设置中埋式橡胶止水带。地下水丰富地段的工作缝、沉降缝处还应设置背贴式止水带,与防水板焊接。

7.6.1.3 隧道内排水

(1)隧道内路面两侧应设置纵向路缘排水沟,引排营运清洗水、消防水和其他废水。当排水沟为暗沟时,应每隔25~30m设置一个沉砂井以利清污。隧道路缘排水沟应方便清理养护,并应给标线的设置留有空间。

(2)隧道路面结构下宜设纵向中心排水沟,集中引排地下水。中心水沟断面积应根据隧道长度、纵坡、地下水渗流量,通过水力计算确定。中心水沟纵向应按间距50m设沉沙池,并根据需要设检查井。中心水沟排出的地下水可考虑用集水井收集起来加以利用,如供隧道消防用水。

(3)隧底应设横向导水管,以连接中心水沟与衬砌墙背排水盲管。横向导水管的直径不宜小于100mm,横向坡度不应小于2%,其纵向设置间距一般为25m,涌水地段间距适当加密。

(4)隧道衬砌外应设置以下排水设施:

①在衬砌两侧边墙背后底部设沿隧道纵向的排水盲管,其孔径不应小于80mm。并应设置防止排水盲管堵塞且便于冲洗和疏通的装置。

②沿二次衬砌背后设置环向导水盲管,其纵向间距不应大于20m,遇水量较大时,环向盲管应加密。对有集中出水处,应单独设竖向盲管。环向盲管、竖向盲管的直径不应小于50mm。

③环向盲管、竖向盲管应与边墙底部的纵向排水盲管连通;纵向排水盲管应与横向导水管连通,以形成完整的纵横向排水系统。环向盲管、竖向盲管、纵向排水盲管外表面应用无纺布包裹。

(5)当地下水发育,含水层明显,又有长期充分补给来源时,可利用辅助坑道排水或设置泄水洞等截、排水措施。

(6)隧道内紧急停车带及汽车通道口处排水沟盖板应按设计车辆荷载进行设计。

7.6.2 洞口及边仰坡排水设计

(1)为避免山体坡面水对洞口边坡、仰坡的冲刷,影响边坡、仰坡稳定,在洞口边坡、仰坡开挖边界线5m外,应设置截水沟,并和路基排水系统综合考虑。当坡面汇水面积不大,或接近分水岭位置,雨水对边仰坡的冲刷不大时可不设截水沟。

(2)截水沟的断面形式主要有矩形和梯形两种。迎水一侧的沟身不得高于原地面,且其背后不宜人工填筑,宜为原位岩土。截水沟底宽一般不大于60cm,顶宽不大于120cm,沟深60cm。

(3)截水沟设置要隐蔽,正面应看不到截水沟痕迹,并尽可能将坡面水引到路线以外。

(4)端墙式洞门洞顶水沟宜采用矩形,沟宽30~50cm,沟深40cm。

(5)削竹式洞门可不设洞顶水沟,但应在衬砌上部设置挡水槛。

(6)隧道洞口应设置洞内外连接水沟。洞外填方路基段距离洞口较近时,可将中心水沟排水直接引排至填方路基段。

(7)为防止洞外雨水流入隧道,洞外路堑侧沟应设置成不小于3‰的反坡。上坡方向洞口路面可设置30cm(宽)×40cm(深)的横截沟,横截沟盖板应与下部基座连接牢固。

7.6.3 明洞防排水设计

(1)明洞顶部应设置必要的截、排水系统。

(2)回填土表面宜铺设50cm厚的黏土隔水层,并与边仰坡搭接良好。

(3)明洞边墙后宜设置纵向和竖向盲沟,将水引至隧道中心排水沟排出。

(4)衬砌外缘应敷设外贴式防水层,并与向明洞方向延伸50cm长的暗挖隧道防水层进行搭接。衬砌外表面应用防水砂浆找平,防水层与回填土石接触面应设置无纺布并用2cm厚的水泥砂浆覆盖。

(5)明洞衬砌混凝土抗渗等级为P8。

明洞与暗挖隧道接头处设置变形缝,变形缝宽10~20mm,设置中埋式橡胶止水带和内侧嵌缝膏进行防水处理。

7.6.4 经典案例

小河至安康高速公路包家山特长隧道全长11.2km,隧道围岩以片岩、千枚岩为主,在隧道南口及中段有部分层状灰岩,全隧共穿越断层37条、大型褶皱带3处、涌水段25处。包家山隧道中段3号斜井井底桩号ZK157+771.81,1号竖井井底桩号YK157+630。包家山隧道中段的灰岩地段左、右线设计桩号为YK156+884~YK157+875和ZK156+836~ZK157+922。主洞涌水涌沙主要发生在YK157+000~YK158+100和ZK157+300~ZK158+100段,埋深在220~300m,主要受F43、F46、F49、F50和F51等断层带的影响。

包家山隧道3号斜井进洞施工以后,先后多次发生涌水灾害。2008年7月至8月,包家山隧道3号斜井发生严重涌水,部分段落边墙施工缝检查孔、中心排水沟及中心检查井出现涌泥涌沙现象,导致小边墙与二次衬砌之间错台、边墙底部内鼓并出现折断、衬砌出现纵向裂缝。

为了确保隧道的正常施工和运营的安全,经多次现场勘察及研究讨论,确定了以排为主、以堵为辅,洞内治理为主、洞外治理为辅,突水和涌泥综合治理方案:决定在主洞已施作二次衬砌的涌水段设置泄水孔,并通过横向排水沟引排至中心水沟;对主洞未施作二次衬砌的涌水段进行注浆堵水;对衬砌边墙裂缝进行处理,对新施作的素混凝土二次衬砌小边墙处预埋钢筋,对局部股状涌水埋管引排处理。

1) 正洞涌泥涌沙段减压排水

在涌水段共计290m范围内每3~5m布置一组横向排水暗沟,将衬砌背后涌水引排至中心排水沟。并在此290m范围内在电缆沟槽衬砌边墙处施作ϕ40泄水孔,泄水孔50cm×25cm(横向×纵向)交错布置,孔深2m,泄水经横向排水暗沟引排至中心排水沟。

2) 正洞涌泥涌沙段注浆封堵

(1) 对涌水的紧急停车带全环施作ϕ42mm×4mm导管,导管长300cm,@=1m×1m,交错布置,注浆压力0.8~10MPa,浆液采用1:1水泥砂浆。

(2) 对隧道底板涌水段施作ϕ42mm×4mm小导管,导管长300cm,@=1m×1m,交错布置,注浆压力0.8~10MPa,浆液采用1:1水泥砂浆。

(3) YK158+020处配电洞室采用ϕ42mm×4mm注浆小导管注浆,注浆压力1MPa,注浆采用1:1水泥-水玻璃双液浆。

(4) 17号人行横洞(YK157+942)采用ϕ42mm×4mm注浆小导管注浆,注浆压力1MPa,注浆采用1:1水泥-水玻璃双液浆。

3) 衬砌开裂处理

对衬砌小边墙和衬砌上部的施工缝开裂的情况,采用沿施工缝方向切割宽2cm、深3cm的沟槽,沟槽需延伸至电缆沟槽位置,沟槽施作完毕后清洗干净,预埋半圆ϕ20排水软管,其上采用环氧树脂封堵。软管接入电缆沟槽,流水通过横向暗沟流入中心排水沟。

4) 衬砌小边墙预埋钢筋

为防止后期施工的衬砌小边墙处再次出现施工缝开裂的情况,对后期施工的二次衬砌,小边墙和上部衬砌中间增设两排连接筋,连接筋采用ϕ25螺纹钢,纵向间距50cm,长1m,植入小边墙50cm,露出50cm与衬砌整体浇筑。

5) 对局部段落股状涌水

对注浆完毕后仍不能消除的拱部及以上部位出现的股状流水,采取悬挂HDPEϕ116mm双壁波纹管的方法,将大股流水引排至底部纵向排水管,最终通过横向排水管引排至中心水沟。具体施工方法为将HDPEϕ116mm双壁波纹管使用固定环和平面螺栓固定于初期支护表面,HDPEϕ116mm双壁波纹管底端与纵向排水管采用三通连接,顶端与出水点连接,二次衬砌施工中注意对HDPEϕ116mm双壁波纹管的保护,防止HDPEϕ116mm双壁波纹管脱环、漏水、被压坏。同时在HDPEϕ116mm双壁波纹管两侧各布置两道YAS排水半管。

7.7 不良地质的处理

7.7.1 滑坡、崩塌和泥石流

由于受路线平、纵指标的控制,有些公路隧道难以避开滑坡、崩塌发育地区或泥石流沟,滑坡、崩塌和泥石流都对将来隧道施工和隧道稳定构成了威胁。

7.7.1.1 滑坡、崩塌和泥石流的处理

必须根据实际地形地质条件确定洞门的合理位置,进行清方或采用锚索框架、抗滑桩等措施先行进行滑坡、崩塌的治理,然后进行隧道开挖施工,做好排水设施,确保地表水、地下水的顺利排泄。对泥石流沟应做好泥石流的排导设施,使其顺利通过。

对于受地形或桥梁等构造物控制,洞口边仰坡较高、较陡的隧道,施工前采取洞口地表预加固(锚喷预加固)和预支护(超前锚杆、小导管注浆、管棚等),直接进洞,切勿大削大挖,以防止洞口开挖诱发滑坡、崩塌等灾害。

隧道开挖的大量废渣如堆放不当,也会造成边坡失稳,诱发滑坡、崩塌,应设专门的弃渣场地,并做好防护,确保边坡稳定,还可复垦还田,恢复植被。

7.7.1.2 经典案例

商界高速公路苏沟口隧道位于 K170 处,左线长 650.3m,右线长 653m。隧道进口 ZK170+168.5~ZK170+445、YK170+170~YK170+445 段为滑坡。该滑坡为一大型岩质滑坡,长约 230m,宽约 150m,主滑方向为 320°,整体呈长条状,前后缘高差 160 余米。滑坡体地形呈下陡上缓趋势,坡度介于 25°~45°之间,滑体物质主要由块石、碎石土组成,灰黑色、灰黄色,成分为石英片岩,岩体松散破碎,充填粉质黏土及岩屑,坡面零乱,分布大量孤石。滑坡区外侧坡脚出露完整基岩,岩性为石英片岩,产状 23∠30°。老滑坡前缘形成次级小滑坡,长约 85m,宽约 110m,后壁陡立,前后缘高差约 65m,是由于坡脚受江水冲蚀、前缘斜坡临空面高陡等因素形成的次一级滑动,滑体深度、侧向宽度基本沿袭老滑坡。次级滑坡边界清晰,规模约 20 万 m^3,如图 7-6 所示。

调查中发现左线隧道左侧冲沟在多次降雨条件下,沟内松散堆积土层夹杂大型块石产生了溜滑;隧道洞顶环形截水沟局部错断,已无法发挥截水作用;隧道洞顶存在地表裂缝,如图 7-7~图 7-9 所示。

在 2006 年针对次级滑坡采用了抗滑桩、锚索等加固措施,受强降雨等自然灾害影响,主滑坡发生了位移。2007 年 10 月根据治理工程实际开挖情况,对桩长、桩顶高程、挡墙高度等进行了优化,治理工程施工于 2007 年底完成。工程措施具体如下:

图7-6 苏沟口隧道进口全貌

图7-7 左线左侧冲沟内溜滑

图7-8 滑坡体上的裂缝

图7-9 洞顶环向截水沟破坏严重

1) 地表封水处理

治理前对仰坡进行封水处理,即对仰坡裂缝进行灌水泥浆和夯实。

2) 卸载

(1) 按设计高度、平台宽度及坡度对滑坡体进行清方。清方采用人工开挖,因清方处距便道垂直距离较高(约120多米),应进行二次倒运,具体可根据现场实际地形、地质情况安排。

(2)顺地形修复原有的环向截水沟,对塌落部位回填夯实,施作夯填石灰土进行封水处理。

(3)在滑坡外缘增设环向截水沟,在每一处平台处增设横向截水沟,保证坡面排水通畅。

(4)卸载自上而下进行,应做好施工组织设计,并加强对洞内裂缝和桥台的观测。

(5)在原抗滑桩顶横梁设置拦石护栏,防止溜石对运营安全造成影响。

3)地表、洞内注浆及洞内路面的修复

对地表 ZK170+195(YK170+199)~ZK170+210(YK170+214)段落进行注浆加固。苏沟口隧道右线 YK170+170~YK170+205、左线 ZK170+170~ZK170+220 二衬开裂段落进行仰拱注浆;隧道路面范围采用5m长φ50×4注浆钢花管注浆,钢管布设间距@=100×100;环向注浆浆液为水泥-水玻璃双液浆,注浆压力为2.0~3.0MPa。苏沟口隧道左、右线仰拱注浆加固段落施工完成后,对该段落路面沥青混凝土进行刨铣,然后重新施作路面沥青混凝土。

4)抗滑桩及锚索施工

(1)在苏沟口隧道进口洞门墙前方(小桩号)增设抗滑桩,隧道明洞两侧抗滑桩桩长40m,桩底置于设计高程以下不小于30m。

(2)抗滑桩施工时,应准确进行抗滑桩平面位置的测量放线,抗滑桩必须间隔开挖。先开挖和浇筑1、3、5、7、9、11号桩,再开挖和浇筑2、4、6、8、10号桩,抗滑桩嵌入中风化基岩的深度应符合设计要求;施工时应预留锚索孔。

(3)7号和8号抗滑桩间采用C25混凝土横梁连接,横梁的N1钢筋伸入抗滑桩长度不小于3.95m,横梁与桥台间隙采用C25混凝土充填密实,并应置于稳定的基础上。

(4)设计高程以上的长度为10m,施工时不需要做护壁的抗滑桩,抗滑桩与原设计洞门墙之间用C25混凝土填充。

(5)抗滑桩部分桩身在地下水位线以下,且抗滑墙紧邻丹江河道,在抗滑墙墙底向上20m范围内开挖时,必须采取有效的排水措施,以及在水影响下的有效的爆破方案。

(6)抗滑桩开挖时,应严格做好每节护壁,每节护壁长度可根据地层情况调节为30~50cm;必须加强地表和洞内的监测。

(7)在抗滑墙上部增设锚索,采用1860级φ15.24mm钢绞线,9根为一束,锚固段长12m,仰角为25°,设计锚固力为1100kN,锚索长40m。

5)隧道裂缝及渗漏水处理方案

隧道原设计已要求在洞口100~200m范围的衬砌每隔20m设置变形缝,且经现场勘察和量测,隧道洞内裂缝与裂缝之间有一定距离且裂缝之间的衬砌无明显变化,隧道内轮廓不影响建筑限界,因而只对隧道衬砌裂缝进行修补。

7.7.2 采空区

当隧道穿越煤系地层时,常常遇到煤矿采空区。这些采空区往往规模较大,对隧道影响范围大,并且废旧的老采空区往往充满地下水或有害气体,当隧道施工时,可能造成采空区突水、有害气体的泄漏或造成大规模的塌方、沉降,对施工人员、设备的安全造成极大的威胁,将来还可能造成隧道衬砌结构的开裂,引起隧道漏水,影响隧道的正常运营。

由于采空区与隧道相对位置不同,采空区产生的危害不同,处理方法也不同,目前采用的方法主要有地表全充填注浆法、固结充填注浆法、封堵巷道等方法,同时加强衬砌结构,对难以查明准确位置的采空区可结合超前地质预报边施工边治理,根据实际情况调整衬砌参数。如果煤层尚未开采,今后可能开采时,设计中必须考虑隧道附近采煤对隧道结构的影响,并应有可靠的对策与措施。

7.7.2.1 采空区的处理

(1)煤层采空区位于隧道下方采空区及腿道底板以下,可以根据采空区的形态、范围、水量大小,有无塌体充填等具体情况,可分别采取回填片石(混凝土)、注浆加固、旋喷桩加固等施工措施,如采空区范围较大、较深,可采用跨梁结构通过。

(2)采空区位于隧道边墙部位的处置

在未揭开煤层采空区前,先进行超前探测,对未坍塌充填但有水的地段,采取钻孔排水的方式放水;对已经坍塌充填的地段,采取超前支护,有水时采取超前注浆固结堵水等手段加固。

揭开煤层采空区后,在隧道衬砌边墙两侧施作厚度2m的M10浆砌片石护墙,护墙外侧采用土石回填,厚度3m;当采空区位于隧道断面上部时,在隧道拱部施作1m厚的C15混凝土护拱,并将加强支护的格栅拱架也打入护拱内,护拱上设干砌片石缓冲层。

(3)煤层采空区位于隧道顶部的处理

采空区位于隧道顶部,在未揭穿前超前探测揭示的情况属于未充填时,特别是近水平、缓倾斜的采空区且距隧顶较近时,必须采用加强虽支护,即在隧道拱部设管棚并注浆。

揭示的采空区属于坍塌充填时,采取超前注浆固结,堵水,防止突水,突泥,然后采用台阶法开挖,超前小导管注浆预支护,并在施工中全环架设格栅拱架。

7.7.3 岩溶

隧道穿越可溶性岩层(如石灰岩、白云岩、石膏、岩盐等)时常伴有岩溶发育,岩溶大小不一,连通性不同,施工时易突发岩溶涌水、涌泥和涌砂,从而造成掩埋坑道、冲毁机具、中断施工等灾害性事故。由于勘探阶段很难完全掌握岩溶的发育情况,因而在施工中应加强地质超前预测预报,尽可能弄清岩溶分布、尺寸大小及连通状况,同时应结合地下水的分布状态,确认有无暗河存在的可能,为施工治理措施的选取提供有效的地质依据。

目前常采用引、堵、越、绕等方法,同时加强衬砌。如暗河或溶洞有水流时宜排不宜堵;对已停止发育、跨径较小、无水的溶洞,可根据其与隧道相交的位置及其充填情况,采用混凝土、浆砌片石或干砌片石予以回填封闭,或加深边墙基础,加固隧道底部;隧道拱顶有溶洞时,可视溶洞的岩石破碎程度在溶洞顶部采用锚杆或锚喷网加固,必要时可考虑加设隧道护拱及注浆加固、拱顶回填处理;当隧道底部遇有较大的溶洞并有流水时,可在底部砌筑圬工支墙,支承隧道结构,并在支墙内套设涵管引排溶洞水。

7.7.3.1 溶洞的处理

(1)全断面注浆封堵方法

溶洞规模较大,内部填充了大量的泥沙,且含有丰富的地下水,一旦揭穿,可能发生大规模的突水突泥,这种情况拟采取全断面预注浆加固方法。

(2)置换注浆方法

掌子面为含水的粉细砂或致密的黏土、砂黏土,采用渗透注浆、挤密注浆、劈裂注浆都十分困难时,可采用置换注浆法,即在掌子面进行注浆工程中,距离注浆孔2m左右,预留几个排泄孔并安设孔口管和阀门,将泥沙适量排除用浆液充填其留下的空间,起到加固地层的目的。此方法可以降低注浆压力,促进浆液的扩散。如隧道拱部边墙或底部存在小型干溶洞或空腔,内部几乎无充填物、无水,可采用砂石料、浆砌片石、干面片石、水泥砂浆混凝土等粗细集料全部充填,必要时可进行注浆加固。如空腔内有少量水流动,则填充不应完全阻断地下水的过水通道。

(3)基底处理

隧道底部为松散或软塑状的黏土沉积物,为了防止车辆运行过程中结构产生固结沉降,应加强对基底的处理。隧道底部的处理可根据实际情况选择采用注浆加固、换填桩基等方法。

(4)地面注浆方法

浅埋隧道或埋深在30m内,可通过地面局部注浆、帷幕注浆等方法阻断岩溶水下渗的通道并对地层进行加固,保证隧道开挖不受岩溶的影响。

(5)放水减压方法

岩溶水是从坚硬、完整的基岩中流出,几乎不含泥沙,水量、水压不大,能够确定溶洞水排放对周围环境和隧道结构安全不会造成太大的影响,采用掌子面直接排放或利用平行导坑、排水洞、横洞、迂回导坑排水等方法进行放水减压。如果在溶洞中泥、砂含量较大或与地面存在较强的水力联系,长时间排水可能影响周围环境、隧道稳定性和运营安全,则不宜长期、大量排放。

(6)迂回导坑绕行

如溶洞大小及发育情况能够探明,则可从隧道周边位置开挖导洞,绕过溶洞,从另一方向截断水流或进行处理。

7.7.3.2 经典案例

西乡至镇巴高速公路飞凤山隧道位于西乡县堰口镇,穿越山脊,路线近南北向布设。左洞全长2368.86m;右洞全长2405.73m。

（1）溶洞情况的分布

经过调查，隧道及其两侧发育的岩溶个体类型主要有岩溶洼地、充水溶洞、干溶洞（洞穴）、岩溶泉、溶沟等，如图7-10所示。

图7-10　隧道西侧三坪村岩溶洼地

主要出露于隧道西山顶的三坪村，成规模的洼地4处合计面积约0.2km²，分布高程在1100~1130m之间居多，呈圆形或椭圆形，半径40~120m。洼地底部一般堆积有红黏土（石灰岩风化残积物）。

分布于山顶洼地周界附近，大多呈竖直井状，个别沿地层产状稍有倾斜，但没有明显的排水沟与之相接。这些干溶洞位于隧道西侧约1~1.6km，实测洞口3处，RT1洞口尺寸4m×4m，深度大于10m；RT2洞口尺寸6m×12m，深度不明；RT3洞口尺寸2m×3m，深度大于10m。这些溶洞周边植被茂盛，洞口隐蔽，洞壁陡峭，人迹罕至，如图7-11所示。

图7-11　山顶干溶井

岩溶泉位于隧道西侧1.6km龙洞湾村西，为间歇性下降泉，由上方山顶洼地降雨补给，一般天晴多日后干涸。水量较小，未进行连续观测。

地下岩溶出口主要分布在隧道东侧的泾洋河左岸。在泾洋河水面附近可见4处溶洞出口,其中最大的外观尺寸为3.5m×3m,洞内水平长度超过30m,如图7-12所示。

图7-12　R4-1溶洞

隧道右洞 K4+060 处溶洞,在隧道开挖过程中揭露,呈上下桃核状,边界不规则,洞内净高约54m,宽约 15～40m,沿路线走向跨度约32m(YK4+041～YK4+073)。洞顶高程为510m,洞底高程一般为454～459m(隧道设计高程约493.8m)。洞顶未见明显的小型孔洞,局部钟乳石发育;溶洞西侧侧壁上(路线右侧)可见多处空型溶洞,洞口较大的尺寸为7m×10m(目测),一般尺寸为1～3m见方;洞底未见明显钟乳石发育,可见一处水潭,水潭宽度6m,东西长度约10m,深度大于5m,潭底部由西向东倾斜、延伸。勘察期间未见该潭干涸,水面高程与泾洋河持平,降雨时水面快速上涨,最高上涨约9m(目测),雨后快速回落。

溶洞地层地层为叠系中统嘉陵江组灰岩、白云质灰岩,145°∠85°,该地层以深灰色、黑色为主,矿物成分以方解石为主,隐晶质结构,块状构造,节理裂隙发育,局部方解石脉发育。岩体发育节理两组,340°∠30°,2 条/m;270°∠73°,4 条/m。地层产状与节理裂隙形成楔形,局部溶洞侧壁坍塌,如图7-13所示。

图7-13　右线 YK4+060 溶洞内貌

该溶洞东南侧(大桩号侧)发育断层一处,宽度5～10m,影响带宽度10～30m,产状137°～148°∠75°～85°。断层以碎裂岩为主,灰黑色;夹溶蚀断层泥,黄色。

经溶洞底部实施的钻孔揭露435～455m之间发育约2层溶洞,位于YK4+060溶洞底板下7～22m,溶洞径高约2～4m,局部较大约8m。该2层溶洞均位于地下水位以下,为填充型溶洞,填充物为黄色粉质黏土。

在400～440m深度范围内还有揭露有充填型断层泥,黑-灰色,揭露厚度约40～46m,水浸呈泥状,标贯击数3～7击,承载力低。该层地基土顶部和底部发育有少量薄层黄色粉质黏土,为断层带导水作用下的局部溶蚀填充物。

经过在隧道左线布设钻孔,在ZK4+038～ZK4+052揭露埋深式溶洞,该溶洞通过物探解译推测为椭圆形,揭露溶洞深度为69m,未揭穿。

7.7.3.3　溶洞治理设计

经过多次现场踏勘和专家论证,最终确定了以路基填筑为主的综合治理方案,具体方案如下:

(1)溶洞顶预加固及永久防护,溶洞填筑施工前首先需要施作溶洞顶和被动防护网,防止落石,保证施工安全。在溶洞顶部和路线设计高程处分别设置φ24mm钢丝绳,间距40cm,钢丝绳上设置防护网,两端采φ32mm锚杆锚固,确保下方溶洞填筑路基施工安全。路基填筑完成后搭设施工平台,在清除溶洞壁危石后设置2层SNS主动防护网防止落石对明洞二衬造成破坏。

(2)清除溶洞底碎石土后按照最小厚度2m设置C25混凝土底板,并在底板内设置一层φ16mm钢筋网片,保证溶洞底板安全;底板设置φ28mm早强砂浆锚杆,伸入底板100cm,锚固端伸入基岩250cm,锚杆间距@=200×200cm梅花形布置。

(3)溶洞底出水口处设置C30钢筋混凝土挡墙,挡墙顶应嵌入岩面,避免回填堵塞出水口;施作C30混凝土挡墙基础前应先对基础破面表层松散岩体进行清除,在稳定基岩面设置φ28mm早强砂浆锚杆,锚固端伸入基岩不小于200cm。

(4)隧道基础底面以下40cm回填采用级配碎石,其余回填采用中硬质块石或卵石回填,按照路基设计规范中填石路基技术要求进行填筑。

(5)回填中设置纵横竖向立体排水管,竖向排水管采用DN/OD1000 HDPE双壁波纹管,横向及环向排水管采用直径1.5m螺纹钢管,双壁波纹管与螺纹钢管采用三通井连接。

(6)溶洞回填段明洞底设置1m厚C30钢筋混凝土条形基础,防止明洞不均匀沉降。明洞衬砌每3m设置一处变形缝。

(7)为增加泄水能力,在左侧洞壁高程467.52m处增设一处排水隧洞断面2m×3m,长度约30m,引排至左洞下方溶洞。在溶洞右侧主要出水口处设置三根直径1.5m的钢波纹管与左侧泄水洞连接增加排水能力。

(8)在溶洞上方出水口处设置C30钢筋混凝土挡墙,将水集中收集后通过螺纹钢管引排至泄水洞。

（9）在溶洞处明洞衬砌左右两端预留检修门。

（10）对已发现的泾阳河边溶洞主要泄水口，采用人工或机械方式对泄水洞洞口进行疏通，原则以能达到的最大深度为准，确保出水口水路畅通。

溶洞填筑横纵断面见图7-14和图7-15，出水口设置及保护大样示意见图7-16和图7-17，进出水口排水示意见图7-18。

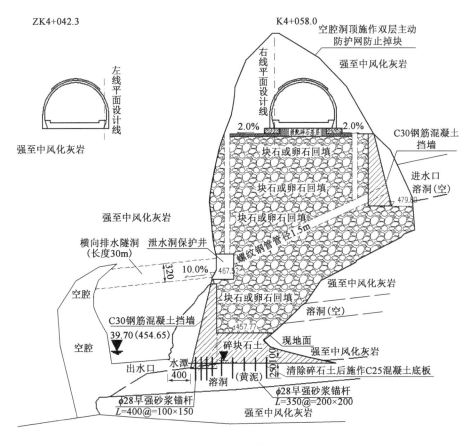

图 7-14　溶洞填筑横断面

7.7.4　岩爆、软岩大变形

7.7.4.1　岩爆

在隧道开挖过程中，由于围岩应力超过围岩强度而使围岩发生突然破坏，伴随产生岩块飞射抛撒、震动、发声，甚至产生地震等现象称为岩爆。岩爆能够破坏已建成的隧道结构和机械设备，直接威胁施工人员的生命安全。因此，对可能产生岩爆的地段应做好预测，已确认会发生岩爆的地段应做好防治措施。

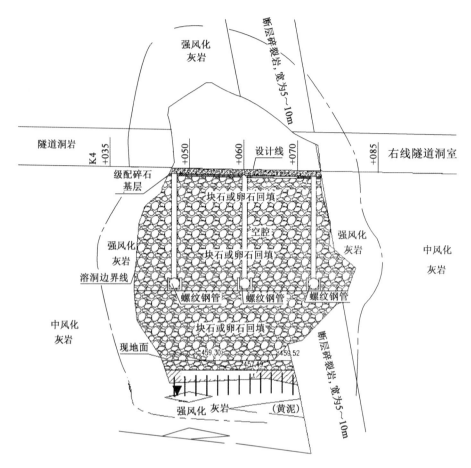

图 7-15 溶洞填筑纵断面

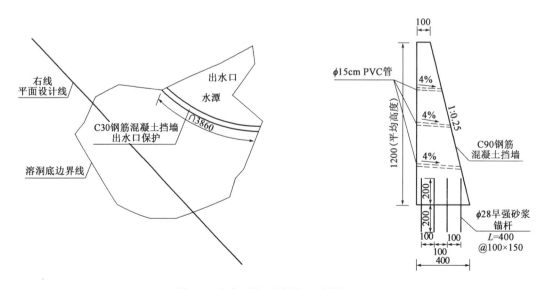

图 7-16 出水口设置示意图(尺寸单位:cm)

第7章 隧道设计

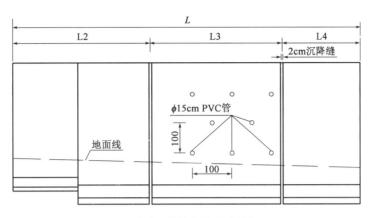

图 7-17 出水口保护大样(尺寸单位:cm)

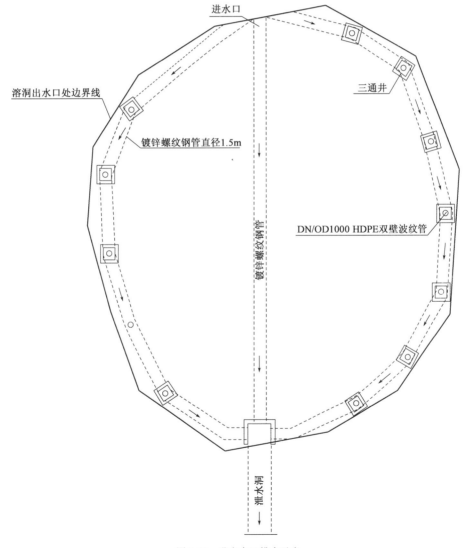

图 7-18 进出水口排水示意

1)岩爆的预测方法

(1)岩体初始应力的预测通常采用套钻法、水压致裂法和声发射法等实测地应力,此外也可通过地形地貌分析及地质分析定性预测地应力情况。

(2)岩石强度与各种岩爆参数的测定包括:岩石抗压、抗拉及点荷载强度等的测定,测定岩石的有效弹射能、弹性应变能指数、冲击倾向度和破坏时间;通过对岩体的监测预报岩爆,常用的监测手段有地震网监测、震波断面成像、声发射法等。

2)防治措施

岩爆产生的前提条件取决于围岩的应力状态与围岩的岩性条件,根据岩爆产生的条件(即围岩应力必须超过围岩强度,围岩为坚硬的脆性岩石),对其防治应从改善围岩应力条件和加固围岩入手,主要措施有:①改善围岩应力:合理布置隧道位置,使其轴线方向尽量与主应力方向平行,选用合理的洞形;应力解除法:通过超前预裂爆破、钻孔卸压法、钻孔水力破裂法(高压注水法)、分部(层、次)开挖及在岩面喷洒水使岩体软化等。②加固围岩:包括对已开挖洞壁的加固和掌子面前方的超前加固;加固方法主要有锚喷、钢丝网锚喷、钢纤维喷混凝土、钢支撑和锚杆锚固等。③防护措施:在台车上安装钢丝保护网以确保人员安全。

7.7.4.2 软岩大变形

软岩大变形问题是指在高地应力作用下,洞身软弱围岩受剪应力的作用产生"不连续",出现剪切滑移、错动与分离面,随着应变能的缓慢释放使洞室周径向内明显挤出,从而引起随时间而增大的大变形与挤压破坏,它的变形位移大,速度快,洞室坍塌不断,给施工带来巨大困难,常规支护难以维护它的稳定。

1)软岩大变形的预测方法

对围岩大变形的预测现多采用工程类比,并辅以数值分析或经验判据来进行判断。常用的简单经验判据有剪切抗压强度比法与应力比法。

2)防治措施

(1)隧道轴线布置及断面形状选择:合理布置隧道位置,使其轴线方向尽量与主应力方向平行或小角度相交,选用合理的洞形,在水平地应力较大时,宜选择近似扁平椭圆的形状。

(2)采用喷锚支护复合结构:初期支护需具有一定的初期支撑力和柔性,二次衬砌在围岩变形发展到一定程度后提供足够的支承抗力与刚度来抵抗地压。

(3)设计与施工方式:大变形衬砌设计遵循"加固围岩、预留变形、先放后抗、分次支护、及早封闭、底部加强"的原则,采用"短进尺分部开挖,强支护,仰拱紧跟成环、信息化施工"的施工程序与作业方法,充分利用监控量测数据分析反馈修正设计参数与施工步序。常采用预裂爆破或光面爆破,视地应力大小采用超短正台阶法或双侧壁法开挖施工。

7.7.4.3 经典案例

明垭子特长隧道位于陕西省石泉县城关镇至曾溪乡,进口位于水磨沟,出口位于十里沟,分左右双洞,洞室间距约 40m,左线隧道长 4949m,右线隧道长 4985m,均属特长隧道,最大埋深 320m。

1)工程地质条件

(1)地形地貌

隧址区位于秦巴低山区,山脉走向近东西向,隧道两端沟谷深切,山脊山梁平缓,多呈椭圆丘状。大部分基岩裸露,植被覆盖不均,部分乔木茂密,部分生长杂草灌木,覆盖率不高。隧道进口端地形坡度 25°~35°,出口端地形坡度 30°~35°,最高山顶 845m,相对高差 200~320m。

(2)工程地质条件

隧址区除局部缓坡及沟谷处堆积有第四系全新统坡残积层(Q4b + el)、第四系全新统上部冲洪积层(Q42al + pl)外,其余均为基岩裸露。钻探揭露基岩为泥盆系(D)变砂岩夹灰岩(挤压褶皱带)、寒武系(∈)灰岩夹硅质岩、新元古界耀岭河组(Pt31yl)糜棱岩、侵入岩体(δ23)糜棱岩化闪长岩及断层角砾、断层泥,如图 7-19 所示。

图 7-19 挤压褶皱带

(3)水文地质条件

隧址区地下水按含水岩性可分为第四系松散层孔隙水及基岩裂隙水两类。按埋藏条件可分为松散覆盖层含基岩风化层组合的浅层水及构造裂隙深层水。该隧道通过五条区域性巨型逆冲深大断裂带,断层面上陡下缓,形态大体呈铲状,纵横多波浪变化,由断层泥,断层角砾、碎块石等组成,因而含水性较差,不具导水能力,对两侧含水岩体起着阻水作用。

(4)不良地质现象

该区属石泉饶峰—城口推覆构造带中段,具体位置跨属该推覆带的结晶基底叠覆带(Ⅰ区段)和盖层强烈褶皱掩覆带(Ⅱ区段)。断裂构造和褶皱构造都极发育,致使不同地层岩石的强烈变形改造。因此,工程条件十分复杂。

主体构造形态为铲形断裂组成的半羽状断裂系,共有五条等级为一、二级的断裂出露。各条断裂一级者经韧性再脆韧性和脆性复合叠加改造,二级者经脆韧性再脆性复合叠加改造的变形过程,有较宽的断裂带及其边侧影响带,造成岩石的广泛再碎裂甚至泥砾化的表现。

2)隧道病害表现

明垭子隧道在施工过程中出现病害的主要表现为:初期支护开裂、混凝土碎裂掉块、钢拱架扭曲、钢拱架剪切错断、初期支护收敛变形造成大面积侵限、仰拱上浮、二次衬砌混凝土开裂破坏。

3)灾害发生的原因分析

(1)地质活动活跃引起地热高温和地表活动。

明垭子隧道地质区域地处饶峰—城口推覆构造带中段,地质活动活跃是产生地热高温和地表活动变化的主要原因。

(2)断层破碎带引起塌方。

断裂构造和褶皱构造极为发育,隧道穿越多条断层破碎带,地层岩性复杂,软硬岩层互层出露且变化频繁,较坚硬岩呈碎裂结构,仅局部掌子面可见块状结构体。断层分布广,跨度大,围岩极其破碎,自稳能力极差,施工难度大,且极易产生塌方。

(3)围岩大变形引起支护侵限、仰拱起鼓和衬砌开裂。

明垭子隧道地质区域为流水侵蚀山地、沟谷深切。地形较为陡峻,属典型单斜构造。施工中地层成拱效应差、水平应力增大;由于褶皱、节理极为发育局部地段围岩易形成偏压,围岩应力分布极不均匀,易造成初期支护拱腰失稳、仰拱上浮,甚至单侧拱腰钢拱架内鼓、变形直至错断。隧道施工过程中,围岩产生较大塑性变形和侵限造成地质灾害的地层岩性主要为:

黑色炭质页岩:节理极为发育、碳质含量高、泥炭质结构。主要物质为黏土矿物、有机质,强度低遇水软化。

黑色炭质千枚岩或千枚化片岩:千枚状构造,千枚理极为发育,表面光滑如镜、岩石中可见条带状石英分布,含少量黄铁矿。该岩石强度低遇水极易软化,较碳质页岩更易产生变形、泥化。该类岩石与绿片岩、灰绿色千枚岩互层出露,稳定性较差。

浅绿色绿泥石片岩:变晶结构片状构造,主要矿物为绿泥石,强度低,手掰既碎,遇水泥化,极易产生较大塑性变形。

灰色千枚状片岩:泥质结构、千枚状或片状结构,岩石主要矿物为绿泥石、绢云母、黏土矿物。该类岩石表面光滑强度低,遇水软化具有膨胀性、大多与绿片岩互层分布。该岩石变形大稳定性差,隧道中多处围岩变形侵限与此岩石有关,在明垭子隧道进口段出露范围较长。

(4)应力未充分释放是引起衬砌开裂的重要原因。

由于隧道开挖后初支变形较大,对施工安全造成了威胁。因此,我们及时施作了变形较大段的二次衬砌。由于围岩内应力大,进行衬砌后围岩应力继续释放,造成对二次衬砌压力过大形成衬砌开裂。

(5)对地质灾害的严重性认识不足是引起病害的又一原因。

在明垭子隧道发生变形的初期,存在着对隧道岩性上的判断错误,经有关地质专家重新确定岩性后,对绿泥石片岩和碳质页岩的力学特性仍没有充分认识,对两种围岩的变形程度和破坏能量认识不足,致使施工中采取的支护形式存在着"填灯油"方式,一点一点地调整支护参数,一小步一小步地提高支护能力,从而导致隧道病害持续发生,而且愈来愈严重。直到2010年5月采取双层拱架支护施工后,围岩的大变形才得到初步控制。

对隧道围岩特性认识的不到位,以及这种软弱围岩给隧道带来的严重性病害认识不足,加强支护参数调整不够坚决和彻底,担心由此产生投资增加,都严重影响了地质灾害预防措施的采取和病害处理措施的制定。

4)地质灾害预防和病害处理措施

(1)地质灾害预防措施

根据隧道设计、施工规范、设计文件地质勘查报告描述、经施工现场勘查,结合以往软弱隧道的施工经验,针对明垭子隧道的初期支护变形和不同的破坏形式,为控制变形侵限、杜绝塌方,确保施工和结构安全,主要采取以下工程加强措施。

①加强超前支护和初期支护

采用大管棚或双层小导管进行超前支护通过断层破碎带、软岩和塌方段,并进行注浆。在大管棚难以施作地段,超前支护尽量采用双层小导管,同时为增加小导管刚度,导管内必须充填满水泥浆。针对软弱围岩地段或塑性变形大的地段,由于地应力和松散荷载较大,围岩自稳能力极差,柔性体系的初期支护在施作后即发生较大变形,单层初期支护的刚度及强度已不能控制围岩的有害变形,为控制发生侵限、塌方等病害,初期支护采用双层Ⅰ22b型钢拱架(或Ⅰ22b型钢拱架+格栅拱架)支护,增加支护刚度及强度,以抵抗围岩的有害变形。横向联系采用ϕ32mm钢管或角钢连接。每层拱架的横向联系必须单独连接,确保拱架整体系统受力,如图7-20所示。

图7-20 双层拱架支护施工

②增大开挖预留变形量

隧道开挖后,周边收敛及拱顶下沉较大,但初期支护未发生严重破坏导致承载失效时,在初期支护出现开裂且预留变形量满足二衬厚度的前提下,根据断面扫描资料,适当放大初期支护预留变形量60~80cm,以确保二次衬砌厚度。

③优化开挖和支护方法

隧道二次衬砌、仰拱距掌子面距离必须满足设计要求。采用三台阶开挖时,各台阶均应进行及时的封闭。增加临时仰拱、初期支护封闭成环,并保证钢拱连接处无相应错位。落底时保证拱架水平收敛小于规范收敛值。防止因初支拱腰失稳造成大面积塌落或侵限造成换拱,消除安全质量隐患。

针对隧道内围岩水平应力过大的情况,将软弱围岩段原设计的锁脚锚杆变更为锁脚导管,并根据现场情况适当增加导管长度,锁脚导管斜向下30°~45°施作,管内高压注水泥浆,导管与拱架连接牢固。同时为了增加拱架的整体受力效果,将横向联系钢筋增强至 $\phi 25mm$,环向间距缩短至50cm,内外侧交错布置。

④加强二次衬砌

在保证施工安全的初期支护的前提下,为保证后期运营安全,将出现较大变形地段的隧道二次衬砌变更为60~80cm钢筋混凝土。针对仰拱上浮的情况,中心水沟存在薄弱点。在相应仰拱隆起段落,中心排水沟与仰拱采用C25混凝土整体现浇。

(2)病害处理措施

针对明垭子隧道初期支护大变形侵限、仰拱起鼓上浮、衬砌开裂、塌方、地热高温以及地表变化等问题和灾害,主要采取以下处理措施,确保施工安全和结构安全。

①注水泥浆或双液浆

对初期支护大变形侵限、仰拱起鼓上浮、衬砌开裂、塌方首先进行注浆处理,对隧道周边围岩进行固结,增加围岩的自稳能力,以控制软弱围岩的变形。隧道无水或贫水地段采用单液浆注浆,富水地段采用双液浆注浆,如图7-21所示。

图7-21 注浆加固施工

②增加套拱

对于初期支护发生开裂、掉块、变形严重段落,连续或间断施作Ⅰ18或Ⅰ20a工字钢施作套拱补强初期支护。为保证不发生重大变形侵限、塌方等严重病害,在保证二次衬砌厚度的前提下,采用全断面套拱加强初期支护强度,作为永久支护不予拆除,如图7-22所示。

图 7-22 套拱加固施工

③临时仰拱

在围岩软弱破碎段,与中台阶开挖支护同步施作,对于前期未施作临时仰拱的变形段配合套拱施作,采用Ⅰ18 或Ⅰ20a 工字钢对上断面进行临时成环,控制初期支护的收敛和沉降,如图 7-23 所示。

图 7-23 临时仰拱施工

④换拱

对初期支护大变形侵限和塌方段进行注浆处理后,对侵限拱架进行逐个更换双层Ⅰ22b型钢拱架(或Ⅰ22b 型钢拱架 + 格栅拱架),并及时封闭成环。塌方段处理采用大管棚或双层小导管进行超前支护,注双液浆,并增设临时仰拱及时封闭成环,确保施工安全,如图 7-24 所示。

⑤仰拱和二次衬砌重新施作

对仰拱起鼓上浮和衬砌开裂进行注浆处理后,采用机械配合人工拆除已破坏的仰拱和二次衬砌,采用 60～80cm 厚钢筋混凝土重新施作二次衬砌和仰拱。禁止采用爆破拆除,以免对围岩产生二次扰动,引起围岩大变形。

图 7-24 换拱施工

⑥地温地热应对措施

对地温地热地段,采用大功率风机对工作面进行供风,并铺以洒水降温措施,确保施工人员的健康安全。

5)隧道病害治理效果

明垭子隧道初期支护侵限段经过换拱施工后,提高了二次衬砌支护强度,并及时二次衬砌的跟进施工,经过一段时间观测后基本稳定。

明垭子隧道双层拱架支护施工段,初期支护的收敛沉降变形仍然存在,与单层拱架支护施工段比较,变形量、侵限造成二次衬砌厚度不足段显著减少,换拱施工量大大降低,经观测日沉降收敛量1~3cm,15天累计沉降收敛量20~25cm。

7.7.5 活动断裂

活动断裂多数是指第四系以来至今还在继续活动、正在活动或断续活动的断裂。由于活动断裂的存在,致使岩体产生各种破碎面(如断裂面、层间错动面、断裂带附近及层间节理裂隙面及软弱夹层等),渗透性加强,地表水或大气降水的下渗,直接导致岩土 c、φ 值降低,当隧道穿越活动断裂或在其影响带附近穿过时,由于破碎带岩性软弱、松散,隧道易产生塌方或不均匀沉降,导致隧道衬砌开裂、渗水、漏水,洞口边仰坡雨季易沿构造软弱面形成滑坡、错落等病害。

隧址区分布有活动断裂时,原则上应绕避,在不可避免时,应进行专题研究,使隧道处于相对稳定的下盘上。横穿时,尽可能使隧道轴线与断裂带垂直或大交角相交,并在交错处进行特殊设计。

7.7.6 瓦斯

瓦斯是地下坑道内有害气体的总称,成分以沼气为主。当隧道穿过煤层、油页岩或含沥青等岩层,或从其附近通过而围岩破碎、节理发育时,可能会遇到瓦斯。如果洞内空气中瓦斯浓度已达到爆破限度与火接触,就会引起爆炸,会给隧道施工带来很大的危害和损失,对隧道施工机械设备和人员是一个巨大的威胁。

目前瓦斯防治措施主要包括:测定瓦斯浓度以判断能否发生瓦斯爆炸;通风稀释瓦斯;钻孔抽放瓦斯;安装瓦斯报警装置;采用防爆设施。隧道施工宜采用全断面开挖,因其工序简单、面积大、通风好,随掘进随衬砌,尽快缩短瓦斯放出时间和缩小围岩暴露面,有利于排除瓦斯。采用上下导坑法开挖,要求各工序间距离尽量缩短,尽快衬砌封闭瓦斯地段,并保证混凝土的密实性,以防瓦斯溢出。

7.8 隧道下穿构(建)筑物设计

秦巴山区地形复杂,纵坡受许多关键节点的控制性高程制约,会与各种道路以及地面建筑物立体交叉,引起这些构筑物下沉。为保证构筑物的安全,必须根据隧道与构筑物位置关系,采取相应的措施,将构筑物的沉降控制在一定范围内。

隧道施工严格坚持"管超前、严注浆、无爆破、短进尺、早封闭、强支护、勤量测、快成环、紧仰拱、快衬砌"的原则。根据设计和管理部门的要求,施工时必须保证各种构筑物的安全,确保施工安全。在设计阶段主要采取以下关键技术措施。

7.8.1 围岩加固关键技术

1)超前大管棚

管棚施工的关键技术是如何一次成孔,减少多次施工对地层的扰动,且保证管棚施工的质量。采用内外钻杆同时钻进的套管管棚工艺。钻孔顺序采用先内侧后外侧、由下向上、由两边向中间依次进行。管棚外插角控制在1°范围内,钻孔完成1根,安装注浆1根。确保注浆施工质量。

2)小导管注浆加固

为确保洞周围岩的整体性及自稳定性,将边墙系统锚杆优化为大外角(外插角45°)小导管进行周边围岩注浆,以此提高围岩的整体稳定性。

3)开挖支护

为减少施工震动对构筑物的破坏,保证施工震动速度达到2cm/s,根据相关单位要求及结合现场实际情况,采用非爆破开挖施工,开挖破碎进尺均控制在0.6m内。

7.8.2 衬砌

为保证施工安全,仰拱应及时施作,紧跟掌子面,支护尽早闭合成环。整体受力,确保支护结构稳定。根据实际情况,仰拱开挖长度每次不大于3m,每次浇筑长度调整为6m。下穿段施工时仰拱距掌子面的安全步距不大于30m,二次衬砌距掌子面不大于50m。根据现场实际施工需要,可将仰拱二次衬砌安全步距进一步缩小,紧跟掌子面,确保施工安全。

7.8.3 监控量测

根据设计规范及相关要求对隧道下穿高速公路的地段进行监测,具体内容有人工巡视、既有路基竖向变形、边坡水平位移路面振动以及隧道洞内监控量测,施工时通过反馈的监控量测信息及时调整施工参数,以确保衬砌结构和支护体系的安全,保证地表最大沉降不大于2cm。

7.8.4 施工期间被交道路的导行

在此段施工期间,提前与被交道路管理方联系,在合适地段进行改道或加固,完善保畅措施,确保工程安全有序进行。

7.8.5 经典案例

苟家山隧道是小河至安康高速公路由北向南的第一座隧道,左线长435m;右线长480m,为分离式隧道。设计速度80km/h,隧道净宽净2×10.25m,隧道限高净5.0m,设计荷载为公路Ⅰ级。

7.8.5.1 地形、地质条件

(1)北口地形、地质情况:进洞处原地表山坡坡度40°左右,隧道路线与地面等高线的交角60°左右(如图7-25所示);围岩为亚黏土混碎石为主,潮湿、硬塑,为松散结构土体。该段洞室埋深浅,围岩稳定性极差,极易坍塌,顶部无支护时,极易发生整体坍塌。洞室一般干燥,雨后滴水、渗水现象严重,围岩稳定性变差,易形成塌滑。围岩等级为Ⅴ级。隧道左线出口如图7-26所示。

图7-25 苟家山隧道北口地形

图 7-26　苟家山隧道左线出口

（2）南口洞口地形、地质情况：进洞处原地表山坡坡度 40°左右；右线出口隧道路线与地面等高线的交角 35°左右，左线进口是 30°左右；围岩为亚黏土及碎石土，干燥，松散，为松散结构土体。洞顶埋深浅，存在地形偏压，围岩稳定性较差。开挖时洞壁干燥，但长期降水后易出现渗水、滴水现象，围岩有滑动变形趋势，极易坍塌，洞室稳定性较差；围岩等级为Ⅴ级，如图 7-27、图 7-28 所示。

图 7-27　苟家山隧道南口与省道的关系　　　　图 7-28　苟家山隧道南口洞顶

7.8.5.2　施工技术方案

1）苟家山隧道北口进洞方案

（1）将省道 102 改至山侧通行，在原省道高程的基础上填筑砂砾垫层加大埋深。

（2）苟家山隧道右线进口采用斜交进洞法，左线出口采用正交进洞法，进洞前在洞口均施作长 40m 的超前管棚,对围岩进行超前支护。

(3)施工时加快进度,如遇下雨则采取彩条布遮盖开挖面,防止雨水冲刷后坍塌;半明半暗施工完、进行暗洞施工时,采用分部开挖法施工,严格按"短进尺、紧支护"原则施工,由于洞口处在坡积层地带,因此尽量不采用爆破施工,保证现场安全。

2)苟家山隧道南口进洞方案

(1)省道 102 上平铺 2cm 厚钢板,减小车辆集中荷载,并实行半幅通车,待隧道通过省道 102 半幅后,开通另外半幅再继续施工隧道。

(2)苟家山隧道南口采用斜交进洞,首先修筑挡墙,顺应地形,修筑半套拱,然后打设管棚。

(3)施工采用台阶法施工,最上一层台阶长度控制在 0.8m,高度控制在 1.8m,钢拱架根据开挖要求特殊进行制作;第二层台阶长度 1~2m,第三层台阶长度 4m,随挖随护并及时仰拱、衬砌。在开挖过程中尽量采用人工、机械开挖减少扰动,如确需爆破,也严格控制装药量,采用弱爆破。

3)正交进洞法

正交进洞法中,隧道洞口轴线与地面等高线相交角度最小值为 40°,一般采用的是"套拱法"。"套拱法"是在隧道洞口修筑之前,开挖施工槽,然后提前修筑套拱,如有必要,则施作超前管棚、小导管等,然后开挖进洞的方法,如图 7-29、图 7-30 所示。

图 7-29　施工支架和架设好的钢拱架　　　　图 7-30　架设钢拱架

(1)架立几榀钢拱架,中间用钢筋连接,拱架上方焊接导向管。

(2)施作模板,浇注套拱混凝土;拆除模板,准备打设管棚。

(3)管棚施工;在管棚保护下,选择合适的开挖方法,进行洞口开挖,并及时进行支护。

(4)明洞随衬砌进行,一般向外延伸几米,随后洞顶进行回填绿化。在回填时,回填后坡度一定要与原地表坡度相适应,不得过少。

4)斜交进洞法

斜交进洞法中,隧道洞口轴线与地面等高线相交角度最大值为 40°,采取的措施是顺应地形,修筑挡墙"半套拱"或无挡墙"半套拱"进洞。

"半套拱"指的是在隧道洞口轴线与地形斜交时,受地形限制,也为了减少开挖,套拱只做拱部的一部分,将套拱基础修筑在稳定基岩上形成的结构。"半套拱"结构可以有挡墙也可没有。下面以有挡墙的"半套拱法"说明其施作顺序。

(1)洞口施工前要进行勘察,提前修建防排水设施,排除不良地质灾害。

(2)提前修筑挡墙,挡墙基础应设置在稳固的地基上,如其承载力不能满足要求,可采取加深扩大基础,钢筋混凝土桩基础,换填片碎石、砂砾或采取地基加密措施,考虑到挡墙承受一定的偏压荷载,在墙内可加入一定数量的结构钢筋以策安全。

(3)施作"半套拱"时,首先施作初始套拱,架设几榀拱架,一侧坐落在挡墙上,另一侧坐落在稳定岩石上,并加大基础支座,然后打设锚杆予以固定,如图7-31和图7-32所示。

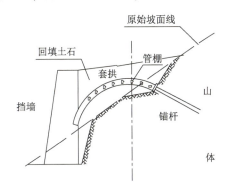

图 7-31 "半套拱"立面

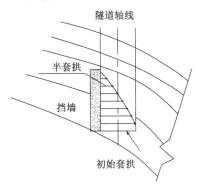

图 7-32 "半套拱"平面

(4)架设下挂式模板,浇注套拱混凝土。

(5)在初始套拱作为导向拱的同时,打设管棚。

(6)从外向内逐步架设拱架,一侧依然架设在挡墙上,另一侧则根据地形架设在稳定岩石上,直至隧道洞口轴线与前方岩面基本垂直为止。

(7)然后架设下挂式模板,浇筑混凝土,将裸露管棚包进去,如图7-33所示。

(8)进洞开挖。"半套拱"施工完毕,如图7-34所示。

图 7-33 有挡墙"半套拱"施工中

图 7-34 有挡墙"半套拱"施工完成

7.8.5.3 总结

为保证浅埋、偏压、地质条件差的隧道洞口顺利进洞,在施工过程中应注意以下几点:

(1)提前采取措施应对不良地质情况,提前修筑防排水设施。

(2)洞口施工方法包含三个方面,洞口超前支护、洞内开挖以及洞内支护。隧道洞口施工采用的超前支护措施主要是套拱、超前管棚、超前小导管等;洞内开挖关键要坚持"短进尺、弱爆破"的原则;洞内支护要坚持"强支护、早封闭"的原则。

(3)为了减少洞口开挖,要根据地形不同,选择合适的进洞方法。隧道洞口的施工方法可分为正交进洞、斜交进洞,其中正交进洞采用的主要方法是"套拱法",斜交进洞采用的方法是"半套拱法"。

第8章 互通式立交设计

互通式立交是高速公路的重要组成部分,是连接高速公路与其他道路之间的桥梁与纽带。互通式立交作为高速公路控制性工程,其总体规划、科学布设、设计合理是公路通行能力、交通安全、社会经济效益及道路功能的重要保障,它不仅关系到公路所在区域的整体规划,还关系到整个公路的运营效果、社会经济价值和对环境的影响等,尤其是在秦巴山区高速公路建设中,互通式立交的设置受地形、地质、社会经济等多因素的影响,若互通式立交设置不当,形式选择不合理,将造成工程规模的大幅增加和严重的自然环境破坏,甚至对公路总体设计产生重大影响。

8.1 互通式立交的特点

秦巴山区地形、地貌、地质、水文条件复杂,高速公路主线指标偏低,桥隧构造物占比大,沿线城镇规模较小、分布零散。因此,秦巴山区互通式立交设计不同于平原微丘地区,其特点如下:

(1)地形、地质条件复杂,走廊带狭窄,立交选址及布设困难,如图8-1所示。

图8-1 平镇高速公路钟宝立交

(2)高速公路主线指标较低,桥隧比例大,立交布设严重受限,如图8-2所示。

图8-2　山柞高速公路夜珠坪立交

(3)互通式立交占地范围大,占地、拆迁矛盾突出,图8-3为减少占地与拆迁的工程实例。

图8-3　平镇高速公路牛头店立交与停车区合建减少占地与拆迁

(4)自然环境优化,环境保护要求高,图8-4为平镇高速公路镇坪立交。

图8-4　平镇高速公路镇坪立交

（5）城镇规模小，转弯交通量较少，立交设计灵活度大，图8-5所示为立交灵活性设计实例。

图8-5　西镇高速公路杨家河立交

8.2　互通式立交设计原则

根据秦巴山区互通式立交的特点，秦巴山区互通式立交设计应该综合考虑区域路网状况、相交道路、工程规模及交通、自然、环境等诸多因素，设计应遵循以下原则：

1）以人为本，重视安全设计

互通式立交路段长度相对于高速公路全线所占比例不高，但该范围往往成为交通事故的多发路段，如图8-6所示。相关研究表明，高速公路的大部分交通事故发生在互通式立交范围，尤其在互通式立交出口匝道鼻端上游300m和入口匝道鼻端下游300m之间。

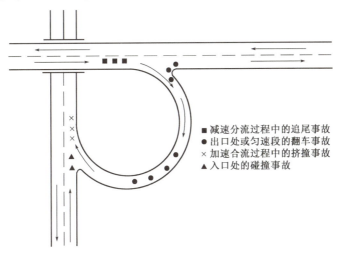

图8-6　匝道事故位置及类型示意图

2) 重视环境保护,细化绿化、景观设计

秦巴山区自然风光优美,生态环境脆弱,植被和景观破坏后恢复困难。秦巴山区的立交设计应贯彻"不破坏就是最大的保护"的生态文明理念,避免高填深挖对环境与景观造成较大的破坏,避免对原有地貌的破坏造成水土流失,引发地质灾害等。既要考虑对环境的保护,也要考虑营造和谐的景观,起到引导驾驶员视线、保证行车安全的效果,如图8-7所示。

图 8-7　平镇高速公路曾家立交与自然景观浑然一体

3) 多因素综合考虑,突出多方案比选

秦巴山区地形、地质等条件复杂,不同位置、不同形式的立交工程规模及使用效果差异较大,综合考虑功能、安全、环境、资源、全寿命周期成本、驾乘的舒适和便利等因素,从立交不同位置、不同形式等方面进行多方案比选,选取最合适的立交方案,如图8-8所示。

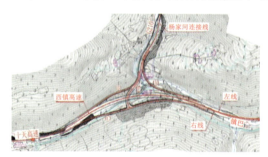 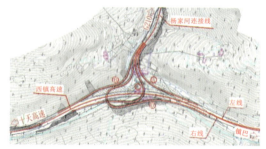

图 8-8　西镇高速公路杨家河立交多方案比选

8.3　互通式立交位置选择

应把位置的选择作为互通式立交方案比选的一部分,除根据公路网的规划、交通发展需求,沿线城镇、工矿企业、旅游景点等的分布与发展规划,地形、地质、拆迁等场地条件考虑互通立交的设置位置外,还应考虑以下一些因素:

(1) 当主线与被交路交叉时,交叉处可能因地形、地物限制不能或难以布设互通立交,这种情况下需移位选择布置场地。

(2)当主线在山区中独自穿行较长距离(如20km以上)后,与其他道路相交或接近并汇入同一狭窄的走廊带内,其互通立交的理想最佳位置应是相交或第一次接近点,但也应考虑交通量情况和布设的地形场地条件,尽量选择技术经济合理的位置设置互通,如图8-9所示。

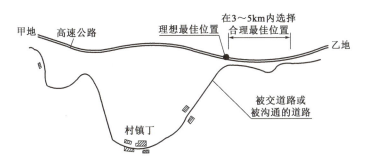

图8-9 选择互通立交合理位置

(3)当主线与被交道路(或地方道路)在同一河谷、沟谷内平行布线时,所需设置互通的位置,应根据地形、河流、地物、村镇、连接道路等场地条件,选择不同的位置进行比较。

(4)根据城镇布局、交通源、交通方向的特点,当受地形限制或根据需要,一个全互通立交集中布置于一处困难时,可将其拆分为不同位置的两个部分互通立交。另外,也可在县级城市的两端,充分利用被交路的交通集散功能,选择设置两处部分互通或将邻近交通源的一处按全互通设置,另一处按部分互通设置,如图8-10所示。

图8-10 包茂高速公路安康市汉滨区茨沟立交与谭坝立交

(5)互通式立交应考虑对主线交通量的分散和吸引作用,连接公路应具有足够的通行能力并对附近公路上的交通起集散作用,分配到附近路网上的交通量应适当,不应使现有公路或其局部路段负担过重;秦巴山区现有地方道路等级一般较低,路况较差,一般要求现有公路进行局部改造,或结合公路网规划考虑新建连接线方案。

(6)秦巴山区旅游资源丰富,当路线上及路线附近区域有著名的自然、人文、历史等景点,可能成为人们观光、休息、欣赏的目的地时,应考虑设置互通立交或出入口、停车区等。

(7)考虑选择互通式立交位置时,为保证高速公路上的行驶速度、驾驶方式具有相对的一致性、连续性以及安全性,互通式立交之间、互通式立交与服务区及停车区等具有出入口的其他设施、互通式立交与隧道之间应有合适的距离。

(8)互通立交作为路线上的重要控制点,在主线布线时,要充分考虑互通立交的布设特点,为设置互通式立交创造有利条件。在拟定的互通立交位置处,主线线位一般不宜布设在江河边、悬崖边、山脚下,主线线位两侧要兼顾互通立交的布设场地条件。

8.4 互通式立交的选型与方案比选

8.4.1 秦巴山区互通立交的常用形式

截至 2020 年底,秦巴山区共有互通式立交 112 座,喇叭形立交 84 座(双喇叭枢纽立交 1 座),占比 75.0%,为主要的立交形式。一般互通式立交共 99 座,喇叭形立交 82 座,占比 84.8%,其中 A 型喇叭 58 座,B 型喇叭 24 座,受地形限制,变异形及部分互通较多共 14 座;枢纽互通式立交共 13 座,三岔 T 形 8 座,四岔变形苜蓿叶 3 座、双喇叭 1 座、单喇叭 1 座。具体分布如表 8-1 所示。

秦巴山区已建互通式立交形式统计表　　表 8-1

序号	编号	高速公路简称	一般互通(座)				枢纽互通(座)			备注
			A 型喇叭	B 型喇叭	T 形	其他	T 形	喇叭	变形苜蓿叶	
1	G5	京昆	9	5	1	2				谢家营枢纽计入十天高速公路 梁山枢纽计入银昆高速公路
2	G65	包茂	4	1	1	6	1			夜珠坪枢纽计入山柞高速公路 五里枢纽、计入十天高速公路
3	G7011	十天	15	6	1	1			1	大树岭枢纽计入安平高速公路 午子山枢纽计入西镇高速公路 石门枢纽计入银昆高速公路
4	G70	福银	4	3			1			山阳枢纽计入山柞高速公路 麻池河枢纽计入沪陕高速公路
5	G40	沪陕	9	4		1	2			含商州联络线 岔口铺枢纽计入洛岔高速公路
6	G85	银昆	8		1		1	2		
7	G4213	安平	3				1			龙古枢纽计入平镇高速公路

续上表

序号	编号	高速公路简称	一般互通(座)				枢纽互通(座)			备注
			A型喇叭	B型喇叭	T形	其他	T形	喇叭	变形苜蓿叶	
8	G69	安岚	1	1		1	1			
9	G6911	平镇	2	2		1	1			
10	S27	西镇		2		1		1		
11	S13	洛岔					1			
12	S28	太凤	3							田坝枢纽计入银昆高速公路
	合计		58	24	3	14	8	2	3	总计112座

受秦巴山区地形、地质等条件的限制,其互通式立交形式较平原区互通式立交变异形式较多,按互通式立交相交道路条数,秦巴山区常用的立交形式有以下几类。

8.4.1.1 三岔互通式立交

1) 喇叭形互通式立交

喇叭形立交便于集中收费和控制车辆的进出,占地及工程规模较小,是国内高速公路与地方道路交叉最广泛采用的一种三岔立交形式。它是由一个环圈式匝道和一个半定向匝道来实现车辆左转弯的互通式立交。

喇叭形立交适用于高速公路与一般道路的交叉,匝道适应的交通量较小,环圈匝道为控制匝道,布设时应将环圈匝道设在交通量小的方向上。喇叭形立交可分为 A 型和 B 型,一般情况下宜采用 A 型,当受地形、地物限制或左转主线的交通量远大于左转驶离主线的交通量时,可采用 B 型。

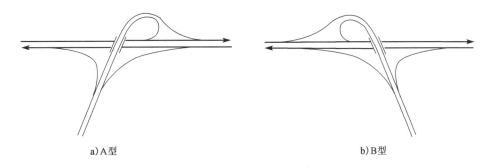

图 8-11 喇叭形互通式立交

2) T形互通式立交

T形互通式立交是三岔枢纽立交和交通量均较大的一般互通式立交中最广泛采用的立交形式,其采用半定向匝道实现车辆左转,能提供较高的运行速度,通行能力较大。在秦巴山区道路一侧有平行于主线的道路、铁路、河流、房屋等障碍物,空间受限制时适宜采用,如图 8-12 所示。

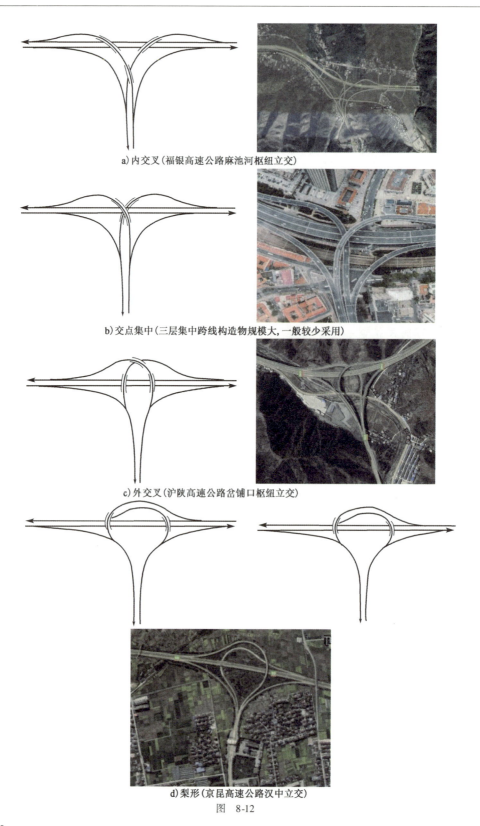

a) 内交叉(福银高速公路麻池河枢纽立交)

b) 交点集中(三层集中跨线构造物规模大,一般较少采用)

c) 外交叉(沪陕高速公路岔铺口枢纽立交)

d) 梨形(京昆高速公路汉中立交)

图 8-12

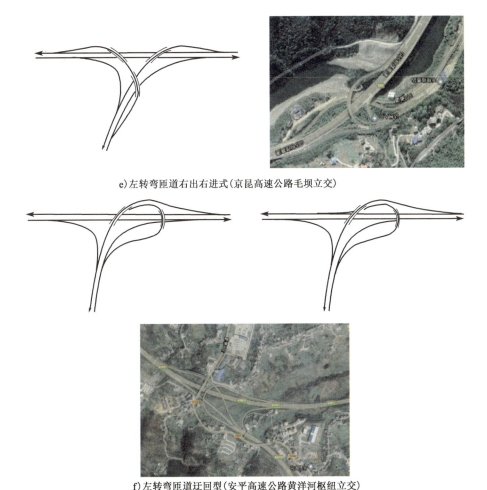

e) 左转弯匝道右出右进式（京昆高速公路毛坝立交）

f) 左转弯匝道迂回型（安平高速公路黄洋河枢纽立交）

图 8-12　T 形互通式立交

3) 其他形式

秦巴山区地形、地质条件复杂,为顺应地形、地物、桥隧构造物等特殊限制,常采用匝道带平面交叉、部分互通和变异的立交形式。

(1) 匝道带平面交叉

当匝道交通量较小,受地形、地物等限制较为严格时,可采用匝道带平面交叉的形式,主要为菱形、部分苜蓿叶和 T 形,如图 8-13~图 8-15 所示。匝道平面交叉应采用出口匝道优先通行的交通管理方式,平面交叉应通过渠化,防止车辆误行。

(2) 部分互通、分设互通

根据城镇布局、交通源、交通方向的特点,充分利用被交路的交通集散功能,选择设置两处部分互通或将邻近交通源的一处按全互通设置,另一处按部分互通设置,如图 8-16 所示。当受地形严格限制或根据需要,一个全互通立交集中布置于一处困难或集中设置一处收费站工程规模较大时,可将其拆分为不同位置或设置多处收费站的分设互通立交,如图 8-17 所示。

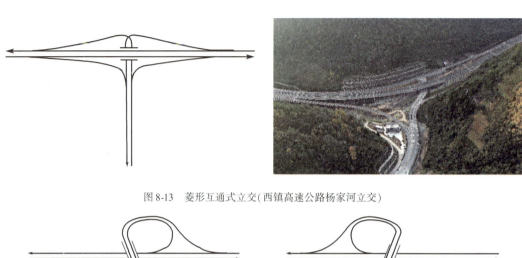

图 8-13 菱形互通式立交(西镇高速公路杨家河立交)

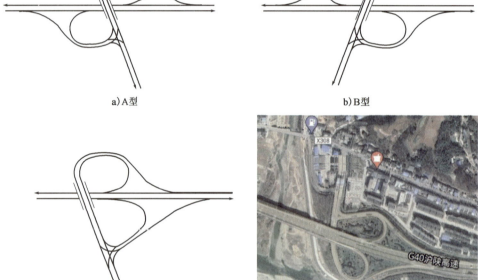

a) A型　　　　　　　　　　　　b) B型

c) AB型(沪陕高速公路过风楼立交)

图 8-14 部分苜蓿叶形互通式立交

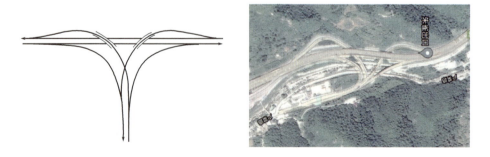

图 8-15 带平面交叉 T 形互通式立交(京昆高速公路朱雀立交)

图 8-16 部分互通式立交(京昆高速公路纸坊立交)

图 8-17 分设互通式立交(京昆高速公路权河立交)

(3)变异立交

秦巴山区地形陡峭,走廊带内往往伴随既有道路、桥梁、建筑物等条件限制严格,互通式立交采用常规形式,往往造成高填深挖,不仅增加了工程造价,还严重破坏了生态环境。因此秦巴山区立交应不拘泥于常规形式,根据交通量分布、地形和其他限制条件,灵活布设匝道,以适应秦巴山区复杂的地形、地质等条件。按受限类型可分为平面限制变异形立交(图 8-18)、纵面限制变异形立交(图 8-19)和隧道间距限制变异形立交(图 8-20),具体内容见 8.5 节。

图 8-18 平面限制变异形立交(沪陕昆高速公路商洛立交、南城子立交)

图 8-19　纵面限制变异形立交(京昆高速公路金水立交)　　图 8-20　隧道间距限制变异形立交(山柞高速公路夜珠坪枢纽)

8.4.1.2　四岔互通式立交

秦巴山区四岔互通式立交主要为高速公路相交的枢纽互通式立交和枢纽+落地立交,其主要形式为变异苜蓿叶形立交及双喇叭形或喇叭+T形。

(1)完全苜蓿叶及其变形形式(图 8-21)

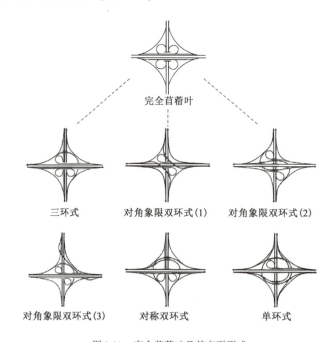

图 8-21　完全苜蓿叶及其变形形式

当四岔交叉各转弯交通量均小于单车道设计通行能力时,可采用 4 条左转弯匝道均为环形的完全苜蓿叶形,一般应设置集散道将两环形匝道之间的交织区与交叉公路直行车道相隔离。在公路枢纽立交中使用较少,一般多为变异形苜蓿叶立交。

变异形苜蓿叶立交可根据左转交通量大小、立交区的地形、地物等限制,灵活选取环形匝道或半定向匝道进行组合布设,结合环形匝道造价较低和半定向型匝道通行能力较高的特点,以最经济合理的组合方式满足立交转向功能,是秦巴山区普遍采用的枢纽立交形式,如图8-22～图8-25所示。

图8-22 十天高速公路谢家营枢纽(对向双环)

图8-23 银昆高速公路石门枢纽(三环)

图8-24 银昆高速公路梁山枢纽(对向双环)

图8-25 西咸北环线永乐西枢纽(单环)

(2)双喇叭或喇叭+T形(图8-26和图8-27)

当高速公路与交通量较大的一、二级公路相交时,为减少对被交路直行车辆的影响,提高转向交通通行能力,往往在一、二级公路侧也采用互通形式,其形式结合交通量、地形、地物等约束条件灵活采用,同时,秦巴山区两相交高速公路高差较大,或受地形限制无法集中布设四岔枢纽立交时,也常采用双喇叭或喇叭+T形立交形式,如图8-28所示。

(3)枢纽+落地立交

枢纽+落地立交可按四岔立交或三岔枢纽互通式立交与一般三岔互通式立交的组合形式,可根据转弯交通量、地形、地物等制约因素,采用变形苜蓿叶或按照上述介绍的三岔立交灵活组合,如图8-29和图8-30所示。

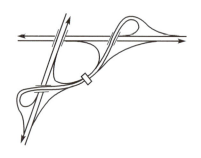
图 8-26 双喇叭互通式立交

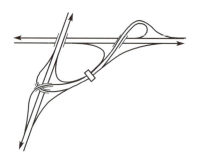
图 8-27 喇叭 + T 形互通式立交

图 8-28 太凤高速公路田坝枢纽(双喇叭)

图 8-29 福银高速公路咸阳北立交(变形苜蓿叶)

图 8-30 十天高速公路五里立交(T 形与 A 型喇叭组合)

8.4.2 秦巴山区互通立交的选型与方案比选

8.4.2.1 选型原则与要点

立体交叉形式选择的目的,是为提供行车效率高、安全舒适,适应设计交通量和设计速度、满足车辆转弯需要,并与环境相协调的立体交叉形式。选型是否合理,不仅影响立体交叉本身的功能,如通行能力、行车安全和工程经济等,而且对整个地区道路网规划、地方交通的发挥、工程投资及市容环境等都有密切的关系。立体交叉形式选择应根据道路条件、交通条件,结合自然、环境条件等综合考虑而定。

(1)符合功能和定位

选择互通式立交形式首先取决于相交道路的性质、任务、远景交通规划等因素。

(2)注重安全

互通式立交形式的选择应符合一致性要求,即立交的出口在某一路段上应保持一致,而不应采用突变的出口方式,与驾驶者期望不一致,会带来安全隐患。

(3)与交通量相适应

秦巴山区城镇分散、规模小,互通式立交交通量较小且方向差异性较强,选择互通式立交形式应在符合转换交通量主流向的要求和使用功能的同时,确保行车安全通畅和车流连续。

(4)与周边环境相适应

秦巴山区地形、地质情况复杂,生态环境脆弱。选用的互通式立交形式应充分考虑地区规划、地形和地质条件、可能提供的用地范围、周围建筑物和设施分布状况等条件,在满足交通需求和行车安全的前提下,力求达到合理利用地形、地质条件,避免高填深挖,减少征地拆迁,力求与地形地貌相结合,造型美观,结构新颖,与周边环境相协调。

(5)工程经济合理

应全面考虑秦巴山区城镇规模、交通量较小等特点,立交选型要远近结合,尽量采用新技术、新工艺、新结构,提高工程质量、缩短工期、降低成本。

(6)与沿线经济发展相适应

互通立交选型要与沿线城镇规模、交通量、出行规模、远期规划等相适宜。

8.4.2.2 方案比选

秦巴山区地形、地质等自然条件及社会条件复杂,初步设计中互通式立交应有两个或两个以上立交方案,在同一位置或者不同位置进行多方案比选,并对立交方案进行技术经济综合比较。方案比选论证时,应遵循以下原则:

(1)适应性原则

在立交多方案比选时,适用性尤为重要,各方案虽然都具有一定的优势,但在与地形、地物、城镇规划及交通量的适应性上存在一定差异,应优先选择与预测交通量、地形、地物、城镇规划适应性较好的立交方案。

(2)安全性原则

安全性原则是立交方案比选中重要原则之一,通过对进出口视距、匝道平纵指标均衡性、运行速度连续性等进行综合评估,选出整体安全性最好的立交方案。

(3) 经济性原则

秦巴山区在勘察设计中应坚持"节约资源"和"全寿命周期成本"的理念，努力降低工程造价，立交方案比选时，需从经济性的角度，优先选择工程造价和全寿命周期成本较低的立交方案。

(4) 地方意见等其他因素

在立交方案选择时，还需要充分考虑沿线地方政府及相关主管部门（城镇规划、交通、农田、林业、水利、电力、铁路、旅游、文物、环保、航道等）的意见与建议，在不违背适用性、安全性、经济性原则的前提下，应尽量采纳地方意见，满足使用者需求，有利于带动地方经济发展。

以上各项原则，是相辅相成的，在秦巴山区高速公路立交方案比选论证中，需全面地考虑各方面因素，并进行综合衡量，选择综合评估最优的方案作为推荐方案。

8.5 互通式立交设计要点

8.5.1 秦巴山区互通式立交安全设计

8.5.1.1 安全设计基本要求

秦巴山区道路、自然、交通、社会等条件复杂，安全设计的主要任务就是要在互通式立交形式、匝道布局、匝道线形等几何构造及信息处理中，充分考虑驾驶人视觉能力、信息处理能力、驾驶人期望、反应时间、车辆运行特征和交通事故分布规律等，使所提供的运行条件与驾驶人特征及车辆运行特征相适应，并在信息诱导、路侧和防护设计等方面进一步增强车辆运行的安全性。安全设计应符合以下基本要求：

(1) 应简化驾驶任务，尽量减少转向、变速、超车、分合流及变道的频度。
(2) 应充分考虑驾驶人视觉特性，避免有用信息超出驾驶人的视觉能力。
(3) 应充分考虑驾驶人信息处理能力，避免信息超荷或信息不足。
(4) 所提供的信息应与驾驶人期望相一致，最大程度减少驾驶人反应时间。
(5) 应为驾驶人感知信息、反应和行动提供足够的时空距离。
(6) 应提供一致、连续的运行条件，避免出现超常驾驶要求。

8.5.1.2 立交的规模、形式、标准设计要点

秦巴山区高速公路互通立交的建设规模要适度，在形式选择和指标的采用上，应避免侧重缩小规模和节省投资，淡化立交的功能和安全性。

互通立交的建设标准、各项指标要同主线的标准、指标、服务水平相协调。

8.5.1.3 几何设计要点

几何设计决定着车辆的运行特征，是影响立交安全性的关键因素。基于安全设计的秦巴

山区互通式立交几何设计要点如下：

(1) 重视减速车道及其出口匝道的安全性设计，如图8-31所示。

a) 收费广场布设在出口匝道侧　　　　b) 收费广场布设在入口匝道侧

图8-31　被交路主线平行时出口匝道布设

(2) 应避免在主线左侧设置出、入口匝道。

(3) 连续分、合流时，宜合并为单一的出、入口，如图8-32所示。

(4) 应保证足够的视距，包括分合流识别视距、匝道停车视距和平交处的引道视距。

(5) 匝道设计速度的选择应以运行速度及其变化规律为依据，如图8-33所示。

(6) 匝道纵断面的布置及上跨下穿交叉方案的确定，应综合考虑互通式立交的平面形式、空间立体造型及行车安全。

图8-32　连续分、合流合计

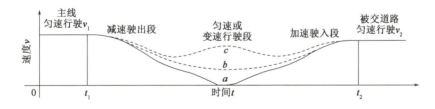

图8-33　互通式立交匝道车辆运行速度规律图

(7) 秦巴山区互通式立交线形复杂，往往很难达到主线要求的平、纵组合原则，但匝道平、纵组合应为驾驶人提供清晰的视觉诱导，避免不良的组合。

(8) B型喇叭由于安全性稍差，平原区较少采用，但秦巴山区受地形、地质等制约因素较多，不可避免采用B型喇叭，以有效适应地形、节约占地，降低工程规模，当采用B型喇叭或出口匝道为环形匝道(苜蓿叶、部分苜蓿叶、倒挂喇叭)等立交时，应采取特殊设计和增强安全性的措施，以利于行车安全。可采取的安全措施有：①减速车道采用平行式，条件允许时减速车道长度提升一个等级;②将常规环线匝道单元曲线改为卵形曲线,即在出口环线匝道的小圆曲线(R_2)之前增设一段较大半径的圆曲线(R_1),有利于运行速度的过渡如图 8-34 所示;③匝道上跨主线,提前与主线分离,鼻端置于跨线构造物之前,如图 8-35 所示;④合理系统设置交通安全设施,控制车辆运行速度,增加视线诱导。

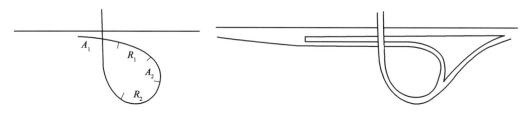

图 8-34　出口增设过渡曲线　　　　图 8-35　平行式减速车道 + 提前分离

(9)秦巴山区隧道分布密集,互通式立交与隧道小间距路段是普遍存在的,应灵活应用变异形立交形式(详见 8.5.4),尽可能增大立交与隧道的净距,同时在隧道前设置完善的出口预告标志,加强交通组织、管理和运行安全保障措施。

(10)互通立交处于桥梁上时,除部分驾乘人员存在一定紧张、恐惧的心理因素外,桥梁本身一般对互通立交的安全、视线等没有增加不利影响,主要是主线、匝道的变宽、超高、分合岔给桥梁设计、施工带来困难,设计时在满足互通立交的几何要求、安全保障的前提下,要尽量降低桥梁设计和施工的难度。

8.5.2　秦巴山区平面限制变异形立交设计

8.5.2.1　分设互通

对于复杂的秦巴山区地形,受山体、河流、既有道路等限制,往往较难找出一整块土地布设常规整体式立交,此时,可以利用两块较小的有利地形,将立交匝道分离成两部分,有效减小对山体的破坏,减少占地与拆迁。分设时一般需设置两座收费站,要加强指路系统的设置,避免误行。常用的分离变异形式如下:

(1)A 型喇叭立交分离变异

图 8-36 中 A-1、A-3 是将常规立交形式的右转匝道分离,A-2、A-4 是将两左转匝道分离后得到的形式。随着匝道间分开距离的变化,左转匝道可从右转匝道左侧合流,也可能从其右侧合流,如 A-2,前面三种立交形式为全互通,而 A-4 的两左转匝道存在平面交叉,由于秦巴山区城镇规模小、转弯交通量需求低,可以以左转匝道间平交的形式布置。图 8-37 所示为十天高速公路白水江立交。

(2)B 型喇叭立交分离变异

B 型喇叭立交与 A 型喇叭立交是镜面对称关系,A 型喇叭中的驶入(或驶出)对应着 B 型喇叭中的驶出(或驶入),如图 8-38 所示。

第8章 互通式立交设计

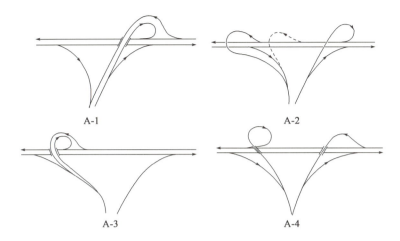

图 8-36 A 型喇叭立交分离变异立交形式

图 8-37 十天高速公路白水江立交（分离变异 A 型喇叭）

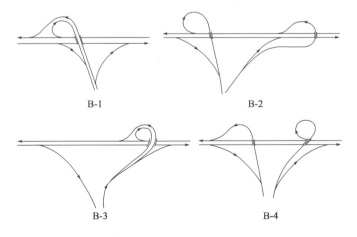

图 8-38 B 型喇叭立交分离变异立交形式

(3)T形立交分离变异

图 8-39 中 T-1、T-2 为左转匝道分离形式,T-1 的左转匝道间存在一处交叉,T-2 左转驶入与左转驶出主线的匝道存在交织段;T-3、T-4 为右转匝道分离形式,运行状况与常规形式类似,图 8-40 为包茂高速公路 T 形立交分离变异立交。

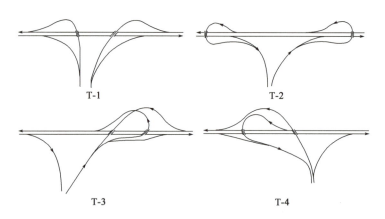

图 8-39　T 形立交分离变异立交形式

图 8-40　包茂高速公路 T 形立交分离变异立交

8.5.2.2　直接式右转匝道变异为环形右转匝道

秦巴山区高速公路与被交路往往位于同一河道平行布设,受地形、地物限制,主线与被交路距离较近,采用常规直接式右转匝道,可能造成匝道线形指标偏低,或造成高填深挖,无法布设收费站,此时可将锐角象限的直接式右转匝道变异为环形式右转匝道,如图 8-41 ~ 图 8-43 所示。

8.5.2.3　倒挂型喇叭

当主线与被交线间间距较近、高差大时,采用常规喇叭右转匝道布设困难,易造成大量开挖山体,此时可采用倒挂型喇叭形式(图 8-44),让右转弯匝道形成环形,完成立交展线,该立交环形右转匝道指标较低,减速车道宜采用平行式。

第8章 互通式立交设计

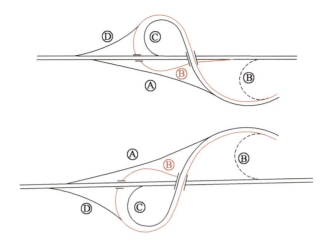

图 8-41 直接式右转匝道变异为环形式右转匝道

图 8-42 宁石高速公路宁陕南立交(右转匝道变异 A 型喇叭)

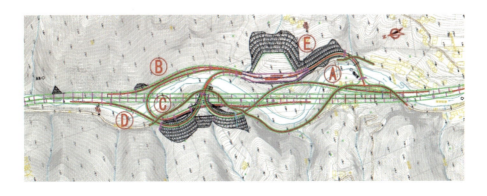

图 8-43 安岚高速公路滔河立交(右转匝道变异 T 形)

· 285 ·

图 8-44　十天高速公路茶镇立交

8.5.2.4　匝道设隧道

秦巴山区沟壑交错,走廊狭窄,地形条件复杂,控制因素多,有时很难有整块空间布设立交匝道,导致部分匝道不得不穿越山体,常规挖方方案,对自然破坏大,且施工、运营风险较大,此时匝道可采用隧道方式穿越山体,减少开挖,利于保护自然环境,如图 8-45 和图 8-46 所示。

图 8-45　十天高速公路白河立交图　　　　　图 8-46　包茂高速公路恒口枢纽立交

匝道设置隧道需考虑以下内容:①隧道视觉环境对车辆运行特征的影响;②隧道布设影响进出口的布局原则,分流合流处出入口布置形式及视距、出入口与交叉口最小间距、交通组织、分合流区的驾驶员视认行为、出入口衔接模式等;③关键技术指标有线形和行车视距、工程造价、视线诱导性、围岩等级和道路等级、隧道间距、运营通风规模及排水等,需根据匝道隧道的设计体系、设计要点,着重研究线形控制、车速等重要设计指标,结合以上关键指标综合设置匝道隧道形式。

特别说明的是,目前规范对于匝道分、合流鼻与隧道洞口的间距并没有相关规定,建议分流鼻与隧道进口间距应满足安全准备距离,隧道出口至合流鼻的间距应满足"明适应"距离,均按不小于3s行程控制。

8.5.3 秦巴山区纵面限制变异形立交设计

秦巴山区地形起伏大,地方道路往往临河布设,主线与地方道路高差往往在二三十米甚至更高,设置互通式立交时,必须通过利用有利地形展线或采用工程措施集中展线,以减小匝道纵坡,保证车辆的安全运行。按照展线的方式可分为自然展线、螺旋展线以适应不同的地形条件。

1)自然展线

当立交区地面横坡相对较缓,为有利地形时,匝道可以采用合适的纵坡,顺着自然地形蜿蜒绕转,以达到伸展距离克服高差目的,这种方法线形指标较好、克服高差效率高、开挖少、与地形适应性好,能有效降低工程造价。

2)螺旋展线

当立交区无有利地形,自然展线受限时,可采用螺旋展线的方式,在某处集中提高至某一高程,以同一旋转方向(顺时针或逆时针)连续爬坡,克服高差后才能充分利用前后有利位置布线。

8.5.4 秦巴山区隧道间距限制变异形立交设计

秦巴山区高速公路,桥隧构造物密集,隧道对立交布设限制较为突出,为满足互通式立交与隧道最小净距的要求,移位设置立交工程规模增加较大或绕行距离远,应灵活采用立交形式,满足车辆安全行驶的要求。

8.5.4.1 山嘴处短隧道

山嘴地形是秦巴山区选线过程中经常面临的地形之一,为减少对山体的开挖和避免小半径绕避降低行车安全,常常采用短隧道的形式穿越,若此处有交通转弯的需求,要布立交时,无法按常规的形式布设时,可以将匝道分离开,分别布设在山嘴两侧,以适应地形。常用的有变异A型喇叭、变异B型喇叭、变异子叶形、变异T形立交等,如图8-47~图8-51所示。

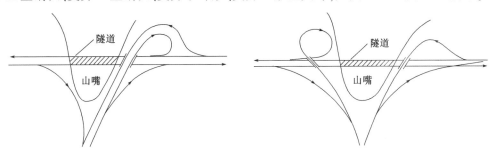

图8-47 变异A型喇叭立交

图8-48 十天高速公路白水江立交(变异A型喇叭)

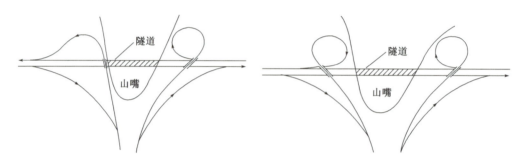

图8-49 变异B型喇叭立交　　　　　　图8-50 变异子叶形立交

匝道端部可根据地形及管理需求,采用设置两处收费站的完全分设立交,或集中设置一处收费站,此时,两左转匝道端部可根据转弯交通量情况采用平面交叉,或增设构造物采用分离交叉,如图8-52所示。

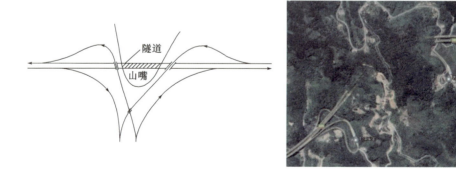

图8-51 变异T形立交图　　　　　　图8-52 包茂高速公路流水立交(分设T形立交)

8.5.4.2 其他隧道

相对于山嘴型的短隧道可在山嘴两侧分离匝道,当山体连续阻隔的隧道匝道无法分离,可考虑对整体式互通匝道形式进行变异,增加与隧道的距离,或对于短隧道可采用加宽隧道,提前设置变速车道。

(1)短隧道加宽

对于无法分设绕避的短隧道,可直接对隧道进行加宽,使减速车道起、终点分别设在隧道进口前、隧道出口后,并在减速车道前布设预告标志。减速车道采用平行式,隧道内不允许车辆变更车道,隧道前 L1 减速车道长度不小于规范值,隧道后 L2 减速车道长度需满足隧道至分流鼻点最小安全距离,如图 8-53 所示。

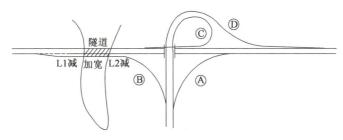

图 8-53 拓宽隧道式变异立交

(2)采用 B 型喇叭

当采用 A 型单喇叭,左转驶出匝道与隧道间距难以满足最小净距的要求,在左转驶出交通量较小时,可采用 B 型喇叭,并应尽量使交叉点远离隧道口,出口环形匝道必须做好安全设计,减速车道应采用平行式,匝道宜上跨主线,且出口位于跨线桥前,如图 8-54 和图 8-55 所示。

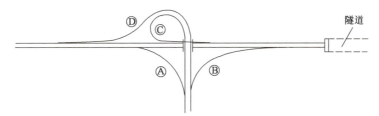

图 8-54 隧道附近 B 型喇叭

图 8-55 十天高速公路旬阳互通式立交

(3)变异喇叭

当右转驶入匝道与隧道间距不满足最小净距要求时,可将直接式右转匝道变异为环形右转匝道,以满足净距要求,如图 8-56 和图 8-57 所示。

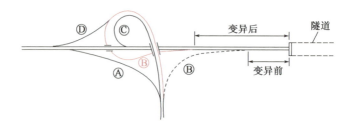

图 8-56　隧道附近变异喇叭立交

图 8-57　山柞高速公路夜珠坪立交(变异喇叭)

8.5.4.3　组合变异

秦巴山区互通式立交设计的理念是满足立交使用功能,确保行车安全,做好环境保护,节省工程造价。前文分别研究了平面限制、纵面限制、隧道间距限制情况下的立交变异形式,然而秦巴山区实际环境复杂多变,常常要面临多种限制条件同时存在的情况,此时就不能再只采用一种解决方式,应结合实际情况,不拘泥标准形式,灵活布设平面线位,多种变异方法综合使用。

8.5.5　秦巴山区互通式立交与服务区、停车区合并设置设计

秦巴山区山高谷深、地形起伏,整块的地形往往是设置互通式立交和服务区/停车区的首选之地,受互通式立交与服务区/停车区间距的限制,用地条件受限时,往往需要将服务设施与立交合并设置,在满足复杂地形条件下同时实现交通流转换和人、车休整的功能。此外,结合交旅融合,在自然风景、环境优雅和著名景点处,利用互通立交的出入匝道,将停车、休息、观景

等场所连接起来,利于当地旅游宣传与开发。设计时需根据地形、地势情况,做好总体布局和规划,用匝道将各种设施、场所合理地连起来,并注意布设与周围景观的协调配合,减少高填深挖和地貌的破坏。

服务设施与立交合并设置时,交通流线数量及组合复杂性大大增加,宜首先考虑采用服务设施分设于主线两侧的方式,谨慎采用单侧集聚设置,当受地形、用地条件限制或利用旅游资源时,服务设施可设置于立交外侧,服务设施与立交各自保持相对独立的形式,其间利用匝道连接。

第9章 交通工程及沿线设施设计

9.1 交通安全设施设计

9.1.1 交通安全设施设计概述

公路交通安全设施的内容包括交通标志、交通标线(含突起路标)、护栏、视线诱导设施、隔离设施、防落网、防眩设施等。交通安全设施的主要作用可以归纳为四个方面:

(1)预防和减少交通事故的发生,降低事故损失程度,提高交通安全性;
(2)提高道路通行能力和交通运行效率;
(3)提高行车舒适性;
(4)降低交通能耗和交通对环境的影响。

9.1.1.1 交通安全设施设计要点

1)总体设计

公路交通安全设施设计应包含总体设计,在充分掌握建设项目所在路网信息、设计图纸、交通安全评价等资料后,结合现场调研情况,对公路交通安全设施设计提出总的要求。

2)交通标志

交通标志是以颜色、形状、字符、图形等向道路使用者传递信息,用于管理交通的设施。

交通标志的服务对象是道路使用者。道路使用者对信息的主要要求是:显著性(标志必须被看到)、可读性(信息必须是能阅读的)、可理解性(信息必须是能理解和明白的)、可信性(信息必须是准确可信的)。

根据《道路交通标志和标线》(GB 5768),交通标志按其作用分为主标志和辅助标志两大类。

(1)主标志

①警告标志:警告车辆、行人注意道路交通的标志。

警告标志又可细分为与公路几何线形有关的警告标志、与交叉路口有关的警告标志、与路面状况有关的警告标志、与沿线设施有关的警告标志、与沿线环境有关的警告标志,以及其他警告标志。

②禁令标志:禁止或限制车辆、行人交通行为的标志。

禁令标志可分为与交通管理有关的禁令标志、与公路建筑限界及汽车荷载有关的禁令标志、与路权有关的禁令标志。

③指示标志:指示车辆、行人应遵循的标志。

指示标志包含与行驶方向有关的指示标志、指导驾驶行为的指示标志、指出车道使用目的的指示标志和与路权有关的指示标志。

④指路标志:传递道路方向、地点、距离信息的标志。

⑤旅游区标志:提供旅游景点方向、距离的标志。

⑥作业区标志:告知道路作业区通行的标志。

⑦告示标志:告知路外设施、安全行驶信息以及其他信息的标志。

(2)辅助标志

附设在主标志下,对其进行辅助说明的标志。

高速公路交通标志具体设置方法是:从互通式立体交叉被交道路驶入高速公路,至下一互通式立体交叉出口,一般情况下宜按图9-1所示顺序设置。

此外,还应包括沿线必要的服务设施预告标志、旅游区标志、著名地点标志、安全提醒标志和告示标志、线形诱导标志、两侧通行标志等。

3)交通标线

道路交通标线是由施划或安装于道路上的各种线条、箭头、文字、图案及立面标记、实体标记、突起路标和轮廓标等所构成的交通设施,它的作用是向道路使用者传递有关道路交通的规则、警告、指引等信息,对交通流起着控制、疏导的作用,防止错驶、绕路,提高行车效率,有效降低交通事故发生,提高道路交通安全性。交通标线可以与标志配合使用,也可以单独使用。

根据《道路交通标志和标线》(GB 5768)交通标线分类如下:

(1)按功能分类

①指示标线:指示车行道、行车方向、路面边缘、人行道、停车位、停靠站及减速丘等的标线;

②禁止标线:告示道路交通的遵行、禁止、限制等特殊规定的标线;

③警告标线:促使道路使用者了解道路上的特殊情况,提高警觉准备防范应变措施的标线。

(2)按设置方式分类

①纵向标线:沿道路行车方向设置的标线;

②横向标线:与道路行车方向交叉设置的标线;

③其他标线:字符标记或其他形式标线。

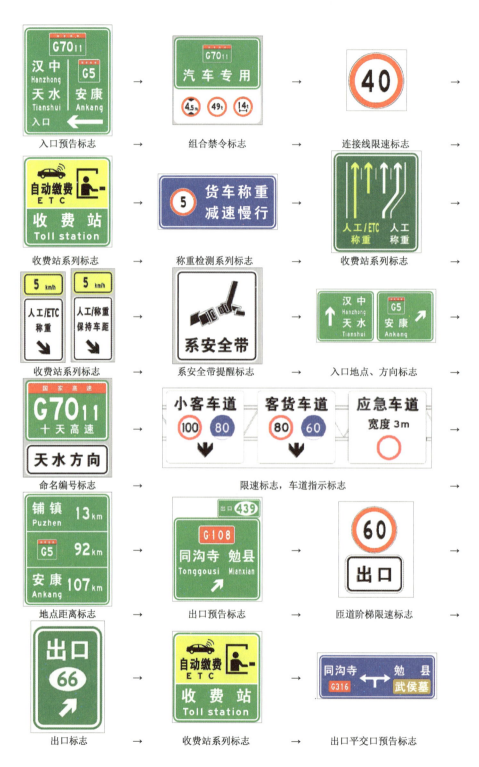

图 9-1 高速公路交通标志具体设置顺序

(3）按形态分类

①线条:施划于路面、缘石或立面上的实线或虚线;

②字符:施划于路面上的文字、数字及各种图形、符号;

③突起路标:安装于路面上用于标示车道分界、边缘、分合流、弯道、危险路段、路宽变化、路面障碍物位置等的反光或不反光体;

④轮廓标:安装于道路两侧,用以指示道路的方向、车行道边界轮廓的反光柱或反光片。

(4）按颜色分类

道路交通标线的颜色为白色、黄色、蓝色或橙色,路面图形标记中可出现红色或黑色的图案或文字。道路交通标线的形式、颜色及含义如表9-1所示。

道路交通标线的形式、颜色及含义   表9-1

编号	名称	图例	含义
1	白色虚线		划于路段中时,用以分隔同向行驶的交通流;划于路口时,用以引导车辆行进
2	白色实线		划于路段中时,用以分隔同向行驶的机动车和非机动车,或指示车行道的边缘;划于路口时,用作导向车道线或停止线,或用以引导车辆行驶轨迹;划为停车位标线时,指示收费停车位
3	黄色虚线		划于路段中时,用以分隔对向行驶的交通流或作为公交车专用车道线;划于交叉口时,用以告示非机动车禁止驶入的范围或用于连接相邻道路中心线的路口导向线;划于路侧或缘石上时,表示禁止路边长时停放车辆
4	黄色实线		划于路段中时,用以分隔对向行驶的交通流或作为公交车、校车专用停靠站标线;划于路侧或缘石上时,表示禁止路边停放车辆,划为网格线时,表示禁止停车的区域;划为停车位标线时,表示专属停车位
5	双白虚线		划于路口,作为减速让行线
6	双白实线		划于路口,作为停车让行线
7	白色虚、实线		用于指示车辆可临时跨线行驶的车行道边缘,虚线侧允许车辆临时跨越,实线侧禁止车辆跨越
8	双黄实线		划于路段中,用以分隔对向行驶的交通流
9	双黄虚线		划于城市道路路段中,用于指示潮汐车道

续上表

编号	名称	图例	含义
10	黄色虚、实线		划于路段中时,用以分隔对向行驶的交通流。实线侧禁止车辆越线,虚线侧准许车辆临时越线
11	橙色虚、实线		用于作业区标线
12	蓝色虚、实线		作为非机动车专用道标线;划为停车位标线时,指示免费停车位

4)护栏

护栏作为高速公路上重要的安全设施,通过自体变形或车辆爬高来吸收碰撞能量,从而改变车辆行驶方向、阻止车辆越出路外或进入对向车道,最大限度地减少对人员的伤害。在不能将路侧障碍物移除的路段以及高填方陡坡路段或存在危险的路堑路段,合理设置路侧护栏,对于防止车辆驶出道路,降低翻车或碰撞障碍物事故发生的概率十分重要。图 9-2 所示为路侧波形梁护栏。

图 9-2 路侧波形梁护栏

具体说来,正确设计、合理设置的护栏可以实现以下功能:

(1)能防止车辆越出路外,坠入深沟、湖泊等,也能防止车辆碰撞到路侧危险物,保护路外建筑物的安全,确保行人不致受到重大伤害;能阻止失控车辆穿越中央分隔带闯入对向车道。

(2)有时护栏能使车辆回到正常行驶方向。车辆碰撞护栏的运动轨迹应能圆滑过渡,以较小的驶离角和较小的回弹量停留在不影响其他车辆正常行驶的地方,不致发生二次事故。

(3) 一旦失控车辆与护栏发生碰撞,对驾驶人和乘客的损伤应不至于太严重,要求护栏具有良好的吸收碰撞能量的功能,也要求碰撞时的加速度小于 20m/s^2。

(4) 能诱导驾驶人的视线,使驾驶人清晰地看到道路的轮廓及前进方向的线形,增加行车的安全性,使道路更加美观。

护栏一般包括路侧护栏、中央分隔带护栏、桥涵通道护栏等,其设计一般包括路侧路基段波形梁护栏、路侧路基段混凝土护栏、路侧挡墙段波形梁护栏、路侧挡墙段混凝土护栏、中央分隔带护栏、桥涵通道外侧护栏、桥涵通道中央分隔带护栏设计,上下游端头、三角端、双波三波护栏过渡段、刚性半刚性护栏过渡段设计,以及各种护栏对应的细部结构设计。

5) 视线诱导设施

视线诱导设施主要是通过轮廓标、合流诱导标、线形诱导标、隧道轮廓带、示警桩、示警墩、道口标注等设施,对公路的路线走向,以及构造物、行车隐患路段、小型平面交叉等的分布等进行主动告知,尤其在夜间,通过逆反射材料或主动发光系统对车辆的行驶进行主动引导,是效益投资比较高的设施,如图 9-3 所示。在条件允许时,可适当增加设置视线诱导设施,发挥其节能、价廉的优点。

a) 视线诱导标

b) 两侧通行诱导标

c) 隧道轮廓带

图 9-3 视线诱导设施

在气候恶劣或事故多发的路段宜采用主动发光的视线诱导设施。主动发光产品可分为太阳能主动发光产品和外供电主动发光产品两种。同一路段连续设置自发光产品时,主动发光产品必须恒亮或同步缓慢闪烁。采用同步缓慢闪烁时,闪烁频率宜在 40~60 次/min 之间,闪烁频率应可调可控。

6) 隔离设施

隔离设施是对高等级公路进行隔离封闭的人工构造物的统称,其作用在于阻止无关人员、牲畜以及野生动物进入、穿越高速公路,防止非法侵占公路用地现象的发生。同时,隔离设施可有效排除横向干扰,避免由此产生的交通延误或交通事故。

隔离设施按构造形式分为隔离栅(钢板网、电焊片网、电焊卷网、编制片网、编制卷网、刺钢丝网)、常青绿篱和隔离墙几类,图 9-4 为常用隔离栅。隔离设施的分类如表 9-2 所列。

a)电焊网隔离栅

b)刺钢丝

图 9-4 常用隔离栅

隔离设施的分类 表 9-2

类 型		埋 设 条 件	支 撑 结 构
金属网	电焊网	混凝土或直埋土中	钢支柱
	钢板网		
	编织网		
刺钢丝		混凝土或直埋土中	钢筋混凝土支柱或钢支柱
常青绿篱		直埋土中	—
隔离墙		混凝土或直埋土中	—

选择隔离设施形式时必须考虑其性能、美观、与公路周围环境的协调、施工条件及养护维修等因素,并应与公路的设计标准相适应。

(1)造价比较:按单位造价由高到低排列。其顺序依次为:钢板网、电焊片网、电焊卷网、编织网、刺钢丝网。

(2)后期养护维修的比较:钢板网、电焊网、刺钢丝网在网面及局部破坏后,易修补,维修费用低。编织网在局部破坏后,将影响整张网,不易修补,维修费用高。

(3)适应地形的性能比较:钢板网、电焊网爬坡性能差,一般用于平坦路段。在起伏较大的路段,如用钢板网、电焊网,需将其设计成阶梯状,或将网片设计成平行四边形顺坡设置,施工较困难。电焊网和编织网爬坡性能较好,编织网网面的柔性、电焊网的波纹构造均可适应起伏地形,但其施工需要专门的机械设备。刺钢丝适应地形能力强,爬坡性能优,在地势起伏较大的地形条件下,无须特殊的施工机具,施工方便。

(4)外观比较:钢板网、电焊网、编织网结构合理、美观大方,是城镇沿线、互通区、服务区、风景旅游区等处首选的隔离设施形式。刺钢丝隔离栅是一种比较经济适用的结构形式,但美观性较差,故主要适用于人烟稀少的路段、山岭地区的高速公路、郊外的公路保留用地、郊外高架构造物下面和路线跨越沟渠且需封闭的地方。在南方气候温暖、湿润地区,绿篱配刺钢丝综合使用,可增加其美观性。

(5)隔离墙隔离效果最好,坚固耐用,但造价高,影响路容、路貌,可在横向干扰大、事故频发的路段使用。

7)防落网

防落网分为防落物网和防落石网,能阻止落物、落石等进入公路用地范围或公路建筑限界以内。防落物网设置于桥梁两侧,一般顶部距路面高度为1.8～2.1m,防落石网应根据防护落石区域的面积并结合公路边坡的地形进行设置。

a)防落物网

b)防落石网

图9-5　防落网

防落物网一般设置在上跨铁路、饮用水水源保护区、通航河流、高速公路、一级公路以及交通量大的其他公路的桥梁两侧,设置范围为被保护区的宽度各向路外分别延长10～20m。

防落石网一般设置在高速公路、一级公路建筑限界内有可能存在落石的危岩路段,二级及以下等级公路参考设置,通常安装在缓坡平台或紧邻公路的坡脚宽缓场地附近。

8)防眩设施

防眩设施是设置在高速公路中央分隔带、桥涵及未植树路段上的有一定外形的遮挡物,其功能是防止高速公路夜间双向会车时车灯相互照射而导致车辆驾驶人瞬间失明以致发生交通事故。

防眩设施按构造可分为3类:防眩板、防眩网、植物防眩,如图9-6所示。

(1)防眩板是通过其宽度部分阻止对向车前照灯的光束。防眩板按其原材料材质性能可分为金属材料防眩板、塑料防眩板、玻璃纤维增强塑料防眩板等。

(2)防眩网是通过网格的宽度和厚度阻挡光线穿过,同时将光束分散反射,通过减少光束强度而达到防止对向车前照灯眩目的目的。

(3)植物防眩是在中央分隔带上最先试验采用的防眩措施。它具有防眩、美化路容、降低噪声和诱导交通等多重功能,分为间距型和密集型。

目前在高速公路上广泛应用的防眩设施结构形式主要是防眩板,其次是植物、防眩网。防眩板是一种经济美观、对风阻挡小、积雪少、对驾驶人心理影响小的比较理想的防眩结构形式。

a)防眩板

b)防眩网

c)植物防眩

图 9-6　防眩设施

9.1.1.2　秦巴山区公路工程安全特征分析

影响交通安全设施设计的主要因素有驾驶员、车辆、道路和环境四个因素。考虑到驾驶员和车辆不在公路设计范围,因此应重点分析公路工程道路特征和环境特征。秦巴山区高速公路受地理环境条件影响,往往是连续长下坡、高架桥、隧道及隧道群、高边坡、环境复杂、团雾易发等不利因素集中的路段。

1)道路特征

(1)设计指标低

秦巴山区因位于秦岭山脉和大巴山脉,群山毗连,河流众多。导致此处的高速公路设计指标(表9-3)选取较低,一般采用80km/h的设计速度,受两侧地形限制,多为双向四车道高速公路,如图9-7所示。

秦巴山区部分高速公路技术指标表　　　　　表9-3

项 目 名 称	西安至漫川关高速公路	鄂陕界至安康高速公路	平利至镇坪高速公路	安康至岚皋高速公路	西乡至镇巴高速公路
通车时间	2009.10	2011.12	2020.8	2020.12	2020.12
设计速度(km/h)	80	80	80	80	80
桥隧比例(%)	61.44	71.71	79.72	96.02	91.8
最小平曲线半径(m)	430	430	580	600	410
最小竖曲线半径(m)	4	3.7	3.5	3.5	3

秦巴山区沿线所经河谷纵坡较大,纵断面设计受地形限制大,尤其是路线穿越秦岭山区地形起伏大,岭南与岭北地面高差大,路线为克服高差,展线难度较大,南坡和北坡形成较长的连续下坡路段。连续长下坡路段因事故频发应在设计阶段重点考虑,同时应加强小半径曲线段的安全设计。

(2)桥隧比例高

由表9-3可以看出,秦巴山区高速公路桥隧比例高,安康至岚皋高速公路、西乡至镇巴高速公路桥隧比例超过了90%。极高的桥隧比例向交通安全提出了更高的要求。

第 9 章 交通工程及沿线设施设计

图 9-7 秦巴山区公路工程

在设计中应重点关注隧道群路段安全设施综合设计、桥梁护栏等级和形式的选取，以及路桥、路隧、桥隧路段安全设施的过渡衔接，尤其是隧道群路段的安全设施综合设计，对通车运营后的安全起到至关重要的作用。图 9-8 为秦巴山区高速公路沿线桥隧。

a) 西乡泾洋河特大桥

b) 秦岭终南山公路隧道

图 9-8 秦巴山区高速公路沿线桥隧

(3) 路侧条件复杂

因建设条件复杂，秦巴山区常见高填方、大挖方等路段，对安全防护要求高。尤其在高填方路段，由于路侧填方高度远大于"边坡坡度、路堤高度与设置护栏的关系图"中的路堤高度 11m，因此，对于路堤高度大于 11m 的填方路段，不再根据路侧护栏选取标准选取护栏，应参照桥梁外侧护栏，设置混凝土护栏，有效阻止车辆驶出路外。图 9-9 为秦巴山区部分高边坡路段。

2) 环境特征

秦巴山区是长江上游地区一个重要的生态屏障，这里的水、热、林、草资源及土特产品、矿藏等自然资源极为丰富。南部的巴山山麓，重峦叠嶂，河流源远流长；北部的秦岭余脉，山势和缓,谷宽坡平,溪水淙淙流淌。其间渠堰迂回,梯田环绕,不仅是主要产粮地,也是多种经营最有潜力的地方。

图 9-9　秦巴山区部分高边坡路段

秦巴山区存在多处环境敏感点,包括饮用水源保护区、水产种质资源保护区、国家湿地公园等,还有超高压输电塔等。因此,环境敏感点的安全设施设计也应重点考虑。

秦巴山区路线走廊带内环境优美,沿线水资源丰富,尤其是路线沿河道和水库路段,极易产生区域性团雾,导致高速公路在此段落事故频发,设计中提前针对性地对团雾路段进行有效的安全防范和预警,能有效降低事故的发生率。

9.1.1.3　秦巴山区交通安全设施设计要点

针对秦巴山区路线指标低、桥隧比例高、自然环境复杂、团雾易发等特点,交通安全设施设计时要重点关注以下几方面:

(1)连续长下坡路段安全设施综合设计。
(2)隧道群路段安全设施综合设计。
(3)环境敏感区路段安全设施综合设计。
(4)团雾易发路段安全设施综合设计。

9.1.2　连续长下坡路段安全设施综合设计

9.1.2.1　连续长下坡路段的概念

山区高速公路,由于其特殊的地理环境条件而存在连续下坡路段。近年来,随着我国高速公路通车里程的不断增长、交通量的不断攀升,连续下坡路段大型货车制动失效、失控事故相对集中、多发。与普通路段交通事故相比,连续下坡路段交通事故程度更为严重,多为群死群伤的重大交通事故。国内外交通事故统计分析表明,超速超载、货运车辆改装和制动系统技术状况不良是连续长大下坡路段事故多发的主要原因。

我国现有的标准规范没有连续长下坡路段的明确定义。长大下坡路段一般是指在线形设计上出现的容易造成车辆长时间制动或空挡滑行的长距离、大坡度的坡段,常伴随长上坡和连续弯道,如图9-10所示。

图9-10 连续长下坡

根据《提升公路连续长大下坡路段安全通行能力专项行动技术指南》(交通运输部2019年4月发布)连续长大下坡路段线形指标的判定标准,平均坡度和连续坡长大于表9-4对应指标时,即为连续长大下坡路段。

连续长大下坡路段线形指标表 表9-4

平均坡度(%)	<2.5	2.5	3.0	3.5	4.0	4.5	5.0	5.5	6.0
连续坡长(km)	不限	20.0	14.8	9.3	6.8	5.4	4.4	3.8	3.3
相对高差(m)	不限	500	450	330	270	240	220	210	200

9.1.2.2 连续长下坡路段安全特性分析

连续下坡路段大型货车制动失效、失控事故相对集中、多发。

1)制动器失灵事故机理

从制动原理上看,制动器在制动过程中是将车辆的动能转化为热能。制动器有三个主要性能指标:第一是制动的效能,也就是短距离内制动的能力;第二是制动的稳定性,也就是车辆在制动过程中方向控制的能力,它能确保车辆在制动过程中不会侧滑或跑偏;第三则是热衰退性,也可称为制动效能的恒定性。相关试验表明,一般情况下,当制动温度不超过200℃时,车辆的制动器不会发生明显衰减;当制动器温度达到400~600℃时,车辆制动力明显下降,只能达到正常温度下(100℃以下)制动器制动能力的20%~25%;当制动温度达到600℃以后,就有可能使车辆制动器的制动力完全失效。

大、中型车辆在连续下坡时,如果不采用发动机制动,制动温度常维持在400℃,有时高达600~700℃。也就是说,长距离下坡路段中出现的制动器失灵,主要原因是制动器的热衰退性不能满足要求。

2）连续下坡驾驶特征分析

在长下坡路段，驾驶员为使车辆保持在某一安全速度下行驶，需经常采取制动措施，当车辆长时间或频繁制动时，制动器温度将迅速升高，导致制动性能降低，甚至失效。因此，连续下坡路段车辆的速度特征尤为重要。

根据以往的研究发现，在开始下坡路段车辆速度增长往往较快，当达到期望速度后开始制动减速，减到一定速度时开始提速，之后车辆速度呈波浪起伏，运行速度的极大值和极小值交替出现，如图9-11所示。

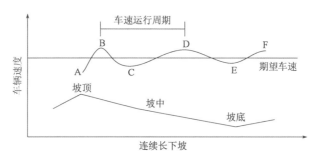

图9-11　连续长下坡车速变化规律

由图9-11可以看出：

（1）从安全方面考虑，车辆在下坡路段制动次数少、制动时间短对安全是有利的，也就是速度变化周期出现的数量越少，两极大值之间的距离越短，同时车辆速度极大值与极小值之间的差值越小则对车辆安全越有利。

（2）从车辆速度看，AB段位于坡顶路段，速度提高较快，会迅速达到期望速度，故若能降低其速度的增长速率，能有效提高行车安全性。

9.1.2.3　连续长下坡路段安全设施综合设计

连续长下坡路段安全设施设计时，加强该路段安全措施对降低事故的发生率和严重程度起着至关重要的作用。

1）上游路段

距坡顶2km范围内的坡前上游路段，应加强交通标志的预告、连续下坡路段的信息发布（图9-12）。

（1）交通标志

结合连续下坡驾驶特征，连续长下坡路段需要在坡前上游路段设置完善的预告、警告信息，提醒驾驶员前方为连续长下坡路段。

设置可变信息标志，在货车检查站前，或在坡前上游适当位置设置，显示前方路况、交通信息与管控措施。下游设置多个避险车道时，宜对避险车道进行编号，利用可变信息标志，实时发布前方避险车道占用信息。

在连续长下坡前的服务区、停车区前设置"大型车辆 自检降温"的安全提醒标志。

第9章 交通工程及沿线设施设计

图 9-12 上游路段标志示例

（2）其他

有条件时应设置货车检查站，大型车辆在进入连续长下坡路段前进行检查、降温。

2）坡顶起始路段

坡顶至下游 3km 处范围内的起始路段，应加强交通标志的告知、低挡慢行的提醒，以及连续下坡路段安全设施的加强设置。

（1）交通标志

在距坡顶 500m 范围内，设置含有连续长大下坡的坡度、坡长、低挡慢行信息的告示标志或警告标志及低挡慢行辅助标志，避免如图 9-10 所示的 AB 段速度增长过快。

在距坡顶 1.5km 附近，设置货车低挡下坡告示标志。如图 9-13 为坡前上游、坡顶起始路段标志示例。

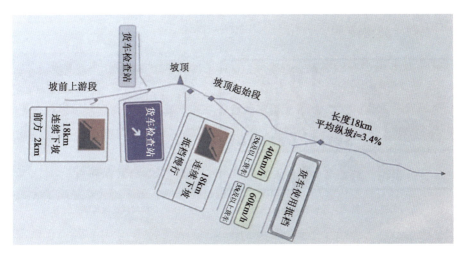

图 9-13 坡前上游、坡顶起始路段标志示例

（2）交通标线

建议配合连续长大下坡标志、货车低挡下坡告示标志设置两组横向减速振动标线，避免车辆在初始路段加速过快，导致下游长距离的连续下坡路段车速变化频率较高。

同时应核查平曲线半径,若平曲线半径小于一般最小半径值,则将连续长下坡路段行车道边缘线改为振动型,规范驾驶行为。

(3)护栏

考虑大货车比例,总质量≥25t的车辆自然数所占比例>20%时,连续长下坡路段护栏应提高1个等级。

对大货车比例低,但纵坡等于或接近于现行《公路工程技术标准》(JTG B01)规定的最大纵坡值的下坡路段,或圆曲线半径等于或接近于现行《公路工程技术标准》(JTG B01)规定的最小半径的路段外侧,护栏应提高1个等级。

3)坡中路段

坡顶至下游3km处范围内的起始路段,应加强交通标志的告知、低挡慢行的提醒,以及连续下坡路段安全设施的加强设置。

(1)交通标志

坡中路段是指坡顶下游3km处至坡底上游2km处范围内的路段。应在缓坡前适当位置设置安全提醒标志,告知驾驶员连续下坡的剩余坡长等信息,避免驾驶员将大纵坡下游的缓坡当成上坡路段而采取不当的驾驶操作,如图9-14a)所示。对于10km以上的长陡下坡路段,每隔3~5km重复设置。

坡中缓坡路段处,设置预告路况和交通信息的可变信息标志。

避险车道前适当位置设置可变信息标志,实时发布避险车道占用等信息。

(2)交通标线

建议配合缓坡处设置的剩余坡长标志设置横向减速振动标线[图9-14b)],避免驾驶员将大纵坡下游的缓坡当成上坡路段而采取不当的驾驶操作。

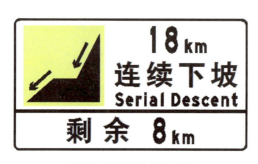

a)连续长下坡剩余长度标志示例　　b)横向减速振动标线示例

图9-14　坡中路段交通标志示例

(3)护栏

护栏设置同坡顶起始路段。

(4)其他

连续坡长超过15km时,在坡中缓坡位置,结合路侧地形条件论证设置货车停车区(点)。

4）坡底路段

（1）交通标志

提醒驾驶员低挡慢行；坡底路段设置结束标志，位于急弯、检查站、隧道等路段时，设置相应的警告标志。

（2）护栏

护栏设置同坡顶起始路段。

图 9-15 所示为坡中、坡底路段标志示例。

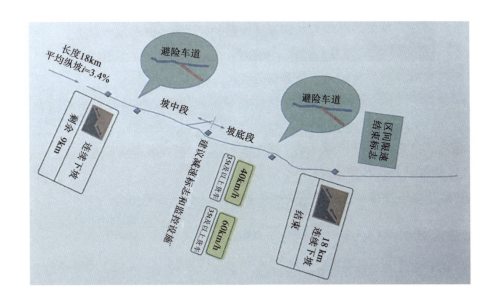

图 9-15　坡中、坡底路段标志示例

9.1.3　隧道群路段安全设施综合设计

9.1.3.1　隧道群路段的概念

通常认为，确定隧道群（图 9-16）的主要因素取决于驾驶员的视觉适应特性。隧道路段驾驶员视觉特性试验结果表明，洞口段驾驶员瞳孔直径会快速变化，以适应洞内外环境亮度差异。一般暗适应起点位于洞外，即从洞前一定距离开始驾驶员已进入暗适应阶段，时间为进洞前 2～4s；明适应在洞外有一定延续，出洞后 1～3s，如图 9-17 所示。因此，可将明暗适应时间作为隧道群界定指标，即上游隧道明适应洞外段（1～3s）+ 下游隧道暗适应洞外段（2～4s），综合取 6s。在此长度范围内，驾驶员视觉变化大，容易造成视觉信息不连续，对行车安全产生不利影响。因此，《公路工程技术标准》（JTG B01—2014）中要求：洞口之间小于 6s 设计速度行程长度的相邻隧道，应系统考虑通风、照明、安全、管理等设施及防灾、救援等需要进行整体设计。根据 6s 行程时间，隧道群之间的距离取值如表 9-5 所示。

图 9-16 西乡至镇巴高速公路隧道群

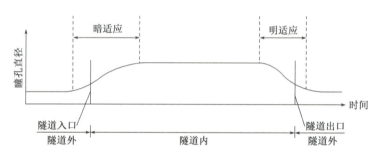

图 9-17 公路隧道明暗适应过程示意图

《公路工程技术标准》(JTG B01—2014)中隧道群之间的距离取值表 表 9-5

设计速度(km/h)	洞口间距(m)	设计速度(km/h)	洞口间距(m)
80	133	120	200
100	167		

《公路隧道设计细则》(JTG/T D70—2010)中将隧道与隧道洞口的间距较短,在隧道勘察设计、道路线形、照明及通风控制上应考虑相互影响的多座隧道称为隧道群,该细则给出的隧道群之间的距离取值如表 9-6 所示。

《公路隧道设计细则》(JTG/T D70—2010)中隧道群之间的距离取值表 表 9-6

设计速度(km/h)	洞口间距(m)	设计速度(km/h)	洞口间距(m)
80	200	120	300
100	250		

9.1.3.2 隧道群路段安全特性分析

长大隧道、隧道群区域,是高速公路交通事故、火灾、地质灾害等突发事件高发区。隧道及隧道群由于空间上呈带状分布的结构特征,给行车带来了一系列的变化,在大交通流量下,交通安全问题突出。

(1) 驾驶员视觉特点

驾驶员从隧道外驶入隧道,由普通行车环境进入特殊行车环境,视野的突然减小对驾驶员的视觉形成很大冲击,车辆行驶速度越快这种冲击就越强烈,对驾驶员关于前方道路信息、交通环境的准确识别产生干扰,驾驶员的驾驶负荷明显增加,容易采取紧急制动、视错觉导致的变换车道等驾驶行为,大大降低了行车安全性。

在天气晴朗的白天,隧道外的环境亮度、色温均会较高,车辆从隧道外驶近隧道口时,由于隧道内外光源亮度及光色差异较大,在视觉适应影响下,视网膜对低亮度物体的识别能力较差,造成驾驶员感到洞口很暗,以致无法辨认洞口附近情况,看见的洞口是个黑洞(长隧道)或黑框(短隧道),即"黑洞效应"[图9-18a)],车辆驶入隧道后,亮度的变化会引起驾驶员在视觉上的反应,经历暗适应的过程,影响了驾驶员对其他车辆、散落物等各种信息的视认和辨别;车辆在驶出隧道之前,由于隧道外的环境亮度比隧道内强,此时会形成"白洞效应"[图9-18b)],驾驶员会经历明适应过程(夜间在隧道路段行驶,会经历相反的过程)。驾驶员明、暗适应距离与隧道走向、隧道洞口植被环境、隧道路面类型、隧道壁以及隧道内外光源特性差异等多种因素有关,其中隧道内外亮度差异对驾驶员视认能力影响最明显,亮度差异越大,明、暗适应过程中行驶距离越长,对驾驶员的视认影响就越大,从而增加交通安全的风险。驾驶员由明到暗的适应时间与由暗到明相比更慢,所以暗适应需求距离也就更长。

a)黑洞效应　　　　　　　　　　　　b)白洞效应

图9-18　驾驶员视觉特点

当驾驶员从一座隧道驶出后又进入下一座隧道时,如果两座隧道相距较短,驾驶员在较短的时间从第一个隧道出口的明适应过程进入到第二个隧道入口的暗适应过程,这种情况会严重影响驾驶员心理和生理上的适应性。

与其他正常路段相比,隧道在昼间和夜间的环境条件和对行车视觉造成的干扰存在很大差异。车辆行驶带起的灰尘及车辆排出的尾气难以及时消散形成烟雾,降低隧道内能见度,影响驾驶员正常视认和驾驶操作能力。同时,这些颗粒物在车辆前照灯照射下会产生光散射现象形成光幕,减弱道路前方障碍物与路面和墙壁的亮度对比度和照明效果,影响行车安全视距及驾驶员对障碍物判断的准确性。

隧道照明可以为驾驶员在隧道内安全行车提供保障,其中隧道出入口段的照明亮度对驾驶员视觉及行车安全的影响最为显著。高速公路隧道群路段,车辆进出隧道口时经历明适应和暗适应的过程,照明不足会造成驾驶员无法辨认洞口附近的状况和车辆。在白天驾驶员驶出隧道时产生明适应问题,经过隧道连接段驶入下一隧道时产生暗适应问题(夜间正好与白天情况相反),驾驶员在短时间内将经历具有这两种特征的相互转换,隧道内的照明亮度若设计不合理,会影响驾驶员对信息的感知,给交通安全带来影响。

(2)道路线形

高速公路隧道线形是交通安全隐患的重要因素,主要包括平面线形和纵面线形。《公路隧道设计细则》(JTG/T D70—2010)中对隧道群的设计作出了规定,在平面及高程测量、贯通误差等方面要把它当作一座隧道处理,对于隧道的平、纵线形指标要通盘考虑。

隧道在平面线形的设计上要尽量选择直线或者半径较大的曲线,当不同类型的线形连接时要保证线形过渡的协调及均衡性。当相邻两座隧道洞口间的距离超过5s行程距离时,为保证行车安全性和视觉连贯性,应保证隧道洞口向内向外各3s设计速度行程长度内的平面线形一致,使其都在同一直线或圆曲线上。隧道群路段地理环境特殊,尤其是隧道洞口连着长下坡而洞口处的平曲线半径又较小时,极易引发交通事故,另外在平面线形设计上难免会采用设超高的平曲线,如果超高值选取不合理满足不了行车要求,会造成驾驶员在遇到突发事件时没有充分时间迅速停车,发生交通事故。

隧道纵面线形要综合考虑行车要求、隧道内排水要求、通风控制、应急救援等多种因素进行设计,要保证洞口处的线形一致性。为确保行车安全,隧道内要尽可能地设置缓坡,纵坡度宜控制在0.3%~3%。纵坡度过大,车辆在上坡时易造成行车视距不佳、视线受阻,下坡时可能导致速度过快,当遇到突发情况来不及采取制动措施,影响行车安全。隧道纵坡的长度也会对行车安全产生影响,车辆在过长的上坡路段行驶过程中,车辆的水箱极易沸腾或气阻从而造成爬坡动力不足或熄火、车辆器件损耗严重,还容易发生汽车轮胎与路面之间的摩擦力不足从而造成打滑的现象,极易引发交通事故。在过长的连续下坡路段行驶,驾驶员为控制车速保证行车安全会采取制动措施,当驾驶员连续制动时很容易造成制动器摩擦片由于温度过高而性能衰退或失效,遇到危险情况无法及时停车造成交通事故。

(3)路面条件

公路隧道洞内、外的衔接区段的路面通常选用同一种材料,所以路面的抗滑性能在隧道建成时是一样的,但通车后随着交通量的增多以及所处地形、天气状况、车辆运行等各种因素的作用下,会使得该区域路面的实际抗滑性能表现出很大不同。车辆驶入驶出隧道,如果隧道内部和外部的路面抗滑性能变化较大,就容易造成车辆运行中采取加速或减速措施时由于摩擦力不足而打滑,进而引发交通事故,这也是造成隧道出入口区段事故频发的一个重要原因。与外部环境相比,隧道内部由于结构上的特殊性使得湿度相对较高,车辆行驶过程中的排放的污染物等在隧道内集聚,容易附着在路面上,有时还会发生车辆漏油污染路面的情况,如果这些物质没有进行及时清除,会大大降低路面的抗滑性能,在这样的路段行车危险性很高,车辆容易打滑失去控制引发交通事故。

除此之外,路面平整度较差(图9-19)会增加车辆减振系统的工作消耗,使车辆整体结构的损耗及油耗加大,驾驶员在这样的路段行驶操作难度增加,也降低了行车舒适性、安全性和经济性,路面不平整还容易造成路面积水。驾驶员行驶在这样的道路上,车辆颠簸会引起驾驶员的紧张心理甚至疲劳,增加了交通安全隐患。

图9-19　路面平整度差

(4)交通工程设施

隧道交通工程设施包括隧道交通安全设施和隧道附属设施。

交通安全设施属于高速公路的基础设施,是预防交通事故、降低事故严重程度、确保安全运营的重要基础保障,在提升服务效率、保证车辆运行安全和畅通方面作用显著,包括交通标志、交通标线、隔离设施、路侧护栏、防眩设施和视线诱导设施等。交通安全设施如果设置位置不合理、设计错误或信息重复、发生损坏未及时维修等,不仅不会为行车安全提供保障,反而会由于影响了驾驶员的信息辨识而变成安全上的隐患,容易引发交通事故从而造成不必要的损失。所以,应使隧道内外的标志标线简洁明了且可视性较好,为驾驶员提供准确的交通信息,在隧道群连接段应安装护栏并保证良好的过渡性,可以防止车辆失控驶出路外以及吸收碰撞时产生的能量,从而降低事故的严重性。

隧道附属设施主要包括隧道通风设施、照明设施、消防设施等。通风设施是维护隧道正常运营空气质量和隧道通行条件的重要设施,在隧道发生火灾时起到控制火势迅速排烟作用;照明设施可以保障隧道内具有足够的亮度和照度,满足隧道内驾乘人员的通行需要,还可以在隧道发生紧急事故时、照明失常的情况下为隧道提供照明,通风与照明设施的可靠性、可控性和稳定性对隧道群交通安全有重要影响;消防设施用于火灾状况下的灭火及救援,提供消防及冲洗用水,将火灾导致的损失降到最低程度,保障隧道内人员的安全,消防设施的完好、有效、可靠在隧道火灾的减灾方面意义重大。

(5)桥隧连接

隧道群路段,当隧道与隧道之间连接段的形式为桥梁时,由于构造物自身重量以及长期以来上面车辆通过等原因,桥梁会发生一定程度的变形产生不均匀沉降,当车辆经过该路段时会发生桥头跳车现象。这种现象会使车身受力不均匀,对车辆行驶速度、驾驶员的视觉适应、行车的稳定性等产生不利影响,同时也影响着车辆的使用寿命,车辆在桥隧相接路段(图9-20)进出隧道口时易发生不同程度的颠簸,容易影响驾驶员对车辆的操控并使得操作失误的概率增加。驾驶员在隧道出入口经历明暗适应后,当隧道和桥梁连接段的平纵线形缺乏合理性以及驾驶员能够获得的环境信息相对复杂时,驾驶员除了视觉上受到影响外还要对这些信息进行判断决策后调整驾驶行为,使得驾驶难度和行车危险性增加。

图 9-20　隧道进出口桥隧过渡连接

(6) 不良天气影响

雾、雨、雪等不良天气会给高速公路隧道安全行车产生很大干扰,在这样的天气状况下,会降低行车能见度,对驾驶员视距及视野影响很大,无法准确视认道路、车辆、环境等各种信息,还会给驾驶员的心理带来不利影响,容易产生紧张和恐惧感,出现操作失误的情况;隧道内部受雨雪等天气的直接影响较小,但在隧道出入口区段,由于自然风的作用以及车辆轮胎将雨雪携进隧道内等原因,造成部分区域路面变得湿滑,轮胎和路面之间摩擦系数减小,遇见紧急情况时制动困难,还会发生车辆打滑、制动跑偏、失控等现象,影响了行车安全。

9.1.3.3　隧道群路段安全设施综合设计

1) 交通标志

隧道群标志主要包括:隧道群标志,禁令标志,紧急电话指示标志,紧急停车带标志,紧急出口、避难通道标志和疏散指示标志,消防设备指示标志。

图 9-21　隧道群名称标志示例

(1) 隧道群标志

对连续 3 座以上,且相邻隧道洞口间距不超过 1km,单洞累计长度在 6km 以上的公路隧道群,宜在第一座隧道入口前 150~250m 处设置隧道群信息标志,如图 9-21 所示。

(2) 禁令标志

隧道区通常是禁止超车的,所以需设置禁止超车及解除禁止超车标志,有时还用到限高标志。当隧道内的设计速度低于相邻路段的设计速度或运行速度时,应在进入隧道前设置限速标志。图 9-22 所示为隧道组合禁令标志示例。

(3) 紧急电话指示标志

紧急电话指示标志设置在紧急电话箱上,为了便于指示距出事地点最近紧急电话的方向和距离,在沿隧道右侧各紧急停车电话之间应设电话位置指示标志。

(4) 紧急停车带标志

隧道内设置紧急停车带时,应在紧急停车带前端适当位置设置紧急停车带标志,用于指示其位置,如图 9-23 所示。

(5)紧急出口、避难通道标志和疏散指示标志

紧急出口、避难通道标志用于指示紧急出口、避难通道的位置。疏散指示标志用于指示该点与紧急出口、避难通道的距离及方向,在隧道内发生紧急情况时,指示行人、车辆迅速离开,如图 9-24 所示。疏散指示标志应设置于隧道侧壁上,间距应不大于 50m。

图 9-22　隧道组合禁令　　图 9-23　紧急停车带标志示例　　　　图 9-24　疏散指示标志示例
　　　　标志示例

(6)消防设备指示标志

消防设备指示标志用以指示隧道内消防设备位置。

2)交通标线及视线诱导设施

路面标线及视线诱导标是引导驾驶员视线、诱导驾驶员驾驶的重要手段,可以加强车辆行驶的纪律和秩序,提高公路使用效率,减少交通事故。图 9-25 所示为隧道的标线设置示例。

图 9-25　隧道内标线设置示例

隧道群路段禁止超车,行车道分界线为实线。为提高隧道内路缘石、公路边界等设施轮廓的感知性,车道边缘线采用振动反光标线。

在隧道内及出口 100m 范围的车行道边缘线外侧设置双面反光突起路标,行车方向左侧为黄色、右侧为白色。

隧道两侧检修道的边缘设置黄黑相间反光漆,提高警示作用。

在隧道内两侧电缆沟侧壁上设置双面反光突起路标作为里面标记,突起路标的颜色与标线颜色一致。

需要限速的隧道,应在隧道入口前设置振动减速标线,如图9-26所示。

图9-26　隧道入口振动减速标线设置示例

隧道内的视线诱导设置主要是轮廓标。轮廓标用于指示隧道的边界和轮廓。由于隧道内能见度较低,轮廓标的作用更加突出。轮廓标通常设置于隧道壁和检修道上。也可以在检修道的侧面和顶面贴反光膜或刷反光漆来强化轮廓指引效果。

3)护栏

隧道横断面一般比路基横断面窄,因此,应对隧道两端的护栏进行端部过渡设计,避免车道撞击隧道壁、检修道或冲出路外,同时避免护栏端头对车辆和人员可能造成的伤害。

在隧道入口处,护栏面应与检修道边缘平齐,并深入到洞口以内;在隧道出口处,护栏应与隧道侧壁连接。采用双波形梁板时,应在护栏板下增加摩擦梁(槽钢或波形梁板),以更好地实现不同防护形式间线形、刚度与强度的过渡。

图9-27　隧道入口桥梁护栏过渡设置示例

图9-27所示为隧道入口桥梁护栏过渡设置示例。

9.1.4　环境敏感区路段安全设施综合设计

9.1.4.1　环境敏感区的概念

环境敏感区,是指依法设立的各级各类自然、文化保护地,以及对建设项目的某类污染因

子或者生态影响因子特别敏感的区域,主要包括:

(1)自然保护区、风景名胜区、世界文化和自然遗产地、饮用水水源保护区。

(2)基本农田保护区、基本草原、森林公园、地质公园、重要湿地、天然林、珍稀濒危野生动植物天然集中分布区、重要水生生物的自然产卵场及索饵场、越冬场和洄游通道、天然渔场、资源性缺水地区、水土流失重点防治区、沙化土地封禁保护区、封闭及半封闭海域、富营养化水域。

(3)以居住、医疗卫生、文化教育、科研、行政办公等为主要功能的区域,文物保护单位,具有特殊历史、文化、科学、民族意义的保护地。

秦巴山区植被茂密,风光秀丽,路线走廊带内生态旅游资源丰富,自然保护区、风景名胜区、水资源保护区、湿地等环境敏感区多。

9.1.4.2 环境敏感区安全特性分析

环境敏感区交通安全的影响主要是因环境敏感区功能特点导致高速公路无法像基本路段一样顺利穿越,应参照相关法律法规采取防范措施,尽量减少对环境敏感区的影响。交通安全设施设计阶段需尽量避免环境敏感区与高速公路的相互影响,确保安全行驶。

高速公路经过自然保护区(图9-28)、饮用水水源保护区等环境敏感区时,驾乘人员可能会存在乱扔弃物等不当行为,对所经过区域造成污染。

图9-28 高速公路经过自然保护区

高速公路经过基本草原、天然林、珍稀濒危野生动植物天然集中分布区时,若安全设施不到位,公路两侧迁徙动物可能会穿越公路,带来安全隐患。

9.1.4.3 环境敏感区路段安全设施综合设计

安全设施综合设计时首先应考虑环境敏感区与高速公路的相互影响,在设计中应做到如下两点。

1)减少高速公路对环境敏感区的影响

(1)交通标志设置

在驶入饮用水水源保护区时,因其涉及饮用水水库,故按照《饮用水水源保护区标志技术要求》的要求,应设置标志明确告知驾乘人员饮用水水源保护区的段落,同时有条件时设置禁止乱扔弃物等告示标志,提醒驾乘人员规范行为,如图9-29和图9-30所示。对其他类似环境保护区可参照设置。

图9-29 饮用水水源保护区标志设置示例

图9-30 严禁乱扔弃物标志设置示例

(2)护栏设计

高速公路桥梁跨越城市饮用水水源保护区时,应按照《公路交通安全设施设计规范》采用SA、SS级的桥梁混凝土护栏,对于大型饮用水水源一级保护区,宜采用HA级桥梁混凝土护栏,有效防止车辆冲出桥外,对饮用水源造成污染。其余类似的环境敏感区桥梁护栏应参照执行,对护栏防护能力进行加强。

(3)防落物网设计

对跨越城市饮用水水源保护区的桥梁两侧应设置防落物网(图9-31),设置长度应向桥外两边各延伸10~20m,防止落物掉于桥下,对饮用水水源保护区造成污染。其余类似的环境敏感区桥梁护栏应参照执行,防止落物掉入环境敏感区。

(4)隔离设施设计

根据路外环境敏感区管理部门相关要求,可采用隔离墙的形式,作为公路景观设计的一部分,降低对环境敏感区的影响。

2)减少环境敏感区对高速公路的影响

为避免动物穿越高速公路,在设置隔离栅时应考虑环境敏感区内动物身高、破坏能力等,设置能有效防止动物进入公路建筑限界的隔离栅。

图 9-31 防落物网

隔离栅遇跨径小于 2m 的涵洞时可直接跨越,跨越处应进行围封,防止动物误入。但对有迁徙需求的环境敏感区应在适当位置设置通道或天桥,引导动物在公路两侧穿越,如图 9-32 所示。

a)荷兰"绿桥"   b)肯尼亚大象通道

图 9-32 考虑环境敏感区的隔离栅形式

9.1.5 团雾易发路段安全设施综合设计

9.1.5.1 团雾路段的概念

1)团雾的概念

根据发生天气背景、物理成因、形态结构、地理环境和出现范围等方面综合考虑,雾可以分成辐射雾、平流雾、锋面雾、蒸发雾、上坡雾和地方性雾 6 种,其中,上坡雾和地方性雾合称为团雾。从本质上来说,团雾是受局部地区中小尺度气候环境影响、形成突然、范围小(最大直径一般小于 100km)、浓度大、能见度低的雾(图 9-33)。团雾的特征可总结如下:

(1)与大雾弥漫有所不同,它的影响范围比较小,就像一朵落在地上的云彩,团雾外视线良好,团雾内四顾朦胧;

(2)能见度很低,一般只有 10~20m;

(3)覆盖范围呈一段一段的形态,有的地方少,有的地方多;
(4)覆盖面积大小也不一致,一般来说,大的团雾覆盖面积长约5km,小的团雾仅有1km。

图9-33 高速公路团雾现象示例

2)团雾发生的机理

团雾是由于地面辐射冷却,使贴近地面的空气变冷、饱和比湿下降导致水汽凝结而形成。团雾的形成需要两个主要条件,一是低层水汽充沛、空气湿度大,二是昼夜温差大且风小。天气晴好时不易出现团雾。与市区相比,郊区和乡村地带容易出现团雾。部分比较空旷的高速公路路段也是团雾多发区。

高速公路上团雾容易出现的原因包括:

(1)团雾与局部小气候环境关系密切,而高速公路路面白天温度较高,昼夜温差更大,更有利于团雾形成;

(2)公路附近一些排放污染物颗粒的增加,如秋季秸秆焚烧、工业粉尘污染、汽车污染物排放等,空气中微小颗粒的增加,有利于形成团雾;

(3)与当地的地理环境也有很大关系,处于低洼地段的路段更容易形成团雾。

3)团雾的发生时间、持续时间

秋冬季易出现团雾,一般出现在昼夜温差较大、无风的夜间,或者是早6时至8时。雨后山区高速公路,在昼夜温差大、无风时,易产生团雾。

统计发现,绝大部分的团雾持续时间较短,其中持续时间在2h以内的约占75%,持续时间在4h以内的约占90%左右。但仍存在能见度低、持续时间长、水汽含量低的团雾,这类团雾大多是由于秸秆焚烧、工业粉尘污染、汽车污染物排放等因素诱发。空气中污染颗粒物一方面增加了雾形成所需的凝结核,有利于水汽凝结其上形成团雾;另一方面,烟尘与雾容易混合在一起,既降低了能见度,也延后了雾散的时间,加剧了团雾对交通的影响。

9.1.5.2 团雾易发路段安全特性分析

由于"团雾"预测预报难、区域性很强,车辆难以提前得到通知或警示,等驾驶员意识到有雾的时候,已进入团雾中心了,有时驾驶员刚从一团雾中出来,可下一团雾却又在不经意间降

第9章 交通工程及沿线设施设计

临,让人防不胜防,常常酿成重大交通事故,因此团雾被称为高速公路上的"流动杀手"。据统计,雾天发生交通事故的概率比平常高出几倍,甚至几十倍,因浓雾、团雾造成多车连续追尾事故屡有发生,损失严重,极具杀伤力。

9.1.5.3 团雾易发路段安全设施综合设计

团雾易发路段安全设施综合设计的重点是做到及时预警防范,除了设置常规安全设施外,有条件时还应考虑设置雾天公路行车安全诱导装置系统。

1)常规安全设施提升

(1)交通标志

增设"前方易发团雾 请谨慎驾驶"行车安全提醒标志,如图9-34所示,用于提醒驾驶员在行驶过程中需要注意前方易发团雾的情况。

增设特殊天气建议速度标志,用以提醒驾驶员在雨、雪、雾等特殊天气下,以建议速度行驶,和白色半圆状车距确认线配合使用,如图9-35所示。

  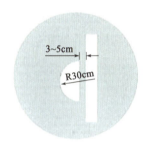

图9-34 "前方易发团雾 请谨慎驾驶"标志　　图9-35 特殊天气建议速度标志和车距确认标线

对悬臂标志增设附着式警示标志"团雾路段 控速慢行",提醒驾驶员需谨慎驾驶。

在经常发生团雾的路段前方适当位置设置雾区信息发布标志,如图9-36a)所示,便于发布团雾信息或安全提醒信息。

在经常发生团雾的路段前方适当位置设置可变限速标志,如图9-36b)所示,与雾天公路行车安全诱导装置配合,根据不同的雾区能见度采用不同的限速值,确保行车安全。

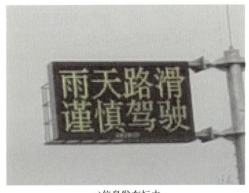 

a)信息发布标志　　　　　　　　　　b)可变限速标志

图9-36 团雾的路段交通标志

(2)交通标线

团雾多发路段行车方向两侧增设白色半圆状车距确认标线,半圆半径为30cm,间隔50m连续设置,与特殊天气建议速度标志配合使用。

位于下坡路段时,在坡顶、坡中的适当位置设置横向减速振动标线。

2)雾天公路行车安全诱导装置系统

雾天公路行车安全诱导装置系统是利用设置在公路两侧的行车安全诱导装置(边缘标)为在途车辆提供安全诱导,如图9-37所示。边缘标按纵向等间隔设置,可根据护栏立柱实际情况微调。系统采用无线通信技术实现联网协同控制,会根据不同的照度、能见度与车流情况,采用不同的发光亮度、颜色、闪频等组合来实施有针对性的诱导策略,为驾驶员提供道路轮廓强化、行车主动诱导、防止追尾警示等多种安全诱导工作模式,从而实现具有交通环境自适应特点的团/浓雾多发路段、事故多发路段或线形条件较差路段在途车辆的安全诱导。

该系统主要由边缘标、通信预处理器、能见度环境检测器等设施、设备组成。

边缘标——智能边缘标含有黄色和红色双色显示灯,根据不同控制条件,黄灯与红灯的开启、关闭、常亮、同步闪烁等状态会随之变化,用于强化道路轮廓、警示追尾风险,诱导车辆安全行驶。

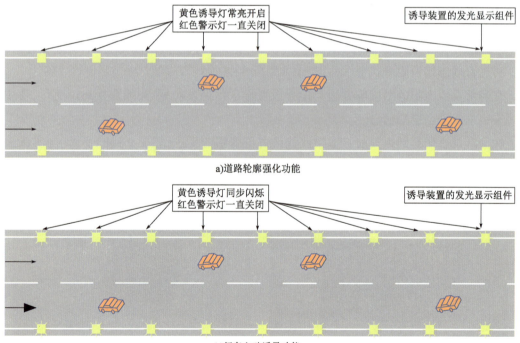

图 9-37

第9章 交通工程及沿线设施设计

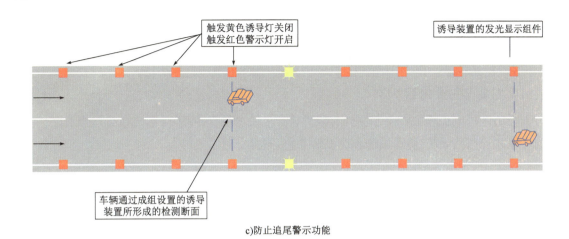

c)防止追尾警示功能

图 9-37 雾天公路行车安全诱导装置系统示意

通信预处理器——主要负责外场监测设备数据采集、本地以及上位控制指令的自动下发。

能见度环境检测器——采集照度、能见度以及天气现象实时信息,作为该防控预警系统不同工作状态的触发条件。

雾天公路行车安全诱导装置系统主要具备以下几种功能:

(1)道路轮廓强化功能——系统中边缘标的黄色诱导灯常亮开启。

(2)行车主动诱导功能——系统中边缘标的黄色诱导灯同步闪烁。

(3)防止追尾警示功能——系统中的智能边缘标红色警示灯处于开启状态,前车道前方车辆在行进的过程中,会在其后方形成一条动态尾迹,提示后方车辆当前车道前方是否有车辆以及与前车间距,尾迹长度将为后车提供一个跟随状态的安全间距,从而避免前后车辆间的追尾事故。

(4)事件/事故预警功能——当系统检测到车辆碰撞护栏的事件时,将使事件位置上游一定范围内(也称为事件上游预警区间)的边缘标红色警示灯同步闪烁开启,提示前方发生交通事件/事故,从而防止追尾或二次事故的发生。

9.2 机电工程

9.2.1 设计原则和主要内容

9.2.1.1 设计原则

(1)安全性、可靠性:选择成熟可靠的技术、合理的冗余,提高系统的安全性,保证系统可靠地运行。

(2)先进性、实用性:综合考虑国内外机电工程发展趋势,设备选型立足于国内外成熟先进的新产品。

(3)可扩充性:选用开放性和兼容性好的设备,使系统易于扩充和修改。

9.2.1.2 主要内容

秦巴山区机电工程主要内容包括雨雾诱导安全警示系统、隧道行车诱导与预警系统、隧道区段车辆超温监测系统、隧道消防临时高压系统、智慧交通系统等。

9.2.2 雨雾诱导安全警示系统

雨雾诱导安全警示统的系统组成及功能等与 9.1.5.3 中的雾天公路行车安全诱导装置系统基本相同,此处不赘述。

9.2.3 隧道行车诱导与预警系统

秦巴山区隧道众多,隧道长且常常连续设置,隧道内加强警示提醒是保证行车安全的重要手段。隧道内设置行车安全诱导与预警装置,提供隧道轮廓强化、行车安全诱导、防止追尾警示、施工作业警戒、事件上游预警、辅助引导照明、疏散路径指引、设备状态在线远程监控等多重功能,可提升驾驶员在长大隧道内行驶舒适性,预防和降低单车碰撞、隧道内追尾、隧道内二次碰撞等主要事故形态的事故。

9.2.3.1 系统功能

(1)隧道轮廓强化

隧道内行车安全智能诱导与预警装置的黄色诱导灯常亮开启,强化隧道轮廓与线形走向。

(2)行车安全诱导

隧道内行车安全智能诱导与预警装置的诱导灯,按照特定的频率进行同步闪烁,为驾驶员提供舒适的行车安全诱导功能,预防和降低疲劳事故。系统可提供 30 次/min、60 次/min、120 次/min 三种频率,缺省采用 60 次/min。

(3)防止追尾警示

根据运营管理需要和隧道交通事故历史经验,可开启防止追尾警示模式。在该模式下,车辆通过隧道内行车安全智能诱导装置时,会触发上游特定组数的智能诱导装置点亮红色警示灯,形成一条随前车移动的警示灯带,提示后车控制速度、保持安全跟车距离,预防和降低追尾事故。警示灯带长度范围可调,通常采用 100m 左右(3~4 组)。

(4)施工作业警戒

在隧道内进行局部施工作业时,可根据作业位置,将隧道内行车安全智能诱导装置开启红灯预警模式,提示上游车辆注意前方路况,改善施工作业区的交通秩序,提升施工作业的保通安全。

(5)事件上游预警

当隧道内发生交通事件,需要进行交通管控时,可根据预设规则,自动或人工开启事件点上游特定范围(如预设200m,可调)的隧道内行车安全智能诱导与预警装置的红色预警灯,使其处于高频高亮的工作模式,警示上游来车,实现对现场事件/事故现场的警戒,预防二次事故。对于缓行、停车、路面遗撒物等事件,可根据需要设置为自动预警联动,实现对交通事件的智能化处置。

(6)辅助引导照明

当隧道内因电路故障发生隧道照明灯断电或其他特殊事件造成照明系统失效时,可通过平台启动隧道内行车安全智能诱导装置的辅助引导照明灯,为人员疏散提供辅助引导照明。

(7)疏散路径指引

当隧道内发生如火灾或危化品泄露等特殊事件,需要对隧道内滞留人员进行引导疏散时,可通过平台启动紧急疏散工作模式,系统会综合事件点位置、隧道人行横洞分布,以及事件点距离上下游洞口的相对位置关系等因素,辅助生成人员疏散路径方案,供管理人员决策参考。管理人员也可以根据现场管控需要,借助平台的专用软件模块快速制定人员疏散路径,疏散路径确定后,管理员下发指令,即可一次性正确开启隧道内行车安全智能诱导装置上的方向箭头指示灯,为现场人员提供最佳路径指引。

(8)设备状态在线远程监控

通过管理平台可实现系统运行状态检测、关键设施设备远程运维、远程操作、日志管理、历史运行数据分析等功能。

9.2.3.2 系统设计

系统主要由:隧道洞口多功能轮廓灯、交通事件感知、隧道内行车安全诱导与预警、通信与控制等4个子系统组成。

(1)隧道洞口多功能轮廓灯子系统

隧道洞口多功能轮廓灯子系统主要由隧道洞口多功能轮廓灯、交通流检测器、光照度检测器等设施与传感等设备组成,布设在主洞隧道进洞口和洞内人、车行横洞口。同时在人、车行横洞口增加广播功能,与应急广播系统联动。

多功能轮廓灯安装在隧道洞口侧壁上,其安装布设排列与入口轮廓相一致,沿隧道洞口弧线每0.5m布设1盏,其中车行横洞口0.6m布设1盏。

(2)交通事件感知子系统

交通事件感知子系统负责对交通流、交通事件等参数和信息进行数据采集,主要由布设在隧道内的交通事件微波广域雷达实现上述功能。事件微波广域雷达安装在隧道顶部,平均按照200m间距布设。

(3)隧道内行车安全诱导与预警子系统

该子系统的主要组成设备是隧道内行车安全智能诱导与预警装置、LED预警显示屏(利用隧道监控系统可变信息标志)。隧道内行车安全智能诱导与预警装置安装在行车方向的左右侧洞壁,距离路面的安装高度约1.0m,纵向布设间距为30m,采用直流48V供电,接入到现场控制器。

(4)通信与控制子系统

现场通信子系统主要由沿线光纤、通信接入设备(光端机、交换机),以及现场(接入)控制器、工作站/服务器等组成。

现场(接入)控制器负责接入隧道内行车安全智能诱导与预警装置并与监控中心工作站/服务器通信,现场控制器实现对隧道内行车安全智能诱导与预警装置的运行控制、状态监测、协同组态。现场控制器布设在隧道左壁和右壁,每个现场控制器在隧道壁单边的布设间距大约为700~800m,大约接入25个(30m布设间距)隧道内行车安全智能诱导与预警装置。工作站/服务器通常可共用监控管理中心配置的设备。光端机和交换机的布设及数量具体取决于现场通信网络架构和接入点分布等。

9.2.3.3 系统联动控制

应结合隧道入口接线段智能诱导与预警联动设备系统、洞口多功能轮廓灯系统、交通事件感知系统、隧道内行车安全诱导与预警系统等,完善对隧道照明、隧道监控、交通控制、消防疏散等系统的整合式联动管理,在同一个控制界面内,实现对各系统设备的控制。

在进行联动控制时,应结合隧道通风、照明、视频、交通控制、消防等系统的设备资源,编制混合控制预案。在同一个控制预案中可对来自不同子系统的设备编辑控制指令,以适应不同情况下系统的快速反应。应实现一键执行控制预案,可以对不同子系统设备的并发操作。

9.2.4 隧道区段车辆超温监测系统

9.2.4.1 系统功能

通过在隧道前建设高清智能卡口抓拍系统、热成像车辆动态测温系统,获取车辆的车牌信息、车辆温度、过车图片、车辆热感图片等数据,并通过系统对温度数据、车牌信息等的融合处理,识别不同高温等级的车辆,在前端通过交通警示屏、声光警示设备对高温车辆的驾驶员进行警示,提醒其注意停车降温。同时根据不同的车辆温度等级为后台监控人员提供不同的告警策略,为隧道管理者提供行之有效的预防车辆自燃起火事故的手段。

(1)隧道态势感知

①虚拟化路网地图监控

利用雷视测序一体机持续获取车辆轨迹信息,实现了车辆在不同场景中不同目标车辆位置的持续追踪。平台内可将车辆位置映射到高精度地图的统一坐标系中,在虚拟化地图中显示路网中所选隧道的交通实时状态与交通事件信息。

②视频监控

通过前端架设的雷视测序一体机,以及千兆网络的传输,可以在平台清晰、流畅显示路段的运行画面以及车辆的特征信息。同时系统在夜晚等照度条件下也能够有效分辨车辆。

③超温车辆差异化跟踪

通过前端架设的卡口抓拍单元提取车牌信息以及车辆特征信息,结合雷视测序一体机所获取的车辆轨迹信息,热成像温度检测单元所获取的车辆温度信息,实现超温车辆的全隧道内实时轨迹跟踪与行经视频自动切换。

(2)超温车辆预警

①车辆超温预警提醒

通过前端架设的卡口抓拍单元实现车辆的特征识别,并联动三台热成像温度检测单元进行热感成像与温度识别,实现车辆的不停车车体温度检测与证据留存。同时,可通过交通警示诱导屏与警示音柱对驾驶员进行车辆超温预警提醒。

②超温事件详情查看

支持用户选择时间段、车辆类型、事件类型、车牌号码、事件发生区段、已处理/未处理等进行事件数据查询与数据报表导出。

支持用户选择时间段、车辆类型、报警等级、车牌号码、发生区域、车辆温度等进行数据查询与数据报表导出。

(3)交通事件检测及报警

通过对于运动目标实时坐标的分析计算,结合目标点位周边的目标行为分析、比对,能够精准地定位交通异常事件位置,并通过分析具体目标运动状态和趋势,即可快速锁定事件源头。通过平台弹窗报警,所在虚拟化路段提醒并联动监控画面显示。

支持以列表形态查询回放交通异常事件。支持检测的交通事件有:行人和非机动车闯入、车辆异常停车、拥堵检测等。

(4)路段回溯重演

系统支持从行车轨迹和视频联动回放各类事件的发生过程,支持按时间回放、按查询的某个事件进行回放、按查询车辆的某个事件回放等。

(5)数据统计分析

可以对交通态势、交通参数、交通事件、交通违法行为、车辆温度等进行统计分析,支持按照路段、日期、时间、车道、车牌等条件查询。支持热力图展示,以热力图形式呈现交通事件、事故等数据统计结果。

9.2.4.2 系统设计

隧道行车安全管理系统包括前端子系统、传输子系统、后端平台。前端子系统实现对车辆特征数据、车辆温度数据的提取以及对超温车辆的预警、车辆轨迹跟踪接力。通过传输子系统将各前端设备间获取的数据打通,并按需传输到后端平台子系统,实现各类数据的汇聚、分析、展现、存储等功能。通过三个子系统的建设和互联互通,实现隧道行车安全管理系统的业务应用。

(1)前端子系统

前端通过安装雷视测序一体机感知路段隧道车辆,雷视最好安装于隧道靠内侧(快车道上方)洞壁上的预设机电设备安装支架上,每隔100m一台,单台可管4条车道,安装高度距离路面6~8m。相邻雷视之间采用6类室外网线通过双网口环网交换机"手拉手"形式连接,最大支持20台雷视级联(1条"手拉手"链路)通过光缆上传到机房交通网。

在隧道口距离第一台雷视70m处部署一台卡口抓拍单元,使得卡口抓拍单元与第一台雷视存在30m左右的重叠监测区域,通过测序终端根据视域范围内车辆的时空关系关联到同一车辆,卡口抓拍单元可安装于隧道路面两侧洞壁上的预设机电设备安装支架上。

(2)传输子系统

传输子系统主要由视频传输网络组成,实现从前端子系统到后端平台的网络数据传输交互。

(3)后端平台

后端平台为交通违法管理平台,主要实现调查数据的汇聚、分析、展现、存储等功能,包括隧道资源展示、隧道交通状况展示、测温数据配置、车辆超温报警、测温数据查询、超温车辆隧道内跟踪、车辆历史轨迹查询等。

9.2.5 隧道消防临时高压系统

目前常用的隧道消防供水系统主要有以下两种:

9.2.5.1 重力高压供水系统

目前最常用的消防供水系统,该供水系统在隧道洞口分别建立高、低位水池和消防泵房,消防泵将低位水池水送至高位水池,隧道消防用水时,由高位水池直接供给隧道内消防使用,消防高位水池设置在特定高程(经计算确定)以上,以满足消防用水压力要求。其优点是无须电力系统辅助便可经常性满足管网压力,稳定性好;缺点是洞外管道长、建设成本高、低温期管道易冻结。

9.2.5.2 采用消防加压设施的临时高压供水系统

采用"消防泵+稳压泵+气压罐"方式将消防低位水池水直接加压送至隧道左右洞消防主干管道。该供水方式原理:利用无毒胶囊作为气水隔离的新型设备,一次充气,常年运行使用。工作时启动稳压泵,水室进水,水压升高,气室的气体被压缩,隔膜增大,当水位下降时,气室气体膨胀,隔膜收缩,压迫水室出水。这样,周而复始,通过电接点压力表和电控箱控制水泵运行,达到额定的压力和连续供水。当发生火灾,按下消防水泵启动按钮,打开消火栓,立即喷出消防充实水柱,同时电接点压力表发出信号启动消防主泵,供所需消防用水。其优点是不需设置消防高位水池及连接消防高位水池供水管道,建设期成本低、维护便利。缺点是需电力系统辅助满足消防工作压力,且水泵常年不用,紧急情况时可能因故障不能正常工作,可靠性相对较低。

陕南地区地处秦巴山区,地质构造复杂,各类岩体发育。隧道消防供水常用的重力高压供水系统中高位消防水池及上下山管路施工难度大,安全性差,采用消防加压设施的临时高压供水系统不需设置消防高位水池及连接消防高位水池的供水管道,很大程度节约了工程造价,并减小了消防水池及水池供水管路的施工难度、增加了维护的便利性。因此,陕南岩体较多的山区高速公路隧道应选用采用消防加压设施的临时高压供水系统进行消防供水,同时加强供水设备的日常巡检,以保证在发生火灾的时候供水设施能够第一时间提供可靠的消防用水。

9.2.6 智慧交通系统

结合秦巴山区桥梁、隧道众多,安全运营风险高的特点,重点开展隧道巡检机器人、智慧消防监测、桥梁健康监测等智慧交通方面的研究与应用。

9.2.6.1 隧道巡检机器人

1)总体设计方案

公路隧道的运维与救援是隧道管理的重要组成部分,是隧道运营实现制度化、规范化、科学化的重要手段。隧道内设备分布广,种类、数量多,组成复杂。长期以来,人们对于隧道的运行维护一直以人工为主。人工巡检存在巡检不及时、诊断不足、人力成本高等问题。

隧道巡检机器人通过感知隧道内的气象条件、路面遗撒、检测隧道结构与设备异常,以及隧道内人员、车辆故障与事故等情况,实现全天候智能化实时巡检、AI 智能故障诊断、大数据隧道病害趋势预测、应急事故抢险四大功能,能够满足隧道的日常巡检、应急抢险等多项重要任务,最大化地增强隧道运营管理的安全性,降低能耗和日常运维成本,提高智能化管控水平。

2)系统功能

隧道巡检机器人具有 AI 智能识别(可见光、红外光、3D 雷达)、环境监测(温度与湿度、风速风向、气体烟雾)、实时对讲、预警联动、无线通信等功能,可根据用户需求,设置个性化的巡检任务,既可以按照自动任务巡检,又可以采用远程控制进行隧道巡检、驻留等任务,对隧道内全方位数据进行采集和智能分析,同步把隧道运行态势数据上传至隧道综合管控系统。

隧道巡检机器人功能设计包括:

(1)AI 智能识别

搭载了高清视频摄像头、红外成像仪和 3D 激光雷达三位一体感知隧道内事件,可在强光、无光、大雾、烟雾、粉尘等多种隧道环境内识别人员、车辆、机电设备、隧道和路面结构,具体事件包括以下几类。

人员:人员闯入、滞留等其他危险行为;

车辆:违停、故障、事故、火情;

机电设备:照明灯、风机状态、交安设备状态;

隧道和路面结构:隧道墙面渗水、环向裂缝、道路遗撒、油污、水渍,抵近观察,二次确认。

(2)环境监测

可监测空气质量、能见度、有害气体、风力风向。

(3)实时对讲

可与隧道人员进行对话,提供救援信息。

(4)远程操控

通过手持设备控制巡检机器人,获取不同角度的现场图像,制定对应的救援措施,对事故现场进行远程疏导。

(5)系统联动

将火情、事故、危险事件上传至隧道综合管控系统。

控制照明设备、风机、紧急通道门、车道指示器建立紧急救援疏散通道。

数据智能分析:应用大数据分析算法,根据风险因数预测隧道内可能危险事件,比如依据温度预测火灾,依据雾气、车辆拥堵情况预测事故发生概率。

3)应用场景

(1)日常巡检监测

在正常情况下,巡检机器人在隧道内部进行全天候往复巡检,借助机器人搭载的各类传感器,采集隧道内部的环境、设备、人员、车辆等状态,精准感知各类潜在的危险源。并将隧道内态势数据同步上传至控制服务器以及隧道综合管控系统。

(2)设备与路面状态监测

巡检机器人在进行全天候往复巡检过程中识别设备状态,如门是否开启;设备检测:导入既有设备自检数据,并且采用其他检测技术对照明系统、通风系统、交通安全设施等进行监测,确保以上正常工作状态;

(3)识别车辆运行状态

统计洞内实时的车辆数量,识别车辆的车型(含特种车型)、车牌号、车牌颜色、对洞内行驶车辆和人员行为进行判别(例如:人员滞留、事故、变线行驶、异物洒落、交通拥堵、逆行等)影响隧道安全通行的各类异常事件。

(4)隧道结构监测

各种自然病害会影响隧道结构的承载能力;机器人自动对报警事件抵近观察和二次确认。

(5)隧道热力分布监测

热力分布图依托于巡检机器人搭载的红外热成像仪,通过对监测点红外图像数据的采集,准确分析各隧道内环境、设备、车辆的表面温度,监测结果输出热力分布图,图中可以显示各点位温度,支持监测数据实时展示、存储、查询、数据统计和超限报警。数据可以应用于监测设备异常、车辆异常、火灾等事件的辅助决策。

(6) 隧道环境监测

环境监测依托于巡检机器人搭载的感知系统,包含隧道中的气体浓度(O_2、PM2.5、CO、CH_4等)、温度、湿度、烟雾等环境信息。支持监测数据实时展示、存储、查询、数据统计和超限报警。数据可以应用于环境异常、火灾、有毒有害气体泄露等事件的辅助决策。

9.2.6.2 智慧消防监测

随着"云计算、大数据、物联网"等技术的普及,智慧交通、智慧消防等可以显著提高应急管理体系和能力现代化水平的各类应用系统已经在全国多条高速公路得到应用,在交通运输领域正在发挥着越来越重要的作用,同时也逐渐成为公路隧道消防防控手段中必不可少的一环。

通过电子通信技术、移动物联网技术、传感器技术等建立消防设施物联网,实现液位、压力、温度、流量、漏水等数据的实时监控;通过"云计算、大数据"等精准感知最佳联动时间、联动数量,实现分批、分次对消防设施进行管理和控制。

1) 系统设计

依据"集中管理、分散控制"的原则,采用分布式体系架构,通过灵活的组网方式,为了确保信号的稳定和可靠性,采用"采集设备+485光端机"的组合模式进行独立组网,如图9-38所示。

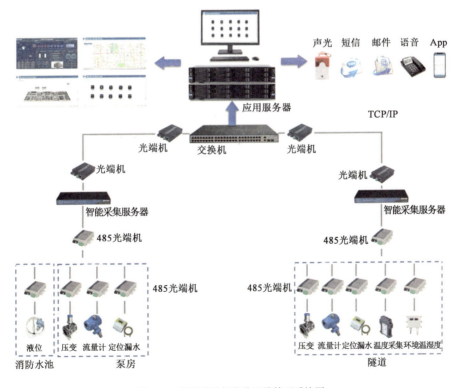

图9-38 隧道消防智能化运维管理系统图

通过"采集设备+485光端机"的组网方式将监控数据传至管理中心,实现隧道消防智能化运维管理,避免出现运维盲点,同时对出现或者有安全预警点及时通过运维流程进行派单,用户可灵活设置定向、多级别、多种形式(短信、语音、声光、邮件等)设置升级故障处理级别告知设备的运维人员,系统可用多种形式、根据需要统计各时间段的数据报表,给决策者下一步的决策提供数据支撑等,为管理者带来联动控制、资产管理、决策服务等更多的增值服务。

2)系统功能

(1)水压监测

通过在泵房内两个主管道上安装压力变送器,在两个加压泵出水管道上安装流量变送器实现泵房水流水压的监测。

(2)温湿度监测

通过在消防主干管上安装压力变送器、在隧道口消防管道上安装流量变送器实现主管道流量和压力的监测;在隧道内消防管道壁安装定位漏水监测装置实现管道漏水监测;在管道壁上安装温度监测装置实现管道温度监测;在隧道口安装温湿度监测装置实现环境温湿度监测。

(3)状态监测

通过读取火灾自动报警系统、取水潜水泵控制柜、加压泵控制柜、水源井和低位水池上的液位变送器所连接的服务器上相关数据实现对火灾自动报警系统、水泵启停状态及液位状态的监测。

9.2.6.3 桥梁健康监测

对于陕南地区如汉江特大桥这样桥墩较高的(特)大桥,推荐采用桥梁健康监测系统,桥梁健康监测系统主要是依据标准规范体系,在桥梁关键部位部署数据采集设备,获取环境和结构响应等信息,并利用数据传输、存储、处理、评估和可视化等技术,立体直观展示桥梁运营状态,及时有效对结构异常状况进行预警提示,为桥梁结构运营安全、安全隐患的预判、日常桥梁的养护管理和计划制定提供科学依据和支撑。

1)系统设计

桥梁健康监测系统的基本原理是由各类结构、环境传感器监测到桥梁内应力、应变、位移、挠度、裂缝、环境参数的情况,通过数据分析运算将结果与理论阈值对比,一旦超过或临近阈值则立刻向管理者发出异常警报,及时处理。

桥梁结构、环境传感器采用窄带物联网与区域控制器间进行通信,传感器数据通过运营商网络上传云平台,通过云服务器分析数据存储数据,云平台监测到结构受力异常、主梁纵向位移过大、桥墩墩顶偏位、跨中下挠过大、主梁振动过大、箱梁梁体开裂等桥梁自身的异常,或监测到温湿度异常、车辆荷载过大、强烈地震动等环境参数的异常时,立即发出报警信息,并生成养护工单、养护维修方案,供桥梁养护单位参考。养护单位通过现场对异常点位进行复测,确定实际问题后进行桥梁的修缮,避免结构问题进一步恶化。

2) 系统功能

监测到结构受力异常、主梁纵向位移过大、桥墩墩顶偏位、跨中下挠过大、主梁振动过大、箱梁梁体开裂等桥梁自身的异常,或监测到温湿度异常、车辆荷载过大、强烈地震动等环境参数的异常时,立即发出报警信息。

9.3 房建工程设计

9.3.1 概述

秦巴山区泛指秦岭和巴山地区,风景秀丽、气候温和、河流纵横、阡陌交错,高速公路建设在崇山峻岭之中,秦巴山区地貌类别复杂,地质灾害活动频繁,山体崩塌、滑坡、山洪、泥石流等地质灾害分布广泛,秦巴山区高速公路房建工程勘察设计应根据地域特点进行设计。

9.3.2 房建工程设计原则

(1)秦巴山区高速公路房建工程勘察设计,应满足国家、交通运输行业颁布及地方制定的规范、标准的相关规定。

(2)秦巴山区高速公路房建工程勘察设计,要树立人与自然相和谐、保护环境的理念,在工程建设过程中,一定要尊重自然规律,倍加爱护和保护自然环境,把房建工程勘察设计作为改善环境及与环境相融合的促进因素。

(3)秦巴山区高速公路房建工程勘察设计,要充分考虑自然灾害对房建工程场区的影响,为房建工程各站点工作人员提供安全、舒心的工作、生活环境。

(4)秦巴山区高速公路房建工程勘察设计,要加强绿色建筑方面设计,满足绿色高速公路建设的相关标准。

(5)秦巴山区高速公路房建工程勘察设计,要注重房建工程场区消防,合理布置消防设施及通道,保障山区高速公路后期运营顺畅、安全。

9.3.3 房建工程选址

(1)服务设施(服务区、停车区)站点选址不宜选在主线纵坡大于2.5%的路段,服务区、停车区入口、出口处视野应开阔,不应有视线遮挡。

(2)站点选址宜考虑房建区出入口设在收费广场外侧,避免过收费大棚才能进收费、管理设施房建区场区。

(3)各站点选址,尽量避免选在高填方、深挖方地段,减少土方量和场区防护费用,也避免高填方场区沉降对场区内建筑单体的影响。

(4)各站点选址,房建场区尽量避免对着山体冲沟,若因为地形条件限制房建场区对着山体冲沟,道路工程应采取可靠的工程措施把冲沟流水引至房建场区以外,保障房建场区和人员安全。

9.3.4　房建工程用地规模及建筑规模

(1)秦巴山区高速公路房建工程勘察设计,净用地规模依据交通部颁发的相关标准确定征地规模。

(2)秦巴山区高速公路房建工程勘察设计,服务设施(服务区、停车区)、管理设施、养护设施依据交通部颁发的相关标准、实际需求确定建筑规模。

9.3.5　房建工程总图设计

(1)服务设施(服务区、停车区)总图设计应符合交通运输部颁发的相关规范的规定,新能源汽车的使用情况,增加加气站、充电桩设计,考虑多元化服务设施设计,设置无障碍停车位、加水站、房车营地,对地处人文景观好的服务区、停车区考虑交旅融合方面设计;对服务区、停车区内车流线、人流线进行分析、规划,减少车流线、人流线相互交叉干扰;服务设施(服务区、停车区)总图竖向设计、停车场纵、横坡度按相关规范的规定进行设计。

(2)服务设施(服务区、停车区)场区选用不同硬化地面,主要通道、大车停车位硬化地面选用可承载大型车辆通行、停放的硬化地面做法,减少因大车通行、碾压造成的硬化地面破损、断板;场区内主要通道硬化地面建议选用道路工程服务区贯通车道A、B匝道路面做法;大车停车位硬化地面建议选用道路工程收费广场路面做法。

(3)服务设施(服务区、停车区)在靠近服务设施处布置无障碍停车位,依据无障碍设计规范的相关规定完善无障碍设计。

(4)服务设施(服务区、停车区)停车场根据功能不同分区,并考虑对服务区景观、安全因素布置,超长大车停车位沿服务区贯通车道场区内纵向布置,小车停车位、无障碍停车位宜靠近服务楼布置;大、中型货车停车位布置在小车停车位外侧;客车停车位宜布置在服务楼公共卫生间一侧附近;危险品停车位布置在人流不易到达且距场区内其他单体间距较大处;房车停车位、牲畜停车位建议布置在视线较隐蔽的服务楼侧后方。

(5)收费、管理、养护设施总图设计,应符合交通运输部颁发的相关规范的规定,总图办公楼、宿办楼布置应充分考虑建筑朝向及站点周围山体对场区光线、通风的遮挡,满足办公楼、宿办楼日照、通风的要求。

(6)各站点房建场区主要单体建筑(服务楼、办公楼、宿办楼、宿舍楼)尽可能布置在挖方地段或填方较小的地段,减少高填方场区沉降对主要单体建筑的影响。

(7)房建场区临河或房建场区周围是水稻田,房建场区防护应采取防渗漏措施,选用防渗漏挡墙;房建场区周围若是水稻田在防渗漏挡墙外侧墙角外 1.20m 外做排水明沟并与道路、广场排水明沟相连通,防止水稻田蓄水时对防渗漏挡墙基础及房建场区的侵蚀。

(8)房建场区土壤有膨胀土、风化泥岩等不良地质时,房建场区应对不良地质做相应处理,对膨胀土场区可采取换填土,对风化泥岩场区采取强夯或设封水层,防止场区硬化地面、绿化地面塌陷。

(9)秦巴山区多山地,暴雨频现,房建工程场区多位于山坳处,三面环山,房建工程场区雨水不易排出,道路工程综合排水系统应充分考虑房建工程场区雨水排出;房建工程场区污水若不能接入城市管网污水排水系统,房建工程场区应增设蓄污池,使污水经化粪池、污水处理装置处理后排至蓄污池,污水定期外运,满足当地环保要求。

(10)各站点有穿越场区的高压线、石油管道、天然气管道、通信管线需移至房建工程场区外,并满足现行相关规范安全间距的规定。

9.3.6 房建工程单体建筑设计

(1)服务、收费、管理、养护设施不同功能单体依据现行规范进行设计,满足使用功能要求。

(2)建筑风格结合秦巴山区自然环境、风土人情、当地建筑风格并体现交通建筑简洁、明快的特点,与周围环境和谐、融合。

(3)秦巴山区高速公路房建工程单体建筑设计,应树立低消耗、低排放、低污染、高效能、高效率、高效益的设计理念,选用可再生、低污染环保型建筑材料,满足环保、消防、节能、绿色建筑方面的相关规定。

(4)服务楼、办公楼、宿办楼、宿舍楼、食堂、餐厅等人员密集建筑单体外墙保温材料选用 A 级耐火等级保温材料,屋面可选用 B1 级、B2 级耐火等级保温材料,通过节能计算确定单体建筑不同部位保温材料厚度,室内吊顶材料的选择,应适应当地气候特点、耐潮、防霉变等。

(5)绿色建筑方面满足《绿色建筑评价标准》(GB/T 50378—2014)相关规定,主要单体不低于一星级标准。

9.3.7 结构设计

9.3.7.1 地基特点

秦巴山区,地质条件复杂,建筑地基存在膨胀土、软土、高填方、滑坡等不良地质情况,针对这些不同地质条件,高速公路沿线设施房建工程设计应重视潜在的地质灾害对建筑安全的影响。在建设过程中,应采取不同的地基处理方式,确保建筑结构安全。

与平原地区相比,位于秦巴山区的房建工程地基具有单体建筑产生附加沉降量超过建筑物容许的沉降、地面高差很大、基岩起伏变化较大、土层复杂等特点。

9.3.7.2 场区选址

场区选址应尽量避开冲沟,若避不开,单体建筑一定要避开冲沟,防止冲沟水对建筑地基的浸害,并在场区适当位置设置排水明沟或盲沟。

9.3.7.3 地基处理

对于高填方场区,不仅要关注场区回填土的压实度,更要关注场区回填之前原始土的压缩性和承载力。如果原地表下为高压缩性土或者软弱土、湿陷性土,要清表后先对原始土进行强夯,减少土层附加沉降量后,再回填场区至场坪高程。回填时应分层碾压,且每2m强夯一次。建筑物地基处理时,如果下部有基岩层,可采用嵌岩桩,如果无基岩层,可采用灰土挤密桩对回填土进行挤密处理,提高承载力,减少沉降;地面高差很大、基岩起伏变化较大时,可做嵌岩桩,或者加大垫层厚度,或者将基础底落在不同的高程;土层复杂时,做嵌岩桩,或者加大垫层厚度;对于局部软弱土层,可将局部软弱土层作为问题坑处理;膨胀土一般采用垫层法处理。

9.3.7.4 工程实例

省级高速公路古镇线西乡至镇巴公路工程配套项目午子山服务区房建场地位于西乡罗镇,场地地势起伏较大,高差约22m。场地内地基土由回填土、黏土、块石土组成,各层土在横向、纵向上的岩土工程性质相近,埋深变化较大,层面不平稳,地层层序相对连续,地层坡度大于5%,属不均匀地基。

午子山服务区为高填方场区,部分场区回填高度为30m左右,原始地表土属中等压缩性。为了减少土层附加沉降量的危害,场坪处理方法为清表后强夯,采用石渣分层回填碾压,每两米高强夯一次,至场平标高,回填土压实系数不小于0.97,强夯夯击能4000kN·m,最后两击夯沉差不大于50mm。服务大厅为两层框架结构,采用柱下条形基础,基础埋深为-3.2m,为了减少不均匀沉降,地基处理为-3.2m下做0.5m厚水泥稳定碎石(水泥剂量4.5%)至-3.7m,其下做1.0m厚5∶5砂石垫层至-4.7m。公寓楼为三层框架结构,为防止地基不均匀沉降,减少沉降,采用桩基础。

9.3.8 给排水设计

9.3.8.1 设计原则

根据在秦巴山区不同的选址条件合理确定水源(市政、管井、大口井),根据水质情况确定合理的水处理工艺。主要分为以下几点:

(1)水源为地表水时一般采用:原水→预处理→絮凝→混凝沉淀→过滤→消毒的处理工

艺处理地表水。

(2)水源为地下水时,水源中的铁、锰离子超过生活饮用水标准规定时,必须进行除铁、除锰处理。当原水中二价铁小于5mg/L,二价锰小于0.5mg/L时,工艺流程应为:原水→曝气溶氧装置→除铁、除锰滤池→出水→消毒。当原水中二价铁大于5mg/L,二价锰大于0.5mg/L时,工艺流程应为:原水→曝气溶氧装置→除铁→曝气溶氧装置→除锰滤池→出水→消毒。

(3)生活给水处理流程中必须包含消毒工艺,高速公路附属设施中宜选用紫外线消毒工艺。

(4)给水处理工艺应设置自动控制及检测装置,主要包含检测pH值、浊度、水温、溶解氧、电导率、氨氮等水质参数。

9.3.8.2 排放形式

根据地形选取合理的雨水排放形式,采用明沟排水或者管道排水,合理选取排放口的数量和位置。主要分为以下几点:

(1)服务区场地坡向服务大厅时,应在大厅前设置截水沟,截水沟断面尺寸应计算确定,不小于800mm×800mm。截水沟纵坡坡率应不小于0.5%。截水沟盖板应采用钢筋混凝土格栅盖板,盖板应有足够的承载能力。

(2)服务区场地坡向道路一侧时,当坡度大于0.02时必须设置截水沟,截水沟断面尺寸应计算确定,不小于800mm×800mm。截水沟纵坡坡率应不小于0.5%。截水沟盖板应采用钢筋混凝土格栅盖板,盖板应有足够的承载能力。

(3)服务区雨水应根据当地环保要求设置隔油沉淀池等前期雨水处理构筑物。

(4)收费站和养护工区雨水应快速就近排至道路边沟或周边河流。

(5)高速公路沿线各服务设施室外总图的暴雨重现期不应低于10年。

9.3.8.3 处理设备和处理标准

根据环评合理确定污水处理设备的处理能力和所达到的标准,以及污水资源化利用的相关措施。主要分为以下几点:

(1)服务区公共卫生间排水宜就近设置化粪池,经化粪池处理后排至室外污水管道。厨房排水应就近设置隔油池,经隔油池处理后排至室外污水管网。

服务区的生活污水应回收利用,水质须达到《城镇污水再利用、城市杂用水水质标准》(GB 18920—2020)的要求后用于浇洒道路、大车加水、绿化和冲洗公共卫生间大便器。

(2)收费站、养护工区、分中心生活污水应符合当地环保要求且水质排放标准不低于《城镇污水处理厂污染物排放标准》(GB 18918—2002)中的一级A标。

9.3.8.4 消防措施

消防系统设置应满足《建筑设计防火规范》(GB 50016—2014)、《消防给水及消火栓系统设计规范》(GB 50974—2014)、《自动喷水灭火系统设计规范》(GB 50084—2017)等国家标准和规范的要求。

9.3.8.5 绿色节能

(1)高速公路沿线各公共建筑宜采用集中热水系统、空气源热泵热水供应系统,空气源热泵热水供应系统应设置电热水器作为辅助热源或者采用延长热泵供应时间等满足使用要求的措施。空气源热泵不得布置在通风条件差、环境噪声控制严格及人员密集的场所。机组进风面距离遮挡物宜大于1.5m,控制面距墙宜大于1.2m,顶部出风的机组,其上部净空宜大于4.5m。机组进风面相对布置时其间距宜大于3.0m。

(2)节水节能卫生器具选择。

水龙头采用陶瓷阀芯加气节水龙头;公共卫生间龙头均采用感应式节水龙头;坐便器、蹲便器采用两挡节水型坐便器、感应式冲洗阀蹲便器,公共卫生间采用感应式小便冲洗阀。

(3)管材阀门选择。

采用符合国家规范的耐腐蚀、耐压、密封良好的高质量管材、管件、阀门、设备。

9.3.9 暖通设计

20世纪以来的能源危机使越来越多的国家关注节能,而建筑用能量巨大,其中供暖、通风及空调的能耗占建筑总能耗的2/3左右,空调与通风系统的节能设计及运行意义深远。高速公路沿线服务设施的冬天供暖和夏季的空调制冷,不仅对节能要求高,且要保证区域的各项舒适度参数,选择何种空调形式的系统,显得尤为重要。陕西南部的秦巴山区属夏热冬冷地区,气候温和,山清水秀,在建筑的供暖空调设计时必须满足夏季防热要求,适当兼顾冬季保温。高速公路沿线设施的冷热源也应朝着这个方向发展,减少排放,利用清洁能源。主要考虑以下几方面。

(1)冷热源为空气源热泵。空气源热泵是靠室外空气来冷却的一种空调形式,其制冷和供暖的性能与室外环境温度密切相关。它有如下特点:①冷热一体,不需要另外配置热源。②在不考虑其对建筑外观的影响和机组运行振动影响时,可以将机组放置于屋顶,不需要专门的空调机房。对于小面积无冷冻机房的建筑比较适合。③空气冷却,不需配置冷却塔。④制冷、制热性能与室外环境温度密切相关,造成性能不稳定。⑤靠空气冷却,制冷效率低,运行费用高。⑥因机组放于室外靠风冷却,时间长了冷凝器上结满灰尘,极大地影响了换热效率,机组运行效率下降,制冷量也急剧下降,一般3年后需重新考核其制冷能力,进行相应处理,有时甚至需加配机组。⑦机组选型时需考虑环境对系统的影响,需要增大配置,投资增加,造价为几种空调形式中最高。⑧效率低,总用电负荷大,增加了常规空调系统本身就较大的变压器配电容量,配电设施费高,且需缴纳较多的电力贴费和电力施工费。⑨由于机组放置于室外,运行、管理、维护难度大,机组容易损坏,维修工作量大。⑩过渡季节,需冷量或热量减少时,其制冷或制热能力却达到最高水平,大马拉小车,形成浪费,也增加了运行费用。如图9-39~图9-41所示。

图 9-39 控制系统机房

图 9-40 室外主机放置

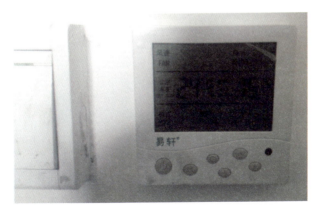

图 9-41 室内风机盘管温度调节

（2）冷热源为变制冷剂流量多联机空调系统。多联机空调系统是指一台空气源制冷或热泵机组配置多台室内机，通过改变制冷剂流量适应各房间负荷变化的直接膨胀式空气调节系统，主要由室外主机、制冷剂管路、室内机以及相关控制装置组成。而从其运行的原理来看，多联机是利用电力作为它的动力源，制冷剂在用户室内的蒸发器内进行蒸发，从而直接吸收空气中的热量，以发挥制冷作用。蒸发吸热后，制冷剂蒸气会被压缩机压缩，使之成为高温高压的气体，经过多联机室外机冷凝器的冷凝后变成了液体，再通过铜管将液体制冷剂输送到用户室内侧，经过电子膨胀阀节流后进入蒸发器内再循环。经过多年的发展，如今的多联机设备简单、故障率低、可靠性高。当冬季供热时，多联机也可及时制热，无须锅炉等其他设备，也不用考虑冬季水管管路防冻等问题，又减少了一笔不小的投资。

随着国家《近零能耗建筑技术标准》的实施，按照节能水平逐步提升，建筑由耗能到产能，该标准将建筑分为超低能耗建筑、近零能耗建筑及零能耗建筑。在建筑设计中应用一系列节能技术，能够让房子能耗更低、碳排放更少、居住体验感更佳。

（3）节能环保设计。

积极应用节能技术和清洁能源，在节能方面应严格按照相关规范要求设计，根据秦巴山区气候分区做出相应规定；在环保方面，室内、室外应全方位达到国家环保相关规范、规定的要求。

第 10 章　环境保护与景观设计

10.1　技术特点

10.1.1　陕西省秦巴山区自然特点

陕西省南部秦巴山区,地区海拔 1000~3000m,其总面积 7.4 万 m^2,约占全省土地面积的 36%。秦巴山区地貌类型以山地丘陵为主,间有汉中、西乡、安康、汉阴、商丹等盆地。气候类型多样,垂直变化显著,包括北亚热带海洋性气候、亚热带—暖温带过渡性季风气候和暖温带大陆性气候三种气候。秦巴山区是汉江、丹江等河流的发源地。地区水系发达,径流资源丰富,森林覆盖率达 53%,是国家重要的生物多样性和水源涵养生态功能区,并且该地区矿产资源品种丰富,天然气蕴藏量大。当地旅游资源也相当丰富,极具开发潜力。

10.1.2　秦巴山区高速公路特点

(1)具有山区公路的特点

秦巴山区海拔跨度大,地貌特征突出、地表覆盖多样丰富,景观具有较高的观赏价值,同时其空间环境独特优美,并具有良好的属性特征,有较强的地域特色。山区高速公路的建设应最大限度保留自然地貌及景观特征。

(2)具有旅游公路的特点

秦巴山区旅游资源丰富,高速公路的建设一定程度上承担着旅游通道的功能,景观规划应从提高旅游舒适度、便捷性以及文化性等方面考虑。

(3)具有风景公路的特点

秦巴山区景观生态完整性好,风景吸引力强,景观敏感度高,具有较高的视觉审美价值,整体环境优美宜人。景观环境特征基本完整,部分为人工开发,人工开发模式基本对环境没有造成消极影响。高速公路的景观规划设计应当优化线形布局,注重利用各类景观资源,强调公路与周围环境的融合,精心组织和设计公路的背景景观,通过不同的背景处理手法(如借景、对景、框景等)将沿途优美景色纳入行车视野之中,展现自然之美。

(4)生态环保要求高的特点

秦巴山区是国家重要的生物多样性和水源涵养生态功能区,环境承载力较弱,环境敏感度较高。无论是建设期还是运营期都需要最大限度地减少对生态环境的干扰,加大生态设计和环境补偿设计。

10.2 总体要求

10.2.1 安全为首

安全舒适是公路景观设计的首要目标。除了道路本体设计用以保证行车安全之外,还可通过栽种植物净化和维护行车环境。行车过程中驾驶者的感受与公路景观间存在密切的关系,保证安全是公路景观设计的基础与前提。

10.2.2 生态优先

公路建设不可避免会对沿线自然生态环境产生破坏和影响。公路环境保护与景观设计中必须坚持生态优先的理念,遵循生态学规律对沿线生态环境进行保护和修复。

10.2.3 自然和谐

通过自然景观利用,使公路和路域自然环境和谐共融,展现秦岭山区独特的自然景观风貌和人文特色,避免刻意造景和雕琢的痕迹。

10.2.4 交旅融合

秦巴山地垂直高差大、气候复杂多变,森林垂直带谱明显,珍稀动植物种类繁多,在此基础上还形成了深厚的文化积淀,展现出生态旅游的立体网络结构,是难得的生态旅游资源集中之地。所以应当加强公路功能设计,拓展公路旅游功能,实现"交旅融合"。

10.3 环境保护设计

10.3.1 生态环境保护设计

路线布设时应注重对山区生态环境和景观风貌的保护,选线时应尽量保留完整的斑块,将破坏程度控制在最小范围;对不可避免的破坏部分进行生态修复和生态补偿;在有国家或地方重点保护野生动物出没路段,设置预告、禁止鸣笛等标志,并结合路线布设动物横穿道路设置通道,合理确定通道的位置、形式。

10.3.2 声环境保护设计

依据环评报告和工可报告等基础数据,通过噪声预测和声学计算,对各处敏感点运营中期的交通噪声进行分析,结合敏感点地形、受影响房屋建筑布局和结构形式、路基桥梁布设方案来确定降噪设施的设置形式、位置和数量。

山区路段居民点较为分散,且相对高程变化较为复杂,预测数据应注意高程变化。降噪措施应结合居民点户数科学制定。

在用地条件许可的位置也可采用绿化林带的形式降噪,林带宽度不宜小于10m。

10.3.3 水环境保护设计

秦巴山区是陕西省河流密度最大的区域之一,沿线河流水质分类大多数为Ⅱ类,湿地、水源地较为密集。从施工期到运营期,都必须重视水资源保护。打造绿水青山,最美高速公路品牌。

10.3.3.1 施工期水环境保护设计

施工期水环境保护主要针对桥梁钻孔桩施工、隧道施工、施工场地及施工营地产生的污废水,应严格制定环保措施并做好管理控制。

1)桥梁施工期水环境保护措施

河道中桥梁施工期对地表水的污染主要来自桥梁基础施工作业产生的钻渣、施工引起的生产废水(钻机污染水、含油污水)。

在河岸边可设置泥浆存储池—脱泥设备—污水处理设备对泥浆、废水进行沉淀处理,其工艺流程见图10-1。

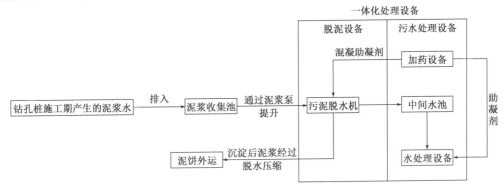

图10-1 桥梁钻孔桩施工泥浆污水处理工艺流程图

其他措施：

（1）桩基础工程应选在枯水期（一般为11月到次年3月）施工，减少对水体的扰动；

（2）加强施工机械与施工材料的现场管理，防止施工废渣、废油、废水弃入水体。

2）隧道施工期水环境保护措施

隧道施工期产生的废水主要来自开挖、钻孔和盾构施工产生的泥浆水、隧道爆破后用于降尘的水、喷射水泥砂浆中渗出的水、拌和过程和预制场中排出的废水，以及涌水混合泥浆水和基岩裂隙水等。

另外，生产碎石、机制砂过程中会产生一定的施工废水。一般来说这些废水多为偏碱性，SS和石油类浓度较高。

施工期隧道洞口采用三级沉淀（沉淀–隔油–蓄水）工艺处理施工废水，其流程如图10-2所示。

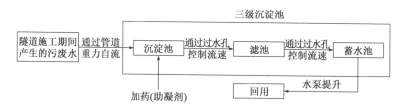

图10-2 隧道施工污废水处理工艺流程图

其他措施：

（1）碎石或机制砂加工工艺简单，产生的废水成分简单，可经过沉淀池沉淀后经水循环装置循环利用，不外排。

（2）加强施工机械的养护维修及对隧道内废油、漏油的收集。工地周围用铁丝网进行隔拦，防止人员与车辆、机械随意出入。

（3）隧道施工可能会对沿线村庄的水井产生影响，若因隧道施工造成当地村民供水受影响，建设单位应负责打井确保村民正常生活用水。

3）施工营地水环境保护措施

公路施工期生活污水主要来源于各施工营地，其中主要是施工人员就餐和洗涤产生的生活废水及粪便污水。公路施工时，一般路段施工人员生活点比较分散，生活污水量较小。影响较大的是大中桥梁和隧道施工，其施工营地人员相对比较集中，施工周期长，污水易排入附近水体，对水体造成污染，其影响因素主要是pH值、SS、COD和BOD5等。施工营地应设置化粪池集中收集处理生活污水，污水定期清运至当地污水厂，或联系当地农民作为肥料使用。施工结束后化粪池覆土掩埋。每处营地设置一处玻璃钢化粪池。

其他措施：

（1）施工人员尽量租赁当地民房住宿，减少施工期生活污水的产生量。

（2）施工场地的施工人员尽量集中居住，较大规模（施工人员超过100人）的施工营地可考虑设置一体化污水处理设备。

(3)施工营地应规范实施垃圾分类,统一设置垃圾桶,集中收集施工期间的生活垃圾,定时清运废弃垃圾至弃渣场用土掩埋。

4)施工场地(拌和站、预制场、碎石加工场)水环境保护工程措施

(1)饮用水源保护区内不得设置沥青混合料及混凝土搅拌站,不得堆放或倾倒任何含有害物质的材料或废弃物,不得在饮用水水源保护区内取土、弃土,破坏土壤植被。

(2)预制场、拌和站、碎石加工场应设置临时沉淀池,用于集中处理生产中产生的废水、污水,处理后的废水用于洒水降尘或绿化用水,不得直接排放。

(3)对施工场地的施工材料(包括沥青、油料、化学品等)和机械、车辆用篷布遮盖。

10.3.3.2 运营期水环境保护设计

(1)路线跨越或伴行饮用水源保护区时,应执行《地表水环境质量标准》(GB 3838)。当为Ⅰ~Ⅱ类标准的水体时,应设置桥面雨水径流收集系统,同时对河流伴行路段的路基设置全封闭排水系统,集中收集路面雨水径流。

(2)在跨越和伴行饮用水源保护区时,应执行《地表水环境质量标准》(GB 3838)。当为Ⅰ~Ⅱ类标准的水体时,桥梁、路基外侧选择适宜位置设置桥面(路面)雨水径流处理设施,处理路面初期雨水,同时兼作事故应急收集池。路面(桥面)径流处理工艺流程见图10-3。

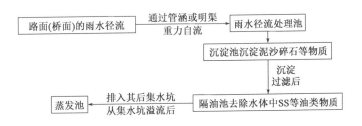

图 10-3　路面(桥面)径流处理工艺流程图

(3)水源保护区路段的桥梁两侧设置防抛网。

(4)路线经过饮用水源保护区时,应在驶入和驶出点设置警示标志牌等。

(5)由于沿线服务区、停车区和收费站等辅助设施远离城市,生活污水无法进入市政污水处理及排放系统,应设置污水处理设施对生活污水进行处理。

10.3.4　水土保持

10.3.4.1　主体工程水土保持

(1)工程措施

根据地形地貌、地层岩性等地质状况,对边坡和边沟设置拱形骨架、框架梁、护面墙和浆砌石排水沟等,是水土保持的主要措施。

(2)植物措施

结合工程防护形式,对全线路侧、立交及边坡选用适生树种进行绿化、美化设计,作为工程防护的辅助措施。

(3)临时措施

在路基两侧开挖临时排水沟,夯实沟壁。结合地形,在排水沟出口处设沉沙池,水流经沉沙池沉淀后排向附近的自然沟道,在雨季对路堤坡面用防水雨布覆盖;在桥梁、隧道与路基连接段的坡面设临时挡渣墙,挡渣墙可用袋装石渣或块石堆砌而成。根据地形选择挡渣墙高度,一般为0.5~1.0m,宽1.0m;对于跨河大桥,桥墩基础开挖的土石方应集中堆放在岸边较高的位置,对水下桥墩基础开挖的土石方应集中运到洪水冲不到的岸边或高地集中堆放,并采取覆盖防雨布等临时保护措施。桥墩基础浇筑完后用于主线的回填。隧道段施工时,首先建设施工便道及便桥,使废渣能及时调运。当不能及时调运时,应选择合适地点临时存放,并做好挡护和防水措施。

10.3.4.2 弃土场水土保持

(1)工程措施

弃土场应设置拦渣坝、拦渣堤、干砌石护坡及相应的排水和防护措施。弃渣结束后对渣面和坡面进行土地整治。

(2)植物措施

弃土前,应先将表土集中堆存,待取、弃土结束后,再将表土予以利用。对于还田复耕(还林)的弃土场,要求覆种植土厚度为40~50cm,边坡覆种植土厚度为25cm。对于原弃土场的树木尽可能临时移栽至附近苗圃,待弃土结束后回植或用于公路路侧绿化。

弃土场坝体边坡及弃渣顶面(若用于复耕,则顶面不予绿化)以植物防护为主恢复植被,防止边坡冲刷,保持水土,改善自然环境。结合沿线区域的立地条件和植被特点,综合分析成活率和适应性,选择生长快、抗性强的优良乡土灌木和草种相结合进行绿化。

(3)临时措施

主要针对施工场地的剥离表土以及施工期的堆放材料采取临时防护,具体防护措施为:先将施工场地30cm表土进行剥离,集中堆放于场地内不影响施工的一角,堆高在2.0m左右,边坡坡率为1:3,并采用草袋装土临时挡墙及撒播草籽进行防护。表土临时堆放位置以不影响施工为准,后期返还回填时注意保证其场地恢复的平整,防止局部造成严重的水土流失。

10.3.4.3 施工场地、施工便道水土保持

拌和站、预制场、石料加工场等施工场地在施工准备期将占用土地的表层土(含地表结皮),这些表土剥离后应集中堆放,施工完毕后,应回填并平整地面,撒播混播草籽恢复地表植被。

为了防止地表径流对施工便道产生破坏,减轻施工便道开挖形成的水土流失,在施工便道高边坡侧修建排水沟,将水流排向附近自然沟道。排水沟与施工便道施工同时进行。在施工

便道路基防护工程和排水工程的基础上,进行植被恢复,对便道占地植草绿化。

10.4 景观设计

10.4.1 线性景观设计

根据秦巴山区气候、土壤、污染防治、水土保持等要求选择适宜植物。备选植物应当具有抗性强、耐修剪、生长迅速、根系发达、耐修剪等特点。此外植物的选择应与当地自然环境相协调,充分考虑植物季相景观等特点。

10.4.1.1 路侧

填方路段:针对沿线自然景观和用地条件,分为景观质量优良、景观质量一般和景观质量较差的路段,分别采取开敞式、点缀式和封闭式的绿化设计手法。

挖方路段:常绿与彩叶植物搭配;碎落台绿化结合生态型植草边沟,同时保证足够路侧净区。

小半径竖曲线顶部且平面线形左转弯的曲线路段,应在弯道外侧种植中高乔木以起到引导视线的作用。

10.4.1.2 中央分隔带

中央分隔带的设计以防眩功能为主,兼顾美观。选择适宜当地环境的常绿植物,且应具备抗性强、生长慢、耐修剪的特性。植物配置及绿化形式可根据中央分隔带的宽度确定。考虑中央分隔带植树的引导视线功能,在直线平坡地带,植物应种植在中央分隔带中线上。为了满足视距要求,当平曲线半径较小时,应使植物的中线靠近曲线内侧车道的路缘带;在小半径的凹形竖曲线处,为防止眩光,植物防眩高度不应低于1.8m。

10.4.2 节点景观设计

10.4.2.1 立交区

立交区景观设计,一方面需要作为整体公路景观风格表达的亮点;另一方面需要从环境心理和交通功能的角度考虑其空间形态的塑造。位于城镇路段的立交绿化形式以美观为主,应符合周边城镇的整体景观风貌。植物选择以城镇绿化骨干树种为主。

位于风景名胜区、自然保护区或无人区的路段可以采用风景林或环境保护林的绿化形式。其中环境保护林的植物应选择乡土树种中的建群种类和优势种类,种植方法强调多种类、多层次、密植混合。

10.4.2.2 隧道洞口

隧道洞门形式应以与山体环境融合最好的削竹式为主,洞门边仰坡绿化以优势乡土树种为基础,采用模拟自然植被的形式进行设计,使公路绿化融合于自然景色之中。隧道洞口外如有条件,应密植常绿乔木进行过渡,缓解光线明暗突然变化给驾乘人员带来的不适。

10.4.2.3 服务区、停车区(观景台)

服务区、停车区的场地布局可以充分利用自然景观,结合现有地形,避免刻意平整的竖向设计;功能分区清晰合理,同时突出休闲区的园林化设计。

主要建筑单体应体现地域文化特色,采取传统民居的形式,满足交通与旅游服务功能。